MANUAL DIDÁTICO DE DIREITO PROCESSUAL DO TRABALHO

Adalberto Martins

MANUAL DIDÁTICO DE DIREITO PROCESSUAL DO TRABALHO

6ª edição, atualizada e ampliada

MALHEIROS EDITORES

Manual Didático de Direito Processual do Trabalho

1ª ed., 2002; 2ª ed., 2005; 3ª ed., 2006; 4ª ed., 2008; 5ª ed., 2012.

ISBN 978-85-392-0218-8

Direitos reservados desta edição por
MALHEIROS EDITORES LTDA.
Rua Paes de Araújo, 29, conjunto 171
CEP 04531-940 — São Paulo — SP
Tel.: (11) 3078-7205 Fax: (11) 3168-5495
URL: www.malheiroseditores.com.br
e-mail: malheiroseditores@terra.com.br

Composição
PC Editorial Ltda.

Capa:
Criação: Vânia Lúcia Amato
Arte: PC Editorial Ltda.

Impresso no Brasil
Printed in Brazil
01.2014

À Margoth, esposa e companheira, sempre;
e aos nossos filhos (André, Diogo e David).

Aos meus alunos, que, com seus questionamentos,
me ajudam a pensar.

Aos amigos e professores que,
com suas críticas e sugestões, permitem que eu melhore.

SUMÁRIO

NOTA DO AUTOR À 6ª EDIÇÃO

Apresentamos aos leitores e estudantes a 6ª edição deste nosso manual de processo do trabalho, com as atualizações e retificações possibilitadas pelas atentas observações e questionamentos de alunos e amigos, cujos nomes não teríamos condições de mencionar de forma exaustiva. Nossos agradecimentos a todos os que se dispuseram a ajudar.

Continuamos com o propósito de apresentar, de forma simples e objetiva, a disciplina do processo do trabalho, à luz da jurisprudência dos tribunais e da legislação atualizada, com vistas a despertar o interesse pelos mecanismos que asseguram a efetivação do direito perante a jurisdição trabalhista.

I
AS FORMAS DE SOLUÇÃO DOS CONFLITOS DE TRABALHO

1. Introdução. 2. Formas de solução dos conflitos trabalhistas: 2.1 A autotutela – 2.2 A autocomposição: 2.2.1 Acordos e convenções coletivas de trabalho – 2.2.2 A transação: 2.2.2.1 As comissões de conciliação prévia: a) Considerações iniciais – b) A constitucionalidade da Lei 9.958, de 2000 – c) A eficácia da conciliação perante as comissões – d) A composição das comissões – 2.3 A heterocomposição: 2.3.1 A arbitragem – 2.3.2 O processo: 2.3.2.1 Características da jurisdição – 2.3.2.2 Princípios fundamentais da jurisdição: a) Princípio da investidura do juiz – b) Princípio da aderência ao território – c) Princípio da indelegabilidade – d) Princípio da inevitabilidade – e) Princípio da indeclinabilidade ou da inafastabilidade – f) Princípio do juízo natural – 2.3.2.3 A jurisdição voluntária.

1. Introdução

Não há sociedade sem Direito (*ubi societas ibi jus*). E isto porque o Direito tem função ordenadora; vale dizer, visa à coordenação dos interesses que se manifestam na vida social, de modo a compor os conflitos que se verificarem entre seus membros.

A ordem jurídica visa a harmonizar as relações sociais intersubjetivas, pautando-se pelo critério do justo e do equitativo. Temos, pois, que, sob o aspecto sociológico, o Direito se apresenta como forma do chamado *controle social*.

Como ensina Amauri Mascaro Nascimento, "os conflitos trabalhistas são parte de um fenômeno maior, os conflitos sociais, próprios da vida em comunidade".[1] São espécies do gênero *conflitos de interesses*.

1. *Curso de Direito Processual do Trabalho*, 18ª ed., p. 3.

O conflito de interesses traduz-se no conflito intersubjetivo capaz de ameaçar a vida social e os valores humanos – vale dizer, juridicamente relevantes. Neste contexto, o "interesse" designa os desejos, as exigências e as pretensões que o ser humano busca satisfazer, individualmente ou em grupo, inclusive os decorrentes de mero capricho ou espírito de emulação.

Segundo Carnelutti recebe a denominação de *lide* o conflito de interesses qualificado por uma pretensão resistida. Vale dizer, é a tentativa resistida da realização de um interesse.

E diante da impossibilidade de superação é que as sociedades coexistem com referidos conflitos e concebem técnicas de solução.

2. *Formas de solução dos conflitos trabalhistas*

A solução dos conflitos pode se dar por obra de um terceiro, pessoa estranha ao próprio conflito – o que denominamos *heterocomposição*. São as hipóteses de *arbitragem* e *processo* – esta última forma, por meio do exercício da jurisdição.

Igualmente, a solução poderá se dar por obra de um ou de ambos os envolvidos no conflito. São as hipóteses de *autocomposição* e *autotutela* (*autodefesa*).

2.1 *A autotutela*

A autotutela foi a forma de solução de conflitos típica na Antiguidade (nos sistemas primitivos), onde a inexistência do Estado-juiz e de leis fazia com que prevalecesse o interesse do mais forte. Trata-se de modalidade de solução de conflitos que se caracteriza pela ausência de juiz distinto das partes e imposição da decisão por uma das partes à outra.

Nos dias atuais, mormente no direito positivo brasileiro, a autotutela é substituída pela autoridade do Estado, consistindo crime "fazer justiça com as próprias mãos".[2]

2. *Código Penal*:

"Art. 345. Fazer justiça pelas próprias mãos, para satisfazer pretensão, embora legítima, salvo quando a lei o permite:

"Pena – detenção, de 15 (quinze) dias a 1 (um) mês, ou multa, além da pena correspondente à violência.

"Parágrafo único. Se não há emprego de violência, somente se procede mediante queixa."

Todavia, nosso ordenamento jurídico abriga algumas exceções à proibição de autotutela, quais sejam: direito de retenção (arts. 578, 643, 644, 1.219, 1.423 e 1.434 do CC);[3] desforço imediato (art. 1.210 do CC);[4] o penhor legal (art. 1.467 do CC);[5] a autoexecutoriedade das decisões administrativas; a greve.[6]

3. *Código Civil*:

"Art. 578. Salvo disposição em contrário, o locatário goza do direito de retenção, no caso de benfeitorias necessárias, ou no de benfeitorias úteis, se estas houverem sido feitas com expresso consentimento do locador."

"Art. 643. O depositante é obrigado a pagar ao depositário as despesas feitas com a coisa, e os prejuízos que do depósito provierem."

"Art. 644. O depositário poderá reter o depósito até que se lhe pague a retribuição devida, o líquido valor das despesas, ou dos prejuízos a que se refere o artigo anterior, provando imediatamente esses prejuízos ou essas despesas. Parágrafo único. Se as dívidas, despesas ou prejuízos não forem provados suficientemente, ou forem ilíquidos, o depositário poderá exigir caução idônea do depositante ou, na falta desta, a remoção da coisa para o Depósito Público, até que se liquidem."

"Art. 1.219. O possuidor de boa-fé tem direito à indenização das benfeitorias necessárias e úteis, bem como, quanto às voluptuárias, se não lhe forem pagas, a levantá-las, quando o puder sem detrimento da coisa, e poderá exercer o direito de retenção pelo valor das benfeitorias necessárias e úteis."

"Art. 1.423. O credor anticrético tem direito a reter em seu poder o bem, enquanto a dívida não for paga; extingue-se esse direito decorridos quinze anos da data de sua constituição."

"Art. 1.434. O credor não pode ser constrangido a devolver a coisa empenhada, ou uma parte dela, antes de ser integralmente pago, podendo o juiz, a requerimento do proprietário, determinar seja vendida apenas uma das coisas, ou parte da coisa empenhada, suficiente para o pagamento do credor."

4. *Código Civil*: "Art. 1.210. O possuidor tem direito a ser mantido na posse em caso de turbação, restituído no de esbulho, e segurado de violência iminente, se tiver justo receio de ser molestado. § 1º. O possuidor turbado, ou esbulhado, poderá manter-se ou restituir-se por sua própria força, contanto que o faça logo; os atos de defesa, ou de desforço, não podem ir além do indispensável à manutenção, ou restituição da posse. § 2º. Não obsta à manutenção ou reintegração na posse a alegação de propriedade, ou de outro direito sobre a coisa."

5. *Código Civil*: "Art. 1.467. São credores pignoratícios, independentemente de convenção: I – os hospedeiros, ou fornecedores de pousada ou alimento, sobre as bagagens, móveis, joias ou dinheiro que os seus consumidores ou fregueses tiverem consigo nas respectivas casas ou estabelecimentos, pelas despesas ou consumo que aí tiverem feito; II – o dono do prédio rústico ou urbano, sobre os bens móveis que o rendeiro ou inquilino tiver guarnecendo o mesmo prédio, pelos aluguéis ou rendas".

6. *Constituição Federal*:

"Art. 9º. É assegurado o direito de greve, competindo aos trabalhadores decidir sobre a oportunidade de exercê-lo e sobre os interesses que devam por meio dele defender.

Por outro lado, impõe-se observar que o direito penal não admite, sob hipótese alguma, a autotutela. Vale dizer, *não existe autotutela no direito penal brasileiro*.[7] Mas a autocomposição, mesmo no direito penal, poderá se fazer presente nas hipóteses da Lei 9.099, de 1995.

Na esfera trabalhista são exemplos de autodefesa a greve e o *lock-out*, sendo a primeira autorizada no ordenamento jurídico pátrio (art. 9º da CF) e a segunda expressamente proibida (art. 722 da CLT e art. 17 da Lei 7.783, de 1989). Estamos, ainda, concordes com Amauri Mascaro Nascimento quando arrola o "poder disciplinar do empregador" entre as manifestações autodefensivas,[8] cujo exercício pressupõe, certamente, a existência de um conflito.

2.2 A autocomposição

A autocomposição traduz-se na forma de solução dos conflitos trabalhistas realizada pelas próprias partes. Pressupõe concessões recíprocas (transação) ou a concessão de um dos sujeitos em torno do sacrifício total do próprio interesse (desistência e submissão), além de outras situações específicas. Vale dizer, pode ser bilateral ou unilateral.

Podemos afirmar que a autocomposição ainda persiste no Direito moderno, sob a forma de *desistência* (renúncia à pretensão), *submissão* (renúncia à resistência oferecida à pretensão) e *transação* – que pressupõe a *res dubia* e concessões recíprocas, mas não decorre, necessariamente, da conciliação entre as partes.

"§ 1º. A lei definirá os serviços ou atividades essenciais e disporá sobre o atendimento das necessidades inadiáveis da comunidade.

"§ 2º. Os abusos cometidos sujeitam os responsáveis às penas da lei."

"Art. 42. Os membros das Polícias Militares e Corpos de Bombeiros Militares, instituições organizadas com base na hierarquia e disciplina, são militares dos Estados, do Distrito Federal e dos Territórios.

"§ 1º. Aplicam-se aos militares dos Estados, do Distrito Federal e dos Territórios, além do que vier a ser fixado em lei, as disposições do art. (...), do art. 142, §§ 2º e 3º, (...)."

"Art. 142. (...). § 3º. (...): IV – ao militar são proibidas a sindicalização e a greve;"

V., também, a Lei 7.783, de 1989.

7. Não devemos confundir as excludentes de ilicitude (legítima defesa, estado de necessidade e exercício regular do direito) com hipóteses de autodefesa.

8. *Curso...*, 18ª ed., p. 6. Em sentido contrário: Eduardo Gabriel Saad, *Direito Processual do Trabalho*, 2ª ed., p. 42.

Na esfera trabalhista são exemplos de autocomposição bilateral a convenção coletiva, o acordo coletivo de trabalho e o acordo (judicial ou extrajudicial).

2.2.1 Acordos e convenções coletivas de trabalho

A *convenção coletiva de trabalho* é o acordo de caráter normativo celebrado entre dois ou mais sindicatos representativos de categorias econômicas e profissionais no qual se estipulam condições de trabalho aplicáveis no âmbito das respectivas representações (art. 611 da CLT). Trata-se, pois, de pacto intersindical, cujo âmbito de aplicação abarca toda a categoria econômica ali representada, bem como a categoria profissional composta pelos empregados de cada uma das empresas, excetuando-se as hipóteses de categoria profissional diferenciada cujo sindicato não tenha participado da negociação.

O *acordo coletivo*, por sua vez, é o acordo de caráter normativo celebrado entre sindicatos representativos de categorias profissionais e uma ou mais empresas no qual também se estabelecem condições de trabalho, mas que estarão restritas ao âmbito das empresas acordantes, não beneficiando empregados de empresas que não participaram da negociação (art. 611, § 1º, da CLT).

2.2.2 A transação

A transação é a forma de solução de conflitos trabalhistas que pressupõe concessões recíprocas entre as partes, podendo ser judicial ou extrajudicial.

No âmbito dos conflitos coletivos, os acordos e convenções coletivas de trabalho, muitas vezes, decorrem de transação extrajudicial. Frustradas as negociações coletivas e não havendo consenso para a arbitragem, os respectivos sindicatos poderão ajuizar o dissídio coletivo perante a Justiça do Trabalho, desde que o façam de comum acordo (art. 114, § 2º, CF), sem prejuízo de eventual acordo antes do julgamento.

Na esfera dos conflitos individuais verificamos a conciliação judicial em reclamação trabalhista, antes ou depois de proferida a sentença, e também a conciliação extrajudicial de que trata a Lei 9.958, de 2000, ao acrescentar os arts. 625-A até 625-H ao diploma consolidado. Quanto à conciliação judicial, somos forçados a admitir que não se trata de genuína forma autocompositiva, porque decorre da atuação jurisdicional.

2.2.2.1 As comissões de conciliação prévia

a) *Considerações iniciais* – A Lei 9.958, de 2000, acrescentou os arts. 625-A até 625-H à Consolidação das Leis do Trabalho, tendo facultado a instituição de comissões de conciliação prévia por empresas ou sindicatos. Podem ser criadas comissões por grupos de empresas ou até mesmo intersindicais.

Referidas comissões devem ter composição paritária, com representantes dos empregados e dos empregadores, e têm por atribuição a tentativa de conciliação de conflitos individuais. Observa-se que a atribuição de uma comissão de conciliação prévia não se confunde com a do árbitro, eis que funciona como conciliadora nos conflitos mencionados, sem poderes para arbitragem. Não se trata, propriamente, de mediação, pois não há impedimento legal a que os membros da comissão opinem ou sugiram a solução para as partes.

A existência de uma comissão de conciliação prévia é mera faculdade de empregadores e sindicatos. No entanto, uma vez existente, qualquer conflito individual de trabalho deve ser submetido a essa comissão. E somente depois de restar infrutífera a conciliação é que se permite o ingresso na Justiça do Trabalho (art. 625-D), devendo o reclamante juntar, com a petição inicial trabalhista, a declaração da tentativa frustrada de conciliação, que deve ser fornecida pela comissão, ou mencionar a existência de motivo relevante que inviabilize a tentativa de solução extrajudicial preconizada por esta norma (art. 625-D, § 3º, da CLT).

b) *A constitucionalidade da Lei 9.958, de 2000* – A exigência mencionada anteriormente traduz, em nosso entendimento, um pressuposto processual objetivo, a exemplo da exigência de que inexistam coisa julgada, litispendência, perempção etc.

E neste tópico é necessário breve esclarecimento, haja vista as discussões entre os próprios doutrinadores. Afirmamos que a inexistência do termo de conciliação firmado perante a comissão de conciliação prévia traduz pressuposto processual objetivo, eis que inviabiliza a reclamação trabalhista (processo de conhecimento), não obstante autorize a ação executiva no caso de não cumprimento do pactuado; contudo, a simples inobservância do art. 625-D, sem a existência de motivo relevante, implica ausência de condição da ação (interesse de agir).

Algumas vozes já se levantaram contra o referido dispositivo legal, atribuindo-lhe a pecha de inconstitucionalidade por violação do art. 5º,

XXXV ("a lei não excluirá da apreciação do Poder Judiciário lesão ou ameaça a direito").

Pessoalmente, não vemos a mácula da inconstitucionalidade nos dispositivos acrescentados à Consolidação das Leis do Trabalho pela Lei 9.958, de 2000. Isto porque o art. 5º, XXXV, da Constituição Federal externa apenas um princípio constitucional – qual seja, a indeclinabilidade da jurisdição –, mas nunca assegurou o direito de ação de forma ampla, genérica e incondicionada.

A tarefa de disciplinar o direito de ação sempre esteve a cargo do direito processual, e nunca se afirmou que as condições da ação ou pressupostos processuais indicados no Código de Processo Civil são exigências inconstitucionais ou descabidas. E no âmbito do direito material ainda podemos mencionar o instituto da *prescrição*, que tira do titular de um direito material a possibilidade de exigi-lo judicialmente em face da inércia por um determinado tempo.

Assim, não parece correta a afirmação em torno da inconstitucionalidade da lei. E, a propósito, nem acreditamos que os advogados tenham ficado com o mercado de trabalho mais restrito. Afinal de contas, nada obsta a que o empregado compareça perante a comissão de conciliação prévia com advogado devidamente constituído.

Em síntese, a tentativa de solução extrajudicial perante a comissão de conciliação prévia, desde que existente, coincide com o interesse de agir e, portanto, trata-se de condição da ação, aspecto que será melhor abordado no capítulo próprio; contudo, a ausência de submissão do conflito individual a referido órgão extrajudicial não deve acarretar a extinção do processo sem julgamento do mérito, já que a tentativa de conciliação na comissão estaria suprida pela atividade judicial antes do julgamento e, como sabemos, a Lei 9.958, de 2000, não é um bom paradigma de elaboração legislativa, já que "obriga" o empregado a comparecer perante a comissão de conciliação prévia, mas não existe cominação ao empregador que se recusa a comparecer.

Por seu turno, a jurisprudência dos tribunais do trabalho afastou a obrigatoriedade da submissão da demanda individual de trabalho à Comissão de Conciliação Prévia. Neste sentido, a Súmula n. 2 do Tribunal Regional do Trabalho da 2ª Região: "*Comissão de Conciliação Prévia. Extinção do processo* (RA n. 08/2002, *DJE* 12.11.2002, 19.11.2002, 10.12.2002 e 13.12.2002). O comparecimento perante a Comissão de Conciliação Prévia é uma faculdade assegurada ao obreiro, objetivando a obtenção de um título executivo extrajudicial, conforme previsto pelo art. 625-E, parágrafo único, da CLT, mas não constitui condição da ação, nem tampouco pressuposto processual na reclamatória trabalhista, diante do comando emergente do art. 5º, XXXV, da Constituição Federal".

Finalmente, as discussões foram encerradas com o julgamento, no dia 13.5.2009, das ADIs 2.139 e 2.160 pelo Supremo Tribunal Federal, no qual, por maioria de votos (7 Ministros), se entendeu que o art. 625-D deve ser interpretado conforme à Constituição, no sentido de estabelecer apenas uma faculdade da parte e nunca a obrigatoriedade de submeter a demanda ao órgão extrajudicial de conflitos individuais do trabalho.

c) *A eficácia da conciliação perante as comissões* – A conciliação celebrada perante a comissão de conciliação prévia tem natureza de título executivo extrajudicial, com eficácia liberatória geral, exceto quanto às parcelas expressamente ressalvadas (art. 625-E, parágrafo único, da CLT).

O referido título executivo extrajudicial poderá ser executado perante a própria Justiça do Trabalho, na hipótese de inadimplemento, consoante se infere do art. 877-A da Consolidação das Leis do Trabalho, dispositivo também acrescentado pela Lei 9.958, de 2000.

Contudo, não se concebe que haja o desvirtuamento do instituto, com vistas a burlar os direitos trabalhistas. As comissões de conciliação prévia não são órgãos que se prestam à homologação de rescisão contratual (que deve continuar a ser feita perante os órgãos mencionados no art. 477, § 1º, CLT: sindicatos e Superintendências Regionais do Trabalho), objetivando quitação ampla e geral das verbas decorrentes de um contrato de trabalho. A Justiça do Trabalho está atenta às homologações de rescisão contratual disfarçadas de "acordo", bastando ao trabalhador arguir a nulidade do "acordo" em reclamação trabalhista na qual postule outros direitos sonegados pelo empregador.

d) *A composição das comissões* – Como já afirmamos no início, as comissões de conciliação prévia têm composição paritária, tendo o mínimo de 2 e o máximo de 10 membros. A metade dos membros será indicada pelo empregador e a outra metade eleita pelos empregados, em escrutínio secreto, fiscalizado pelo sindicato da categoria profissional (art. 625-B), com mandato de 1 ano, permitida uma recondução.

O art. 625-B, § 1º, da Consolidação das Leis do Trabalho assegura aos representantes dos empregados na comissão de conciliação prévia a estabilidade até um ano após o final do mandato, salvo se cometerem falta grave, nos termos da lei. Trata-se de estabilidade provisória, estabelecida nos moldes daquela prevista no art. 8º, VIII, da Constituição Federal, e que se destina ao dirigente sindical – motivo pelo qual conclui-se que a despedida dos membros representantes dos empregados nas comissões de conciliação prévia também deve ser precedida de inquérito judicial para apuração de falta grave perante a Justiça do Trabalho.

E mais nos convencemos da necessidade do inquérito judicial quando verificamos a dicção do art. 494 do diploma consolidado ("O empregado acusado de falta grave poderá ser suspenso de suas funções, mas a sua despedida só se tornará efetiva após o inquérito em que se verifique a procedência da acusação") e o fato de que "justa causa" e "falta grave" não são expressões sinônimas, à luz do art. 493 da Consolidação das Leis do Trabalho.

E quanto ao termo inicial da estabilidade impõe-se a aplicação analógica do art. 8º, VIII, da Constituição Federal, diante da omissão da Lei 9.958, de 2000. Vale dizer, deve ser reconhecida a estabilidade dos membros representantes dos empregados nas comissões de conciliação prévia a partir do registro da candidatura, a exemplo do que ocorre com os dirigentes sindicais (art. 8º, VIII, da CF) ou mesmo com os representantes dos empregados nas comissões internas de prevenção de acidentes (art. 10, II, "a", do ADCT).

2.3 *A heterocomposição*

Todas as soluções mencionadas nos tópicos anteriores são parciais, porque dependem da vontade de um ou de ambos os sujeitos envolvidos no conflito. Denomina-se *heterocomposição* a forma de solução dos conflitos trabalhistas estabelecida por um terceiro. São espécies de heterocomposição o processo e a arbitragem.

Propositadamente não incluímos a mediação no rol de técnicas heterocompositivas de solução dos conflitos trabalhistas. Isto porque na mediação, um terceiro apenas facilita a comunicação entre as partes, com vistas à solução do conflito. Vale dizer, o mediador tem a atribuição de tentar conduzir as partes à autocomposição, e não a de impor uma solução para o conflito trabalhista.

2.3.1 A arbitragem

Pouco a pouco a solução dos conflitos por autotutela e autocomposição foi sendo substituída pela escolha de um árbitro, normalmente dentre os sacerdotes e anciãos, e que subsiste em nosso ordenamento jurídico por meio da Lei 9.307, de 1996. Todavia, impõe-se observar que em relação ao árbitro não há mecanismo idôneo para determinar o cumprimento de suas decisões, motivo pelo qual, diante da resistência de uma das partes em respeitar a decisão arbitral, o Poder Judiciário deverá ser acionado.

A arbitragem é forma de solução de conflitos pela qual uma terceira pessoa (árbitro) ou órgão (tribunal arbitral formado por grupo de árbitros), escolhidos pelas próprias partes, estabelece a solução, que obriga ambas as partes e não necessariamente estará pautada na lei, já que ao órgão arbitral poderá ser conferida maior possibilidade de julgar por equidade.

Dispõe o art. 1º da Lei 9.307, de 1996: "As pessoas capazes de contratar poderão valer-se da arbitragem para dirimir litígios relativos a direitos patrimoniais disponíveis" – a qual poderá ser de direito ou de equidade, a critério das partes, com a única ressalva de que não poderá existir violação aos bons costumes e à ordem pública.

Percebe-se, pois, que o legislador perdeu a oportunidade de enumerar as hipóteses em que a arbitragem poderá ser utilizada, deixando margem às interpretações e, consequentemente, às controvérsias.

Por força do art. 1º da lei disciplinadora do procedimento arbitral já é possível excluir de seu âmbito de aplicação as questões que envolvam o direito penal e previdenciário, ramos que não comportam "direitos patrimoniais disponíveis", e sim "direitos indisponíveis", nem sempre patrimoniais. As questões meramente patrimoniais em direito de família podem ser solucionadas pela via arbitral, desde que não haja interesses de menores.

Diante da ausência de distinção em seu art. 1º, torna-se também possível a conclusão de que a Lei 9.307, de 1996, abarca todas as hipóteses de contratos de adesão (aqueles que se caracterizam por permitir que o respectivo conteúdo seja pré-constituído por uma das partes, eliminando-se a livre discussão que precede a formação dos contratos – contratos de seguros, de transportes, de fornecimento de água e luz, são exemplos marcantes) e contratos comerciais os mais variados (inclusive crediários para aquisição de bens de consumo para o lar), conclusão reforçada pela leitura atenta do art. 4º da Lei 9.307, de 1996, mormente o § 2º, que estatui regras para a cláusula compromissória em contratos de adesão.

Por outro lado, subsiste dúvida em relação às questões de direito do trabalho, notadamente as questões envolvendo o direito individual.

A Constituição Federal, em seu art. 114, § 1º, consagra a possibilidade de solução mediante arbitragem dos conflitos coletivos de trabalho, cumprindo assinalar que a própria Lei de Greve (Lei 7.783, de 1989) consagra a hipótese de solução arbitral e a Lei 10.101, de 19.12.2000, que disciplina a participação dos trabalhadores nos lucros ou resultados da empresa, também admite a solução pela via arbitral se frustradas as negociações. Todavia, trata-se de uma faculdade das partes, sendo certo que, diante da recusa de um dos interessados à arbitragem, é facultado aos respectivos sindicatos o ajuizamento de dissídio coletivo (art. 114, § 2º, da CF).

No que respeita aos conflitos individuais de trabalho pensamos que a solução é diversa, não obstante o silêncio da lei e o fato de que o direito do trabalho possa abranger direitos patrimoniais disponíveis, a despeito do princípio da irrenunciabilidade.

Com efeito, parece-nos inconcebível a inserção de cláusula compromissória no contrato de trabalho, da mesma forma que o seria uma cláusula de renúncia a direitos mínimos assegurados constitucionalmente. Isto porque na ocasião de admissão é sabido que a autonomia da vontade do empregado se encontra mitigada por inúmeros fatores, e dentre eles a necessidade de obtenção do emprego para o sustento da família. Assim, a cláusula compromissória seria reputada nula de pleno direito pelo órgão jurisdicional, por força do art. 9º da Consolidação das Leis do Trabalho.

Pelos mesmos motivos já aventados, não vemos como prestigiar o compromisso arbitral firmado no curso do contrato de trabalho ou mesmo após o seu término.

Registramos, ainda, que não desconhecemos o fato de que o contrato de trabalho, na maioria das vezes, se traduz num verdadeiro contrato de adesão e que o § 2º do art. 4º da Lei 9.307, de 1996 prestigia a cláusula compromissória nesta modalidade contratual, mas o fato é que a Consolidação das Leis do Trabalho traduz legislação específica e o direito comum é fonte subsidiária do direito laboral apenas naquilo em que não for incompatível com os princípios fundamentais deste (art. 8º, parágrafo único, da CLT).

Com efeito, a Lei 9.307, de 1996, é incompatível com o direito individual do trabalho em face dos princípios que norteiam este ramo da ciência jurídica e seu caráter protetivo em relação àqueles que consideramos hipossuficientes.

2.3.2 O processo

Finalmente, a solução de conflito por meio do *processo* pressupõe a atividade judicial (jurisdição), a qual só atua mediante provocação da parte interessada (inércia da jurisdição). Assim, o processo pode ser entendido como um conjunto de atos coordenados que objetivam solucionar a lide (conflito de interesses qualificado por uma pretensão resistida) por meio do exercício da função jurisdicional.

No Brasil é a forma de solução mais prestigiada, não sendo tradicional a solução pela via arbitral. E mesmo a solução extrajudicial só vem ganhando algum impulso com o advento da Lei 9.958, de 2000.

No capítulo próprio estudaremos o processo e seus pressupostos. Neste tópico entendemos oportuna uma digressão sobre a atividade jurisdicional.

A jurisdição pode ser entendida sob três enfoques, na medida em que se trata de uma função, um poder e uma atividade.

Apresenta-se como um poder decorrente da própria soberania nacional e é exercido pelos órgãos estatais competentes – quais sejam, os juízes e tribunais do trabalho, nos conflitos de trabalho. É o poder de dizer o Direito.

Na condição de função apresenta-se como o encargo que têm os juízes de promover a realização do Direito, por meio do processo.

Finalmente, como atividade traduz-se na movimentação do juiz no processo, exercendo o poder e cumprindo a função que a lei lhe comete.

2.3.2.1 Características da jurisdição

A característica essencial da jurisdição, segundo a doutrina consagrada, é a *substitutividade*, na medida em que o Estado, por uma atividade sua, substitui a atividade daqueles que estão envolvidos na lide, os quais estão proibidos de "fazer justiça com as próprias mãos", ressalvando-se as hipóteses legais de autotutela.

Registramos, ainda, o caráter de *definitividade* da jurisdição. Isto porque, ao se encerrar o desenvolvimento legal do processo, a manifestação do juiz torna-se imutável, não admitindo revisão por outro Poder. Já as decisões administrativas são sempre passíveis de revisão pelo Poder Judiciário quanto à legalidade.

Assim, concluímos que os atos jurisdicionais são suscetíveis de se tornar imutáveis, não podendo ser revistos ou modificados. A própria

Constituição Federal estabelece que a lei não prejudicará o ato jurídico perfeito, o direito adquirido, nem a coisa julgada (art. 5º, XXXVI).[9]

Uma outra característica da jurisdição é o *escopo de atuação do Direito*, segundo o qual a jurisdição tem por objetivo a atuação das normas de direito material.

Finalmente, ainda se apresentam como características da jurisdição a *existência de lide* e a *inércia*. Isto porque a atividade jurisdicional pressupõe a lide e só atua mediante provocação da parte interessada, ou seja, mediante provocação do titular da pretensão de direito material ou de quem se encontra legitimado extraordinariamente, salvo as exceções legais.[10]

2.3.2.2 Princípios fundamentais da jurisdição

Alguns princípios dominam a jurisdição e regem seu exercício, quais sejam: a) investidura do juiz; b) aderência ao território; c) indelegabilidade; d) inevitabilidade; e) indeclinabilidade (ou inafastabilidade); f) juízo natural.

a) *Princípio da investidura do juiz* – Segundo o princípio da investidura, a jurisdição só pode ser exercida por quem dela se ache legitimamente investido. São nulos de pleno direito os atos processuais praticados por quem não tenha sido ou não esteja legitimamente investido na condição de juiz.[11]

b) *Princípio da aderência ao território* – A aderência ao território consiste no fato de que a jurisdição pressupõe um território em que é

9. *Coisa julgada material* é a imutabilidade dos efeitos de uma sentença, em virtude da qual nem as partes podem propor novamente a lide em juízo, nem os juízes podem voltar a decidir a respeito e, igualmente, o legislador não pode emitir preceitos que contrariem, para as partes, o que já ficou definitivamente julgado.

10. São exceções à característica da inércia da jurisdição: a) a execução trabalhista pode se instaurar *ex officio*; b) execução penal (expedição da carta de guia para o cumprimento da pena).

11. O jornal *Tribuna da Magistratura*, órgão oficial da Associação Paulista de Magistrados, ano XI, n. 99, outubro de 1999, publicou a história de um cidadão que se apresentou como "Juiz Salvador Pacheco" e "assumiu" a comarca de Porto Murtinho (Mato Grosso do Sul) no dia 21.10.1958, e que só foi descoberto depois que abandonou a cidade, tendo deixado inúmeras dívidas. Segundo informação do periódico supramencionado, a história se encontra detalhada no livro de crônicas *A Fascinante Natureza Humana*, de autoria do Des. Heliophar Serra.

exercida. Isto porque os juízes exercem a jurisdição nos limites da circunscrição que lhes é traçada pela lei.

Assim, fora da respectiva circunscrição territorial o juiz não exerce a jurisdição, não é juiz, mas simples cidadão particular. E na hipótese de necessitar praticar algum ato processual fora de sua área territorial o juiz deverá se valer da colaboração do juiz do lugar, o que se faz mediante carta precatória.[12] Se houver necessidade de praticar atos fora dos limites territoriais do país o juiz se valerá da carta rogatória, na qual solicitará a cooperação do órgão jurisdicional estrangeiro.

c) *Princípio da indelegabilidade* – O princípio da indelegabilidade traduz-se no fato de que as atribuições do Poder Judiciário somente podem ser exercidas, segundo a discriminação constitucional, pelos órgãos do respectivo Poder, por meio de seus membros legalmente investidos, sendo proibida a abdicação dessas funções em favor de órgãos dos demais Poderes (Legislativo ou Executivo), ou até mesmo em favor de órgãos administrativos do próprio Judiciário.

A jurisdição apresenta, ainda, uma indelegabilidade interna, isto é, cada órgão tem suas funções, devendo exercê-las segundo as normas de processo, na oportunidade correta, não se permitindo a atribuição de funções de um para outro órgão. É o que denominamos *competência funcional*.

d) *Princípio da inevitabilidade* – O princípio da inevitabilidade traduz-se no fato de que a atividade dos órgãos jurisdicionais é incontrastável, não se permitindo a oposição juridicamente válida de qualquer instituto para impedir que a jurisdição alcance seus objetivos e produza seus efeitos. A autoridade dos órgãos jurisdicionais emana da soberania nacional e se impõe independentemente da vontade das partes.

e) *Princípio da indeclinabilidade ou da inafastabilidade* – O princípio da indeclinabilidade está expresso no art. 5º, XXXV, da Constitui-

12. A carta precatória é também utilizada no processo do trabalho, principalmente na fase de execução da sentença (carta precatória executória). Na fase de conhecimento costuma-se utilizar a carta precatória para oitiva de testemunhas que se encontram domiciliadas em outro Município (carta precatória inquiritória). Geralmente é dispensável a carta precatória para citação do reclamado na fase de conhecimento, já que referido ato processual é realizado pelo Correio; mas se houver necessidade de citação por oficial de justiça (por exemplo, nas hipóteses em que o reclamado cria embaraços), e estando o reclamado domiciliado em Município fora da área correspondente à jurisdição do juízo natural, também deve ser expedida a carta precatória.

ção Federal, segundo o qual "a lei não excluirá da apreciação do Poder Judiciário lesão ou ameaça a direito". Assim, o juiz não pode recusar-se a aplicar o Direito, nem mesmo sob alegação de lacuna ou obscuridade da lei (art. 126 do CPC).

f) *Princípio do juízo natural* – O princípio do juízo natural[13] assegura que ninguém pode ser privado de julgamento por órgão jurisdicional independente e imparcial, indicado pelas normas legais e constitucionais.

2.3.2.3 A jurisdição voluntária

Tudo o que dissemos nos itens anteriores aplica-se à jurisdição que os autores denominam "contenciosa", que é a verdadeira jurisdição.

A jurisdição voluntária revela uma forma de atuação do Poder Judiciário, mas em situações em que não existe lide, processo nem partes.

Em verdade, a jurisdição voluntária não é, propriamente, jurisdição. Consiste na administração pública de interesses privados, a qual é realizada pelos juízes. São exemplos de atos de jurisdição voluntária: separação consensual, abertura e cumprimento de testamentos, curatela de interditos etc.

O art. 233 da Constituição Federal estabelecia um procedimento de jurisdição voluntária, perante a Justiça do Trabalho, em favor dos empregadores rurais que quisessem fazer a comprovação de observância dos direitos trabalhistas de seus empregados, a cada cinco anos. Contudo, referido dispositivo constitucional foi revogado pela Emenda Constitucional 28, com vigência a partir de 29 de maio de 2000.

Atualmente contamos com uma hipótese de jurisdição voluntária no art. 500 da Consolidação das Leis do Trabalho, cujo teor é o seguinte: "O pedido de demissão de empregado estável só será válido quando feito com a assistência do respectivo sindicato e, se não o houver, perante autoridade local competente do Ministério do Trabalho ou da *Justiça do Trabalho*" (grifamos).

Trata-se de atuação da Justiça do Trabalho, em jurisdição voluntária, de ocorrência remota, nas hipóteses de demissão de empregado que goza da estabilidade decenal. Isto porque são raros os trabalhadores que ainda gozam da referida estabilidade no emprego, e mesmo nas hipóteses que,

13. Alguns autores costumam dizer "juiz natural", mas pensamos que o correto seja "juízo natural", pois referido princípio se refere ao órgão jurisdicional, e não à pessoa do juiz.

em tese, seria possível a aplicação de referido diploma consolidado não será improvável a existência de sindicato da categoria profissional que prestará a devida assistência ao trabalhador.

Com a devida vênia de entendimentos no sentido contrário, reputamos equivocadas as conclusões do I Encontro Nacional sobre Trabalho Infantil, organizado pelo Conselho Nacional do Ministério Público-CNMP, pelo Ministério do Trabalho e Emprego-MTE e pelo Conselho Nacional de Justiça-CNJ, em 22.8.2012, em Brasília, quanto ao reconhecimento de competência da Justiça do Trabalho para apreciar os pedidos de autorização para o trabalho de crianças e adolescentes antes dos 16 anos de idade, e que possibilitam a criação de juízos auxiliares da infância e juventude no âmbito dos Tribunais Regionais do Trabalho.

Embora reconheçamos que a Justiça do Trabalho está vocacionada à tarefa de análise e concessão dos alvarás para o trabalho infantil artístico, por exemplo, não podemos deixar de consignar que referida competência não emerge naturalmente do art. 114 da Constituição da República, que pressupõe a existência de lide. Portanto, à luz da legislação vigente, o exercício da jurisdição voluntária que consiste na concessão de alvarás para o trabalho infantil, nas situações excepcionadas pela Convenção 138 da Organização Internacional do Trabalho, é das Varas da Infância e Juventude, vinculadas à Justiça Estadual comum, a teor do art. 406 da CLT. A conclusão diversa ainda depende de alteração legislativa.

II

FONTES DO DIREITO PROCESSUAL DO TRABALHO

1. Conceito de fonte do Direito. 2. Classificação das fontes (formais) do Direito: 2.1 A lei como fonte do direito processual do trabalho – 2.2 O negócio jurídico como fonte do direito processual do trabalho – 2.3 Os costumes e a jurisprudência como fontes do direito processual do trabalho.

1. *Conceito de fonte do Direito*

A doutrina costuma classificar as fontes do Direito em formais e materiais.

As fontes materiais traduzem os fatos sociais, a conjuntura socioeconômica e aspectos históricos que motivam a elaboração da norma jurídica.[1] Vale dizer, compreendem o conjunto de fenômenos sociais que contribuem para a formação do Direito.

As fontes formais são os meios pelos quais se formam ou se estabelecem as normas jurídicas;[2] são os meios de exteriorização do Direito

1. "O Direito, como produto da vida social, tem a sua origem na vontade colectiva das organizações estadoais e, por fonte, o espírito popular, que faz com que seja reconhecida universalmente a necessidade das normas jurídicas. (...). Fonte do direito positivo é, pois, a consciência popular" (Roberto de Ruggiero, *Instituições de Direito Civil*, trad. da 6ª ed. italiana, v. I, "Introdução e Parte Geral – Direito das Pessoas", p. 85).

2. "Por fontes, em sentido técnico, significa-se as formas pelas quais o direito positivo se realiza, os modos pelos quais as normas de conduta recebem determinação concreta e carácter de coercibilidade" (Roberto de Ruggiero, *Instituições...*, v. I, p. 85).

e conferem à regra jurídica o caráter de direito positivo. É o conceito que mais nos interessa, e a elas faremos menção como fontes do Direito.

2. *Classificação das fontes (formais) do Direito*

No que respeita à classificação das fontes do Direito a doutrina não é unânime.

Durante muito tempo os juristas reduziram a duas as fontes formais do Direito: a *lei* e o *costume*. Vale dizer, somente a norma estabelecida pelo legislador e aquela formada espontaneamente pela convivência social tinham o *status* de fonte formal do Direito.

Para alguns a fonte imediata do Direito é a lei, e reservam ao costume a condição de fonte subsidiária. O costume, por sua vez, seria a observância constante de uma norma jurídica baseada em lei não escrita.[3]

Nas palavras de Roberto de Ruggiero, o costume traduz a forma espontânea de constituição do Direito, tratando-se de fonte que, historicamente, antecedeu a própria lei.[4]

Todavia, os estudos posteriores levaram à conclusão de que existe mais de uma ordem jurídica na sociedade, ou seja, nem todo Direito é legislado; e daí a teoria pluralista das fontes formais do Direito, e que autoriza a inclusão dos negócios jurídicos, atos unilaterais da vontade, convenções coletivas de trabalho, dentre outros, como fontes formais do Direito.

Em verdade, a questão das fontes do Direito revela uma aporia, sobre a qual não temos a pretensão de discorrer no presente trabalho.

Assim, para o objetivo a que nos propusemos, adotamos a classificação das fontes formais em diretas (imediatas) e indiretas (mediatas).[5]

As fontes diretas ou imediatas são aquelas que pela sua própria força são capazes de gerar a regra jurídica. São as leis, os negócios jurídicos e os costumes.

3. Cf. Clóvis Beviláqua, *Theoria Geral do Direito Civil*, p. 25.

4. O costume é a "observância constante e uniforme de uma regra de conduta, por parte dos membros de determinada comunidade social, convencidos da sua correspondência a uma necessidade jurídica" (Roberto de Ruggiero, *Instituições...*, v. I, p. 89).

5. Cf. Washington de Barros Monteiro, *Curso de Direito Civil*, 14ª ed., v. I, p. 12.

As fontes indiretas não têm a mesma virtude das anteriores, porém encaminham os espíritos, mais cedo ou mais tarde, à elaboração da norma. São a doutrina e a jurisprudência.

2.1 *A lei como fonte do direito processual do trabalho*

O direito processual do trabalho, a exemplo dos demais ramos do direito processual, sempre se exterioriza sob a forma de normas jurídicas. Assim, toda norma que regula juridicamente qualquer assunto, matéria ou questão de processo do trabalho é norma processual trabalhista.

As normas processuais encontram suas fontes formais na Constituição Federal e nas leis federais, sendo certo que os regimentos internos dos tribunais do trabalho também poderão trazer alguma regra processual.

Todavia, não podemos olvidar que as normas processuais constantes dos regimentos internos dos tribunais são aquelas relativas a questões *interna corporis*.

Ademais, a lei que disciplinar questão processual deverá ser de origem federal, vez que o art. 22, I, da Constituição Federal estabelece que "compete privativamente à União legislar sobre: I – direito civil, comercial, penal, processual, eleitoral, agrário, marítimo, aeronáutico, espacial e do trabalho"; salvo quando for de organização judiciária, no âmbito estadual, hipótese em que deverá ser formulada pelos órgãos estaduais, bem como criação, funcionamento e processo do juizado de pequenas causas (art. 24, X, da CF).[6]

Os "procedimentos em matéria processual" (art. 24, XI, da CF) devem ser entendidos como procedimentos administrativos de apoio, motivo pelo qual não contradizem o disposto no art. 22, I, da Carta Magna.

2.2 *O negócio jurídico como fonte do direito processual do trabalho*

Negócio jurídico é "toda declaração de vontade destinada à produção de efeitos jurídicos correspondentes ao intento prático do declarante, se reconhecido e garantido pela lei".[7] Traduz o instrumento da circulação

6. O legislador ordinário entendeu que a expressão "juizado especial de pequenas causas" é sinônima de "juizados especiais de causas cíveis e criminais", os quais se encontram disciplinados na Lei 9.099, de 1995.

7. Orlando Gomes, *Introdução ao Direito Civil*, 10ª ed., p. 280.

dos direitos, isto é, da modificação intencional das relações jurídicas,[8] e do qual são exemplos os contratos e declarações unilaterais de vontade.

O negócio jurídico apresenta-se como fonte do direito processual nas hipóteses de eleição do foro (art. 111 do CPC), suspensão do processo por convenção das partes (art. 265, II, do CPC), convenção sobre a distribuição do ônus da prova (art. 333, parágrafo único, do CPC) etc.

Observamos, desde logo, que o direito processual do trabalho não é um campo propício ao negócio jurídico, cumprindo assinalar que não são compatíveis com o direito do trabalho o foro de eleição e a convenção sobre a distribuição do ônus da prova (art. 8º da CLT), nada obstando à possibilidade da suspensão do processo por convenção das partes, tendo em vista a aplicação subsidiária do processo comum (art. 769 da CLT). Neste mesmo sentido, afirmamos que as convenções e os acordos coletivos de trabalho são fontes formais do direito material, mas nunca do direito processual do trabalho. Em síntese, os negócios jurídicos são fontes do direito processual do trabalho, desde que devidamente autorizado pela legislação processual trabalhista.

2.3 Os costumes e a jurisprudência como fontes do direito processual do trabalho

Não é possível dissociar o costume da jurisprudência, na medida em que o primeiro, quando aceito nos tribunais, acaba se traduzindo na jurisprudência dominante.

Saliente-se, ainda, que não são poucos os autores que colocam a jurisprudência na condição de fonte formal do direito consuetudinário (costumeiro).

E, neste contexto, Clóvis Beviláqua chegou a afirmar que o costume se forma de um modo refletido, pela jurisprudência dos tribunais, e que a prática judiciária tem por ponto de partida uma sentença que teve a ventura de provocar imitações.[9]

Dentre os inúmeros exemplos de costumes já aceitos jurisprudencialmente podemos mencionar a apresentação de defesa escrita perante a

8. Idem, ibidem, p. 274.

9. *Theoria...*, pp. 30-31. Neste mesmo sentido Antônio Carlos de Araújo Cintra e outros, *Teoria Geral do Processo*, 29ª ed., p. 104: "No tocante à jurisprudência e aos usos e costumes como fontes da norma processual, basta anotar que os últimos na maioria das vezes resultam da própria jurisprudência (*praxe forense* ou *estilos do foro*)".

Justiça do Trabalho, quando a Consolidação das Leis do Trabalho deixa implícito que a defesa seria oral e no prazo de 20 minutos (art. 847), e também a consignação de "protestos" em ata de audiência como sucedâneo do agravo retido, que é desconhecido no processo do trabalho.

Além disso, várias súmulas e orientações jurisprudenciais do Tribunal Superior do Trabalho estão relacionadas com matéria processual, a exemplo das Súmulas 74, 82, 83, 86, 99, 100, 122, das Orientações Jurisprudenciais 01 a 11 do Pleno do TST e Orientações Jurisprudenciais 26, 33, 75,104, 110 e 111 da SDI-1 (TST).

III

EFICÁCIA DA NORMA PROCESSUAL TRABALHISTA

1. A norma processual trabalhista no tempo. 2. A norma processual trabalhista no espaço.

1. A norma processual trabalhista no tempo

As normas processuais são de aplicação imediata, mas não podem prejudicar a validade dos atos praticados sob a égide da lei anterior. Vale dizer, a lei processual em vigor terá efeito imediato e geral, respeitados o ato jurídico perfeito, o direito adquirido e a coisa julgada (art. 5º, XXXVI, da CF).[1]

As leis processuais brasileiras estão sujeitas às normas relativas à eficácia temporal das leis, constantes da Lei de Introdução às Normas do Direito Brasileiro (atual ementa da Lei de Introdução ao Código Civil – Decreto-lei 4.657/1942, a teor da Lei 12.376, de 30.12.2010). Assim, salvo disposição contrária, a lei processual trabalhista começa a vigorar, em todo o país, 45 dias depois de publicada (*vacatio legis*). Se antes de entrar em vigor ocorrer nova publicação de seu texto, destinada a correção, aquele prazo começará a correr da nova publicação; e as correções a texto de lei já em vigor consideram-se lei nova (Decreto-lei 4.657, de 1942, art. 1º, §§ 3º-4º); e se não se destinar a vigência temporária a lei continuará em vigor até que outra a modifique ou revogue (art. 2º do

1. *Ato jurídico perfeito* é aquele já consumado segundo a lei vigente ao tempo em que se efetuou. *Direito adquirido* é aquele que já integrou o patrimônio do respectivo titular. *Coisa julgada* é a decisão judicial de que já não caiba recurso.

V. também o art. 6º do Decreto-lei 4.657, de 1942 (Lei de Introdução às Normas do Direito Brasileiro).

Decreto-lei 4.657, de 1942). Como o processo é constituído por uma série de atos, a lei nova, ao entrar em vigor, incide sobre o procedimento e só atinge os atos que ainda não foram praticados e que, no futuro, irão integrar a relação processual. Os atos processuais que ficam para trás permanecem intangíveis, porquanto se acham regulados pela norma revogada. Não se trata de retroatividade da normal processual, e sim de aplicação imediata.

Neste particular podemos lembrar a disposição da Lei 10.272, de 5.9.2001 (publicada no *DOU* 6.9.2001), a qual atribuiu nova redação ao art. 467 da Consolidação das Leis do Trabalho, estabelecendo que a partir da data de sua publicação a parte incontroversa das verbas rescisórias, quando reclamadas na Justiça do Trabalho, deve ser paga em primeira audiência, sob pena de condenação ao pagamento com acréscimo de 50%. Trata-se de disposição legal aplicável tão somente às demandas trabalhistas em que a primeira audiência se verificou a partir de 6 de setembro de 2001, pois às demandas ajuizadas anteriormente deveria ser aplicada a redação anterior do art. 467 (dobra da parcela salarial incontroversa) para as demais, sob pena de se imprimir retroatividade à lei supramencionada.

2. A norma processual trabalhista no espaço

As leis processuais são eminentemente territoriais, na medida em que são reguladas pela lei do Direito interno. Vale dizer, prevalece a *lex fori*, e isto por uma razão de ordem política e por um motivo de ordem prática.

A razão de ordem política reside na soberania nacional, vez que as normas processuais regulam a atividade jurisdicional, a qual não poderia ser disciplinada por leis estrangeiras.

A territorialidade da aplicação da lei processual é expressa pelo art. 1º do Código de Processo Civil ("A jurisdição civil, contenciosa e voluntária, é exercida pelos juízes, em todo o território nacional, conforme as disposições que este Código estabelece") e pelo art. 1º do Código de Processo Penal ("O processo penal reger-se-á, em todo o território brasileiro, por este Código, ressalvados...").

No entanto, o art. 13 da Lei de Introdução às Normas do Direito Brasileiro consagra uma exceção à regra da territorialidade: "A prova dos fatos ocorridos em país estrangeiro rege-se pela lei que nele vigorar, quanto ao ônus e aos meios de produzir-se, não admitindo os Tribunais Brasileiros provas que a lei brasileira desconheça". E não deve causar estranheza a possibilidade da Justiça do Trabalho brasileira ser instada a resolver um conflito trabalhista ocorrido em país estrangeiro, desde que se trate de empregado brasileiro e não haja convenção internacional ratificada pelo Brasil, com disposição em sentido contrário, nos exatos termos do art. 651, § 2º, CLT.

IV

A INTERPRETAÇÃO DA NORMA PROCESSUAL TRABALHISTA

1. Conceito de interpretação. 2. Formas de interpretação: 2.1 Métodos tradicionais de interpretação – 2.2 Método teleológico – 2.3 Efeitos do ato interpretativo. 3. Interpretação e integração.

1. *Conceito de interpretação*

A interpretação de uma norma processual consiste em se determinar seu significado e fixar seu alcance. É a operação que tem por objeto precisar o exato conteúdo da norma jurídica.

2. *Formas de interpretação*

Dependendo da origem, a interpretação se diz autêntica, doutrinária e judiciária.

A *interpretação autêntica* é aquela que emana do próprio legislador, por meio de uma lei interpretativa; a *interpretação doutrinária* é conferida aos juristas, nos artigos de revistas especializadas, livros jurídicos e outras formas de comunicação; a *interpretação judiciária* é aquela realizada por juízes e tribunais. Entendemos, por outro lado, que a denominada *interpretação jurisprudencial* seria uma espécie de interpretação judiciária, na medida em que a interpretação não está a cargo exclusivo dos tribunais, no exercício da uniformização de sua jurisprudência, mas compete a todo magistrado.

2.1 *Métodos tradicionais de interpretação*

Os métodos tradicionais de interpretação são aqueles que objetivam descobrir a vontade do legislador. São eles: a) gramatical, literal ou filológico; b) lógico-sistemático; c) histórico.

No *método gramatical* buscam-se o sentido de cada palavra e demais pormenores do texto, buscando a vontade do legislador.

O *método lógico-sistemático* parte da premissa de que o ordenamento jurídico é um edifício sistematicamente concebido, e estuda-se o texto normativo em conjunto com outras normas, de forma a evitar o conflito.

Finalmente, a *interpretação histórica* pressupõe o exame dos fatores que influenciaram a elaboração da norma (conjuntura econômica e social, entre outros), bem como dos trabalhos e discussões que precederam a elaboração da norma, na tentativa de descobrir a efetiva vontade do legislador. Em verdade, não se trata propriamente de um método de interpretação, e, sim, de um mecanismo auxiliar na interpretação da norma.

2.2 *Método teleológico*

Os métodos tradicionais de interpretação (gramatical, lógico-sistemático e histórico) apresentam alguns inconvenientes, na medida em que a lei disciplina relações que se estendem no tempo e florescerão em condições necessariamente desconhecidas do legislador.

Pelo motivo supramencionado, a doutrina moderna tece algumas críticas àqueles métodos de interpretação, porquanto na interpretação da norma não se pode buscar apenas a intenção do legislador.

Diante disto, sem abandonar completamente os métodos tradicionais, surgiu a ideia de se procurar interpretar a lei de acordo com o fim a que ela se destina, e nisto consiste a *interpretação teleológica.*

Assim, o intérprete, na procura do sentido da norma, deve inquirir qual o efeito que ela busca, qual o problema que almeja resolver.

2.3 *Efeitos do ato interpretativo*

Quanto aos resultados, a interpretação pode ser declarativa, extensiva e restritiva.

A interpretação é *declarativa* quando se afirma que a letra da lei corresponde ao exato pensamento do legislador.

A interpretação é *extensiva* quando se considera que a lei abrange casos não expressamente previstos (o legislador disse menos do que queria).[1]

Finalmente, a interpretação é *restritiva* quando se considera que a lei abrange um círculo mais estrito de casos do que aqueles expressamente previstos na letra da lei (o legislador disse mais do que queria).

3. *Interpretação e integração*

A interpretação não se confunde com a integração da norma jurídica. A *interpretação* consiste em se descobrir o alcance da norma preexistente, enquanto a *integração* se traduz no meio para suprir as lacunas. E isto porque "o juiz não se exime de sentenciar ou despachar alegando lacuna ou obscuridade da lei" (art. 126 do CPC). É a proibição do *non liquet* em nosso ordenamento jurídico, também expressa no art. 4º da Lei de Introdução às Normas do Direito Brasileiro.

O preenchimento das lacunas da lei se faz com o uso da analogia e dos princípios gerais de Direito.

A *analogia* consiste em resolver uma determinada hipótese de conflito, não prevista em lei, mediante a aplicação de regra jurídica relativa a um caso semelhante.

Quando a analogia não permite a solução do conflito, podemos recorrer aos *princípios gerais de Direito*, que se traduzem naqueles princípios constantes do próprio ordenamento jurídico e naqueles que lhe são anteriores, tais como: a) a má-fé deve ser provada; b) o ordinário se presume, o excepcional deve ser provado; c) ninguém pode transferir mais direitos do que possui; d) o acessório segue o principal.

A equidade, no sentido pretoriano, é um dos meios de integração do direito do trabalho, mas só pode ser usada quando há previsão legislativa (art. 127 do CPC). É o que se denomina "julgamento por equidade". No entanto, a equidade no sentido aristotélico deve usada a todo momento, competindo ao magistrado adequar a norma ao caso concreto, atenuando os rigores da lei, o que consiste no julgamento com equidade.

1. As leis penais e tributárias não comportam interpretação extensiva.

V

PRINCÍPIOS DE DIREITO PROCESSUAL DO TRABALHO

1. Considerações iniciais. 2. Princípio da imparcialidade do juiz. 3. Princípio da igualdade. 4. Princípio do contraditório. 5. Princípio da ação. 6. Princípio do impulso oficial. 7. Princípio da persuasão racional do juiz. 8. Princípio da publicidade. 9. Princípio da lealdade processual. 10. Princípio da economia processual. 11. Princípio da instrumentalidade das formas. 12. Princípio do duplo grau de jurisdição. 13. Princípio da concentração. 14. Princípio da oralidade. 15. Princípio da identidade física do juiz.

1. Considerações iniciais

Algumas regras orientam o direito processual e o legislador na elaboração das leis processuais. São os princípios de direito processual, e muitos dos quais têm sede constitucional.

No que respeita ao direito processual do trabalho não existe unanimidade entre os doutrinadores. Constata-se que alguns princípios de direito processual do trabalho são, verdadeiramente, princípios gerais de direito processual, os quais no processo do trabalho adquirem maior intensidade, mormente em face das peculiaridades que norteiam este ramo do direito processual.

De qualquer sorte, a despeito das controvérsias, ousamos destacar alguns princípios nas linhas seguintes.

2. Princípio da imparcialidade do juiz

Trata-se de um princípio, ao mesmo tempo em que é um pressuposto processual subjetivo.

É uma garantia de justiça para as partes e consequência do princípio do juízo natural. A lei exige que o magistrado seja imparcial, e a Consolidação das Leis do Trabalho, na sua costumeira falta de técnica, indicou no art. 801 que o juiz "é obrigado a dar-se por suspeito" nas seguintes hipóteses: a) inimizade ou amizade pessoal com um dos litigantes; b) parentesco por consanguinidade ou afinidade até o 3º grau civil; c) interesse particular na causa.

Contudo, referido dispositivo consolidado não esgota a questão, mesmo porque mistura hipóteses de suspeição com impedimento, e daí a necessidade de aplicação subsidiária dos arts. 134 e 135 do Código de Processo Civil. O art. 134 do Código de Processo Civil contempla hipóteses de impedimento, nas quais o magistrado é obrigado a se afastar do processo, sob pena de arguição de nulidade a qualquer tempo; e mesmo depois do trânsito em julgado (estamos falando de *coisa julgada material* e não da meramente *formal*) existirá a possibilidade de ação rescisória para sua desconstituição. O art. 135 do diploma processual civil arrola as hipóteses de suspeição, nas quais o juiz não está obrigado a se afastar do processo (não obstante possa e deva fazê-lo, quando for o caso), podendo haver arguição pela parte interessada na primeira oportunidade que tiver para falar em audiência ou nos autos, após a ciência do motivo da suspeição (art. 795 da CLT), sob pena de preclusão – cumprindo assinalar que a sentença proferida por juiz suspeito não autoriza a propositura de ação rescisória.

3. *Princípio da igualdade*

O art. 5º da Constituição Federal estabelece a igualdade perante a lei, e daí nasce o princípio da igualdade processual.

Todavia, não ferem o princípio da igualdade algumas prerrogativas processuais que visam a compensar eventual desigualdade econômica ou conceder tratamento diferenciado a determinadas pessoas.

E isto porque o princípio da isonomia não pode ser entendido em termos absolutos, e sim sob a ótica de que os desiguais devem ser tratados desigualmente, na medida de suas desigualdades.

Assim, não viola o princípio da igualdade a regra *in dubio pro reo* (direito processual penal), ou mesmo o fato de que a Fazenda Pública e o Ministério Público têm o prazo em dobro para interpor recursos.

No processo do trabalho podemos verificar que o trabalhador, geralmente hipossuficiente, goza de algumas vantagens no âmbito processual, motivo pelo qual alguns autores chegam a assinalar a existência do princípio protecionista no direito processual do trabalho.

Assinalemos alguns exemplos: a gratuidade do processo, com a isenção do pagamento de custas, beneficia o empregado e não o empregador; a ausência do trabalhador-reclamante à audiência inicial importa o arquivamento da reclamação (art. 844 da CLT), produzindo a coisa julgada formal – ou seja, poderá ajuizar novamente a demanda –, enquanto a ausência do empregador-reclamado acarreta revelia e confissão quanto à matéria de fato, dentre outros efeitos.

Observa-se, pois, que, ao contrário do que se costuma imaginar, é o sistema processual trabalhista que é protecionista em relação ao trabalhador, sendo injusta a afirmação de que a Justiça do Trabalho é paternalista.

4. *Princípio do contraditório*

Trata-se de uma garantia fundamental de justiça, segundo a qual ambas as partes da relação jurídica processual devem ter a oportunidade de apresentar suas razões ao juiz, com o objetivo de influir no seu convencimento.

Por conta deste princípio, a parte deve ter ciência dos atos praticados pelo adversário, a fim de que possa se contrapor, querendo.

A parte terá sempre ciência de eventuais documentos juntados pelo *ex adverso*, sem o quê o processo será nulo, salvo a inocorrência de prejuízo.

5. *Princípio da ação*

O princípio da ação decorre da inércia da jurisdição, segundo o qual compete à parte a iniciativa de provocar o exercício da função jurisdicional. Todavia, no processo do trabalho este princípio sofre restrições, na medida em que a execução trabalhista pode ser iniciada pelo próprio juiz do trabalho, com fundamento no art. 878 da Consolidação das Leis do Trabalho.[1]

6. *Princípio do impulso oficial*

É o princípio segundo o qual compete ao juiz mover o processo de fase em fase até a conclusão da função jurisdicional, cumprindo assina-

1. "Art. 878. A execução poderá ser promovida por qualquer interessado, ou *ex officio* pelo próprio juiz ou presidente ou tribunal competente, nos termos do artigo anterior."

lar que no processo do trabalho tem aplicação bastante acentuada, a teor do art. 765 da Consolidação das Leis do Trabalho.[2]

E até mesmo o direito processual civil, que vem se abeberando no direito processual do trabalho de longa data, concebe o mesmo princípio no art. 262 do CPC: "O processo civil começa por iniciativa da parte, *mas se desenvolve por impulso oficial*" (grifamos). Não há, pois, contradição entre o princípio da ação e o do impulso oficial.

7. *Princípio da persuasão racional do juiz*

Trata-se de princípio destinado ao juiz, segundo o qual deve formar livremente seu convencimento, desde que o faça com base na prova dos autos. Não se trata de princípio exclusivo do processo do trabalho, já que no ordenamento jurídico pátrio não vigora o princípio da convicção íntima do magistrado.

Assinale-se, ainda, que, por força do princípio em epígrafe, o juiz tem ampla liberdade na valoração da prova, cumprindo assinalar que a prova não se mede pela quantidade, e sim pela qualidade.

8. *Princípio da publicidade*

Trata-se de princípio segundo o qual o processo do trabalho é público, da mesma forma que públicas são as audiências, à luz do art. 770 da Consolidação das Leis do Trabalho, salvo nos casos em que o interesse social aconselhe que não haja divulgação.

Todavia, a exemplo de outros princípios já mencionados, a publicidade traduz princípio geral do direito processual, com sede constitucional. A restrição da publicidade dos atos processuais só pode ocorrer na hipótese de defesa da intimidade ou quando o exigir o interesse social, nos termos do art. 5º, LX, da Constituição Federal.

9. *Princípio da lealdade processual*

É o princípio que impõe a todos aqueles que participam do processo que ajam com lealdade, impondo-lhes os deveres de moralidade e probidade.

2. "Art. 765. Os juízos e tribunais do trabalho terão ampla liberdade na direção do processo e velarão pelo andamento rápido das causas, podendo determinar qualquer diligência necessária ao esclarecimento delas."

Os deveres de lealdade processual encontram-se insculpidos na legislação processual civil, cuja aplicação subsidiária se impõe ao processo do trabalho.

O art. 17 do Código de Processo Civil reputa litigante de má-fé aquele que: a) deduz pretensão ou defesa contra texto expresso de lei ou fato incontroverso; b) altera a verdade dos fatos; c) usa o processo para fins ilegais; d) opõe resistência injustificada ao andamento do processo; e) procede de modo temerário em qualquer incidente ou ato do processo; f) provoca incidentes manifestamente infundados; g) interpõe recurso com intuito manifestamente protelatório.

Ao litigante de má-fé o art. 18 do diploma processual civil reserva a condenação no pagamento de multa não excedente a 1% sobre o valor da causa e na indenização dos prejuízos sofridos pela parte contrária, mais honorários advocatícios e despesas que efetuou, independentemente de requerimento. Vale dizer, a cominação de litigância de má-fé pode ser realizada *ex officio* pelo juiz ou tribunal do trabalho.

10. Princípio da economia processual

O princípio da economia processual preconiza o máximo de resultado na atuação do Direito com o mínimo de atividades processuais. Um exemplo de aplicação do princípio da economia processual, em face de comando legal, seria a reunião de várias reclamações trabalhistas num único processo nos casos em que exista identidade de matéria, a teor do art. 842 da Consolidação das Leis do Trabalho.[3]

Igualmente, por força do princípio epigrafado, compete ao juiz do trabalho evitar diligências e adiamentos desnecessários, a fim de que o processo tenha a desejável celeridade, conforme expressamente prevista no art. 5º, LXXVIII, CF.

11. Princípio da instrumentalidade das formas

O princípio da instrumentalidade das formas traduz-se na regra de aproveitamento dos atos processuais, a teor do art. 794 da Consolidação das Leis do Trabalho, tratando-se de princípio também abrigado no di-

3. "Art. 842. Sendo várias as reclamações e havendo identidade de matéria, poderão ser acumuladas num só processo, se se tratar de empregados da mesma empresa ou estabelecimento."

reito processual civil (arts. 154 e 250 do CPC).[4] O ato processual será válido, ainda que realizado sem observância da formalidade exigida em lei, desde que tenha atingido os objetivos desejados e não tenha causado prejuízo à parte contrária.

Trata-se do princípio que rege a nulidade dos atos processuais, que tem assento em cinco artigos da Consolidação das Leis do Trabalho (arts. 794-798). Em síntese, o art. 794 da CLT assegura que não há nulidade sem prejuízo, enquanto o art. 795 consagra que as nulidades serão declaradas mediante provocação da parte interessada, que tem o encargo processual de argui-las na primeira oportunidade que tiver para se manifestar em audiência ou nos autos, sob pena de preclusão.

A nulidade fundada em incompetência absoluta (material ou funcional) deve ser declarada *ex officio*, ou seja, independentemente de provocação, a teor do § 1º do mesmo art. 795 da CLT, cuja interpretação literal – nada recomendável neste caso – poderia levar à conclusão de que se trataria da incompetência em razão do lugar (relativa), pois alude a "incompetência de foro", o que seria um despropósito, já que se distancia, totalmente, da Teoria Geral do Processo. Vale dizer, mesmo no processo do trabalho, a incompetência em razão do lugar deve ser arguida pela parte interessada, no momento oportuno, sob pena de preclusão, enquanto a incompetência absoluta, por envolver matéria de ordem pública, passível de conhecimento de ofício pelo órgão julgador, não se sujeita à mesma regra de preclusão, podendo ser arguida a qualquer momento, em qualquer instância ou tribunal, desde que não transitada em julgado a decisão. Após o trânsito em julgado de decisão proferida por juiz absolutamente incompetente, ainda será possível o ajuizamento de ação rescisória (art. 485, II, do CPC), desde que tenha havido o exame de mérito, assuntos que serão tratados em capítulo próprio.

4. *Código de Processo Civil*:

"Art. 154. Os atos e termos processuais não dependem de forma determinada senão quando a lei expressamente a exigir, reputando-se válidos os que, realizados de outro modo, lhe preencham a finalidade essencial."

"Art. 250. O erro de forma do processo acarreta unicamente a anulação dos atos que não possam ser aproveitados, devendo praticar-se os que forem necessários, a fim de se observarem, quanto possível, as prescrições legais.

"Parágrafo único. Dar-se-á o aproveitamento dos atos praticados, desde que não resulte prejuízo à defesa."

Consolidação das Leis do Trabalho: "Art. 794. Nos processos sujeitos à apreciação da Justiça do Trabalho só haverá nulidade quando resultar dos atos inquinados manifesto prejuízo às partes litigantes".

Nos termos do art. 796 da CLT, a nulidade não será pronunciada: a) quando for possível suprir-se a falta ou repetir-se o ato; b) quando arguida por quem lhe tiver dado causa. E, ainda, caberá ao juiz ou tribunal que pronunciar a nulidade, declarar os atos a que ela se estende (art. 797 da CLT), a qual prejudicará apenas os atos posteriores, que dependam ou sejam consequência do ato declarado nulo (art. 798 da CLT).

12. Princípio do duplo grau de jurisdição

Trata-se de princípio que indica a possibilidade de revisão, por via de recurso, das causas julgadas pelo juiz de primeiro grau.

No entanto, não se trata de uma garantia constitucional, mas, tão somente, um princípio processual. Vale dizer, não obstante a Constituição Federal assegure o amplo direito de defesa no art. 5º, LV,[5] o fato é que a norma processual poderá restringir o acesso ao duplo grau de jurisdição.

Assim, no processo do trabalho não se admite recurso das sentenças prolatadas nas reclamações cujo valor da causa não seja superior a dois salários-mínimos, a teor do art. 2º, § 4º, da Lei 5.584, de 1970, salvo se versarem sobre matéria constitucional. Lembre-se que o valor a ser considerado é o do salário-mínimo vigente à época do ajuizamento da ação.

Igualmente, não se cogita de inconstitucionalidade na exigência do prévio pagamento de custas e depósito recursal como condição para o processamento dos recursos no âmbito judicial, cumprindo assinalar que a Súmula Vinculante 21 se refere apenas aos recursos administrativos ("É inconstitucional a exigência de depósito ou arrolamento prévios de dinheiro ou bens para admissibilidade de recurso administrativo").

13. Princípio da concentração

Alguns autores incluem o princípio da concentração no rol de princípios do direito processual do trabalho, na medida em que se busca concentrar a produção das provas em audiência – princípio que se encontra mitigado nos dias atuais em face do fracionamento das audiências (inicial, instrução e julgamento) e da possibilidade de juntada de documentos supervenientes.

Trata-se, em verdade, de um corolário do princípio da economia processual, e que foi resgatado com o advento do procedimento suma-

5. "Art. 5º. (...); LV – aos litigantes, em processo judicial ou administrativo, e aos acusados em geral são assegurados o contraditório e ampla defesa, com os meios e recursos a ela inerentes; (...)".

riíssimo na Justiça do Trabalho, onde os atos processuais, salvo exceções, devem se concentrar em audiência. É certo, no entanto, que referido princípio só tem aplicação durante a fase de conhecimento do processo, não se aplicando às execuções que têm curso na Justiça do Trabalho.

14. Princípio da oralidade

Segundo as diretrizes do próprio diploma consolidado, é possível identificar o princípio da oralidade no processo do trabalho. Isto porque a manifestação verbal ganha especial relevo, na medida em que o próprio ajuizamento da reclamação trabalhista pode ser feito "verbalmente", segundo consta do art. 840 da Consolidação das Leis do Trabalho.

Além disso, a contestação pode ser ofertada oralmente (art. 847 da CLT), e o mesmo se diga das razões finais (art. 850 da CLT). Contudo, a exemplo do princípio da concentração, a oralidade resta mitigada nos dias atuais, mormente em decorrência do fracionamento das audiências, pelo costume já consagrado de se ofertar defesa escrita e pela rara ocorrência de reclamações "verbais".

15. Princípio da identidade física do juiz

Referido princípio não se encontra previsto na CLT e, sim, no art. 132 do Código de Processo Civil ("O juiz, titular ou substituto, que concluir a audiência julgará a lide, salvo se estiver convocado, licenciado, afastado por qualquer motivo, promovido ou aposentado, casos em que passará os autos ao seu sucessor"). A jurisprudência cristalizada na Súmula 136 do TST sempre afirmou a incompatibilidade deste princípio com o processo do trabalho, talvez inspirada nas dificuldades que decorriam da composição paritária da Justiça do Trabalho – que consistia na existência de juízes classistas temporários, representantes de empregados e empregadores – e que deixou de existir com a Emenda Constitucional 24, de 9.12.1999. Contudo, o próprio Tribunal Superior do Trabalho, por ocasião da revisão de suas Súmulas, por meio da Resolução 121, de 28.10.2003, atribuiu nova redação à Súmula 136 ("Não se aplica às Varas do Trabalho o princípio da identidade física do juiz") que, finalmente, foi cancelada pela Resolução 185, de 14.9.2013. O cancelamento da súmula mencionada possibilita aos próprios Tribunais Regionais que recomendem a prolação de sentença pelo juiz que tenha instruído o feito – pois é razoável supor que estará mais bem inteirado dos fatos e circunstâncias que cercam o conflito e mais habilitado a um julgamento justo. Contudo, reputamos apressada a conclusão que obriga a plena aplicação da identidade física do juiz ao processo do trabalho, sob pena de nulidade da sentença, notadamente quando se considera o princípio da instrumentalidade das formas.

VI

A ORGANIZAÇÃO DA JUSTIÇA DO TRABALHO

1. Considerações iniciais. 2. Tribunal Superior do Trabalho. 3. Tribunais Regionais do Trabalho. 4. Varas do Trabalho.

1. Considerações iniciais

A Justiça do Trabalho, no Brasil, foi inspirada no modelo fascista italiano, o qual contemplava a existência de um representante do Estado (juiz togado), bem como representantes da classe trabalhadora e da categoria econômica (juízes classistas temporários); e daí justificar-se a denominação de *justiça paritária*.

Trata-se de modelo abandonado na própria Itália após a II Guerra Mundial e que persistiu no ordenamento jurídico brasileiro até a promulgação da Emenda Constitucional 24, de 9.12.1999.

As críticas mais severas sempre foram dirigidas à representação classista, seja pelo elevado custo que acarretava, seja pela não exigência de formação jurídica do juiz classista e, principalmente, porque não se verificava o pressuposto processual da imparcialidade – aspectos que, se não justificavam a extinção da instituição, ao menos justificavam mudanças na forma de remuneração e nos critérios de seleção de referidos juízes temporários.

A Justiça do Trabalho foi instituída pela Constituição Federal de 1934[1] (art. 122), e se encontrava subordinada ao Poder Executivo, situação que foi repetida no art. 139 da Constituição de 1937.[2]

1. Constituição Federal de 1934:

A inclusão da Justiça do Trabalho como órgão do Poder Judiciário só ocorreu com a promulgação da Constituição Federal de 1946 (art. 122), o que foi reprisado pelas Constituições posteriores, inclusive a atual.

Nos termos do art. 111 da Constituição Federal de 1988, já com a redação da Emenda Constitucional 24, de 1999, são órgãos da Justiça do Trabalho o Tribunal Superior do Trabalho, os Tribunais Regionais do Trabalho e os juízes do trabalho. Tem-se, pois, que se encontra derrogado o disposto no art. 644, "c", da Consolidação das Leis do Trabalho, segundo o qual os juízos de direito também seriam órgãos da Justiça do Trabalho, ao lado das Juntas de Conciliação e Julgamento (atuais Varas do Trabalho).

Em verdade, os juízes de direito poderão exercer atribuições que são acometidas às Varas do Trabalho naquelas localidades não compreendidas na jurisdição destas últimas, nos termos dos arts. 668 e ss. da Consolidação das Leis do Trabalho – hipótese que não foi vedada pela atual Constituição Federal, a teor de seu art. 112.

2. *Tribunal Superior do Trabalho*

Trata-se de órgão máximo da Justiça do Trabalho, composto por 27 juízes – denominados Ministros – togados e vitalícios (um quinto escolhido dentre advogados com mais de dez anos de efetiva atividade profissional e membros do Ministério Público do Trabalho com mais de dez anos de efetivo exercício e os demais dentre juízes do trabalho dos Tribunais Regionais do Trabalho, oriundos da magistratura da carreira, indicados em lista tríplice elaborada pelo próprio TST), a teor do art. 111-A da Constituição Federal, acrescentado pela Emenda Constitucio-

"Art. 122. Para dirimir questões entre empregadores e empregados, regidas pela legislação social, fica instituída a Justiça do Trabalho, à qual não se aplica o disposto no Capítulo IV do Título I.

"Parágrafo único. A constituição dos tribunais do trabalho e das comissões de conciliação obedecerá sempre ao princípio da eleição de membros, metade pelas associações representativas dos empregados, e metade pelas dos empregadores, sendo o presidente de livre nomeação do Governo, escolhido entre pessoas de experiência e notória capacidade moral e intelectual."

2. "Para dirimir os conflitos oriundos das relações entre empregadores e empregados, reguladas na legislação social, é instituída a Justiça do Trabalho, que será regulada em lei e à qual não se aplicam as disposições desta Constituição relativas à competência, ao recrutamento e às prerrogativas da Justiça Comum."

nal 45/2004. Tem sede na Capital Federal e jurisdição em todo o território nacional (art. 92, § 2º, da CF).

Os ministros do Tribunal Superior do Trabalho são escolhidos dentre brasileiros com mais de 35 e menos de 65 anos e nomeados pelo Presidente da República após aprovação pelo Senado Federal. E quanto aos integrantes do Ministério Público do Trabalho e advogados que devem compor o que já se convencionou denominar "quinto constitucional" dos tribunais, se exige que já contem mais de 10 anos de carreira em relação aos primeiros e mais de 10 anos de efetiva atividade profissional – além de reputação ilibada e notório saber jurídico – em relação aos últimos, à luz do art. 111, § 2º, c/c o art. 94, da Constituição Federal.

O fato de a Constituição Federal não fazer menção expressa ao requisito da reputação ilibada e notório saber jurídico dos membros do Ministério Público do Trabalho se deve ao fato de que o exercício do cargo implica presunção da existência de tais requisitos, sem os quais não teriam ingressado ou permanecido na carreira.

No que respeita à estruturação interna, o Tribunal Superior do Trabalho é constituído pelo Tribunal Pleno, Órgão Especial, Seção Especializada em Dissídios Coletivos (SDC), Seção Especializada em Dissídios Individuais, dividida em duas subseções (SDI-I e SDI-II), e Turmas, nos termos da Lei 7.701, de 1988, e art. 59 de seu Regimento Interno.

O Órgão Especial é composto pelo presidente e vice-presidente do Tribunal, corregedor-geral da Justiça do Trabalho, os setes ministros mais antigos, incluindo os membros da direção, e sete ministros eleitos pelo Tribunal Pleno, cumprindo assinalar que os integrantes do Órgão Especial comporão também outras Seções do Tribunal (art. 63 do Regimento Interno).

Dentre os membros das Seções Especializadas encontramos o presidente do Tribunal, o vice-presidente e o corregedor-geral da Justiça do Trabalho.

O Pleno do Tribunal Superior do Trabalho é composto por todos os ministros da Corte (art. 62 do Regimento Interno) e funciona com a presença de, no mínimo, 14 ministros.

Finalmente, as Turmas são constituídas, cada uma, por três ministros, sendo presididas pelo ministro mais antigo integrante do Colegiado (art. 66 do Regimento Interno).

Neste tópico não vamos detalhar a competência funcional de cada órgão isoladamente considerado, mas assinalamos que a atribuição de competência ao Tribunal Superior do Trabalho está a cargo de lei ordinária, à luz do art. 111, § 3º, da Constituição Federal.

3. *Tribunais Regionais do Trabalho*

Na antiga redação do art. 112 da Constituição Federal se encontrava estabelecido que cada Estado da Federação, bem como o Distrito Federal, teria pelo menos um Tribunal Regional do Trabalho – exigência que motivou a criação de vários tribunais a partir de outubro de 1988 e que acabou contribuindo para que os cofres públicos fossem mais onerados.

Passados alguns anos, percebeu-se o exagero do dispositivo constitucional, em face da instalação de tribunais sem qualquer justificativa na demanda de trabalho (que era pequena) se comparada com a média nacional.

E daí a existência dos seguintes Tribunais Regionais do Trabalho:

1ª Região: Estado do Rio de Janeiro;

2ª Região: Capital do Estado de São Paulo e os Municípios de Arujá, Barueri, Biritiba-Mirim, Caieiras, Cajamar, Carapicuíba, Cotia, Cubatão, Diadema, Embu, Embu-Guaçu, Ferraz de Vasconcelos, Francisco Morato, Franco da Rocha, Guararema, Guarujá, Guarulhos, Itapecerica da Serra, Itapevi, Itaquaquecetuba, Jandira, Juquitiba, Mairiporã, Mauá, Moji das Cruzes, Osasco, Pirapora do Bom Jesus, Poá, Praia Grande, Ribeirão Pires, Rio Grande da Serra, Salesópolis, Santa Isabel, Santana do Parnaíba, Santo André, Santos, São Bernardo do Campo, São Caetano do Sul, São Vicente, Suzano e Taboão da Serra (conforme Lei 7.520 de 15.7.1986);

3ª Região: Estado de Minas Gerais (Lei 6.241, de 1975);

4ª Região: Estado do Rio Grande do Sul (Lei 6.241, de 1975);

5ª Região: Estado da Bahia (Lei 6.241, de 1975);

6ª Região: Estado de Pernambuco (Lei 6.241, de 1975);

7ª Região: Estado do Ceará (Lei 6.241, de 1975);

8ª Região: Estados do Pará e Amapá (Lei 6.241, de 1975), com sede em Belém;

9ª Região: Estado do Paraná (Lei 6.241, de 1975);

10ª Região: Distrito Federal (Lei 6.927, de 1981);

11ª Região: Estados do Amazonas e Roraima (Lei 6.915, de 1981), com sede em Manaus;

12ª Região: Estado de Santa Catarina (Lei 6.928, de 1981);

13ª Região: Estado da Paraíba (Lei 7.324, de 1985);

14ª Região: Estados de Rondônia e Acre (Lei 7.523, de 1986), com sede em Porto Velho;

15ª Região: Estado de São Paulo (área não abrangida pela jurisdição estabelecida na 2ª Região – criada pela Lei 7.520, de 1986), com sede em Campinas;

16ª Região: Estado do Maranhão (Lei 7.671, de 1988);

17ª Região: Estado do Espírito Santo (Lei 7.872, de 1989);

18ª Região: Estado de Goiás (Lei 7.873, de 1989);

19ª Região: Estado de Alagoas (Lei 8.219, de 1991);

20ª Região: Estado de Sergipe (Lei 8.233, de 1991);

21ª Região: Estado do Rio Grande do Norte (Lei 8.215, de 1991);

22ª Região: Estado do Piauí (Lei 8.221, de 1991);

23ª Região: Estado de Mato Grosso (Lei 8.430, de 1992);

24ª Região: Estado do Mato Grosso do Sul (Lei 8.431, de 1992).

Observa-se, pois, que após a promulgação da atual Constituição Federal foram criados nada menos que oito novos Tribunais Regionais do Trabalho, de tal sorte que, atualmente, só não possuem Tribunais Regionais do Trabalho os Estados do Amapá (8ª Região), Roraima (11ª Região), Acre (14ª Região) e Tocantins (que pertence à 10ª Região), situação que persistirá, já que a Emenda Constitucional 45, de 8.12.2004 atribuiu nova redação ao art. 112 da Constituição Federal, deixando de consagrar a exigência de, pelo menos, um tribunal por Estado, limitando-se a afirmar que "a lei criará varas da Justiça do Trabalho, podendo, nas comarcas não abrangidas por sua jurisdição, atribuí-la aos juízes de direito, com recurso para o respectivo Tribunal Regional do Trabalho".

Nos termos do art. 115 da Constituição Federal, com a redação da Emenda Constitucional 45, de 8.12.2004, os Tribunais Regionais do Trabalho compõem-se de, no mínimo, sete juízes, recrutados, preferencialmente, na respectiva região, cujas nomeações são feitas pelo Presidente da República, cumprindo assinalar que um quinto das vagas é composto por membros oriundos da Advocacia e do Ministério Público do Trabalho, com mais de dez anos de efetivo exercício, e idade superior a trinta e inferior a sessenta e cinco anos, sendo os demais, mediante promoção de juízes do trabalho por antiguidade e merecimento, alternadamente.

Quanto aos juízes de carreira que integram os Tribunais Regionais do Trabalho observamos que são escolhidos por promoção, pelos critérios de merecimento e antiguidade, alternadamente (art. 115, II, da CF), sendo obrigatória a promoção do juiz que figurar três vezes consecutivas ou cinco alternadas em lista de merecimento, consoante se infere da leitura do art. 93 da Constituição Federal. Na promoção por antiguidade, o tribunal só poderá recusar o juiz mais antigo pelo voto fundamentado de dois terços de seus membros, conforme procedimento próprio, sempre assegurando a ampla defesa do magistrado (art. 93, II, "d", da CF); e não será promovido o juiz que, injustificadamente, retiver autos em seu poder além do prazo legal, ficando vedada a devolução à secretaria da Vara sem o devido despacho ou decisão (art. 93, II, "e", da CF).

E quanto aos membros do Ministério Público e advogados que devem compor os respectivos quintos constitucionais dos Tribunais Regionais do Trabalho, devem ser observados os requisitos do art. 94 da Constituição Federal, quais sejam, mais de 10 anos na carreira ou atividade profissional, além de reputação ilibada e notório saber jurídico, em relação aos últimos.

A organização dos Tribunais Regionais varia de acordo com o número de seus membros. No entanto, haverá sempre um presidente e um vice, escolhidos dentre os juízes, cumprindo assinalar que nos Tribunais maiores poderão existir corregedores e vice-corregedores, além de Sessões Especializadas em Dissídios Coletivos naqueles em que o número de Turmas não é inferior a quatro.

4. *Varas do Trabalho*

As Varas do Trabalho – atual denominação das Juntas de Conciliação e Julgamento – foram criadas pelo Decreto 22.132, de 1932, e estavam subordinadas ao Ministério do Trabalho, Indústria e Comércio, sendo integradas por dois juízes classistas (à época eram denominados *vogais*) e um juiz presidente, todos nomeados pelo Ministério do Trabalho. Somente a partir da promulgação da Constituição de 1946 é que adquiriram o *status* de órgãos da Justiça do Trabalho, enquanto Poder Judiciário.

Com o fim da representação classista a jurisdição nas Varas do Trabalho passou a ser exercida por um juiz togado, o juiz do trabalho. Por outro lado, já não vigora o disposto no art. 649 da Consolidação das Leis do Trabalho, segundo o qual a "Junta" poderá conciliar, instruir e julgar com qualquer número, sendo, porém, indispensável a presença do juiz presidente, cujo voto prevalecerá em caso de empate, na medida em que a Emenda Constitucional 24, 9.12.1999, assegurou o término dos mandatos de juízes classistas em curso na época de sua promulgação. Atualmente, todas as Varas do Trabalho funcionam monocraticamente, por meio de juiz do trabalho (titular ou substituto), e isto desde meados do segundo semestre de 2002.

VII
O MAGISTRADO DO TRABALHO

1. Considerações iniciais. 2. Poderes do magistrado. 3. Independência e garantias do magistrado. 4. Impedimentos e suspeição do magistrado.

1. Considerações iniciais

O Brasil é um dos países que adota a tripartição do poder do Estado concebida pelo Barão de Montesquieu[1] no livro *O Espírito das Leis*, obra situada entre as mais importantes do século XVIII.

Segundo a teoria deste grande filósofo e jurista, o poder se divide em três funções distintas e que, em nosso ordenamento jurídico, ousamos denominar Poder Legislativo, Poder Executivo e Poder Judiciário.[2]

Em linhas gerais, ao Poder Legislativo compete a elaboração das leis, ao Poder Executivo fiscalizar o cumprimento das leis e governar (administrar a coisa pública) e ao Poder Judiciário a função de julgar. São as funções típicas de cada Poder.

Ainda nas palavras de Montesquieu, este poder de julgar se traduz na jurisdição, uma das manifestações da soberania do Estado, e que, por sua importância, não poderia ser confiada a órgãos do Executivo ou do Legislativo.[3]

Na linguagem corrente, "juiz" e "magistrado" são expressões sinônimas, e assim o consideraremos, muito embora Montesquieu, na sua

1. Escritor e filósofo francês que viveu de 18.1.1689 a 10.2.1755. Realizou sólidos estudos de Direito, chegando à Magistratura em 1716.

2. *Constituição Federal*: "Art. 2º. São Poderes da União, independentes e harmônicos entre si, o Legislativo, o Executivo e o Judiciário".

3. Montesquieu, *O Espírito das Leis*, p. 53.

teoria, tivesse reservado o termo "magistrado" para algumas autoridades do Poder Executivo. Justificamos a escolha para que não pairem dúvidas de que estamos tratando de todos os integrantes da Magistratura Trabalhista, e não restritos à figura do juiz do trabalho enquanto órgão de primeira instância.

A Magistratura é a forma de exteriorização do Poder Judiciário. O poder de julgar, conferido ao Poder Judiciário, é exercido na pessoa dos magistrados. E daí a afirmação de que os juízes se confundem com o próprio Poder que os acolhe.

Os juízes estão para o Poder Judiciário assim como os deputados e senadores estão para o Poder Legislativo e os prefeitos e governadores estão para os respectivos Poderes Executivos.

Não são funcionários públicos *stricto sensu*, na medida em que são regidos por leis especiais, e não pelo Estatuto dos Servidores, muito embora percebam subsídios dos cofres públicos, a exemplo dos deputados, senadores, governadores e até mesmo o Presidente da República. E, a exemplo destes mencionados, bem como dos membros do Ministério Público, os magistrados são agentes políticos.[4]

Por este motivo gozam de independência para o exercício de suas funções, condição que não se traduz em privilégio pessoal. Trata-se de uma prerrogativa conferida aos juízes com o firme propósito de que não se sintam tolhidos no seu convencimento, nem receosos de julgar desta ou daquela forma. É, na verdade, uma garantia àqueles que se socorrem do Poder Judiciário, objetivando a realização de justiça, a despeito de interesses de quem quer que seja (ainda que integrantes de altos escalões da Administração Pública).

Não obstante o fato de que os magistrados são agentes políticos, a forma de ingresso na carreira é diversa daquela verificada em relação aos integrantes dos Poderes Legislativo e Executivo, já que estes são eleitos mediante voto direto, universal e secreto, enquanto os integrantes do Poder Judiciário são nomeados e empossados depois de aprovação em concurso público de provas e títulos, salvo exceções expressamente previstas no texto constitucional (art. 101 – membros do STF; art. 104, parágrafo único – membros do STJ), e também os integrantes do "quinto constitucional".

Observamos, ainda, que o exercício da Magistratura pressupõe a conclusão do curso de Direito – grau de escolaridade dispensável entre

4. Hely Lopes Meirelles, *Direito Administrativo Brasileiro*, 40ª ed., p. 79.

aqueles que integram os demais Poderes – e se pauta pelos princípios que se encontram insculpidos no art. 93 da Constituição Federal e Lei Complementar 35, de 1979 (Lei Orgânica da Magistratura Nacional), e dentre eles encontramos a forma de ingresso na carreira, critérios de promoção, aposentadoria.

Por tudo o que dissemos, já é possível concluir que o Poder Judiciário é o mais técnico dentre os três Poderes que integram a República e é aquele em que a ingerência política não se coaduna com as funções que lhe são acometidas. Não vai aqui crítica alguma aos demais Poderes. Trata-se apenas de uma constatação, e se traduz num fato que decorre da própria diferença de atribuições.

O compromisso do juiz é com a Constituição Federal, com as leis que não forem contrárias a esta mesma Constituição e com sua própria consciência.

2. *Poderes do magistrado*

Os poderes do magistrado são de duas ordens: jurisdicionais e de polícia.

Os *poderes jurisdicionais* traduzem-se no poder de direção, instrução e julgamento do processo, bem como aqueles inerentes à execução de seus julgados. E isto porque o juiz é o *dominus processus*, competindo-lhe a condução suprema do processo.[5]

O fato de o juiz ser o dono do processo não implica afirmar que possui algum poder disciplinar sobre os demais profissionais do Direito que poderão atuar na mesma relação processual (advogado, membro do Ministério Público). Em verdade, o juiz não exerce poder disciplinar, nem se encontra em posição hierárquica superior aos demais técnicos do Direito, muito embora, no exercício da sua atividade jurisdicional, ordene, mande, revogue e pratique todos os atos inerentes ao processo que possam ajudá-lo na formação de seu

5. *Código de Processo Civil*: "Art. 130. Caberá ao juiz, de ofício ou a requerimento da parte, determinar as provas necessárias à instrução do processo, indeferindo as diligências inúteis ou meramente protelatórias".

Consolidação das Leis do Trabalho: "Art. 765. Os juízos e tribunais do trabalho terão ampla liberdade na direção do processo e velarão pelo andamento rápido das causas, podendo determinar qualquer diligência necessária ao esclarecimento delas".

Código de Processo Penal: "Art. 251. Ao juiz incumbirá prover à regularidade do processo (...)".

convencimento, até mesmo contra a vontade de advogados e membros do Ministério Público.

Ora, se o juiz não exerce poder disciplinar sobre os advogados, qual o fato que o autoriza a determinar a juntada de um determinado documento, ou mesmo o comparecimento do advogado à sua presença, para prestar esclarecimentos sobre aspectos relacionados com a causa? E a resposta é simples. O processo assegura ao juiz os poderes inerentes à sua atividade jurisdicional, sendo certo que o advogado poderá não atender à determinação judicial; mas, se não tiver um motivo razoável para fazê-lo, suportará as consequências na órbita processual, inclusive com o prejuízo do controvertido direito material de seu cliente, e podendo ser responsabilizado civilmente pela omissão.

Quando dizemos que o juiz não se encontra em posição hierarquicamente superior aos demais profissionais do Direito é porque cada qual integra uma carreira diferente e tem sua própria função na relação jurídica processual. E não se pode cogitar de hierarquia em situações como esta. Afinal de contas, não se pode dizer que um empregado da empresa "A" esteja em posição hierarquicamente inferior ao empregado da empresa "B".

Os poderes de polícia prestam-se a assegurar ao juiz sua condição de autoridade[6] e a eficácia de seu poder jurisdicional.

No exercício do poder de polícia, compete ao juiz reprimir qualquer ato contrário à dignidade da justiça (art. 125 do CPC), bem como manter a ordem e o decoro na sala de audiências. Pode, inclusive, determinar a retirada da sala de audiências de quem não estiver se portando convenientemente.[7]

Neste mesmo diapasão, compete ao juiz em relação ao processo, especialmente, assegurar às partes igualdade de tratamento e velar pela rápida solução do litígio.

Dentre as hipóteses que devem ser reprimidas pelo juiz encontra-se, por exemplo, a do uso de expressões injuriosas pelas partes, a prá-

6. *Código de Processo Penal*: "Art. 794. A polícia das audiências e das sessões compete aos respectivos juízes ou ao presidente do tribunal, câmara ou turma, que poderão determinar o que for conveniente à manutenção da ordem. Para tal fim, requisitarão força pública, que ficará exclusivamente à sua disposição".

7. *Código de Processo Civil*: "Art. 445. O juiz exerce o poder de polícia, competindo-lhe: I – manter a ordem e o decoro na audiência; II – ordenar que se retirem da sala de audiência os que se comportarem inconvenientemente; III – requisitar, quando necessário, a força policial".

tica de atos como litigantes de má-fé (art. 17 do CPC), os atos de devedor considerados atentatórios à dignidade da justiça (fraude à execução, oposição maliciosa à execução – por meio de ardis e meios artificiosos), a resistência injustificada às ordens judiciais e a ocultação de seus bens à execução (arts. 599 e 600 do CPC).[8]

Registramos, finalmente, que o juiz tem o poder e o dever de impedir a colusão entre as partes, ou seja, o conluio para obtenção de um fim ilícito. É possível que autor e réu queiram servir-se do processo para praticar ato simulado, em desacordo com a lei; e, neste caso, o juiz deverá, convencendo-se dessa circunstância, proferir sentença que obste aos objetivos das partes (uma sentença extintiva do processo sem resolução do mérito e que conterá também providências complementares e até punitivas, visando a obstar à intenção maliciosa das partes), com fundamento nos arts. 129 e 267, IV, CPC.

3. *Independência e garantias do magistrado*

A Constituição Federal assegura aos juízes algumas garantias que nada mais objetivam senão resguardar a independência e imparcialidade dos membros do Poder Judiciário, já que ocupam posição de guardiães das liberdades e dos direitos individuais. Insistimos, pois, em que não se trata de privilégios da Magistratura, e sim de prerrogativas que objetivam dar segurança à prestação jurisdicional.

As garantias mencionadas objetivam assegurar a independência política do Poder Judiciário e a independência jurídica dos magistrados.

Por força do art. 95 da Constituição Federal, os juízes gozam das seguintes prerrogativas: 1) *vitaliciedade* – garantia que se traduz na impossibilidade de o magistrado perder o cargo, senão por sentença judicial transitada em julgado, garantia que no primeiro grau de jurisdição é adquirida após dois anos de exercício no cargo; 2) *inamovibilidade* – a qual traduz a impossibilidade de remoção do magistrado de um local para outro sem seu consentimento, salvo motivo de interesse público, nos termos do art. 93, VIII;[9] e 3) *a irredutibilidade de subsídios*, ob-

8. *Código de Processo Civil*: "Art. 601. Nos casos previstos no artigo anterior, o devedor incidirá em multa fixada pelo juiz, em montante não superior a 20% (vinte por cento) do valor atualizado do débito em execução, sem prejuízo de outras sanções de natureza processual ou material, multa essa que reverterá em proveito do credor, exigível na própria execução".

9. *Constituição Federal*, art. 93: "VIII – o ato de remoção, disponibilidade e aposentadoria do magistrado, por interesse público, fundar-se-á em decisão por

servado o disposto nos arts. 37, XI, 150, II, 153, III, e 153, § 2º, I, da Constituição Federal.[10]

E, ainda, para assegurar a independência dos magistrados, acrescentamos que os juízes não podem ser responsabilizados civilmente pelos erros judiciários, ainda que cometidos com culpa, ressalvando-se as hipóteses de dolo ou fraude, bem como nos casos em que recusar, omitir ou retardar, sem justo motivo, alguma providência jurisdicional.[11] Se assim não fosse a justiça ficaria comprometida, porquanto o juiz teria receio de julgar.

4. Impedimentos e suspeição do magistrado

A imparcialidade do juiz é pressuposto da atividade jurisdicional. Trata-se, em verdade, de um pressuposto processual subjetivo.

Para que a imparcialidade se verifique na atuação do juiz, torna-se necessário que seja verdadeiramente um estranho à causa e às partes, sob pena de comprometimento de seu julgado.

Os motivos que comprometem ou, pelo menos, colocam em risco a imparcialidade do juiz são as razões de impedimento e suspeição, nos termos da legislação processual.

Nos casos em que a lei considera o juiz impedido estará ele proibido de atuar no processo, sob pena de nulidade da sentença que proferir – argumento que poderá ser utilizado, inclusive, em ação rescisória (art. 485, III, do CPC).

Por outro lado, os casos de suspeição não implicam proibição de atuação do poder jurisdicional do juiz, mas suscitam dúvidas quanto à imparcialidade, o que é suficiente para afastá-lo do processo, mas não

voto da maioria absoluta do respectivo tribunal ou do Conselho Nacional de Justiça, assegurada a ampla defesa; (...)".

10. Os subsídios dos magistrados poderão ter um teto estabelecido em lei, e não têm direito a tratamento privilegiado em relação aos tributos a que se sujeitam todos os cidadãos.

11. *Código de Processo Civil*:

"Art. 133. Responderá por perdas e danos o juiz, quando:

"I – no exercício de suas funções, proceder com dolo ou fraude;

"II – recusar, omitir ou retardar, sem justo motivo, providência que deva ordenar de ofício, ou a requerimento da parte.

"Parágrafo único. Reputar-se-ão verificadas as hipóteses previstas no n. II só depois que a parte, por intermédio do escrivão, requerer ao juiz que determine a providência e este não lhe atender o pedido dentro de 10 (dez) dias."

para tornar a sentença nula. A suspeição deve ser arguida e resolvida no curso do processo, não podendo ser alegada após o trânsito em julgado da sentença.

Os casos de impedimento do juiz encontram-se arrolados no art. 134 do Código de Processo Civil: "Art. 134. É defeso ao juiz exercer as suas funções no processo contencioso ou voluntário: I – de que for parte; II – em que interveio como mandatário da parte, oficiou como perito, funcionou como órgão do Ministério Público, ou prestou depoimento como testemunha; III – que conheceu em primeiro grau de jurisdição, tendo-lhe proferido sentença ou decisão; IV – quando nele estiver postulando, como advogado da parte, o seu cônjuge, ou qualquer parente seu, consanguíneo ou afim, em linha reta; ou na linha colateral até o 2º grau; V – quando cônjuge, parente, consanguíneo ou afim, de alguma das partes, em linha reta ou, na colateral, até o 3º grau; VI – quando for órgão de direção ou de administração de pessoa jurídica, parte na causa".

O art. 252 do Código de Processo Penal também relaciona as hipóteses de impedimento do juiz, com poucas alterações em relação ao diploma processual civil.

As hipóteses de suspeição encontram-se no art. 135 do Código de Processo Civil, e são as seguintes: 1) amizade íntima ou inimizade capital do juiz com alguma das partes; 2) quando alguma das partes for credora ou devedora do juiz, de seu cônjuge ou de parentes destes, em linha reta ou na colateral até o 3º grau; 3) quando o juiz for herdeiro presuntivo, donatário ou empregador de alguma das partes; 4) quando o juiz receber dádivas antes ou depois de iniciado o processo, aconselhar alguma das partes acerca do objeto da causa ou subministrar meios para atender às despesas do litígio; 5) quando o juiz for interessado no julgamento da causa em favor de uma das partes.

E, a exemplo dos casos de impedimento, o Código de Processo Penal também disciplina as hipóteses de suspeição do juiz, em seu art. 254.

No processo trabalhista, por sua vez, o legislador acabou misturando as hipóteses de impedimento e suspeição, no art. 801 da Consolidação das Leis do Trabalho: "Art. 801. O juiz, presidente ou juiz classista, é obrigado a dar-se por suspeito, e pode ser recusado, por algum dos seguintes motivos, em relação à pessoa dos litigantes: a) inimizade pessoal; b) amizade íntima; c) parentesco por consanguinidade ou afinidade até o 3º grau civil; d) interesse particular na causa".

De qualquer sorte, não podemos perder de vista que o direito processual civil é fonte subsidiária do direito processual do trabalho, por força do art. 769 da Consolidação das Leis do Trabalho.[12]

Convém, ainda, salientar que o juiz poderá se dar por suspeito por motivo íntimo, não estando obrigado a decliná-lo (art. 135, parágrafo único, do CPC); e que a amizade íntima não se confunde com a simples relação amistosa do juiz com alguma das partes; e não gera impedimento ou suspeição do juiz a amizade ou inimizade com o advogado da parte, e isto porque a figura do advogado não se confunde com a parte.

Por último, registramos que o juiz deve se declarar suspeito ou impedido, afastando-se do processo, nas hipóteses legais. Todavia, se o juiz não o fizer poderá qualquer das partes arguir a suspeição ou impedimento por meio de exceção, nos termos do art. 799 da CLT, direito que será exercido na primeira oportunidade que a parte tiver para falar em audiência ou nos autos, a partir da ciência do fato que gerou a suspeição ou impedimento (art. 794 da CLT, não se aplicando, portanto, o disposto no art. 305 do CPC) ou por ocasião da audiência inaugural, sob pena de preclusão[13] – afirmação que é reforçada pela dicção do parágrafo único do art. 801 da Consolidação das Leis do Trabalho.

Ao oferecer a exceção a parte deverá declinar os motivos, bem como juntar documentos e arrolar testemunhas se for o caso, devendo o órgão jurisdicional designar audiência dentro de 48 horas para instrução e julgamento da exceção. Atente-se para o fato de que o próprio órgão jurisdicional é competente para julgamento do incidente, a teor dos arts. 653, "c", e 802 da Consolidação das Leis do Trabalho. Não defendemos que o próprio juiz arguido de suspeito (na hipótese de Vara do Trabalho) julgue a exceção, na medida em que isto contraria a lógica e o bom senso, e sim que um juiz substituto deve ser convocado para instruir e julgar a exceção. Nos tribunais, caberá ao relator processar e julgar o incidente (art. 138, § 2º, do CPC).

12. "Art. 769. Nos casos omissos, o direito processual comum será fonte subsidiária do direito processual do trabalho, exceto naquilo em que for incompatível com as normas deste Título."

13. A preclusão temporal traduz-se na perda de uma faculdade processual pelo não exercício no momento ou prazo oportuno. Em verdade, a preclusão mencionada no texto só se aplica às hipóteses de suspeição, porquanto as hipóteses de impedimento envolvem matéria de ordem pública, podendo ser reconhecidas até mesmo de ofício pelos tribunais.

VIII
O MINISTÉRIO PÚBLICO DO TRABALHO

1. Considerações iniciais. 2. Funções do Ministério Público. 3. Estrutura do Ministério Público. 4. Garantias dos membros do Ministério Público. 5. Impedimentos e suspeição dos membros do Ministério Público. 6. Atribuições do Ministério Público do Trabalho. 7. Jurisprudência.

1. Considerações iniciais

O Ministério Público é uma instituição concebida na França, no século XIV, mas tinha atribuições totalmente diversas daquelas que conhecemos nos dias atuais. Em verdade, foi criada para defender os interesses do soberano na esfera judicial, e não para a defesa dos interesses da sociedade.

No Brasil, até as vésperas da promulgação da atual Constituição Federal, os membros do Ministério Público também tinham o encargo de defender os interesses do Poder Executivo em juízo, resquício dos moldes franceses nos idos do século XIV, e que comprometia a independência da Instituição.[1] E, neste sentido, torna-se oportuno lembrar que os procuradores da República só deixaram de atuar na defesa dos interesses da União em face da criação da Advocacia-Geral da União pela atual Constituição Federal.

O art. 127 da atual Constituição Federal assim define o Ministério Público: "O Ministério Público é instituição permanente, essencial

1. Nos termos do art. 126 da Constituição Federal de 1967, com redação determinada pela Emenda Constitucional 7, de 13.4.1977: "A lei poderá permitir que a ação fiscal e outras sejam promovidas, nas comarcas do Interior, onde tiver domicílio a outra parte, perante a Justiça do Estado ou do Território, e com recurso para o Tribunal Federal de Recursos, bem como atribuir ao Ministério Público local a representação judicial da União".

à função jurisdicional do Estado, incumbindo-lhe a defesa da ordem jurídica, do regime democrático e dos interesses sociais e individuais indisponíveis". E, por força do § 1º do mesmo dispositivo constitucional mencionado: "São princípios institucionais do Ministério Público a unidade, a indivisibilidade e a independência funcional".

Observamos, pois, que o grau de autonomia e as prerrogativas do Ministério Público lhe atribuem características de um autêntico Poder. Contudo, não integra nenhum dos Poderes concebidos pelo art. 2º da Constituição Federal.

Efetivamente, a atual Carta Magna atribuiu ao Ministério Público um papel extremamente relevante, sem precedentes nas Constituições anteriores, em face das atribuições que lhe são acometidas.

Os princípios estampados no art. 127 da Constituição são definidos por Hugo Nigro Mazzilli: "(...) unidade é o conceito de que os promotores de um Estado integram um só órgão sob a direção de um só chefe; indivisibilidade significa que seus membros podem ser substituídos uns pelos outros, não arbitrariamente, porém, sob pena de grande desordem, mas segundo a forma estabelecida em lei (TJSP, Rec. crim. 128.587, São Paulo)".[2]

2. *Funções do Ministério Público*

O Ministério Público está inserido no Capítulo IV do Título IV ("Da Organização dos Poderes") da Constituição Federal (art. 127), ao lado da Advocacia-Geral da União, da Advocacia e da Defensoria Pública. Vale dizer, o Ministério Público é função essencial à Justiça.

Trata-se de Instituição responsável, perante o Judiciário, pela defesa da ordem jurídica e dos interesses indisponíveis da sociedade, pela fiel observância da Constituição e das leis.[3] E isto porque já sabemos que a jurisdição, enquanto atividade exercida pelo Poder Judiciário, se pauta pela inércia, a qual não é quebrada nem mesmo quando o interesse agredido diga respeito a toda a coletividade; e, assim, torna-se necessária a existência de um órgão que tenha legitimidade para defender os interesses da coletividade. Também não podemos olvidar que existem direitos individuais que são indisponíveis, e ao Ministério Público cumpre zelar por eles.

2. In Celso Ribeiro Bastos, *Curso de Direito Constitucional*, 17ª ed., 1996.

3. Antônio Carlos de Araújo Cintra, Ada Pellegrini Grinover e Cândido R. Dinamarco, *Teoria Geral do Processo*, 29ª ed., p. 238.

Assim, já é possível concluir que o Ministério Público pode atuar como parte e como fiscal da lei. Funciona como parte com o objetivo de fazer atuar a ordem jurídica e não a deixar estática e inerte, dependendo sempre da legitimação atribuída por lei.

Podemos relacionar os seguintes exemplos em que o Ministério Público atua como parte: a) ação de nulidade de casamento, prevista no art. 1.549 do Código Civil; b) ação rescisória, nos casos do art. 487, III, do Código de Processo Civil;[4] c) ações diretas de inconstitucionalidade, e declaratória de constitucionalidade;[5] d) ações penais públicas, nos termos da lei; e) ações civis públicas para a defesa do patrimônio público e social, do meio ambiente, dos interesses difusos e coletivos, entre outros.[6]

Como parte, o Ministério Público sujeita-se às mesmas obrigações, direitos e ônus que a lei processual confere às partes, nos termos do art. 81 do Código de Processo Civil.[7] Todavia, terá direito ao prazo em quádruplo para contestar e em dobro para recorrer, nos termos do art. 188 do Código de Processo Civil.[8] Atente-se para o fato de que a prerrogativa do dispositivo legal mencionado não alcança a esfera criminal, já que o ordenamento jurídico dispõe de um Código de Processo Penal, com regras próprias.

A intervenção do Ministério Público como fiscal da lei (*custos legis*) no processo ou em procedimento de jurisdição voluntária tem por objetivo assegurar a tutela dos interesses privados ou o interesse público em face da natureza de determinados litígios,[9] objetivando assegurar a supremacia da lei.

4. A legitimação do Ministério Público para a propositura de ação rescisória se dá em duas hipóteses: a) se não foi ouvido no processo em que lhe era obrigatória a intervenção; b) quando a sentença é o efeito de colusão das partes, a fim de fraudar a lei.

5. Não são todos os membros do Ministério Público que podem ajuizar referidas ações, mas somente o chefe do Ministério Público da União, ou seja, o procurador-geral da República (v. art. 103, VI, da CF).

6. O art. 6º da Lei Complementar 75, de 20.5.1993, arrola, taxativamente, a competência do Ministério Público da União; e o art. 25 da Lei 8.625, de 12.2.1993, o faz em relação ao Ministério Público dos Estados. No mais, o art. 129 da Constituição Federal estatui as funções institucionais do Ministério Público.

7. "Art. 81. O Ministério Público exercerá o direito de ação nos casos previstos em lei, cabendo-lhe, no processo, os mesmos poderes e ônus que às partes."

8. "Art. 188. Computar-se-á em quádruplo o prazo para contestar e em dobro para recorrer quando a parte for a Fazenda Pública ou o Ministério Público."

9. José Frederico Marques, *Manual de Direito Processual Civil*, 12ª ed., v. I, p. 318.

Nos termos do art. 82 do Código de Processo Civil, compete ao Ministério Público intervir: "I – nas causas em que há interesses de incapazes; II – nas causas concernentes ao estado da pessoa, pátrio poder, tutela, curatela, interdição, casamento, declaração de ausência e disposições de última vontade; III – em todas as demais causas em que há interesse público, evidenciado pela natureza da lide ou qualidade da parte".

Os motivos que levaram o legislador a dispor a obrigatoriedade de intervenção do Ministério Público nas hipóteses supramencionadas foi o fato de que ao Estado compete suprir a possível inferioridade processual do incapaz e o fato de que causas declinadas no inciso II do art. 82 poderão envolver direitos indisponíveis e interesses de ordem pública. Quanto à hipótese do inciso III do art. 82 do Código de Processo Civil várias são as situações que reclamam a intervenção da Instituição, e dentre elas a ação popular, o mandado de segurança e a falência.

E, agindo como *custos legis*, o Ministério Público terá vista dos autos depois das partes, será intimado de todos os atos do processo, bem como poderá juntar documentos, produzir provas e requerer diligências. Registramos, porém, que a prerrogativa do art. 188 do Código de Processo Civil não vigora quando o Ministério Público atua como fiscal da lei (*custos legis*), mas tão somente quando estiver na condição de parte.

3. *Estrutura do Ministério Público*

Como já tivemos a oportunidade de mencionar no início deste capítulo, o Ministério Público não é órgão do Poder Judiciário, e também não é um quarto Poder, a despeito da posição de relevo que lhe foi reservada pelo legislador constituinte.

Trata-se, em verdade, de um órgão da Administração Pública, gozando de posição especial, em face das nobres funções que lhe foram acometidas e da autonomia e independência que possui.

A própria Constituição Federal disciplina, em linhas gerais, o Ministério Público, em seu art. 128: "O Ministério Público abrange: I – o Ministério Público da União, que compreende: a) o Ministério Público Federal; b) o Ministério Público do Trabalho; c) o Ministério Público Militar; d) o Ministério Público do Distrito Federal e Territórios; II – os Ministérios Públicos dos Estados".

Desta forma, observamos que o Ministério Público, a despeito de ser uno e indivisível, encontra-se estruturado em corpos ou entidades autônomas (*Parquet*). E cada *Parquet* se traduz numa unidade autônoma em relação aos demais.

O procurador-geral da República é o chefe do Ministério Público Federal, nos termos do art. 45 da Lei Complementar 75, de 1993, acumula as funções de chefe do Ministério Público da União, nos termos do § 1º do art. 128 da Constituição Federal, e é nomeado pelo Presidente da República dentre integrantes da carreira, maiores de 35 anos, após a aprovação de seu nome pela maioria absoluta dos membros do Senado Federal, para mandato de dois anos, permitida a recondução (§ 1º do art. 128 da CF). E os membros do Ministério Público Federal são denominados *procuradores da República*.

O procurador-geral do trabalho é o chefe do Ministério Público do Trabalho, nos termos do art. 87 da Lei Complementar 75, de 1993, sendo nomeado pelo procurador-geral da República dentre os integrantes da carreira, nos termos do art. 88 da lei já mencionada. Os membros do Ministério Público do Trabalho são denominados *procuradores do trabalho*.

O procurador-geral da Justiça Militar é o chefe do Ministério Público Militar, sendo nomeado pelo procurador-geral da República, nos termos dos arts. 120 e 121 da Lei Complementar 75, de 1993. Os membros do Ministério Público Militar são denominados *procuradores da Justiça Militar*.

E quanto aos Ministérios Públicos dos Estados e Ministério Público do Distrito Federal e Territórios, cumpre informar que são integrados por promotores de justiça e procuradores de justiça e possuem como chefe o respectivo procurador geral de justiça, que é nomeado pelo chefe do respectivo Poder Executivo dentre os integrantes de uma lista tríplice, formada por integrantes da carreira (§ 3º do art. 128 da CF e art. 156 da Lei Complementar 75, de 1993).

4. *Garantias dos membros do Ministério Público*

Os membros do Ministério Público gozam das mesmas prerrogativas destinadas aos magistrados, objetivando assegurar a independência da Instituição. Vale dizer, gozam de vitaliciedade após dois anos de exercício, não podendo perder o cargo senão por sentença judicial transitada em julgado; inamovibilidade, salvo motivo de interesse público, mediante decisão do órgão colegiado competente do Ministério Público, por voto da maioria absoluta de seus membros, assegurada ampla defesa; irredutibilidade de subsídios, não traduzindo redução os descontos fiscais e previdenciários, tudo nos termos do art. 128, § 5º, I, CF.

5. *Impedimentos e suspeição dos membros do Ministério Público*

Por força do art. 138 do Código de Processo Civil, aplicam-se aos membros do Ministério Público todos os motivos de impedimento e suspeição dos magistrados (arts. 134 e 135 do CPC) quando atuar como fiscal da lei; e quando for parte aplicam-se os motivos de suspeição dos incisos I a IV do art. 135 do Código de Processo Civil.

No que respeita ao processo penal o membro do Ministério Público também não poderá funcionar nas causas em que o juiz for seu cônjuge ou parente, consanguíneo ou afim, em linha reta ou colateral, até o 3º grau, sem prejuízo das demais hipóteses de impedimento e suspeição destinadas ao próprio juiz e que também lhe são aplicáveis.

6. *Atribuições do Ministério Público do Trabalho*

Nos exatos termos do art. 83 da Lei Complementar 75, de 20.5.1993, o Ministério Público do Trabalho possui as seguintes atribuições:

1) promoção das ações que lhe sejam atribuídas pela legislação trabalhista ou Constituição Federal;

2) funcionar como fiscal da lei em qualquer fase do processo trabalhista, seja por solicitação do juiz ou por sua própria iniciativa, sempre que, no seu entender, houver interesse público justificador da intervenção;

3) promover a ação civil pública no âmbito da Justiça do Trabalho, na defesa de direitos coletivos, sempre que desrespeitados os direitos sociais assegurados constitucionalmente;

4) propor ações anulatórias de cláusulas de contrato, acordo coletivo ou convenção coletiva sempre que houver violação das liberdades individuais ou coletivas, ou quando houver violação de direitos indisponíveis dos empregados;

5) propor ações necessárias na defesa de interesses de crianças e adolescentes, incapazes e índios, desde que decorrentes de relações de trabalho;

6) recorrer de decisões proferidas pela Justiça do Trabalho nos feitos em que funciona como parte ou fiscal da lei, sempre que entender necessário;

7) solicitar a revisão das súmulas de jurisprudência do Tribunal Superior do Trabalho;

8) funcionar nas sessões dos tribunais trabalhistas, podendo se manifestar verbalmente sobre a matéria em debate e até solicitar vista dos processos em julgamento, sempre que entender necessário;

9) suscitar o dissídio coletivo de greve sempre que o movimento paredista puder acarretar dano à ordem jurídica ou ao interesse público;

10) promover ou participar da instrução e conciliação em dissídios coletivos decorrentes de paralisação de serviços de qualquer natureza (dissídios coletivos de greve), podendo concordar ou discordar dos termos avençados, com possibilidade de recorrer à instância superior sempre que, no seu entendimento, houver violação à lei ou à Constituição Federal;

11) promover o mandado de injunção quando a competência for da Justiça do Trabalho;

12) funcionar como árbitro, quando solicitado pelas partes, nos dissídios de competência da Justiça do Trabalho;

13) requerer as diligências que julgar convenientes para o correto andamento dos processos e para a melhor solução dos conflitos trabalhistas;

14) intervir, obrigatoriamente, em todos os processos que se encontram em segundo e terceiro graus de jurisdição da Justiça do Trabalho quando for parte pessoa jurídica de direito público, Estado estrangeiro ou organismo internacional.

E, para que seja assegurado o pleno exercício da sua função institucional, o art. 84 da lei mencionada assegura as seguintes incumbências e prerrogativas ao Ministério Público do Trabalho:

1) instaurar inquérito civil e outros procedimentos administrativos para assegurar a observância dos direitos sociais dos trabalhadores;

2) requisitar à autoridade administrativa federal competente, dos órgãos de proteção ao trabalho, a instauração de procedimentos administrativos, podendo acompanhá-los e produzir provas;

3) ser cientificado pessoalmente das decisões proferidas pela Justiça do Trabalho nas causas em que o órgão tenha intervindo ou emitido parecer escrito;

4) exercer outras atribuições que lhe sejam conferidas por lei, desde que compatíveis com sua finalidade.

7. *Jurisprudência*

• O art. 127 da Constituição da República elevou o Ministério Público como instituição essencial à função jurisdicional do Estado, outorgando-lhe a prerrogativa de defesa da ordem jurídica, do regime democrático e dos interesses sociais e individuais indisponíveis. A partir dessa posição institucional do Ministério Público, não mais se pode dizer que deva oficiar em todos os processos, mas apenas naqueles em que a relevância da ordem jurídica reclame sua presença, o que, como demonstrado, não é o caso dos autos. **(TST, RO-DC 76.642/93.0, Ac. SDC 310/94, Indalécio Gomes Neto)**

• Os arts. 127, *caput*, da CF; 83, inciso VI, da Lei Orgânica do Ministério Público (Lei Complementar n. 75/93); 7º, § 5º, da Lei n. 7.701/88 e 499 do CPC concedem ao Ministério Público do Trabalho competência para recorrer contra decisão de Tribunal do Trabalho que possa atacar direito indisponível. **(TST, AI-RO 112.486/94.9, Ac. SDC 1.146/94, Almir Pazzianotto Pinto)**

IX

A COMPETÊNCIA DA JUSTIÇA DO TRABALHO

1. Conceito de competência. 2. Critérios determinativos da competência: 2.1 A competência objetiva da Justiça do Trabalho: 2.1.1 Em razão da matéria ("ratione materiae") – 2.1.2 Em razão da pessoa ("ratione personae") – 2.1.3 Em razão do valor – 2.2 Competência funcional: 2.2.1 Competência funcional por graus de jurisdição – 2.2.2 Competência funcional por fase do processo – 2.2.3 Competência funcional por objeto do juízo – 2.3 Competência territorial ("ratione loci"). 3. Competência absoluta e competência relativa.

1. Conceito de competência

Já tivemos a oportunidade de afirmar que a jurisdição é una e indivisível, na medida em que una é a atividade jurisdicional do Estado, e que decorre da soberania. Cada juiz ou tribunal se encontra plenamente investido da jurisdição, mas seu exercício se encontra distribuído dentre os diversos órgãos, divisão que é feita pela Constituição Federal e também por leis ordinárias.

Couture, citado por Vicente Greco Filho, afirmou que "a competência é o poder da jurisdição para uma determinada parte do setor jurídico: aquele especificamente destinado ao conhecimento de determinado órgão jurisdicional. Em tudo aquilo que não lhe foi atribuído, um juiz, ainda que continuando a ter jurisdição, é incompetente".[1]

Em síntese, "competência é a medida da jurisdição, uma vez que determina e demarca o campo de atribuições dos órgãos que a exercem".[2]

1. Vicente Greco Filho, *Direito Processual Civil Brasileiro*, 7ª ed., v. I, p. 176.

2. José Frederico Marques, *Manual de Direito Processual Civil*, 12ª ed., v. I, p. 210.

A distribuição da competência entre diversos órgãos da jurisdição objetiva dar maior segurança à prestação jurisdicional, na medida em que é manifestamente inviável atribuir a um juízo único o poder de decidir a imensa gama de lides que assolam a vida em sociedade. Assim, é de todo aconselhável que cada lide seja decidida pelo órgão que tem maior aptidão para fazê-lo, e daí a distribuição de competência pelo legislador, pautando-se pelo princípio da especialidade.

Observamos, pois, que o legislador se utiliza de critérios na atribuição de competência para determinados órgãos jurisdicionais, em face da natureza das lides, e daí podermos cogitar da existência de Justiças especializadas (Justiça do Trabalho, Justiça Militar e Justiça Eleitoral), e o remanescente é da competência da Justiça Comum (competência residual). A Justiça Federal é também Justiça Comum, mas guarda um grau de especialidade em relação à Justiça Estadual Comum, na medida em que sua competência se pauta pelo critério da pessoa (art. 109 da CF).

2. *Critérios determinativos da competência*

Para a determinação da competência o legislador extrai elementos da própria lide, das funções que o juiz exerce no processo, ou elementos relacionados com o território. Na primeira hipótese dizemos que se trata de *competência objetiva*, no segundo caso, de *competência funcional*; e de *competência territorial* em relação ao último.

Por sua vez, a competência objetiva divide-se em: competência em razão da matéria (*ratione materiae* ou material), competência em razão da pessoa (*ratione personae*) e competência em razão do valor.

2.1 *A competência objetiva da Justiça do Trabalho*

2.1.1 Em razão da matéria (*ratione materiae*)

A competência material (*ratione materiae*) é aquela que decorre da natureza da lide em face do direito material ou da natureza da infração penal.

No que respeita à Justiça do Trabalho a competência material se encontrava estabelecida no art. 114 da Constituição Federal, e foi significativamente ampliada com a nova redação, atribuída pela EC 45/2004.

Essa Emenda Constitucional deu nova redação ao *caput* do art. 114 da Constituição, atribuindo-lhe nove incisos e dando nova redação aos § 2º e 3º – e daí podermos afirmar que, finalmente, a Justiça do Trabalho faz jus à própria denominação, pois sua competência material deixou de estar basicamente centrada na relação de emprego, abarcando, agora, todas as ações oriundas da relação de trabalho. Passa a abranger, portanto, o trabalho eventual, autônomo, voluntário e contratos de estágio, ficando apenas excepcionadas as relações mantidas com a Administração Pública direta e indireta (da União, dos Estados, Municípios e do Distrito Federal, incluindo respectivas autarquias e fundações), tendo em vista a liminar concedida pelo Presidente do STF nos autos da ADI 3.395-6, ajuizada pela Associação dos Juízes Federais (AJUFE), suspendendo "*ad referendum*, toda e qualquer interpretação dada ao inciso I do art. 114 da CF, na redação dada pela EC 45/2004, que inclua, na competência da Justiça do Trabalho, a 'apreciação de causas que sejam instauradas entre o Poder Público e seus servidores, a ele vinculados por típica relação de ordem estatutária ou de caráter jurídico-administrativo'". Referida decisão liminar foi confirmada no julgamento do mérito da ação, ocorrido em 5.4.2006, em votação unânime pelos ministros do Supremo Tribunal Federal.

Além disso, a nova redação recepcionou os dispositivos legais que já consagravam a competência da Justiça do Trabalho para dirimir conflitos decorrentes de relações de trabalho diversas da empregatícia, a exemplo dos litígios entre trabalhador avulso e seu tomador de serviços (art. 643 da CLT), entre trabalhador temporário e a empresa de trabalho temporário (art. 19 da Lei 6.019, de 1974), bem como aqueles decorrentes de contratos de empreitada, nos quais o empreiteiro é operário ou artífice (art. 652, III, da CLT).

Registre-se, ainda, que será competente a Justiça do Trabalho para dirimir as controvérsias entre empregadores e sindicatos profissionais nas hipóteses legais em que estes últimos figuram como substitutos processuais dos trabalhadores (art. 872, parágrafo único, e art. 195, § 2º, ambos da CLT), bem como nas hipóteses em que o sindicato, atuando em nome próprio, pleiteia a condenação no pagamento de contribuições assistenciais ou confederativas previstas em sentenças normativas (art. 114, VIII, da CF) ou acordos e convenções coletivas (art. 1º da Lei 8.984, de 1995), bem como ações sobre representação sindical, entre sindicatos, entre sindicatos e trabalhadores, e entre sindicatos e empregadores (art. 114, III, da CF), restando superada a restrição que se estabelecia na Lei 8.984/1995); e, ainda, ações de indenização por dano moral ou patrimonial decorrentes de relação de trabalho (art. 114, VI, da CF) e ações relativas às penalidades administrativas impostas aos empregadores pelos órgãos de fiscalização das relações de trabalho (art. 114, VII, da CF).

Em relação a estas últimas, que eram de competência da Justiça Federal, já podemos vislumbrar a ampliação do rol de possibilidades de mandados de segurança no âmbito da Justiça do Trabalho, cuja competência originária não é dos Tribunais, e sim das Varas do Trabalho.

Todavia, não é da Justiça do Trabalho a competência para processar e julgar demandas que envolvam acidentes do trabalho, consoante remansosa jurisprudência, que não foi superada com a EC 45/2004, salvo aquelas que envolvam pedido de reparação de dano em face do empregador ou tomador dos serviços.

Igualmente, entendemos que a Justiça do Trabalho não é competente para processar e julgar as demandas que decorrem de conflitos oriundos das relações de consumo, pois não são propriamente relações de trabalho. Isto porque se de um lado temos, por exemplo, um profissional liberal (fornecedor do serviço, tais como advogado, médico, arquiteto etc.), que pode reclamar o pagamento pelo serviço prestado, de outro, temos o consumidor que pode se opor ao pagamento, sob alegação de serviço mal executado (erro médico, por exemplo), pretendendo inclusive a devida reparação por meio da reconvenção, discussão que refoge ao âmbito de uma relação de trabalho; e neste sentido se posicionou o colendo Superior Tribunal de Justiça, por meio da Súmula 363: "Compete à Justiça Estadual processar e julgar a ação de cobrança ajuizada por profissional liberal contra cliente".

Finalmente, nenhuma dúvida deve pairar em relação à competência da Justiça do Trabalho para a ação de reintegração de posse, desde que decorrente da relação de trabalho, a exemplo do automóvel cedido ao empregado para a execução dos serviços ou do imóvel cedido ao zelador ou caseiro, quando aquele que detém a posse se recusa a devolvê-la após a rescisão do contrato.

• Súmula 15 do STJ: Compete à Justiça Estadual processar e julgar os litígios decorrentes de acidente do trabalho.

O art. 109 da Constituição exclui expressamente da competência da Justiça Federal as causas fundadas em acidente de trabalho, ainda que delas participe a União ou outro ente federal com exclusividade de foro naquela esfera judiciária, de sorte que a denunciação da lide a qualquer desses entes há de ser decidida pelo próprio juízo estadual, competente para julgar a ação principal. **(STJ, CComp 8.049-5-PE, Sálvio de Figueiredo)**

• Competência da Justiça do Trabalho – Complementação de pensão requerida por viúva de ex-empregado (Orientação Jurisprudencial, SDI, TST).

O direito pretendido emana do contrato de trabalho que existia entre as partes; logo, não há como afastar-se a competência desta Justiça Obreira para apreciar a matéria. **(TST, RR 67.112/93.9, Ac. 1ª T. 3.321/94, Lourenço Prado)**

• O direito à complementação de aposentadoria, vinculado ao contrato de trabalho, por encontrar-se inserido em seu contexto, atrai a competência da Justiça do Trabalho, pois é direito que dele, contrato de trabalho, se projeta. A terminação do contrato e a aposentadoria são os fatos geradores do direito. **(TST, ERR 2.855/89.0, Ac. SDI 2.845/94, Hylo Gurgel)**

• Em se tratando de obrigação decorrente do próprio contrato de trabalho, a competência é da Justiça do Trabalho para apreciar a lide. **(TST, ERR 3.670/82.3, Ac. SDI 2.623/94, José Calixto Ramos)**

• A reclamação, embora formulada por servidores aposentados, pretende o reconhecimento de parcelas referentes ao período em que estiveram em atividade e submetidos ao regime da CLT. Caso venham a ser reconhecidas, repercutem sobre os proventos. A natureza da pretensão é trabalhista e como tal deve ser processada e julgada pela Justiça especializada. **(STJ, CComp 6.710-3-PE, Jesus Costa Lima)**

2.1.2 Em razão da pessoa (*ratione personae*)

A competência em razão da pessoa (*ratione personae*) decorre da qualidade da parte, que exemplificamos com o fato de que as ações que envolvam a União, suas empresas públicas ou autarquias têm curso na Justiça Federal,[3] com exceção daquelas que decorrem da relação de emprego, envolvendo empregado e empregador.

Com a promulgação da Constituição Federal de 1988 a competência da Justiça do Trabalho deixou de sofrer restrições em face da qualidade de uma das partes. O próprio art. 114 da Carta Magna espanca todas as dúvidas neste sentido.

Qualquer pessoa jurídica, pública ou privada – inclusive os entes de direito público externo (embaixadas, consulados, organismos internacionais etc.) que contratem trabalhadores sob o regime da legislação trabalhista ou regime que não seja estatuto próprio, e que não se trate de cargo em comissão –, se sujeitará à jurisdição da Justiça do Trabalho.

Contudo, a competência para dirimir as controvérsias em relação aos entes de direito público externo não abarca a possibilidade de execução direta, tendo em vista a impenhorabilidade dos bens que guarnecem os consulados e embaixadas, sendo imprescindível a expedição de carta rogatória. E mesmo a competência para o processo de conhecimento depende de renúncia à imunidade de jurisdição, tendo

3. *Constituição Federal*: "Art. 109. Aos juízes federais compete processar e julgar: I – as causas em que a União, entidade autárquica ou empresa pública federal forem interessadas na condição de autoras, rés, assistentes ou oponentes, exceto as de falência, as de acidentes de trabalho e as sujeitas à Justiça Eleitoral e à Justiça do Trabalho; (...)".

em vista o disposto na Convenção de Viena (1961 e 1963), promulgada pelo Decreto 56.435, de 8.6.1965. Neste mesmo sentido, os Decretos 27.784, de 16.2.1950, e 52.288, de 24.7.1963, que promulgaram, respectivamente, a convenção que tratam dos privilégios e imunidades da Organização das Nações Unidas-ONU e de suas agências especializadas (Organização Internacional do Trabalho-OIT; Organização das Nações Unidas para a Educação, a Ciência e a Cultura-UNESCO; Fundo Monetário Internacional-FMI; Organização Mundial da Saúde-OMS; Programa das Nações Unidas para o Desenvolvimento-PNUD, entre outras), em que se estabelece a imunidade de jurisdição, salvo se houver expressa renúncia, em caso específico, a qual nunca poderá ocorrer na fase de execução.

Com efeito, não é crível que o art. 114 da Constituição Federal tenha rompido o princípio que proclama a "igualdade entre os Estados". Afinal, como bem lembra Valentin Carrion,[4] a Constituição anterior atribuía à Justiça Federal a competência genérica para julgar as ações em face de Estados estrangeiros (art. 122, II), e nunca se afirmou que o princípio não deveria subsistir – situação que não mudou com a promulgação da atual Carta Magna. A diferença é que agora a Justiça do Trabalho tem jurisdição para processar e julgar reclamações trabalhistas em face de Estado estrangeiro, inclusive para decidir sobre a preliminar de imunidade de jurisdição, restando superado a Súmula 83 do extinto Tribunal Federal de Recursos. Vale dizer, a Justiça do Trabalho tem competência para declarar se há ou não imunidade, o que poderá ocorrer quando não se tratar de atos negociais do agente estrangeiro ou quando houver renúncia expressa da imunidade do Estado-réu.

Contudo, o entendimento do Supremo Tribunal Federal é no sentido de que não há imunidade de jurisdição para o Estado estrangeiro em causas trabalhistas, consoante se infere da seguinte ementa de acórdão: "Estado estrangeiro – Reclamação trabalhista ajuizada por empregados de embaixada – Imunidade de jurisdição – Caráter relativo – Reconhecimento da jurisdição doméstica dos juízes e tribunais brasileiros" (1ª R., AgRg 139.671.8-DF, Celso de Mello).

Ainda, à guisa de ilustração, cumpre-nos a transcrição das seguintes ementas de jurisprudência:

• Ação trabalhista ajuizada por professora universitária contra fundação federal, visando à sua promoção para a classe de professor titular; como sobreveio

4. *Comentários à Consolidação das Leis do Trabalho*, 25ª ed., p. 978.

modificação no seu *status* jurídico, posto que a partir da Lei n. 8.112/90 passou à condição de funcionária pública, falece a esta Justiça competência para apreciar a matéria, nitidamente de natureza administrativa. **(TST, RR 90.135/93.2, Ac. 4ª T. 3.432/94, Rider Nogueira de Brito)**

• A suposta violação ocorreu no período em que os reclamantes ainda eram celetistas. Portanto, até a mudança do Regime Jurídico Único com o advento da Lei n. 8.112, de 12.12.1990, há a competência residual da Justiça do Trabalho, pois, nos termos do art. 114 da CF, em se tratando de servidor público que pleiteia reajustes salariais da época em que vigia o regime celetista, é competente a Justiça do Trabalho para julgar os dissídios originários dessa relação. Ademais, o excelso STJ corroborou com este entendimento através da edição da Súmula n. 97 – *DJU* 10.3.1994. **(TST, RR 88.708/93.4, Ac. 4ª T. 2.912/94, Galba Velloso)**

• Compete à Justiça do Trabalho apreciar reclamatória quando a pretensão deduzida refere-se a período anterior ao Regime Jurídico Único advindo da Lei n. 8.112/90. **(STJ, CComp 5.386-2-RJ, reg. 93.0019471-2, Anselmo Santiago)**

• Quando a inicial narra relação trabalhista a competência para processar e julgar é da Justiça do Trabalho. Irrelevante figurar, em um dos polos do vínculo processual, pessoa jurídica de direito público. **(STJ, CComp 6.884-3-PE, reg. 93.0033306-3, Luiz Vicente Cernicchiaro)**

• Embora o STF tenha considerado inconstitucionais as alíneas "d" e "e" do art. 240 da Lei n. 8.112/90, permanece a competência residual da Justiça do Trabalho nas hipóteses em que os pleitos formulados na ação sejam oriundos do extinto contrato de trabalho existente entre as partes. **(TRT/PA, RO 2.283/93, Ac. 1ª T. 2.247/94, Haroldo Alves)**

2.1.3 Em razão do valor

Finalmente, a *competência em razão do valor* pauta-se pelo critério do valor da causa, cujos exemplos encontramos nos Juizados Especiais de Causas Cíveis e nas Varas Distritais da Justiça Comum dos Estados,[5] e que na Justiça do Trabalho carece de maior relevância. Isto porque o critério do valor da causa presta-se a estabelecer, na Justiça do Trabalho, se a demanda deve seguir pelo rito sumariíssimo (Lei 9.957, de 2000 – valor até 40 salários-mínimos) ou se estamos diante de uma demanda trabalhista de alçada exclusiva da Vara do Trabalho, nos ter-

5. Os Juizados Especiais de Causas Cíveis têm competência para julgar as causas cujo valor não exceda a 40 vezes o salário-mínimo, nos termos do art. 3º, I, da Lei 9.099, de 1995.

No Estado de São Paulo os juízes de direito das Varas Distritais da comarca da Capital têm competência para o julgamento de ações cíveis e comerciais cujo valor não exceda a 50 vezes o salário-mínimo quando o réu for domiciliado no território do juízo, ou quando versarem sobre imóveis situados no Distrito ou Subdistrito, bem como as conexas de qualquer valor, por força do art. 26, I, "a", da Resolução de 29.12.1971 do Tribunal de Justiça.

mos da Lei 5.584, de 1970 (demanda cujo valor não supera 2 salários-mínimos).

Com efeito, nas hipóteses em que o valor da causa não exceder o dobro do salário-mínimo não se admitirá qualquer tipo de recurso da sentença prolatada em primeira instância, salvo se a discussão envolver matéria constitucional (art. 2º, § 4º, da Lei 5.584, de 1970), hipótese em que caberá recurso extraordinário (Súmula 640 do STF).

Além disso, as demandas sujeitas ao rito sumariíssimo deverão observar com maior intensidade a concentração das provas em audiência e a celeridade processual. Em síntese, o valor da causa, na Justiça do Trabalho, não é critério determinativo de competência, pois todas as Varas do Trabalho têm a mesma competência funcional.

2.2 *Competência funcional*

A *competência funcional*[6] é aquela que se estabelece com base nas funções exercidas pelo juiz no processo. Os juízes do trabalho possuem a competência funcional disciplinada, basicamente, no art. 659 da Consolidação das Leis do Trabalho.

A doutrina costuma mencionar três espécies de competência funcional:

2.2.1 Competência funcional por graus de jurisdição

A lei disciplina a competência para julgamento das ações dentre os órgãos do Poder Judiciário, que são escalonados em graus, estabelecendo que devem ser ajuizadas perante os órgãos de primeiro grau de jurisdição (juízos de direito ou Varas, Varas do Trabalho, juízos federais), com direito a recurso perante os órgãos de segunda instância (tribunais). No entanto, há casos em que a lei suprime determinadas demandas dos juízos de primeiro grau, estabelecendo a *competência originária* dos tribunais (órgãos de segunda instância), e dentre elas podemos citar as ações rescisórias e mandados de segurança contra atos de juízes de primeira instância, e até mesmo a competência normativa dos Tribunais Regionais do Trabalho e do Tribunal Superior do Traba-

6. *Código de Processo Civil*: "Art. 93. Regem a competência dos tribunais as normas da Constituição da República e de organização judiciária. A competência funcional dos juízes de primeiro grau é disciplinada neste Código".

lho, em dissídios coletivos (art. 114, § 2º, da CF). Trata-se de competência também denominada *hierárquica* – denominação absolutamente imprópria, na medida em que não se vislumbra hierarquia entre os diversos órgãos do Poder Judiciário.[7]

2.2.2 Competência funcional por fase do processo

Dizemos que a competência se dá por fase do processo quando decorre de algum ato praticado pelo próprio juiz ou quando decorre de um processo anterior no qual tenha funcionado determinado juiz. São exemplos desse tipo de competência: aquela que decorre do *princípio da identidade física do juiz*, ou seja, o juiz que iniciou a instrução deve concluir o julgamento (art. 132 do CPC);[8] a competência do juiz da execução, que deve ser o mesmo do processo de conhecimento (art. 575, II, do CPC). Quanto ao princípio da identidade física do juiz torna-se oportuno mencionar que deixou de ser defensável sua inaplicabilidade ao processo do trabalho, tendo em vista a extinção da representação classista, argumento que tinha servido de sustentáculo para a edição da Súmula 136 do Tribunal Superior do Trabalho, que ainda se encontra em vigor.

No que respeita à competência funcional que se estabelece em decorrência da fase processual, mencionamos, à guisa de ilustração, as seguintes ementas de jurisprudência:

• É competente para o processo de execução o órgão judicante que proferiu a sentença exequenda. A alteração na organização judiciária não afeta a competência na espécie, visto que os atos de execução foram iniciados pela JCJ que proferiu a decisão. **(TST, CComp 76.795/93.1, Ac. SDI 1.147/94, Guimarães Falcão)**

• A teor do art. 87 do CPC, a competência se firma no instante da propositura da ação. Logo, ainda que pouco antes do início da execução da sentença venha ser criada nova Junta de Conciliação e Julgamento, com competência territorial sobre o local em que o laborista prestava serviços, persiste sendo da competência da MM. JCJ prolatora da decisão exequenda a condução do respectivo processo de execução. **(TST, CComp 82.982/93.6, Ac. SDI 3.517/93, Vantuil Abdala)**

7. O próprio legislador fez menção à competência em razão da hierarquia no art. 111 do Código de Processo Civil.

8. Durante muito tempo se afirmou que o princípio da identidade física do juiz não teria guarida na Justiça do Trabalho, notadamente pela composição colegiada dos órgãos de primeira instância, o que foi assimilado pelo próprio Tribunal Superior do Trabalho na edição da Súmula 136 ("Não se aplica às Varas do Trabalho o princípio da identidade física do juiz"). Contudo, a extinção da representação classista na Justiça do Trabalho, através da Emenda Constitucional 24, de 1999, tornou inconsistentes os argumentos contrários à aplicação de referido princípio ao processo trabalhista.

2.2.3 Competência funcional por objeto do juízo

Trata-se de competência que decorre do tipo de julgamento que deve ser proferido, e ocorre quando numa única decisão funcionam dois órgãos jurisdicionais. Exemplo clássico deste tipo de competência é aquele que encontramos no processo penal em relação ao Tribunal do Júri. E isto porque os jurados resolvem as questões de fato, respondendo aos quesitos formulados pelo juiz togado, no que respeita à materialidade e autoria do crime, circunstâncias agravantes etc., e compete ao juiz togado a aplicação da pena, com observância da manifestação dos jurados. Não se verifica essa modalidade de competência funcional na Justiça do Trabalho.

2.3 Competência territorial ("ratione loci")

Por último, a *competência territorial* (*em razão do lugar* ou "*ratione loci*"), também conhecida como *competência de foro*,[9] é, nas palavras de José Frederico Marques, uma espécie de competência material, na medida em que "a fixação da sede do litígio ou causa se opera tendo em vista elementos destes".[10]

De qualquer sorte, não parece ser esta a posição do legislador, tanto que o Código de Processo Civil se apresenta de forma detalhada no que respeita à competência territorial. E, como veremos adiante, do ponto de vista didático é aconselhável separar a competência territorial da material, já que a primeira é relativa e a segunda é absoluta.

Nosso Código de Processo Civil disciplina a competência territorial, quando estabelece os seguintes critérios: a) domicílio do autor (art. 96 do CPC); b) local em que está situado o imóvel, nas ações a ele relativas (art. 95 do CPC); c) local em que ocorreu o fato ou foi praticado o ato (art. 100, V, do CPC).

Em relação à competência territorial, inexistindo critério específico na lei, prevalecerá sempre o local do domicílio do réu (art. 94 do CPC).[11]

9. O *foro* é o limite territorial onde o juiz exerce a jurisdição. Na Justiça Estadual o foro de cada juiz é denominado *comarca*, enquanto na Justiça Federal comum recebe a denominação de *seção judiciária*.

10. *Manual*..., 12ª ed., v. I, p. 213.

11. Para maiores detalhes sobre a competência territorial, v. arts. 94-101 do Código de Processo Civil.

Finalmente, no *processo do trabalho* também se cogita da *competência em razão do lugar*, que se encontra disciplinada pelo art. 651 da Consolidação das Leis do Trabalho,[12] pautando-se, em linhas gerais, pelo local da prestação dos serviços. A jurisprudência que abaixo transcrevemos bem elucida a questão:

• A competência em razão do local no processo trabalhista se rege, como regra genérica, pelo lugar da prestação do serviço. Todavia, na hipótese de ter havido vários locais de trabalho a lei – § 3º do art. 651 da CLT – faculta ao empregado ajuizar a reclamação onde lhe for mais fácil. Isto é, pode propor a ação no foro da celebração do contrato ou no da prestação do serviço, visto que a regra sobre o foro da ação, na Justiça do Trabalho, se destina a beneficiar o empregado e não o empregador. **(TST, RR. 33.482/91.9, Ac. 3ª T. 4.443/93, Francisco Fausto)**

• Em se tratando de empregador que promova a realização de atividades fora do lugar do contrato de trabalho, é assegurado ao empregado apresentar reclamação no foro da celebração do contrato ou no da prestação dos respectivos serviços. A inteligência do texto legal revela a existência de uma faculdade do empregado de escolher o foro para apresentar a reclamação. A interpretação da lei deve observar os fins sociais a que ela se destina. Se o trabalhador prestou serviços em diversas localidades, pode, no uso da prerrogativa legal, ajuizar a reclamação no foro de sua residência atual, desde que nele haja prestado os respectivos serviços. **(TST, CComp 82.090/93.9, Ac. SDI 1.146/94, Guimarães Falcão)**

• O reclamante, ao optar por um dos locais de prestação de serviço, uma vez que esta se deu em vários, o faz tendo em vista o escopo do art. 651-CLT, que é facilitar o ajuizamento ao hipossuficiente. **(TST, CComp 74.786/93.1, Ac. SDI 1.827/94, Armando de Brito)**

• Em se tratando de empregador que promova a realização de atividades fora do lugar do contrato de trabalho, é assegurado ao empregado o direito de reclamar em qualquer das localidades onde haja prestado serviços. **(TST, ERR 5.303/87.0, Ac. SDI 2.981/94, Guimarães Falcão)**

• A opção concedida ao empregado prevista no § 3º do art. 651 consolidado é devida, ainda que o foro escolhido não tenha sido o último local da prestação dos

12. "Art. 651. A competência das Varas do Trabalho é determinada pela localidade onde o empregado, reclamante ou reclamado, prestar serviços ao empregador, ainda que tenha sido contratado noutro local ou no Estrangeiro.

"§ 1º. Quando for parte no dissídio agente ou viajante comercial, a competência será da Vara ou localidade em que a empresa tenha agência ou filial e a esta o empregado esteja subordinado e, na falta, será competente a Vara da localização em que o empregado tenha domicílio ou a localidade mais próxima.

"§ 2º. A competência das Varas do Trabalho, estabelecida neste artigo, estende-se aos dissídios ocorridos em agência ou filial no Estrangeiro, desde que o empregado seja brasileiro e não haja convenção internacional dispondo em contrário.

"§ 3º. Em se tratando de empregador que promova realização de atividades fora do lugar do contrato de trabalho, é assegurado ao empregado apresentar reclamação no foro da celebração do contrato ou no da prestação dos respectivos serviços."

serviços. A regra geral para a fixação da competência, no processo trabalhista, é a da prestação dos serviços, isso porque – entendimento contrário – se estaria propiciando ao empregador quase que a totalidade do direito de escolha do foro, já que é este detentor, em tese, do direito de transferência do empregado. **(TST, RO-MS 85.676/93.1, Ac. SDI 2.248/94, Francisco Fausto)**

• A regra inserida no § 3º do art. 651 da CLT deve ser observada quando o empregado, que prestava serviços em vários locais onde a empresa mantinha atividades, ajuíza ação na cidade onde residia e na qual estava localizada a sede da empresa e onde provavelmente foi firmado o contrato. **(TST, CComp 107.651/94.8, Ac. SDI 2.817/94, Afonso Celso)**

• É competente a Justiça Brasileira para dirimir conflitos trabalhistas entre trabalhadores contratados no país para prestar serviços no Estrangeiro. **(TST, CComp 48.367/92.8, Ac. SDI 1.224/94, Afonso Celso)**

3. *Competência absoluta e competência relativa*

Dizemos que a competência é absoluta quando não pode ser modificada pela vontade das partes ou por fatos processuais como a conexão ou a continência, enquanto a competência relativa pode ser prorrogada ou derrogada pela vontade das partes (cláusula contratual) ou pela inércia do réu, ao deixar de apresentar a exceção de incompetência.[13]

A competência absoluta pode e deve ser conhecida pelo juízo de ofício, ou seja, independentemente de provocação da parte, e sua inobservância poderá acarretar a nulidade do processo.[14]

São exemplos de competência absoluta a competência em razão da matéria, em razão da pessoa e a funcional. Assim, numa ação de despejo que seja ajuizada perante a Justiça do Trabalho, o juiz do trabalho deverá reconhecer sua incompetência, independentemente de alegação da parte contrária, na medida em que se trata de competência *ratione materiae*; e o mesmo poderíamos dizer de uma ação trabalhista que fosse ajuizada perante Vara da Fazenda Pública.

Por outro lado, são exemplos de competência relativa a competência territorial e aquela que diz respeito ao valor da causa. Isto porque, no processo comum, a primeira será prorrogada se o réu não apresentar a exceção de incompetência no prazo de 15 dias após a citação, mas também poderá ser derrogada pela vontade das partes, nos casos de foro de eleição; e a segunda poderá se modificar pela continência ou conexão.

13. Vicente Greco Filho, *Direito...*, 7ª ed., v. I, p. 214.

14. Súmula 33 do Superior Tribunal de Justiça: "A incompetência relativa não pode ser declarada de ofício".

Quanto ao processo do trabalho é importante assinalar que a exceção de incompetência deve ser apresentada em audiência e que não se admite o foro de eleição no direito do trabalho, já que incompatível com o princípio protetivo.

Todavia, devemos lembrar que a competência em razão do valor pode se modificar em favor de um juiz que tem competência para causas de maior valor, nunca podendo ocorrer o inverso. Mas referido critério não existe no âmbito da Justiça do Trabalho, já que não existem Varas especializadas, vale dizer, todas as Varas do Trabalho possuem a mesma competência funcional, conforme já mencionado anteriormente.

Oportuna, ainda, é a observação de que a coisa julgada pode sanar o vício da incompetência absoluta, e isto porque, ao contrário do que se poderia imaginar, a sentença prolatada por juiz absolutamente incompetente produz efeitos e não prescinde da anulação por meio do remédio processual cabível. Nas sentenças prolatadas com vistas à solução de lides não penais a anulação no caso de incompetência absoluta do juiz poderá se dar no prazo de dois anos após o trânsito em julgado, com o ajuizamento de ação rescisória (art. 485, II, c/c o art. 495, do CPC), enquanto no processo penal o remédio cabível será a revisão criminal, nos termos do art. 621 do Código de Processo Penal, havendo quem admita o *habeas corpus*, com fundamento no art. 648, III, do Código de Processo Penal.[15]

Finalmente, afirmamos que incompetência mencionada no art. 795, § 1º, da Consolidação das Leis do Trabalho ("Deverá, entretanto, ser declarada *ex officio* a nulidade fundada em incompetência de foro...."), não é a incompetência em razão do lugar – conclusão que se poderia extrair de uma interpretação literal do texto consolidado. Trata-se, na verdade, de incompetência em razão da matéria ou funcional – e, portanto, absoluta.

15. A revisão criminal só cabe quando a sentença for condenatória. É o que se infere do art. 621, I, do Código de Processo Penal. Assim, não se admitirá a revisão criminal em favor do Ministério Público ou do querelado quando a sentença prolatada por juiz absolutamente incompetente tenha absolvido o réu.

X
A AÇÃO TRABALHISTA

1. Conceito de ação. 2. Natureza jurídica da ação. 3. Condições da ação: 3.1 Legitimidade das partes – 3.2 Interesse processual – 3.3 Possibilidade jurídica do pedido. 4. Carência de ação: 4.1 Jurisprudência. 5. Elementos da ação: 5.1 Notas introdutórias – 5.2 Partes – 5.3 Causa de pedir ("causa petendi") – 5.4 Pedido ("petitum"). 6. Inépcia da petição inicial: 6.1 Jurisprudência. 7. Classificação das ações: 7.1 Ações individuais – 7.2 Ações coletivas.

1. *Conceito de ação*

Ação[1] é o direito público subjetivo de pleitear a tutela jurisdicional do Estado-juiz. Trata-se de direito autônomo, na medida em que não depende da existência do direito material e, ao mesmo tempo, instrumental, porquanto sua finalidade é o julgamento de uma pretensão de direito material.

2. *Natureza jurídica da ação*

Após vários estudos, a doutrina dominante (inclusive processualistas brasileiros contemporâneos) entendeu que a ação tem a natureza jurídica de *direito público subjetivo*, direito que é exercido contra o Estado, não obstante vá produzir efeitos na esfera jurídica de outra pessoa (o réu).

Na verdade, o que se dirige contra o réu é a pretensão de direito material, e não a ação, que será sempre voltada contra o Estado.

1. As denominações *demanda* e *causa* são usadas como sinônimo de *ação*.

3. *Condições da ação*

O direito de ação é dividido em dois planos: o plano do direito constitucional e o do direito processual.

No plano constitucional o direito de ação se apresenta de forma genérica no art. 5º, XXXV, da Constituição Federal ("a lei não excluirá da apreciação do Poder Judiciário lesão ou ameaça a direito"), e se confunde com o princípio da indeclinabilidade da jurisdição.

Todavia, no plano processual verificamos que o direito de ação não é incondicionado e genérico, mas conexo a uma pretensão. E daí o fato de que seu exercício está condicionado a determinados requisitos, ligados à pretensão, e que chamamos *condições da ação*, quais sejam: legitimidade das partes, possibilidade jurídica do pedido e interesse processual, nos termos do art. 267, VI, do Código de Processo Civil.

3.1 *Legitimidade das partes*

Trata-se de condição também denominada *legitimatio ad causam* ou legitimação para a causa, e diz respeito à pertinência subjetiva da ação, ou seja, a regularidade do poder de demandar de uma determinada pessoa sobre determinado objeto (legitimação ativa) ou daquele que deve responder a determinada postulação judicial (legitimação passiva).

Em princípio, só pode propor a ação aquele que se diz titular do direito material discutido em juízo, salvo os casos de legitimação extraordinária (substituição processual) expressamente previstos em lei.

Assim, na esfera da Justiça do Trabalho serão partes legítimas o trabalhador, quando postula direitos decorrentes da relação de trabalho, bem como os dependentes do empregado, habilitados perante a Previdência Social (Lei 6.858, de 1980) ou, na falta destes, os herdeiros nos termos da legislação civil. Também não se podem olvidar as hipóteses em que o sindicato da categoria profissional propõe ação perante a Justiça do Trabalho, na condição de substituto processual, a exemplo das hipóteses indicadas nos arts. 195, § 2º, e 872, parágrafo único, da Consolidação das Leis do Trabalho.

Todavia, a legitimidade também deve se verificar no polo passivo da relação jurídica processual. O autor deve estar legitimado para agir em relação ao objeto da demanda e deve ajuizá-la em face do outro polo da relação jurídica discutida – ou seja, o réu deve ser aquele que, por força da ordem jurídica material, deve suportar as consequências da demanda. Vale dizer, o réu na ação trabalhista deve ser o empregador, o empreiteiro principal (art. 455 da CLT), o tomador dos serviços, o sucessor (arts. 10 e 448 da CLT), a massa falida do empregador (art. 449 da CLT) e, a critério do empregado, até mesmo as empresas integrantes do mesmo grupo econômico do empregador (art. 2º, § 2º, da CLT).

3.2 *Interesse processual*

O interesse processual (ou interesse de agir, como prefere parte da doutrina) traduz a necessidade de se recorrer ao Poder Judiciário para obtenção do resultado pretendido, independentemente da legitimidade ou legalidade da pretensão.

O interesse de agir (processual) pressupõe a lesão de um interesse substancial e a idoneidade (adequação) do provimento pleiteado para protegê-lo e satisfazê-lo. Assim, o empregado careceria de interesse processual na hipótese de postular o pagamento de verbas rescisórias na vigência do contrato de trabalho, o gozo de férias antes do vencimento do prazo concessório de que trata o art. 134 da Consolidação das Leis do Trabalho, o pagamento das verbas rescisórias antes do vencimento do prazo legal concedido ao empregador nos termos do art. 477 do diploma consolidado etc. Também há falta de interesse processual quando o empregado não promove a tentativa de solução extrajudicial do conflito de trabalho por meio da comissão de conciliação prévia, quando existente referido órgão (art. 625-D da CLT).

Igualmente, inexistiria o interesse processual se o empregado ajuizasse ação de reintegração de posse que objetivasse a reintegração no emprego ou pagamento de algum direito trabalhista, haja vista a falta de adequação.

Todavia, entendemos que referida condição deve estar presente na ocasião da apreciação judicial, e não necessariamente no momento do ajuizamento da demanda. Não há razão lógica para que uma reclamação trabalhista objetivando a quitação de verbas rescisórias, ajuizada antes do decêndio legal (art. 477, § 6º, "b", da CLT), seja extinta sem resolução do mérito se na data de realização da audiência o prazo já se encontra expirado, sem que o empregador tenha cumprido a obrigação legal. E o mesmo se diga da ausência de tentativa de solução extrajudicial do conflito, já que a atuação jurisdicional (arts. 846 e 850, CLT) supre a exigência legal.

3.3 *Possibilidade jurídica do pedido*

A terceira condição da ação é a possibilidade jurídica do pedido, e isto porque existem pedidos que não têm a mínima condição de ser apreciados pelo Poder Judiciário, porque já excluídos, de antemão, pelo ordenamento jurídico; e o exemplo clássico é a cobrança de dívida de jogo, tendo em vista os expressos termos do art. 814 do Código Civil.

No âmbito trabalhista não vislumbramos qualquer hipótese de impossibilidade jurídica do pedido. Entendemos que se equivocam aqueles que afirmam que a impossibilidade jurídica do pedido corresponde à falta de amparo legal a uma determinada pretensão. Isto porque a lei não é a única fonte formal do direito do trabalho.

Em verdade, a impossibilidade jurídica corresponde a uma proibição do ordenamento jurídico a que determinada pretensão seja apreciada pelo Poder Judiciário. A impossibilidade material da pretensão também não se confunde com impossibilidade jurídica.

Conclui-se, pois, que eventual falta de amparo legal à pretensão implicará a improcedência do pedido, e nunca a extinção do processo por ausência de possibilidade jurídica.

4. *Carência de ação*

A falta de qualquer condição mencionada no item anterior implica carência de ação e extinção do processo sem resolução do mérito (art. 267, VI, do CPC).

Decretada a carência da ação, o reclamante, por consequência, suportará as custas do processo, tendo em vista a aplicação subsidiária do art. 20 do Código de Processo Civil. No entanto, o trabalhador não deve ser condenado no pagamento dos honorários do advogado da parte contrária, na medida em que se trata de disposição incompatível com o processo do trabalho. Igualmente, entendemos que não incide no processo trabalhista o disposto no art. 28 do diploma processual civil, segundo o qual o autor não pode intentar novamente a ação sem pagar ou depositar em cartório as despesas e os honorários em que foi condenado (art. 28 do CPC).

Poderá haver a dispensa do pagamento de custas se o trabalhador for beneficiário da justiça gratuita (art. 790, § 3º, da CLT).

4.1 *Jurisprudência*

• Não há ilegitimidade passiva *ad causam* da reclamada, não se podendo falar em carência de ação, sendo certo que a autora pretende eventuais direitos decorrentes de um vínculo de emprego havido com a MGS e cujo contrato de trabalho foi regido pela CLT até o advento da Lei n. 10.254/90. **(TST, RR 87.221/93.6, Ac. 4ª T. 2.700/94, Galba Velloso)**

• Condição da ação – Ilegitimidade de parte – Ausência de preclusão – Art. 267, § 3º, do CPC. Proposta a questão sobre a ilegitimidade de parte, não pode o tribunal eximir-se de apreciá-la, sob alegação de preclusão, sendo-lhe mesmo possível apreciá-la de ofício. **(TST, RR 84.704/93.6, Ac. 1ª T. 1.670/94, Ursulino Santos)**

• Não há ilegitimidade passiva da ora reclamada, não se podendo falar em carência de ação, sendo certo que a autora pretende eventuais direitos decorrentes de um vínculo de emprego havido com a Credireal e cujo contrato de trabalho foi regido pela CLT até o advento da Lei n. 10.254/90. **(TST, RR 87.125/93.0, Ac. 4ª T. 2.699/94, Galba Velloso)**

5. *Elementos da ação*

5.1 Notas introdutórias

Cada ação distingue-se das demais por certos elementos que a identificam, quais sejam: partes, causa de pedir e pedido.

Quando os elementos identificadores supramencionados coincidem dizemos que as ações são idênticas ou que houve repetição da mesma ação.

O problema da identificação das ações tem importância fundamental para dois institutos: a litispendência e a coisa julgada material.

Existe *litispendência* quando se repete ação que está em curso; e há *coisa julgada* quando se repete ação que já foi julgada, e de cuja decisão não caiba recurso (art. 301, § 3º, do CPC).

A jurisdição, quando provocada e esgotada, atua apenas uma vez, resolvendo definitivamente a lide, sendo proibida a repetição da causa. Ocorrendo qualquer das hipóteses – litispendência ou coisa julgada –, a demanda repetida deve ser julgada extinta sem resolução do mérito, porque são fatos impeditivos do prosseguimento do processo (art. 267, V, do CPC).

É importante observar que no âmbito da Justiça do Trabalho é comum a formulação de inúmeros pedidos na mesma petição inicial, e a cada pedido corresponde, tecnicamente, uma ação. Assim, poderá haver litispendência ou coisa julgada em relação a um ou alguns dos pedidos e prosseguir o processo em relação aos demais.

5.2 Partes

As partes (autor e réu) constituem o sujeito ativo e o sujeito passivo do processo. É quem pede e contra quem se pede o provimento jurisdicional.

Geralmente, autor será o trabalhador (denominado *reclamante*), e réu o empregador, tomador dos serviços, empreiteiro, sucessor do empregador, massa falida etc. (denominado *reclamado*), designações que derivam da expressão *reclamação* – usada pelo legislador para indicar a *ação trabalhista* (arts. 837 e ss. da CLT). Nada obsta, todavia, a que o empregador seja o autor da ação, tal como numa ação rescisória, inquérito judicial para apuração de falta grave, ação de consignação em pagamento etc.

Para a identificação das partes não é suficiente a identificação das pessoas. Vale dizer, é preciso verificar a qualidade na qual alguém, de fato, esteja litigando.

Uma mesma pessoa poderá litigar com qualidades diferentes: em nome próprio, no interesse próprio; em nome próprio, sobre direito alheio, como substituto processual; em nome alheio, sobre direito alheio, como representante de outrem.

Assim, por exemplo, se o sindicato da categoria profissional propõe reclamação trabalhista postulando, na condição de substituto processual (art. 195, § 2º, da CLT), o adicional de insalubridade a um grupo de associados e, posteriormente, um dos associados substituídos ingressa com ação trabalhista individualmente, com idêntico pedido de adicional de insalubridade, certamente haverá litispendência. Observa-se que a identidade de partes não é meramente física, mas jurídica.

5.3 Causa de pedir ("causa petendi")

O segundo elemento da ação é a causa de pedir que, nos ensinamentos de Liebman, traduz-se no fato jurídico que o autor coloca como fundamento de sua demanda. É o fato do qual surge o direito que o autor pretende fazer valer ou a relação jurídica da qual aquele direito deriva.

O direito processual brasileiro adota a teoria da substanciação, em detrimento da teoria da individuação.[2] E isto porque a causa de pedir é constituída do elemento fático e da qualificação jurídica que dele decorre. Abrange, portanto, a causa de pedir próxima e a causa de pedir remota.

A causa de pedir próxima são os fundamentos jurídicos que justificam o pedido, e a causa de pedir remota são os fatos constitutivos.

2. Na teoria da individuação bastaria a afirmação da relação jurídica fundamentadora do pedido para a caracterização da ação.

Assim, numa reclamação trabalhista o reclamante deve apontar, na petição inicial, a relação jurídica de emprego (vínculo empregatício), bem como descrever os fatos que geraram o direito às parcelas que menciona (art. 840 da CLT). Por outro lado, a jurisprudência revela uma certa condescendência quando se trata de pedido de adicional de insalubridade, já que a prova técnica decorre de imperativo legal, e não se pode exigir que o reclamante decline, desde logo, todos os agentes insalubres que se fazem presentes na sua atividade laboral, entendimento cristalizado na Súmula 293 do TST: "A verificação mediante perícia da prestação de serviços em condições nocivas, considerado agente insalubre diverso do apontado na inicial, não prejudica o pedido de adicional de insalubridade".

E neste mesmo sentido, a seguinte ementa de jurisprudência:

• Petição inicial – Causa de pedir – Insalubridade. O agente insalubre diverso do apontado na inicial não prejudica o pedido de adicional de insalubridade (Súmula TST 293), desde que o agente agressivo indicado pelo autor não seja completamente diverso do que apurado em perícia e o agente causador da insalubridade não seja facilmente intuível pelo cidadão comum. A sentença que condena ao pagamento de adicional fundamentada em agente absolutamente diverso do indicado na inicial viola o princípio do contraditório e o direito de defesa. **(TRT/SP, RO 31.347/93, Ac. 9ª T. 53/95, Valentin Carrion, *DJSP* 17.1.1995)**

5.4 Pedido ("petitum")

O pedido (*petitum*) traduz-se, de acordo com a doutrina moderna, no objeto da ação. É sobre o pedido que incidirá a tutela jurisdicional; deve ser formulado claramente, desde logo, na petição inicial e estabelecerá a limitação objetiva da sentença. Neste sentido a jurisprudência: "O fato de constar da peça exordial causa de pedir não autoriza o juízo a conceder o pedido, se este não existe, mesmo que provado o direito do autor" (TRT/SP, Proc. 366.712/92, Ac. 3ª T. 23.976/94, Geraldo Passini).

Torna-se, ainda, oportuno salientar que o pedido deve ser entendido sob dois enfoques: sob um aspecto genérico, consistente no tipo de provimento jurisdicional solicitado, ou seja, de condenação, declaração, constituição, cautelar ou de execução; ou sob um aspecto específico, consistente no bem jurídico pretendido. Ambos identificam o pedido e, consequentemente, a ação. É possível que apenas um aspecto seja diferente, o que já é suficiente para diferenciar as demandas.

6. *Inépcia da petição inicial*

Dizemos que a petição inicial é inepta quando falta um dos elementos da ação (partes, causa de pedir e pedido), bem como nas hipóteses em que esses elementos se revelam incompletos ou incompreensíveis, tais como a formulação de pedidos incompatíveis entre si e a inexistência de conclusão lógica após a narração dos fatos.

Nestas hipóteses o juiz concede ao demandante (autor) um prazo de 10 dias para que emende a petição inicial, nos termos do art. 284 do Código de Processo Civil, de aplicação subsidiária ao processo do trabalho (art. 769 da CLT).[3] Se o autor não suprir a falha, ou se não o fizer de forma adequada, o juiz indeferirá a petição inicial (art. 284, parágrafo único, c/c o art. 267, I, ambos do CPC), o que implica extinção do processo sem resolução do mérito. Os requisitos da petição inicial trabalhista se encontram, basicamente, no art. 840 da CLT, devendo apenas se acrescentar o valor da causa, sem o qual se torna impossível estabelecer-se o rito processual.

6.1 *Jurisprudência*

• O indeferimento da petição inicial, por encontrar-se desacompanhada de documento indispensável à propositura da ação ou não preencher outro requisito legal, somente é cabível se, após intimada para suprir a irregularidade em 10 dias, a parte não o fizer. **(Súmula 263 do TST)**

• Somente se considera a inicial inepta, no processo individual do trabalho, quando, intimada a parte para suprir as irregularidades encontradas, dentro do prazo de 10 dias, ignorar a determinação do juiz – Enunciado n. 263/TST. **(TST, RR 80.904/93.8, Ac. 4ª T. 198/94, Almir Pazzianotto Pinto)**

• Em sendo deferido prazo para que a inicial fosse emendada, não se manifestando a parte nem suprida a deficiência, não há como deixar-se de reconhecer a sua inépcia. Art. 284 do CPC. **(TST, RR 100.250/93.0, Ac. 4ª T. 2.242/94, Leonaldo Silva)**

• Suficiente a exposição dos fatos, claro o fito do autor, evidenciado que a parte ré, bem compreendendo a demanda, sem prejuízo e com amplitude, exercitou a defesa, estabelecendo-se o contraditório, a petição inicial não deve ser reconhecida como inepta. A petição, formalmente defeituosa, pode ser emendada ou completada, por determinação judicial ou espontaneamente, nesta hipótese antes da citação. O indeferimento sumário destrói a esperança da parte e obstaculiza o acesso à visa

3. Em que pese à ausência de incompatibilidade com o processo trabalhista e à jurisprudência majoritária que assegura a aplicação do art. 284 do Código de Processo Civil, casos ocorrem em que o magistrado não concede o prazo para emenda e julga inepta a petição inicial, sob o fundamento de que o prazo não se coaduna com o processo laboral, na medida em que a citação é automática e o juiz só toma ciência da petição inicial por ocasião da audiência.

judicial, constituindo desprestígio para o Judiciário. **(STJ, 1ª T., RE 30.735.5-SP, reg. 92.0033193.9, Mílton Luiz Pereira)**

7. Classificação das ações

As ações trabalhistas podem ser individuais ou coletivas.

7.1 Ações individuais

As ações individuais envolvem pessoas singularmente consideradas e se destinam à obtenção de um pronunciamento jurisdicional sobre interesses concretos e individualizados. Classificam-se em: ações de conhecimento (condenatórias, constitutivas e declaratórias), ações executórias e ações cautelares.

Ações condenatórias são aquelas que ensejam a execução de uma obrigação de dar, fazer ou não fazer. Vale dizer, objetivam a formação de um título executivo.

Ações constitutivas são aquelas que objetivam criar, modificar ou extinguir um direito ou uma relação jurídica, ensejando uma nova situação jurídica, para a qual a figura do juiz é indispensável. Não requerem ato material subsequente, eis que a sentença já produz os efeitos necessários. São exemplos desta modalidade: a ação que objetiva a anulação de punição disciplinar, a ação que objetiva a fixação do salário do empregado (art. 460 da CLT) e o inquérito judicial para apuração de falta grave.

Ações declaratórias são aquelas em que o objeto reside na declaração da existência ou inexistência de uma relação jurídica. Não se confundem com as constitutivas, eis que nestas últimas o juiz cria uma relação que inexistia e nas primeiras (declaratórias) o juiz limita-se a declarar o que já existe.

No entanto, é possível afirmar que toda ação condenatória tem um cunho declaratório, na medida em que a condenação numa obrigação pressupõe a declaração de um direito.

Ações executórias são aquelas que objetivam a execução de algum título executivo extrajudicial consagrado no art. 876 da Consolidação das Leis do Trabalho (acordo celebrado perante a comissão de conciliação prévia ou termo de ajustamento de conduta) ou daqueles previstos no art. 585 do Código de Processo Civil quando compatíveis com relação jurídica de trabalho diversa da empregatícia, em face da ampliação da competência material da Justiça do Trabalho. Não se fala em ação executória de título executivo judicial, pois referida execução é mera fase do processo de conhecimento; a menos que se cogite da execução da sentença arbitral condenatória em conflitos de trabalho que não envolvam a figura do empregado, pois ostenta natureza de título executivo judicial (Lei 9.307/1996).

Ações cautelares são aquelas que objetivam uma providência jurisdicional acautelatória, com vistas a assegurar o devido processo legal. Não são previstas na Consolidação das Leis do Trabalho, de sorte que nos valemos da aplicação subsidiária do Código de Processo Civil (art. 769 da CLT). São exemplos de ações cautelares: arresto, sequestro, protestos, justificações, produção antecipada de provas etc.

As ações cautelares objetivam aparelhar (incidentais) ou preparar a futura ação principal (preparatórias).

7.2 Ações coletivas

Segundo Amauri Mascaro Nascimento a "ação coletiva é o direito, assegurado às categorias profissionais, de ingressar com ações (*sic*) perante a Justiça do Trabalho".[4] Não obstante a tautologia verificada em referida definição (afirma que *ação é o direito de ingressar com ações*), devemos reconhecer que o autor teve o mérito de não se distanciar do conceito de ação já mencionado anteriormente.

A ação coletiva também traduz direito subjetivo público de pleitear a tutela jurisdicional do Estado-juiz (no caso, a Justiça do Trabalho), cuja legitimação ativa está a cargo dos sindicatos das categorias profissionais e econômicas, os quais possuem a legitimação ordinária (não se trata de substituição processual) para agir em nome das respectivas categorias (trata-se de hipótese típica de representação – art. 857 da CLT). Trata-se de corolário do poder normativo da Justiça do Trabalho.

A Consolidação das Leis do Trabalho faz menção a dissídios coletivos quando se refere às ações coletivas, as quais se dividem em constitutivas e declaratórias.

As *ações coletivas constitutivas* costumam ser denominadas *dissídios coletivos de natureza econômica* e objetivam a criação de novas condições de trabalho (art. 114, § 2º, da CF) ou modificação das condições existentes (dissídios coletivos de revisão – art. 873 da CLT).

Como o próprio nome está indicando, as ações coletivas constitutivas não objetivam a condenação, e o descumprimento de sua decisão

4. *Curso de Direito Processual do Trabalho*, 18ª ed., p. 256.

(sentença normativa) desafia a propositura de ação de cumprimento, cuja competência originária é das Varas do Trabalho (art. 872, parágrafo único, da CLT), ou mesmo de uma reclamação trabalhista (art. 840 da CLT).

As *ações coletivas declaratórias* costumam ser denominadas *dissídios coletivos de natureza jurídica* e objetivam aclarar o sentido de alguma norma coletiva (sentença normativa, acordo coletivo ou convenção coletiva), ou mesmo declarar a legalidade ou ilegalidade, abusividade ou não abusividade de uma greve. No entanto, é fato que muitas vezes a Justiça do Trabalho não se limita a declarar a não abusividade de uma greve e vai além, como, por exemplo, quando determina reajuste salarial etc.

XI
O PROCESSO TRABALHISTA

1. Conceito de processo. 2. Natureza jurídica do processo. 3. Pressupostos processuais: 3.1 Pressupostos processuais objetivos: 3.1.1 Petição inicial – 3.1.2 Citação – 3.1.3 Ausência de litispendência e coisa julgada – 3.1.4 Ausência de convenção de arbitragem – 3.1.5 Ausência de perempção – 3.1.6 Ausência de acordo na comissão de conciliação prévia – 3.2 Pressupostos processuais subjetivos: 3.2.1 Jurisprudência. 4. Classificação dos processos. 5. Diferença entre processo e procedimento.

1. Conceito de processo

Processo é um conjunto de atos coordenados com o objetivo de solucionar a lide, por meio do exercício da função jurisdicional. Trata-se, pois, de um instrumento da jurisdição.

O processo inicia-se com a petição inicial, na qual o autor solicita ao órgão jurisdicional a declaração da vontade da lei contra ou em relação a alguém. E por este motivo dizemos que no processo se contém uma relação jurídica tripolar, da qual participam autor, juiz e réu.

Assim, também podemos afirmar que o processo é uma relação jurídica entre os sujeitos processuais. No mais, trata-se de relação jurídica pública, porque o Estado é o titular soberano.

A Consolidação das Leis do Trabalho mistura os conceitos de *ação*, *processo* e *lide* ao dedicar o Capítulo III (arts. 837 e ss.) do Título X aos *dissídios individuais*. Em verdade, a expressão "dissídio" tem o sentido de *lide* (conflito de interesses qualificado por uma pretensão resistida, nos ensinamentos de Carnelutti), muito embora o legislador a tome como sinônimo de processo.

2. *Natureza jurídica do processo*

Praticamente não existe, nos dias de hoje, controvérsia acerca da natureza jurídica do processo. Não se trata de um contrato, situação jurídica nem instituição, e sim de uma *relação jurídica tripolar* (autor, juiz e réu).

É, pois, uma relação jurídica complexa que regula os direitos, deveres e ônus das partes e do juiz, e também os poderes deste último.

3. *Pressupostos processuais*

São os requisitos de existência e validade do processo, ou seja, são os requisitos de constituição e desenvolvimento válido do processo.

Subdividem-se em pressupostos objetivos e subjetivos.

3.1 Pressupostos processuais objetivos

Pressupostos processuais objetivos são aqueles que dizem respeito ao processo em si mesmo considerado, quais sejam:

1) petição inicial;

2) citação;

3) inexistência de litispendência;

4) inexistência de coisa julgada;

5) inexistência de perempção (arts. 731 e 732 da CLT);

6) inexistência de convenção de arbitragem;

7) inexistência de acordo celebrado perante comissão de conciliação prévia.

Alguns autores costumam classificar os pressupostos processuais objetivos em pressupostos de existência e pressupostos de validade. Seriam *pressupostos de existência* a petição inicial e a citação, na medida em que sem eles o processo não existe, ou seja, a relação jurídica processual não chega a se formar; e seriam *pressupostos de validade* os demais (inexistência de litispendência, coisa julgada, convenção de arbitragem, perempção e acordo celebrado perante comissão de conciliação prévia).

3.1.1 Petição inicial

A Consolidação das Leis do Trabalho não alude expressamente à petição inicial, mas é deste requisito que o diploma consolidado trata no art. 840, fato que se justifica em decorrência da falta de técnica processual já denunciada anteriormente, mormente pelos resquícios da fase administrativa da Justiça do Trabalho.

Observamos, pois, que o termo "reclamação" se encontra insculpido no art. 840 da Consolidação das Leis do Trabalho com o sentido de *petição inicial*. Assim, a reclamação poderá ser verbal ou escrita (arts. 786 e 787 da CLT). Sendo verbal, deverá ser reduzida a termo pelo funcionário do órgão distribuidor ou pelo funcionário da Secretaria da Vara do Trabalho (esta última hipótese nas localidades em que só existe uma Vara); sendo escrita, poderá estar subscrita por advogado devidamente constituído ou pela própria parte.

Torna-se, ainda, oportuno observar que o art. 840 do diploma consolidado estabelece os *requisitos da petição inicial das ações individuais*, quais sejam:

1) designação do juiz da Vara do Trabalho ou juiz de direito a quem for dirigida;

2) qualificação do reclamante ou reclamado;

3) uma breve exposição dos fatos de que resulte o dissídio;

4) o pedido;

5) a data;

6) a assinatura do reclamante ou de seu representante.

A Lei 5.584, de 1970, estabeleceu, implicitamente, mais um requisito para a petição inicial de reclamação trabalhista, qual seja, a *atribuição de valor à causa*. Afirmamos que o requisito estava implícito porque nenhuma consequência processual o autor suportava diante de sua inobservância, mas o juiz da Vara do Trabalho deveria fixar o valor no caso de ausência de conciliação e omissão do autor quanto a este particular. Contudo, hodiernamente afirmamos que se trata de um requisito indispensável da petição inicial trabalhista, a fim de que se possa identificar o rito processual, pois as demandas cujo valor não superar 40 salários-mínimos devem observar o rito sumariíssimo (art. 852-A da CLT).

É certo que a legislação trabalhista não estabelece os critérios para fixação do valor da causa, e por este motivo adotamos aquele consagrado na legislação processual civil, diante do permissivo do art. 769 da Consolidação das Leis do Trabalho.

As regras para fixação do valor da causa estão insertas no art. 259 do diploma processual civil; e, no processo do trabalho, se corresponder a quantia não superior a dois salários-mínimos (no valor vigente à época do ajuizamento da ação) não caberá recurso algum da decisão proferida, a menos que a discussão envolva matéria constitucional (art. 2º, § 4º, da Lei 5.584, de 1970), hipótese que desafia, desde logo, o recurso extraordinário para o Supremo Tribunal Federal (art. 102, III, CF), conforme a Súmula 640 desse mesmo Excelso Pretório.

A jurisprudência trabalhista vem se posicionando acerca dos requisitos da petição inicial no sentido de afastar, sempre que possível, a arguição de inépcia. Contudo, exige-se a observância dos requisitos formais mínimos:

• Mesmo no processo trabalhista, inicial subscrita por advogado não pode ser obscura e imprecisa. Clareza e objetividade são requisitos que decorrem da inteligência do § 1º do art. 840 da CLT. O pedido genérico só é admitido nas hipóteses previstas no art. 286, parte final, do CPC. Nos casos de extinção do processo sem julgamento do mérito, o juiz decidirá em forma concisa (art. 459, segunda parte, do CPC). **(TRT/RJ, RO 17.005/91, Ac. 8ª T., Leny de Sá Peixoto)**

• Conquanto menos rigoroso e bem mais simples que o processo civil comum, o processo do trabalho também exige que a parte forneça, sob pena de inépcia, os fatos e fundamentos jurídicos do pedido que constituem a causa de pedir, pois somente diante da análise da *causa petendi* é que o juiz pode declarar o Direito aplicável à espécie – *da mihi factum, dabo tibi jus*. Tal exigência se faz mais forte e presente quando a parte encontra-se devidamente assistida por profissional advogado que, por ofício, não pode ignorar a sistemática legal que rege a elaboração da petição inicial. **(TRT/DF, RO 3.312/93, Ac. 3ª T. 1.470/93, Bertholdo Satyro)**

• A petição inicial no âmbito do direito processual trabalhista, em que a informalidade é um de seus princípios informadores, tem como elementos integrativos aqueles estampados no § 1º do art. 840 do texto consolidado, sem o formalismo e o rigorismo dos elementos arrolados no art. 282 do CPC. **(TRT/MG, RO 14.249/93, Ac. 6ª T., Deoclécia A. Dias)**

3.1.2 Citação

A citação é o ato pelo qual se dá notícia a alguém acerca da existência de uma demanda e de que tem prazo legal para apresentar defesa, querendo.

O art. 841 da Consolidação das Leis do Trabalho trata da citação, muito embora o faça sob o rótulo de *notificação*, a qual se dá, via de regra, pelo Correio. Todavia, nada obsta a que a citação se faça por oficial de justiça nas hipóteses em que a localidade não for servida pelo Correio ou quando frustrada a tentativa de citação via postal; bem como por edital, quando o reclamado se encontrar em local incerto (ou não sabido) ou criar embaraços à citação (art. 841, § 1º, da CLT). Doutrina e jurisprudência divergem quanto ao cabimento da citação por hora certa, nos termos do art. 227 do Código de Processo Civil, mas entendemos que é compatível com o processo do trabalho, podendo ser realizada, a critério do juiz.

Não se exige a citação pessoal, mesmo quando realizada por oficial de justiça, salvo expressa determinação do juiz em sentido contrário, para atender às peculiaridades do caso concreto. Somos de opinião que até mesmo as citações "na pessoa" do sócio ou do síndico da massa falida podem ser feitas pelo correio – e portanto, em princípio, não se exige a pessoalidade, pois a expressão "na pessoa" equivale a "aos cuidados".

É maciça a jurisprudência trabalhista no sentido da inexigibilidade da citação pessoal e também da possibilidade de citação por edital, a exemplo das seguintes ementas:

• Enviada a notificação inicial com um mês de antecedência (em relação à data da audiência) para unidade de trabalho da reclamada, e acusado o recebimento por pessoa ligada a ela (o que se presumiu, à falta de alegação em contrário), tem-se que foi atendido, satisfatoriamente, o que a respeito está disposto na lei específica (art. 841, e seu § 1º, da CLT), já que a presunção cabível, na hipótese, é a de recebimento da notificação pela reclamada. E esse é, sem dúvida, e em última análise, o objetivo central da disposição legal invocada como específica. **(TST, RR 93.760/93.7, Ac. 3ª T. 2.379/94, Manoel Mendes de Freitas)**

• Dispõe o art. 841, § 1º, da CLT que far-se-á notificação, citação ou intimação por edital. Se o ato é praticado por uma forma e atinge o seu fim, e essa intimação por edital do executado é outra forma, mas atinge o fim da lei, é válido. Portanto, não haverá respaldo para cabimento de mandado de segurança [contra] a determinação por edital, sob o argumento de que poderia o juiz fazê-lo através de citação ou intimação por hora certa. O *modus operandi*, em tais casos, é ditado pelo critério do juiz. Não ocorrendo com isso ato arbitrário ou ilegalidade a respaldar mandado de segurança. **(TST, RO-MS 78.972/93.1, Ac. SDI 1.720/94, Cnéa Moreira)**

Contudo, os órgãos da Administração Pública direta (União, Estados, Municípios, suas autarquias e fundações públicas) e o Ministério Público serão citados pessoalmente em face de exigência legal (arts. 35 e 36 da Lei Complementar 73/1993, arts. 222, "c" e 236, § 2º, CPC e art. 18, II, "h", da Lei Complementar 75/1993), o que se traduz em exceção à regra geral da legislação processual trabalhista.

3.1.3 Ausência de litispendência e coisa julgada

Litispendência e coisa julgada traduzem matéria de defesa, muito embora delas o juiz possa conhecer de ofício (art. 267, V, do CPC).

No capítulo anterior já mencionamos que ocorre litispendência quando se repete ação que está em curso; e há coisa julgada (material) quando se repete ação cuja decisão já transitou em julgado, nos termos do art. 301, § 3º, do Código de Processo Civil. Contudo, não podemos olvidar que o pedido é que define a ação; vale dizer, num único processo podem existir várias ações, e daí a possibilidade de litispendência ou coisa julgada em relação a parte dos pedidos.

Havendo litispendência ou coisa julgada material o processo deve ser extinto sem resolução do mérito (art. 267, V, do CPC) em relação aos pedidos em que se verificam, eis que prevento o juízo da reclamação anterior.

As ementas de jurisprudência abaixo transcritas ilustram os pressupostos processuais de que estamos tratando neste tópico:

• Em se tratando não de repetição do mesmo pedido, que já é objeto de acordo, mas de revisão do pactuado, no que tange à complementação de aposentadoria paga de forma irregular, insere-se a hipótese na previsão constante do inciso I do art. 471 do CPC, não havendo falar em coisa julgada. **(TST, RR 84.611/93.2, Ac. 5ª T. 3.218/94, Antônio Maria Thaumaturgo Cortizo)**

• Inexiste coisa julgada quando do ajuizamento de ação individual após instauração de processo de dissídio coletivo. No dissídio individual pede-se uma sentença condenatória com o deferimento do direito material pleiteado; no dissídio coletivo pede-se uma sentença declaratória constitutiva. Não há, pois, a tríplice identidade para a formação da coisa julgada. **(TST, RR 62.062/92.7, Ac. 5ª T. 150/94, Newton Rossi)**

• A coisa julgada pressupõe três identidades: as mesmas partes, a mesma causa de pedir e o mesmo pedido. Inexiste coisa julgada quando, encerrado o processo de conhecimento, identificado o acidente do trabalho, a ação seguinte busca apenas a revisão do cálculo do benefício. **(STJ, RE 43.287-1-SP, reg. 94.0002337-5, Luiz Vicente Cernicchiaro)**

• Para a caracterização da coisa julgada se faz necessária a ocorrência da identidade de partes, pedido e causa de pedir, sendo que tais requisitos não se encontram presentes no confronto do dissídio individual, onde a parte é o empregado, individualmente considerado, e no dissídio coletivo, onde a parte é o sindicato representando uma coletividade genérica de empregados. Portanto, é induvidoso que os dissídios coletivos de natureza econômica não produzem coisa julgada material, mormente porque contêm, implicitamente, a cláusula *rebus sic stantibus*. **(TRT/MT, RO 1.005/94, Ac. TP 1.413/94, José Simioni)**

• A coisa julgada é suscetível de um processo de integração, decorrente de relação jurídica continuativa, quando sobrevém modificação no estado de fato ou de direito; hipótese em que poderá a parte pedir revisão do que já foi decidido. Trata-se de previsão contida no art. 471 do CPC, que se aplica subsidiariamente ao processo do trabalho. **(TST, RO-DC 88.628/93.0, Ac. SDC 190/94, Indalécio Gomes Neto)**

3.1.4 Ausência de convenção de arbitragem

A arbitragem não é compatível com os conflitos individuais de trabalho, de tal sorte que a inexistência de convenção de arbitragem não pode ser alçada à condição de pressuposto processual objetivo do processo individual do trabalho quando se discutem direitos que emergem da relação de emprego, aspecto já abordado no capítulo destinado ao estudo das formas de solução dos conflitos trabalhistas. Parece-nos, contudo, que a discussão se torna acertada em conflitos coletivos, por força do art. 114, § 1º, da Constituição Federal.

3.1.5 Ausência de perempção

No processo trabalhista, ao contrário do processo civil, inexiste a perempção propriamente dita, a qual impede definitivamente o direito de ação,[1] nos termos do art. 268, parágrafo único, do Código de Processo Civil.

A única situação que se aproxima daquela prevista no Código de Processo Civil (art. 268, parágrafo único) é o disposto nos art. 731 e 732 da Consolidação das Leis do Trabalho, que consagram uma espécie de "perempção temporária" (perda do direito de ação por seis meses) para o reclamante que não comparecer à secretaria da Vara do Trabalho para reduzir a termo a reclamação verbal no prazo cinco dias após a distribuição e também para o reclamante que der causa por duas vezes seguidas ao arquivamento da reclamação trabalhista, nos termos do art. 844 do diploma consolidado.

A interpretação literal dos arts. 731 e 732 da Consolidação das Leis do Trabalho enseja a conclusão de que se encontram revogados tacitamente pelo art. 5º, XXXV, da Constituição da República, pois aludem a pena de perda do "direito de reclamar perante a Justiça do Trabalho", por 6 (seis) meses, sem restringir o objeto da futura demanda; vale dizer, poderia abarcar não apenas os direitos da reclamação anterior, mas qualquer outro direito trabalhista, inclusive em relação a outros empregadores. Por isso, talvez a melhor interpretação seja a teleológica, que se faz de conformidade com a Constituição da República, que restringe o direito de ação pelo tempo mencionado (6 meses), apenas em relação

1. *Perempção* "é a perda do direito de ação pela desídia do autor, que ensejou a extinção do processo sem julgamento do mérito, por três vezes, pelo fundamento do CPC 267 III" (Nélson Nery Júnior e Rosa Maria Andrade Nery, *Código de Processo Civil Comentado*, 3ª ed., p. 540).

ao objeto da reclamação anterior, entendimento que adotamos a partir da presente edição, abandonando o posicionamento anterior.

De qualquer maneira, reiteramos a observação de que não existe alcance prático para o art. 731 da Consolidação das Leis do Trabalho, pois nas localidades em que existe mais de uma Vara do Trabalho, o próprio Tribunal se encarrega de manter um setor para distribuição de reclamações verbais, onde a redução a termo se faz ato contínuo à distribuição.

3.1.6 Ausência de acordo na comissão de conciliação prévia

Conforme já mencionamos no primeiro capítulo, a Lei 9.958, de 2000, consagrou mais um mecanismo de solução de conflitos individuais de trabalho, o que restou materializado por meio da introdução do Título VI-A, "Das Comissões de Conciliação Prévia", no bojo da Consolidação das Leis do Trabalho. Na prática, a alteração mencionada representa o acréscimo dos arts. 625-A até 625-H e art. 877-A no diploma consolidado, além de atribuir nova redação ao art. 876, o que será objeto de menção no momento oportuno.

O art. 625-D estabelece a obrigatoriedade de tentativa da solução por meio da comissão de conciliação prévia quando existente no âmbito da categoria da empresa ou do sindicato da categoria profissional, salvo a existência de motivo relevante que deve ser declarado na petição inicial (art. 625-D, § 3º, CLT). É óbvio que a celebração do acordo não é obrigatória. E exatamente a ausência de celebração do acordo perante a comissão é que traduz o pressuposto processual objetivo.

Na hipótese de existência do acordo celebrado perante a comissão de conciliação prévia, o empregado fica impossibilitado de ajuizar reclamação trabalhista, exceto em relação a parcelas expressamente ressalvadas (art. 625-E, parágrafo único, da CLT), a menos que o acordo celebrado esteja viciado e que se pretenda, na própria reclamação, discutir sua validade. Poderá, ainda, pleitear a execução do acordo não cumprido, perante a própria Justiça do Trabalho, eis que se tratará de um título executivo extrajudicial.

3.2 Pressupostos processuais subjetivos

São aqueles que dizem respeito aos sujeitos da relação processual, quais sejam:

1) investidura do juiz;

2) imparcialidade do juiz;

3) competência do juiz;

4) capacidade processual.

Observamos que a investidura do juiz, além de ser princípio da jurisdição, é um pressuposto processual subjetivo, ao lado da imparcialidade e competência. A competência, por sua vez, é a medida da jurisdição.

A capacidade processual traduz a capacidade de estar em juízo, e não se confunde com a capacidade de ser parte, nem com a capacidade postulatória.

Todos possuem capacidade de ser parte, sejam pessoas naturais (inclusive o nascituro), pessoas jurídicas e pessoas formais (massa falida, herança etc.).

Por outro lado, a capacidade de estar em juízo (capacidade processual) nem todos possuem, e isto porque a capacidade jurídica não implica, necessariamente, a capacidade de exercício ou de fato.

O absolutamente incapaz, por exemplo, tem capacidade jurídica mas não pode exercer por si os atos da vida civil, dependendo sempre do seu representante legal.

Vale dizer, o absolutamente incapaz tem capacidade de ser parte, ou seja, de ser sujeito de direitos e deveres processuais, mas não pode exercer por si esses direitos e deveres, porquanto não tem capacidade processual ou capacidade de estar em juízo (*legitimatio ad processum*).

Por último, a capacidade postulatória (*jus postulandi*) traduz-se no direito de agir e falar em nome das partes dentro do processo.

Na maioria dos casos a capacidade de postular é dos advogados, e daí a afirmação de que a capacidade postulatória da parte se expressa e se exterioriza pela representação atribuída a advogado para agir e falar em seu nome no processo. Todavia, no processo do trabalho as próprias partes possuem o *jus postulandi*[2] (art. 791 da CLT), a exemplo do que ocorre na impetração de *habeas corpus* (art. 654 do CPP) e nas causas cujo valor não exceda 20 salários-mínimos, perante os Juizados Especiais Cíveis (art. 9º da Lei 9.099, de 1995).

A capacidade processual se dá aos 18 anos de idade (art. 792 da CLT). Vale dizer, aos 18 anos de idade o trabalhador poderá pleitear na

2. Dizer que as partes possuem o *jus postulandi* equivale a afirmar que não estão obrigadas a contratar advogado. Todavia, o *jus postulandi* das partes revela-se, na maioria das vezes, sob a forma de armadilha ao leigo, que desconhece os mais elementares aspectos do direito processual.

Justiça do Trabalho sem a assistência dos pais ou responsáveis. E no caso de se tratar de menor de 18 anos a reclamação trabalhista será feita por seus representantes legais e, na falta destes, pelo Ministério Público do Trabalho, pelo sindicato, pelo Ministério Público Estadual ou curador nomeado em juízo, nos termos do art. 793 da Consolidação das Leis do Trabalho, com a redação atribuída pela Lei 10.288, de 20.9.2001.

3.2.1 Jurisprudência

• A Câmara Municipal, enquanto Poder Legislativo Municipal, carece de personalidade jurídica própria, consoante dispõe o art. 14, inciso III, do CC pátrio. Por conseguinte, apenas o Município legalmente instituído, no caso, o Município de Guarulhos, na qualidade de pessoa jurídica de direito público interno e, como tal, sujeito a direitos e obrigações, seria o detentor da capacidade para figurar no polo passivo da presente ação, segundo o art. 7º do CPC, porque somente o Município possui condições de arcar com a execução. **(TST, RR 67.191/93.7, Ac. 5ª T. 4.786/93, Antônio Maria Thaumaturgo Cortizo)**

• Tem-se como legítima a postulação *ad processum* do procurador da parte quando os instrumentos de mandato, que o habilitam, foram outorgados por escrituras públicas, bem como os respectivos substabelecimentos, ali conferidos, apresentam-se formalmente regulares; mormente quando não suscitada, pela parte adversa, qualquer dúvida sobre tal representação (art. 36 do CPC). **(STJ, RMS 4.178-6, Waldemar Zveiter)**

4. Classificação dos processos

A exemplo do que ocorre com as ações, é possível classificar os processos em individuais e coletivos.

Os *processos individuais*[3] são instaurados com o exercício do direito de ação individual e classificam-se em: 1) processo de conhecimento; 2) processo de execução; e 3) processo cautelar.

O *processo de conhecimento* é aquele que decorre de uma ação de conhecimento (declaratória, constitutiva ou condenatória); o *processo de execução* é oriundo de uma ação executória; e o *cautelar* decorre de uma ação cautelar.

O *processo coletivo* (ou *dissídio coletivo*, como prefere o diploma consolidado) é aquele oriundo do exercício de uma ação coletiva, o qual pode ter cunho declaratório ou constitutivo.

3. São os denominados *dissídios individuais* indicados na Consolidação das Leis do Trabalho, e também aqueles oriundos de uma ação de consignação em pagamento e outras espécies admissíveis no processo trabalhista em face da subsidiariedade do processo civil (art. 769 da CLT).

5. *Diferença entre processo e procedimento*

O *procedimento* não se confunde com o *processo*. O processo, como já afirmamos, é um conjunto de atos, enquanto o procedimento traduz a forma e o modo dos atos dentro do processo.

Costuma-se afirmar que no processo trabalhista o procedimento é oral e se caracteriza pela concentração dos atos processuais em audiência, característica que mais se acentua no denominado *procedimento sumaríissimo* na Justiça do Trabalho, e que detalharemos em capítulo próprio.

XII

AS PARTES E PROCURADORES

1. Conceito de parte. 2. Capacidade processual. 3. Conceito de parte legítima. 4. Os deveres das partes e procuradores. 5. Substituição das partes e procuradores. 6. A substituição processual. 7. A intervenção de terceiros: 7.1 Considerações iniciais – 7.2 A assistência: 7.2.1 A assistência simples – 7.2.2 A assistência qualificada – 7.2.3 A assistência no processo do trabalho – 7.3 Oposição – 7.4 Nomeação à autoria – 7.5 Denunciação da lide – 7.6 Chamamento ao processo.

1. Conceito de parte

São elementos da ação: as partes, a causa de pedir e o pedido. As partes, ao lado do juiz, são os sujeitos do processo. Este último é sujeito imparcial,[1] assume a condição de *dominus processus* e é o responsável pela composição do conflito de interesses, no exercício da função jurisdicional.

As partes são os polos ativo e passivo da relação jurídica processual. Vale dizer, partes são autor e réu, nada obstando às hipóteses em que figuram vários autores e/ou vários réus no mesmo processo[2] (litisconsórcio ativo e litisconsórcio passivo, respectivamente).

1. A imparcialidade do juiz é um pressuposto processual sem o qual o processo não se desenvolve validamente.

2. *Código de Processo Civil*:

"Art. 46. Duas ou mais pessoas podem litigar, no mesmo processo, em conjunto, ativa ou passivamente, quando: I – entre elas houver comunhão de direitos ou de obrigações relativamente à lide; II – os direitos ou as obrigações derivarem do mesmo fundamento de fato ou de direito; III – entre as causas houver conexão pelo objeto ou pela causa de pedir; IV – ocorrer afinidade de questões por um ponto comum de fato ou de direito.

Em linhas gerais, podemos afirmar que autor é aquele que pede a tutela jurisdicional e réu é aquele contra quem se pede esta mesma tutela.

Por outro lado, não é correto afirmar que as partes na relação processual são os sujeitos ativos e passivos da relação jurídica de direito material controvertida. Isto porque nem sempre os sujeitos do processo são titulares do direito material pleiteado ou defendido, muito embora esta seja a situação mais corriqueira.

Com efeito, já se tornou assente que a relação jurídica processual é autônoma em relação ao direito material, graças ao trabalho de Adolf Wach, ao demonstrar que o direito de ação é autônomo, no ano de 1885. Há processos, mesmo incidentais, nos quais inexiste relação de direito material, tais como exceção de incompetência, de impedimento ou suspeição do juiz (art. 304 do CPC), ação rescisória quando a sentença é prolatada por juiz impedido ou absolutamente incompetente (art. 485, II, do CPC), ações meramente declaratórias (aquelas que objetivam a declaração da inexistência de relação jurídica – art. 4º, I do CPC[3]) e nos processos em que figuram substitutos processuais.[4]

Pelo exposto, importa considerar as partes como sujeitos da relação processual, muito embora na maioria das vezes também sejam sujeitos da lide. De um lado, são as pessoas que pedem a tutela jurisdicional, formulando uma pretensão de direito material (figura do autor); e, de outro lado, são as pessoas contra as quais, ou em relação às quais, se pede a tutela jurisdicional do Estado.[5] Vale dizer, importa para o direito processual o conceito de parte no sentido formal, e não no sentido material.

Diante do exposto, impõe-se mencionar o conceito de Chiovenda: "Partes são aquele que pede em seu próprio nome (ou em cujo nome é

"Parágrafo único. O juiz poderá limitar o litisconsórcio facultativo quanto ao número de litigantes, quando este comprometer a rápida solução do litígio ou dificultar a defesa. O pedido de limitação interrompe o prazo para resposta, que recomeça da intimação da decisão."

3. "Art. 4º. O interesse do autor pode limitar-se à declaração: I – da existência ou da inexistência de relação jurídica; II – da autenticidade ou falsidade de documento."

4. *Substituto processual* é aquele que pleiteia em nome próprio direito alheio, hipótese que depende de expressa autorização legal (art. 6º do CPC: "Ninguém poderá pleitear, em nome próprio, direito alheio, salvo quando autorizado por lei").

5. Moacyr Amaral Santos, *Primeiras Linhas de Direito Processual Civil*, 6ª ed., v. I, p. 288.

pedida) uma atuação de lei (autor) e aquele frente ao qual tal atuação é pedida".[6]

Registramos, finalmente, que a terminologia (*autor* e *réu*) varia de acordo com o tipo de ação. Na ação executória o autor é exequente e o réu denomina-se executado; nas reclamações trabalhistas o autor é reclamante e o réu é o reclamado; nas ações cautelares o autor é requerente e o réu é o requerido; nos mandados de segurança o autor é impetrante e o réu é o impetrado – e assim por diante.

2. *Capacidade processual*

Já sabemos que a pessoa, para ingressar em juízo, deve ter interesse e legitimidade,[7] mas esta última também deve ser observada no âmbito processual, traduzindo-se na capacidade da parte, e que também consubstancia um pressuposto processual, sem o qual o processo não se desenvolve validamente.

Nas palavras de José Frederico Marques: "Capacidade processual é a aptidão de uma pessoa para ser parte, isto é, sujeito de direitos e obrigações, faculdades e deveres, ônus e poderes, na relação processual, como autor, réu ou interveniente".[8] Todavia, discordamos desta orientação, na medida em que confunde a *capacidade processual* e a *capacidade de ser parte*.

Diante dos expressos termos do art. 1º do Código Civil,[9] é possível afirmar que todo homem tem a capacidade de ser parte. Não estão excluídos nem mesmo os nascituros, por força do art. 2º do mesmo diploma legal,[10] e o mesmo se diga das pessoas jurídicas e pessoas formais (massa falida, herança vacante ou jacente e o espólio), cuja representação em juízo se faz nos termos do art. 12 do Código de Processo Civil.[11]

6. *Apud* Alfredo de Araújo Lopes da Costa, *Direito Processual Civil Brasileiro*, 2ª ed., v. I, p. 350.

7. São condições da ação a legitimidade da parte, o interesse processual (interesse de agir) e a possibilidade jurídica do pedido.

Código de Processo Civil: "Art. 3º. Para propor ou contestar ação é necessário ter interesse e legitimidade".

8. *Manual de Direito Processual Civil*, 12ª ed., v. 1, p. 278.

9. "Toda pessoa é capaz de direitos e deveres na ordem civil."

10. "A personalidade civil da pessoa começa do nascimento com vida: mas a lei põe a salvo, desde a concepção, os direitos do nascituro."

11. *Código de Processo Civil*: "Art. 12. Serão representados em juízo, ativa e *passivamente*: I – a União, os Estados, o Distrito Federal e os Territórios, por seus procuradores; II – o Município, por seu prefeito ou procurador; III – a massa

Por outro lado, dispõe o art. 7º do Código de Processo Civil: "Toda pessoa que se acha no exercício dos seus direitos tem capacidade para estar em juízo".

Ora, a capacidade de estar em juízo é que coincide com a capacidade processual. E neste sentido nos curvamos diante dos ensinamentos de Lopes da Costa: "Tem capacidade processual aquele que pode estar em juízo: *persona legitima standi in iudicio*";[12] e de Moacyr Amaral Santos: "Capacidade processual, ou capacidade de estar em juízo, ou *legitimatio ad processum*, é a capacidade de exercer os direitos e deveres processuais; é a capacidade de praticar validamente os atos processuais; diz respeito àqueles que têm capacidade para agir".[13]

No direito processual civil a capacidade processual se dava em favor dos maiores de 21 anos,[14] bem como aos emancipados, aos casados, aos servidores públicos em cargo efetivo, aos graduados em curso superior e aos que se estabelecerem (civil ou comercialmente) com economia própria, tudo nos termos do art. 9º do Código Civil de 1916. Contudo, referido cenário sofreu alteração com a promulgação do novo Código Civil (Lei 10.406, de 10.1.2002), ao estabelecer, em seu art. 5º, que a menoridade cessa aos 18 anos completos, ou nas hipóteses de emancipação expressamente arroladas nos cinco incisos que seguem: "I – pela concessão dos pais, ou de um deles na falta do outro, mediante instrumento público, independentemente de homologação judicial, ou por sentença do juiz, ouvido o tutor; se o menor tiver dezesseis anos completos; II – pelo casamento; III – pelo exercício de emprego público efetivo; IV – pela colação de grau em curso de ensino superior; V – pelo estabelecimento civil ou comercial, ou pela existência de relação de em-

falida, pelo síndico; IV – a herança jacente ou vacante, por seu curador; V – o espólio, pelo inventariante; VI – as pessoas jurídicas, por quem os respectivos estatutos designarem, ou, não os designando, por seus diretores; VII – as sociedades sem personalidade jurídica, pela pessoa a quem couber a administração dos seus bens; VIII – a pessoa jurídica estrangeira, pelo gerente, representante ou administrador de sua filial, agência ou sucursal aberta ou instalada no Brasil (art. 88, parágrafo único); IX – o condomínio, pelo administrador ou pelo síndico."

12. *Direito...*, 2ª ed., v. I, p. 382.

13. *Primeiras Linhas...*, 6ª ed., v. I, p. 292.

14. No processo penal é obrigatória, sob pena de nulidade, a nomeação de curador no caso de réu menor de 21 anos, nos termos dos arts. 262 e 564, "c", do Código de Processo Penal.

Nos Juizados Especiais Cíveis o maior de 18 anos e menor de 21 anos nunca dependeu de assistência, inclusive para fins de conciliação (art. 8º, § 2º, da Lei 9.099, de 1995).

prego, desde que, em função deles, o menor com dezesseis anos completos tenha economia própria".

No processo trabalhista a capacidade processual plena se dá aos 18 anos, dispensando qualquer tipo de representação ou assistência, nos termos do art. 792 da Consolidação das Leis do Trabalho: "Os maiores de 18 (dezoito) anos e menores de 21 (vinte e um) anos e as mulheres casadas poderão pleitear perante a Justiça do Trabalho sem a assistência de seus pais, tutores ou maridos".

Observa-se, pois, que os relativamente incapazes e absolutamente incapazes não possuem a *legitimatio ad processum* (capacidade processual). Vale dizer, têm a capacidade de ser parte, mas necessitam de assistência ou representação para estarem em juízo.[15]

São absolutamente incapazes de exercer pessoalmente os atos da vida civil, nos termos do art. 3º do Código Civil: os menores de 16 anos; os que, por enfermidade ou deficiência mental, não tiverem o necessário discernimento para a prática desses atos; e os que, mesmo por causa transitória, não puderem exprimir sua vontade. Dependem de representação para a defesa de seus interesses em juízo, seja por curador, tutor ou representante legal (pai ou mãe).[16]

São relativamente incapazes, a certos atos, ou à maneira de os exercer, nos termos do art. 4º do Código Civil: os maiores de 16 e os menores de 18 anos; os ébrios habituais, os viciados em tóxicos, e os que, por deficiência mental, tenham o discernimento reduzido; os excepcionais, sem desenvolvimento mental completo e os pródigos,[17] que precisam estar assistidos pelos pais, tutores ou curadores na defesa de seus interesses em juízo.[18] Verifica-se, ainda, que o Código Civil não inclui os

15. *Código de Processo Civil*: "Art. 8º. Os incapazes serão representados ou assistidos por seus pais, tutores ou curadores, na forma da lei civil".

16. *Código Civil*: "Art. 1.634. Compete aos pais, quanto à pessoa dos filhos menores: (...) V – representá-los, até aos dezesseis anos, nos atos da vida civil, e assisti-los, após essa idade, nos atos em que forem partes, suprindo-lhes o consentimento; (...)."

"Art. 1.690. Compete aos pais, e na falta de um deles ao outro, com exclusividade, representar os filhos menores de dezesseis anos, bem como assisti-los até completarem a maioridade ou serem emancipados."

17. *Pródigo* é aquele que, "sem justa razão, esbanja a fortuna, gastando-a inutilmente ou fazendo gastos e despesas insensatas e excessivas, que possam destruir seus haveres" (in De Plácido e Silva, *Vocabulário Jurídico*, v. III, p. 1.233).

18. *Código Civil*:

"Art. 1.747. Compete mais ao tutor: I – representar o menor, até os dezesseis anos, nos atos da vida civil, e assisti-lo, após essa idade, nos atos em que for parte; (...)."

indígenas (silvícolas na redação do Código Civil de 1916) entre os relativamente incapazes, estabelecendo que "a capacidade dos índios será regulada por legislação especial" (art. 4º, parágrafo único).

Impõe-se, no entanto, um esclarecimento acerca da diferença entre representação e assistência. Na *representação* a vontade do absolutamente incapaz é totalmente substituída pela vontade de seu representante (pai, mãe, tutor ou curador), enquanto na *assistência* verificamos a vontade do relativamente incapaz, a qual deve contar com a aquiescência do assistente (pai, mãe, tutor ou curador). E neste sentido a jurisprudência: "Os maiores de 16 e menores de 21 anos são assistidos e não representados pelo pai. Na representação, o representante emite a vontade em nome do representado. Na assistência, o menor comparece ao ato e manifesta a vontade, autorizado pelo assistente" (TJRS, 1ª C., Ap. 26.751, rel. Des. Cristiano Graeff Júnior, j. 5.10.1976, *RJTJRS* 62/367).[19]

O diploma processual civil também contempla a hipótese de nomeação de curador especial ao incapaz quando não tiver representante legal ou quando os interesses deste colidirem com os daquele (art. 9º, I, do CPC), bem como ao réu preso e ao revel citado por edital ou com hora certa (art. 9º, III, do CPC), nomeação que pode ser dispensada nas comarcas em que houver representante judicial de incapazes ou de ausentes, tarefa que é acometida aos membros do Ministério Público.[20]

Na Justiça do Trabalho não se cogita de curador especial ao revel, e quando se tratar de menor de 18 anos a reclamação trabalhista poderá

"Art. 1.767. Estão sujeitos a curatela: I – aqueles que, por enfermidade ou deficiência mental, não tiverem o necessário discernimento para os atos da vida civil; II – aqueles que, por outra causa duradoura, não puderem exprimir a sua vontade; III – os deficientes mentais, os ébrios habituais e os viciados em tóxicos; IV – os excepcionais sem completo desenvolvimento mental; V – os pródigos."

"Art. 1.772. Pronunciada a interdição das pessoas a que se referem os incisos III e IV do art. 1.767, o juiz assinará, segundo o estado ou o desenvolvimento mental do interdito, os limites da curatela, que poderão circunscrever-se às restrições constantes do art. 1.782."

"Art. 1.782. A interdição do pródigo só o privará de, sem curador, emprestar, transigir, dar quitação, alienar, hipotecar, demandar ou ser demandado, e praticar, em geral, os atos que não sejam de mera administração."

19. *Apud* Alexandre de Paula (com a colaboração de Carlos Vaz Gomes Corrêa), *O Processo Civil à Luz da Jurisprudência*, v. I.

20. *Código de Processo Civil*:

"Art. 9º (...).

"Parágrafo único. Nas comarcas onde houver representante judicial de incapazes ou de ausentes, a este competirá a função de curador especial."

ser ajuizada por seu representante legal e, na falta deste, pelo órgão do Ministério Público do Trabalho, pelo sindicato, pelo Ministério Público Estadual ou curador nomeado em juízo (art. 793 da CLT).

Finalmente, ao lado da capacidade de ser parte e da capacidade processual propriamente dita vislumbramos a capacidade postulatória. Isto porque, a despeito de a parte ter a capacidade processual (*legitimatio ad processum*), deve participar da relação jurídica processual por intermédio de quem tenha o direito de postular em juízo. Necessita, pois, do patrocínio ou assistência de profissional do Direito – o advogado –, o qual tem o poder de agir e falar em nome das partes em juízo (*jus postulandi*). Todavia, não podemos olvidar que o próprio ordenamento jurídico estabelece algumas hipóteses em que as próprias partes podem atuar em juízo, sem a necessidade de constituir advogado: *reclamações trabalhistas perante a Justiça do Trabalho* (art. 791 da CLT); impetração de *habeas corpus* (art. 654 do CPP); ações perante os Juizados Especiais Cíveis cujo valor não seja superior a 20 salários-mínimos (art. 9º da Lei 9.099, de 1995).

3. *Conceito de parte legítima*

Não podemos confundir o conceito de parte com o de parte legítima. A condição de parte decorre da *legitimatio ad processum* (capacidade processual) e diz respeito a um pressuposto processual, enquanto a qualidade de parte legítima está intimamente ligada às condições da ação, já que parte legítima é aquela que possui a *legitimatio ad causam* (legitimação para a causa).

Em síntese, *parte legítima* é aquela que tem direito à prestação da tutela jurisdicional. Vale dizer, tem direito a um pronunciamento acerca do mérito da demanda pelo órgão jurisdicional, seja este pronunciamento favorável ou desfavorável. Todavia, não podemos afirmar que parte legítima seja aquela que se diz titular da pretensão de direito material invocada em juízo, na medida em que existem situações em que a parte defende interesses de outrem, muito embora o faça em nome próprio. São os casos de legitimação extraordinária ou substituição processual, que veremos em tópico específico.

4. *Os deveres das partes e procuradores*

O dever de *lealdade processual* é um dos mais importantes que possuem as partes na relação jurídica processual. E, nas palavras de Paulo

Lúcio Nogueira, "consiste em postular não só com elegância de linguagem, mas acima de tudo com ética profissional, não só com referência ao próprio cliente, mas também ao seu adversário e colega"[21] – dever que, infelizmente, não é observado por muitos profissionais no exercício da profissão.

É certo que o dever de lealdade se apresenta de forma genérica e abarca todas as hipóteses previstas pelo legislador, na medida em que aquele que se pauta desta maneira jamais deixa de apresentar os fatos segundo a verdade, não formula pretensões ou defesa destituídas de fundamentos, nem objetiva a produção de provas inúteis com o único intuito de retardar a atuação jurisdicional.[22]

Traduzem, ainda, deveres das partes e de seus procuradores comportarem-se convenientemente nas sessões de audiência,[23] tratarem-se reciprocamente com urbanidade[24] (e o mesmo se diga em relação às testemunhas[25]). Finalmente, é dever das partes não atentar contra a dignidade da Justiça, nos termos do art. 599, II, c/c o art. 600, ambos do Código de Processo Civil, cumprindo assinalar que atenta contra a dignidade da Justiça o devedor que frauda a execução, se opõe maliciosamente à execução, resiste injustificadamente às ordens judiciais e não indica ao juiz onde se encontram os bens sujeitos a execução.

21. *Curso Completo de Processo Civil*, p. 50.

22. *Código de Processo Civil*: "Art. 14. São deveres das partes e de todos aqueles que de qualquer forma participam do processo: I – expor os fatos em juízo conforme a verdade; II – proceder com lealdade e boa-fé; III – não formular pretensões, nem alegar defesa, cientes de que são destituídas de fundamento; IV – não produzir provas, nem praticar atos inúteis ou desnecessários à declaração ou defesa do direito; V – cumprir com exatidão os provimentos mandamentais e não criar embaraços à efetivação de provimentos judiciais, de natureza antecipatória ou final".

23. *Código de Processo Civil*: "Art. 445. O juiz exerce o poder de polícia, competindo-lhe: (...); II – ordenar que se retirem da sala de audiência os que se comportarem inconvenientemente; (...)".

Código de Processo Penal: "Art. 796. Os atos de instrução ou julgamento prosseguirão com a assistência do defensor, se o réu se portar inconvenientemente".

24. *Código de Processo Civil*: "Art. 446. Compete ao juiz em especial: (...); III – exortar os advogados e o órgão do Ministério Público a que discutam a causa com elevação e urbanidade".

25. *Código de Processo Civil*:

"Art. 416. O juiz interrogará a testemunha sobre os fatos articulados, cabendo, primeiro à parte, que a arrolou, e depois à parte contrária, formular perguntas tendentes a esclarecer ou completar o depoimento.

"§ 1º. As partes devem tratar as testemunhas com urbanidade, não lhes fazendo perguntas ou considerações impertinentes, capciosas ou vexatórias."

Nas hipóteses de atos atentatórios contra a dignidade da Justiça o devedor pode sofrer as cominações do art. 601 do Código de Processo Civil, sendo obrigado a pagar multa de até 20% sobre o montante da execução em favor da parte contrária, sem prejuízo de outras sanções de ordem processual ou material.

No mais, a inobservância dos deveres da parte pode implicar a caracterização da litigância de má-fé e atrair as cominações insculpidas nos arts. 16 a 18 do Código de Processo Civil.[26]

5. *Substituição das partes e procuradores*

A substituição das partes traduz a sucessão processual ou a alteração subjetiva na demanda. E não deve ser confundida com a substituição processual, que será tratada no tópico seguinte.

A regra geral é no sentido de que não se permite a substituição das partes depois de instaurada a relação jurídica processual. E neste sentido dispõe o art. 41 do Código de Processo Civil que "só é permitida, no curso do processo, a substituição voluntária das partes nos casos expressos em lei".[27]

Registre-se que nem mesmo a alienação da coisa ou do direito litigioso, a título particular, por ato entre vivos, altera a legitimidade das partes, a menos que a parte contrária concorde, nos termos do art. 42

26. "Art. 16. Responde por perdas e danos aquele que pleitear de má-fé como autor, réu ou interveniente.

"Art. 17. Reputa-se litigante de má-fé aquele que: I – deduzir pretensão ou defesa contra texto expresso de lei ou fato incontroverso; II – alterar a verdade dos fatos; III – usar do processo para conseguir objetivo ilegal; IV – opuser resistência injustificada ao andamento do processo; V – proceder de modo temerário em qualquer incidente ou ato do processo; VI – provocar incidentes manifestamente infundados.

"Art. 18. O juiz, de ofício ou a requerimento, condenará o litigante de má-fé a indenizar à parte contrária os prejuízos que esta sofreu, mais os honorários advocatícios e as despesas que efetuou.

"§ 1º. Quando forem dois ou mais os litigantes de má-fé, o juiz condenará cada um na proporção do seu respectivo interesse na causa, ou solidariamente aqueles que se coligaram para lesar a parte contrária.

"§ 2º. O valor da indenização será desde logo fixado pelo juiz, em quantia não superior a 20% (vinte por cento) sobre o valor da causa, ou liquidado por arbitramento."

27. São raras as hipóteses legais de substituição voluntária das partes, e uma delas é o caso de nomeação à autoria, uma forma de intervenção de terceiros que é tratada nos arts. 62 e ss. do Código de Processo Civil.

do Código de Processo Civil;[28] mas a sentença prolatada entre as partes originárias atinge a esfera jurídica dos adquirentes ou cessionários.

Por outro lado, uma hipótese de substituição se dá quando ocorre a morte de qualquer das partes. Com efeito, dispõe o art. 43 do Código de Processo Civil: "Ocorrendo a morte de qualquer das partes, dar-se-á a substituição pelo seu espólio ou pelos seus sucessores, observado o disposto no art. 265"[29] – cumprindo assinalar que o procedimento para habilitação dos herdeiros e sucessores se encontra disciplinado nos arts. 1.055 e ss. do Código de Processo Civil. Contudo, no processo do trabalho a substituição do empregado-reclamante se dá em favor dos dependentes habilitados perante a Previdência Social, nos termos da Lei 6.858, de 1980, e somente na ausência destes é que o procedimento se dá com observância da legislação civil.

No mais, não se pode olvidar que a procuração é ato entre vivos, motivo pelo qual o falecimento da parte implica o perecimento do instrumento de mandato outorgado ao advogado. Vale dizer, os herdeiros ou sucessores precisam constituir advogado para o procedimento de habilitação no processo, que poderá ou não ser o mesmo que havia sido constituído pelo falecido.

A substituição também pode se dar em relação ao procurador da parte, seja pela renúncia do advogado ou revogação do mandato pela parte.

No que respeita à revogação impõe-se a observância do art. 44 do Código de Processo Civil, segundo o qual "a parte, que revogar o mandato outorgado ao seu advogado, no mesmo ato constituirá outro que assuma o patrocínio da causa".[30] E no caso de o advogado renunciar ao

28. "Art. 42. A alienação da coisa ou do direito litigioso, a título particular, por ato entre vivos, não altera a legitimidade das partes.

"§ 1º. O adquirente ou o cessionário não poderá ingressar em juízo, substituindo o alienante, ou o cedente, sem que o consinta a parte contrária.

"§ 2º. O adquirente ou o cessionário poderá, no entanto, intervir no processo, assistindo o alienante ou o cedente.

"§ 3º. A sentença, proferida entre as partes originárias, estende os seus efeitos ao adquirente ou ao cessionário."

29. "Art. 265. Suspende-se o processo: I – pela morte ou perda da capacidade processual de qualquer das partes, de seu representante legal ou de seu procurador; (...)".

30. "Se a parte outorgar procuração a outro advogado há revogação tácita do primitivo procurador (*RT* 624/161, 613/137 e 615/138)" (*apud* Paulo Lúcio Nogueira, *Curso...*, p. 61); mas isto não desonera o cliente do pagamento dos honorários contratados, nos termos do Código de Ética e Disciplina da Ordem dos Advogados do Brasil (art. 14).

mandato, deverá notificar o mandante para que constitua outro profissional, mas permanecerá no patrocínio da demanda no período de 10 dias após a notificação, a fim de não acarretar-lhe prejuízos (art. 45 do CPC).

6. A substituição processual

Nos termos do art. 6º do Código de Processo Civil: "Ninguém poderá pleitear, em nome próprio, direito alheio, salvo quando autorizado por lei". Observamos, pois, que o legislador prestigiou a denominada *legitimação ordinária*, segundo a qual somente aquele que se diz titular do direito material discutido é que pode pleiteá-lo em juízo.

No entanto, existem casos em que a lei atribui, de forma concorrente com o titular do direito ou não, a possibilidade de alguém pleitear direito alheio, em seu próprio nome. É o que denominamos *substituição processual* ou *legitimação extraordinária*.

No processo do trabalho traduz exemplo clássico de substituição processual o ajuizamento de reclamação trabalhista pelo sindicato de categoria profissional, em face de uma determinada empresa, objetivando o pagamento de adicional de insalubridade ou periculosidade em favor de um grupo de associados (art. 195, § 2º, da CLT).

Todavia, impõe-se a observação de que a substituição processual não se confunde com a representação ou assistência dos incapazes. Isto porque o representante legal não atua em nome próprio, e sim em nome do representado.

Igualmente, a sucessão de partes, tratada no tópico anterior, não se confunde com a substituição processual. E isto porque na substituição processual o substituto sempre age em nome de outrem, enquanto na sucessão processual o sucessor age em nome próprio na defesa de seu próprio interesse, integrando a relação jurídica de que se tornou titular com a morte de uma das partes.

Finalmente, torna-se oportuno mencionar que durante algum tempo a jurisprudência trabalhista se inclinou pela possibilidade de substituição processual ampla e genérica pelo sindicato da categoria profissional, com fundamento no art. 8º, III, da Constituição Federal. Contudo, referido entendimento acabou sendo abandonado pela cristalização da jurisprudência, por meio da Súmula 310 do Tribunal Superior do Trabalho:

"I – O art. 8º, inciso III, da Constituição da República não assegura a substituição processual pelo sindicato.

"II – A substituição processual autorizada ao sindicato pelas Leis ns. 6.708, de 30.10.1979, e 7.238, de 29.10.1984, limitada aos associados, restringe-se às demandas que visem aos reajustes salariais previstos em lei, ajuizadas até 3 de julho de 1989, data em que entrou em vigor a Lei n. 7.788.

"III – A Lei n. 7.788/89, em seu art. 8º, assegurou, durante sua vigência, a legitimidade do sindicato como substituto processual da categoria.

"IV – A substituição processual autorizada pela Lei n. 8.073, de 30.7.1990, ao sindicato alcança todos os integrantes da categoria e é restrita às demandas que visem à satisfação de reajustes salariais específicos resultantes de disposição prevista em lei de política salarial.

"V – Em qualquer ação proposta pelo sindicato como substituto processual, todos os substituídos serão individualizados na petição inicial e, para o início da execução, devidamente identificados, pelo número da Carteira de Trabalho e Previdência Social ou de qualquer documento de identidade.

"VI – É lícito aos substituídos integrar a lide como assistente litisconsorcial, acordar, transigir e renunciar, independentemente de autorização ou anuência do substituto.

"VII – Na liquidação da sentença exequenda, promovida pelo substituto, serão individualizados os valores devidos a cada substituído, cujos depósitos para quitação serão levantados através de guias expedidas em seu nome ou de procurador com poderes especiais para esse fim, inclusive nas ações de cumprimento.

"VIII – Quando o sindicato for o autor da ação na condição de substituto processual, não serão devidos honorários advocatícios."

No entanto, novas luzes começam a surgir em torno deste mesmo tema, já que o Tribunal Superior do Trabalho cancelou a Súmula 310, por meio da Resolução 119, de 25.9.2003, publicada no *Diário da Justiça da União* de 1.10.2003. Pessoalmente, não vemos como deixar de prestigiar a possibilidade de o sindicato da categoria profissional atuar como substituto processual na defesa de direitos coletivos e individuais homogêneos, cujos conceitos são advindos do art. 81 da Lei 8.078, de 1990 (Código de Defesa do Consumidor): a) interesses ou direitos coletivos são os transindividuais de natureza indivisível de que seja titular grupo, categoria ou classe de pessoas ligadas entre si ou com a parte contrária por uma relação jurídica base, tais como o direito de todos os empregados da empresa a um ambiente de trabalho adequado, sem riscos à saúde ou segurança; b) interesses ou direitos individuais homogêneos são aqueles que decorrem de origem comum, tais como os que decorrem da ausência de depósitos do FGTS ou de intervalo intrajornada a todos os empregados da empresa.

7. A intervenção de terceiros

7.1 Considerações iniciais

A figura da intervenção de terceiros surgiu com o objetivo de "obviar ou reduzir os perigos da extensão dos efeitos da sentença a terceiros alheios à relação processual",[31] a fim de que defendam seus direitos ou interesses, sujeitando-os aos efeitos da sentença proferida, nunca sendo demais salientar que o interesse deve ser sempre jurídico, e nunca tão somente econômico ou de ordem moral.

É certo que o atual Código de Processo Civil dedica um capítulo ao instituto da intervenção de terceiros. Contudo, referido capítulo contempla apenas algumas formas de intervenção.

A intervenção pode se dar por provocação de uma das partes ou por deliberação espontânea do terceiro. No primeiro caso dizemos que a intervenção é provocada ou coacta; e no segundo caso temos a intervenção voluntária ou espontânea.

Dentre as modalidades de intervenção provocada temos a nomeação à autoria, a denunciação da lide e o chamamento ao processo. Por sua vez, integram a categoria das intervenções voluntárias a assistência e a oposição, cabendo salientar que Moacyr Amaral Santos inclui nesta categoria os embargos de terceiro e a intervenção de credores na execução.

A modalidade de intervenção coacta prevista no art. 486 da Consolidação das Leis do Trabalho – "chamamento à autoria" – na hipótese de *factum principis* não se confunde com a nomeação à autoria, nem com a denunciação da lide, reputando-se inócua a controvérsia que se tem travado entre diversos estudiosos. É certo que se está diante de uma forma de intervenção de terceiros peculiar ao processo do trabalho e que não se confunde com qualquer das formas previstas pelo atual Código de Processo Civil.

7.2 A assistência

Dispõe o art. 50 do Código de Processo Civil: "Pendendo uma causa entre duas ou mais pessoas, o terceiro, que tiver interesse jurídico em

31. Moacyr Amaral Santos, *Primeiras Linhas de Direito Processual Civil*, 4ª ed., v. II, p. 15.

que a sentença seja favorável a uma delas, poderá intervir no processo para assisti-la".

Muito embora tenha sido tratada pelo legislador no capítulo destinado ao litisconsórcio, a maioria dos autores tem opinião de que a assistência é forma de intervenção de terceiros, o que nos parece mais acertado.

Equivocam-se, pois, aqueles que entendem de maneira diversa, principalmente porque os argumentos utilizados são de ordem topológica – e, consequentemente, inconsistentes. Afinal de contas, a falta de técnica do legislador não pode subverter a ciência jurídica.

A assistência traduz-se no direito que possui o terceiro, em causa na qual tenha interesse jurídico, em que a sentença favoreça uma das partes. Trata-se, pois, de direito subjetivo, subordinado à relação juridicamente estabelecida entre o interesse do terceiro e o da parte que pretende assistir.

Assim, nunca é demais salientar que a admissão do assistente se condiciona à existência do interesse jurídico do terceiro interveniente, e não o interesse econômico ou moral, os quais podem, igualmente, estar presentes.

O assistente deve atuar como auxiliar da parte principal, sujeitando-se aos mesmos ônus processuais do assistido e gozando dos mesmos poderes deste, consoante se infere do art. 52 do Código de Processo Civil.

Trata-se de modalidade de intervenção passível de ocorrer em qualquer tipo de procedimento e em qualquer grau de jurisdição, recebendo o assistente o processo no estado em que se encontra (art. 50, parágrafo único, do CPC).

A doutrina admite a existência de dois tipos de assistência: 1) simples ou adesiva; 2) litisconsorcial ou qualificada.

7.2.1 A assistência simples

A assistência simples ou adesiva é aquela prevista no art. 50 do Código de Processo Civil e tem sua origem no processo extraordinário romano.

Nesta forma de assistência o interesse do terceiro interveniente limita-se ao resultado favorável da pretensão jurisdicional do assistido a quem adere, e daí ser possível afirmar que se está diante de uma assistência adesiva.

O assistente não possui autonomia diante do assistido, limitando-se a sustentar as razões deste último contra o seu adversário. Vale dizer, as inovações do assistente só serão consideradas se ratificadas pela parte principal à qual assiste.

7.2.2 A assistência qualificada

A assistência qualificada ou litisconsorcial encontra-se disciplinada no art. 54 do Código de Processo Civil e nela o interveniente atua para evitar que a coisa julgada advinda da sentença proferida contra o assistido possa interferir na relação jurídica que possui com o adversário deste.

Em síntese, podemos dizer que tanto o assistente litisconsorcial quanto o adesivo se subordinam à eficácia preclusiva da coisa julgada material, vez que são sempre partes no processo, muito embora acessórias ou secundárias.

Muitas controvérsias advieram da existência da assistência litisconsorcial, haja vista que para muitos doutrinadores trata-se de autêntico litisconsórcio, sendo oportuna a menção de Ísis de Almeida no sentido de que "o assistente e o assistido são titulares do mesmo direito discutido no processo, tendo o primeiro legitimidade *ad causam* para, independentemente do segundo, figurar na relação processual em questão".[32]

No entanto, ousamos discordar de Ísis de Almeida, porquanto o assistente qualificado tem relação com ambas as partes e não é possível se vislumbrar o fato de o direito do assistente estar sendo discutido no mesmo processo.

À guisa de exemplo, basta imaginarmos a relação existente entre locador, locatário e fiador. É inquestionável o fato de que estamos diante de uma relação triangular, onde o fiador se relaciona com o locador e o locatário; e, portanto, numa ação de cobrança do primeiro em face do segundo o fiador estaria legitimado, nos termos do art. 54 do Código de Processo Civil, a atuar como assistente litisconsorcial do réu.

É certo, porém, que o assistente litisconsorcial goza de certa autonomia em relação à parte principal, por ele assistida, sendo considerado litisconsorte desta.

Assim, nesta modalidade de assistência aplica-se o disposto no art. 48 do Código de Processo Civil, ou seja, o assistente e o assistido atuam como partes distintas nas relações com a parte adversa, e os atos

32. *Manual de Direito Processual do Trabalho*, 3ª ed., v. I, p. 175.

e omissões de um não prejudicarão nem beneficiarão o outro, ressalvada a hipótese de litisconsórcio unitário.

Convém salientar, finalmente, que a admissão do assistente litisconsorcial também está subordinada ao disposto no art. 51 do diploma processual civil, nos termos do parágrafo único do art. 54; e, ainda, que o processo será recebido no estado em que se encontra (art. 50, parágrafo único, do CPC).

7.2.3 A assistência no processo do trabalho

A legislação processual trabalhista menciona apenas uma hipótese de intervenção de terceiro, e o faz no art. 486 da Consolidação das Leis do Trabalho, na hipótese de ocorrência do *factum principis*, sendo evidente que a hipótese de intervenção ali mencionada não se confunde com qualquer daquelas previstas no Código de Processo Civil.

A doutrina diverge quanto ao cabimento de algumas modalidades de intervenção de terceiros no processo do trabalho, quais sejam; a nomeação à autoria, a denunciação da lide, o chamamento ao processo e a oposição.

Contudo, o cabimento do instituto da assistência no processo trabalhista não tem gerado controvérsias, tendo o Tribunal Superior do Trabalho editado a Súmula 82, que assim dispõe: "A intervenção assistencial, simples ou adesiva, só é admissível se demonstrado o interesse jurídico e não meramente econômico perante a Justiça onde é postulada".

É certo que referida Súmula não fez outra coisa senão reafirmar o requisito previsto no art. 50 do Código de Processo Civil, no sentido de que o terceiro interveniente deve possuir interesse jurídico; mas sua importância reside no fato de que, por vias oblíquas, a mais alta Corte Trabalhista admitiu a possibilidade de intervenção assistencial no processo trabalhista.

Assevera Ísis de Almeida que, "no processo trabalhista, a assistência vem sendo muito comum nos processos contra entidades da Administração indireta do Estado, mas, também – e especialmente –, quando se trata de fundação, que, apesar de uma íntima vinculação com aquele, não se acha mais incluída entre os entes paraestatais, segundo a alteração que o Decreto-lei n. 200, de 1967, sofreu com o disposto no Decreto-lei n. 900, de 1969".[33]

33. Idem, ibidem.

Contudo, a jurisprudência não tem admitido a assistência quando se trata de sociedades de economia mista, ainda que a pessoa jurídica de direito público interno (União, Estado ou Município) seja acionista majoritária, pois o simples interesse econômico não se confunde com o interesse jurídico, à luz da Súmula 82 do Tribunal Superior do Trabalho.

Igualmente, desde que verificada a existência do interesse jurídico, nada obsta à assistência nos dissídios coletivos.

Salientamos, finalmente, que a Súmula 82 do Tribunal Superior do Trabalho silenciou a respeito da assistência qualificada ou litisconsorcial, vez que só menciona o requisito do interesse jurídico para assistência simples ou adesiva.

Com efeito, a forma como a Súmula se encontra redigida, dispondo a expressão "simples ou adesiva" entre vírgulas, poderia levar o intérprete a concluir que o Tribunal Superior do Trabalho pretendeu mencionar "simples ou qualificada", mas não é crível que a mais alta Corte Trabalhista do país tenha laborado neste grande equívoco e tenha permanecido inerte, neste aspecto, durante todos esses anos.

Assim, excluída a possibilidade de erro na redação da Súmula em referência, somos de opinião que houve apenas uma omissão. E, diante desta omissão, resta a seguinte pergunta: é admissível a assistência litisconsorcial no processo trabalhista?

Para respondermos a esta indagação devemos atentar para o fato de que o assistente litisconsorcial deve se relacionar com ambas as partes. Assim, é possível conceber a hipótese de um contrato de empreitada entre um pequeno empreiteiro, que trabalha individualmente, e o dono da obra, e a existência de um fiador deste último, no caso de não pagamento do pactuado com o primeiro.

É inquestionável que um eventual dissídio entre as partes contratantes, na situação apresentada no parágrafo anterior, se encontra na competência da Justiça do Trabalho, à luz do art. 114 da Constituição Federal, e o fiador terá legitimidade para ingressar como assistente litisconsorcial, bastando que demonstre seu interesse jurídico.

7.3 *Oposição*

Trata-se de modalidade de intervenção de terceiros disciplinada nos arts. 56 a 61 do CPC, segundo a qual o terceiro que pretender, no todo ou em parte, a coisa ou direito que é objeto de controvérsia entre autor e réu pode apresentar oposição contra ambos. Diante da ampliação da competência da Justiça do Trabalho, por meio da Emenda Constitucional 45/2004, não vemos como desprestigiar referida modalidade de intervenção de terceiros no processo do trabalho. Trata-se de incidente que pode ser verificado em reclamação trabalhista na qual o autor pretende reaver instrumentos de trabalho ou o pagamento de um prêmio por metas atingidas, quando um outro empregado pode apresentar sua oposição, afirmando que, em verdade, os instrumentos de trabalho são seus, ou que tem o direito ao prêmio vindicado pelo reclamante. Não tem relevância o fato de a oposição ser, ou não, contestada por reclamante e reclamado, e nada obsta a que, sendo contestada, se verifique uma ação incidental entre dois empregados, sendo plenamente defensável a competência da Justiça do Trabalho, conforme inovação constitucional já mencionada.

7.4 Nomeação à autoria

Não vislumbramos hipótese de cabimento de referida modalidade de intervenção de terceiros no processo do trabalho, pois se destina às demandas em que se discutem direitos reais sobre bens móveis ou imóveis (art. 62 do CPC), não se prestando à correção do polo passivo da demanda trabalhista. Comprovada a ilegitimidade passiva *ad causam*, a boa técnica processual recomenda a extinção do processo sem resolução do mérito, muito embora não sejam incomuns as "correções" no polo passivo após a arguição de ilegitimidade pelo reclamado, com indicação daquele que deve responder aos termos da demanda – o que não se confunde com o instituto de que estamos tratando.

7.5 Denunciação da lide

Trata-se de modalidade de intervenção de terceiros obrigatória, consagrada no art. 70 do CPC, incisos I a III. Ao processo do trabalho interessa discutir apenas o cabimento da hipótese prevista no inciso III, segundo o qual a denunciação da lide é necessária "àquele que estiver obrigado, pela lei ou pelo contrato, a indenizar, em ação regressiva, o prejuízo do que perder a demanda". A exemplo do que ocorre com a "oposição", diante da competência ampliada da Justiça do Trabalho, não vemos óbice ao cabimento da denunciação da lide no processo do trabalho. O próprio Tribunal Superior do Trabalho, após a Emenda Constitucional 45/2004, cancelou a Orientação Jurisprudencial 227 da SDI-1 (TST) que afirmava a incompatibilidade de referida modalidade de intervenção de terceiros no processo do trabalho. Não vemos óbice à denunciação da lide da empresa sucedida, quando demandada diretamente, à empresa sucessora. Na prática, o incidente acaba se resolvendo com a "substituição" das reclamadas no processo trabalhista, em face de arguição de ilegitimidade de parte, a exemplo do que ocorre com a "nomeação à autoria".

7.6 *Chamamento ao processo*

Trata-se de uma faculdade do réu, prevista no art. 77, I a III, do CPC, e a eventual aplicação ao processo do trabalho se restringe à hipótese do inciso III, que admite o chamamento ao processo "de todos os devedores solidários, quando o credor exigir de um ou de alguns deles, parcial ou totalmente, a dívida comum", devendo o réu observar o mesmo prazo para contestar a demanda. Entendemos cabível o chamamento ao processo na Justiça do Trabalho nas seguintes situações: a) quando a empresa integrante do mesmo grupo econômico do empregador é demandada, com fundamento no art. 2º, § 2º, da CLT, sem que o real empregador tenha integrado o polo passivo da demanda; b) nas hipóteses em que a massa falida da empresa de trabalho temporário é demandada sem que o trabalhador tenha atentado para a responsabilidade solidária que decorre do art. 16 da Lei 6.019/1974; c) quando o empregado do subempreiteiro demanda apenas em face do empreiteiro principal, com fundamento no art. 455 da CLT.

XIII
OS ATOS, TERMOS E PRAZOS PROCESSUAIS

1. Conceito de ato processual. 2. Sujeitos dos atos processuais: 2.1 Atos processuais das partes – 2.2 Atos processuais do juiz – 2.3 Atos processuais dos auxiliares da Justiça. 3. Forma dos atos processuais. 4. Termos processuais. 5. Prazos processuais.

1. Conceito de ato processual

Já tivemos a oportunidade de afirmar que processo é o conjunto de atos coordenados com o objetivo de solucionar a lide por meio do exercício da função jurisdicional. E sabemos, também, que o processo traduz uma relação jurídica, na qual figuram juiz e partes.

Ora, a relação jurídica processual não se dissocia dos atos que lhe são correlatos. Assim, podemos afirmar que os atos processuais são atos jurídicos[1] que objetivam a constituição, modificação, extinção, conservação ou desenvolvimento da relação processual.[2] Vale dizer: ato processual é toda ação humana que produz efeito jurídico em relação ao processo.[3]

2. Sujeitos dos atos processuais

Praticam atos processuais as partes, o juiz, o escrivão e demais auxiliares da Justiça, e até mesmo terceiros estranhos ao processo podem

1. "Ato jurídico é, na acepção clássica, todo ato lícito que tenha por fim adquirir, conservar, transferir, modificar ou extinguir direitos" (Jônatas Milhomens, *Dos Prazos e do Tempo no Código de Processo Civil*, 2ª ed., p. 74).

2. José de Moura Rocha, *Processo de Conhecimento*, v. I, p. 313.

3. Humberto Theodoro Júnior, *Curso de Direito Processual Civil*, 19ª ed., v. I, p. 213.

praticar atos que, muitas vezes, são decisivos no julgamento da lide. É o caso da exibição de documentos ou coisas, testemunhos etc.[4]

Torna-se fácil concluir que os atos processuais não são privativos dos sujeitos principais do processo (partes e juiz), podendo ser praticados por sujeitos absolutamente estranhos à relação jurídica processual.

Impõe-se, destarte, reconhecer que a classificação dos atos processuais, sob a ótica do legislador,[5] é incompleta, a despeito de contemplar, de forma sistematizada, os atos mais importantes do processo. Isto porque também são atos processuais aqueles praticados pelos oficiais de justiça, depositários, testemunhas, leiloeiros, arrematantes etc.

2.1 Atos processuais das partes

Nos termos do art. 158 do Código de Processo Civil, os atos das partes consistem em declarações unilaterais ou bilaterais, as quais produzem, imediatamente, a constituição, a modificação ou a extinção de direitos processuais. Assinalamos que isto se dá independentemente de pronunciamento judicial. Todavia, a exceção à regra encontra-se no parágrafo único do art. 158 do diploma processual civil, segundo o qual a desistência[6] da ação só produzirá efeito depois de homologada por sentença. De qualquer sorte, após o decurso do prazo para resposta[7] a desistência da ação deverá contar com a aquiescência do réu (art. 267, § 4º, do CPC).

O dispositivo legal supramencionado tem cabimento no processo do trabalho, por força do art. 769 da Consolidação das Leis do Trabalho,[8] mas com uma particularidade, na medida em que o art. 297 estabelece o prazo de 15 dias para que o réu, por intermédio de petição escrita,

4. Humberto Theodoro Júnior, *Curso...*, 19ª ed., v. I, p. 214.

5. O Código de Processo Civil indica nos arts. 158 e ss. a existência de atos processuais das partes, do juiz e do escrivão ou chefe de Secretaria.

6. "Desistência, no sentido largo, é o ato pelo qual uma das partes, ou algum interessado na causa, declara não mais prosseguir no feito ou na formação de algum ato (citação, depoimento, recurso etc.). Outro sentido, mais restrito, sob o art. 267, VIII, que só se refere à desistência da ação" (Pontes de Miranda, *Comentários ao Código de Processo Civil*, t. III, p. 73).

7. A resposta do réu traduz o exercício do direito de defesa, abarcando a defesa de mérito e a processual, inclusive a reconvenção. É gênero, do qual são espécies a contestação, a exceção e a reconvenção.

8. "Art. 769. Nos casos omissos, o direito processual comum será fonte subsidiária do direito processual do trabalho, exceto naquilo em que for incompatível com as normas deste Título."

apresente sua resposta, enquanto o art. 847 da Consolidação das Leis do Trabalho dispõe que o reclamado deve apresentar sua defesa no prazo de 20 minutos, em audiência.

A peculiaridade acima mencionada está associada com o art. 844 da Consolidação das Leis do Trabalho, segundo o qual o não comparecimento do reclamante à audiência importa o arquivamento da ação trabalhista, enquanto a ausência do reclamado importa revelia e confissão quanto à matéria de fato. Ora, o arquivamento da ação trabalhista equivale à *desistência tácita*, contra a qual o reclamado não pode se insurgir, na medida em que o prazo para resposta na ação trabalhista escoa em audiência. E se o reclamante não comparece é porque não pretende o prosseguimento da ação.

No mais, a desistência da ação traduz declaração unilateral de vontade e se refere ao processo, e não ao direito material. Assim, nada obsta a que após a homologação da desistência a parte exerça novamente o direito de ação para discutir o mesmo direito material invocado na anterior. Não se confundem, pois, desistência de ação e renúncia de direitos.

Em síntese, os atos das partes classificam-se em: a) atos postulatórios; b) atos dispositivos; c) atos instrutórios; d) atos reais.[9]

Os *atos postulatórios* são aqueles nos quais as partes almejam a obtenção de pronunciamento jurisdicional ou ato judicial de conteúdo determinado. São exemplos típicos o exercício do direito de ação pelo autor e o exercício do direito de defesa pelo réu.

Nas palavras de Moacyr Amaral Santos, o principal ato da parte é o ato constitutivo da relação processual – a petição inicial, a qual traduz ato postulatório.[10]

Os *atos dispositivos* traduzem negócios jurídicos processuais[11] segundo os quais a parte abre mão, em prejuízo próprio, de alguma faculdade processual, ou até mesmo da tutela jurisdicional, podendo ser unilaterais ou bilaterais. São exemplos de atos dispositivos: a desistência da ação (art. 267, VIII, do CPC), a convenção das partes para suspensão do processo (art. 265, II, do CPC), a renúncia do autor ao direito sobre o qual se funda a ação (art. 269, V, do CPC), o reconhecimento da procedência do pedido pelo réu (art. 269, II, do CPC), entre muitos outros.

9. Antônio Carlos de Araújo Cintra, Ada Pellegrini Grinover e Cândido R. Dinamarco, *Teoria Geral do Processo*, 27ª ed., p. 364.

10. *Primeiras Linhas de Direito Processual Civil*, 6ª ed., v. I, p. 234.

11. José Frederico Marques, *Manual Direito Processual Civil*, 12ª ed., v. I, p. 337.

É certo que os exemplos supramencionados traduzem atos comissivos, mas a doutrina também identifica alguns atos omissivos que traduzem a disposição de determinada posição jurídica processual. É o caso da parte que deixa transcorrer *in albis* o prazo para interposição de recurso, da revelia,[12] do reclamante que não comparece à audiência inicial e tem a reclamação trabalhista arquivada (art. 844 da CLT).

Os *atos instrutórios* são aqueles destinados a convencer o juiz acerca da verdade dos fatos.[13] Abrangem tanto os atos probatórios quanto as alegações das partes, motivo pelo qual é possível afirmar que *ato probatório* é espécie do gênero *ato instrutório*.[14]

Finalmente, os *atos reais* traduzem as condutas materiais das partes no processo, tais como pagamento de custas, apresentação de documentos, ou mesmo sujeitando-se a exames periciais. Percebe-se, pois, que não se manifestam por palavras (*re non verbis*).

2.2 Atos processuais do juiz

Os atos processuais do juiz também recebem a denominação de *atos judiciais*, e se exteriorizam sob duas categorias: provimentos e atos materiais.

Os provimentos judiciais traduzem os pronunciamentos do juiz no processo. São as sentenças, decisões interlocutórias e despachos indicados no Código de Processo Civil,[15] terminologia que varia no Código de Processo Penal, ao fazer alusão a decisões definitivas, interlocutórias mistas, interlocutórias simples e despachos de mero expediente.[16]

12. "Por revel, no sistema do Código de Processo Civil, se entende o réu que não contesta a ação no prazo legal" (Moacyr Amaral Santos, *Primeiras Linhas...*, 4ª ed., v. II, p. 206).

13. Moacyr Amaral Santos, *Primeiras Linhas...*, 6ª ed., v. I, p. 239.

14. Utilizamos o vocábulo "instrutório" no sentido mais amplo, ao lado de Moacyr Amaral Santos e Antônio Carlos de Araújo Cintra, nas obras já mencionadas.

15. "Art. 162. Os atos do juiz consistirão em sentenças, decisões interlocutórias e despachos.

"§ 1º. Sentença é o ato pelo qual o juiz põe termo ao processo, decidindo ou não o mérito da causa.

"§ 2º. Decisão interlocutória é o ato pelo qual o juiz, no curso do processo, resolve questão incidente.

"§ 3º. São despachos todos os demais atos do juiz praticados no processo, de ofício ou a requerimento da parte, a cujo respeito a lei não estabelece outra forma."

16. *Decisão definitiva* é aquela que põe fim ao processo, decidindo o mérito; *interlocutória mista* é aquela que põe fim ao processo mas não aprecia o mérito;

Quanto aos atos materiais ou reais não há menção expressa na legislação, na medida em que o próprio legislador esqueceu o fato de que também são verdadeiros atos processuais, ao lado dos provimentos judiciais. De qualquer sorte, os atos materiais residem no poder de polícia que possui o juiz, ou mesmo nos poderes instrutórios e de documentação. Isto porque ao fazer uma inspeção judicial, interrogar testemunhas ou assinar o termo de audiência o juiz não estará proferindo sentença, decisão interlocutória nem despachando, mas estará praticando ato processual.

2.3 *Atos processuais dos auxiliares da Justiça*

Os atos dos auxiliares da Justiça são de três categorias: *atos de movimentação*, *documentação* e *execução*.

Os *atos de movimentação* são aqueles que dizem respeito ao andamento do processo, tais como o termo de vista às partes, a expedição de mandados e ofícios, a remessa dos autos do processo ao contador ou ao órgão do Ministério Público do Trabalho (quando atuar como parte ou fiscal da lei); e, via de regra, são realizados pelo diretor de Secretaria da Vara do Trabalho e seus colaboradores (técnicos judiciários, analistas judiciários etc.). Também devem ser considerados *atos de movimentação* os atos de administração e de mero expediente sem caráter decisório, praticados por servidores designados, nos termos do art. 93, XIV, da Constituição Federal, acrescentado pela EC 45/2004; e, neste mesmo sentido, já tínhamos o § 4º do art. 162 do CPC, acrescentado pela Lei 8.952, de 1994 ("Os atos meramente ordinatórios, como a juntada e a vista obrigatória, independem de despacho, devendo ser praticados de ofício pelo servidor e revistos pelo juiz quando necessário"), possibilitando a prática de atos de movimentação por servidores da Justiça. Sua aplicação no processo do trabalho parece-nos inquestionável, mormente porque se coaduna com a celeridade processual e possibilita ao juiz dedicar-se, com mais atenção, àquilo que requer sua efetiva atuação.

Os *atos de documentação* são aqueles pelos quais o diretor de Secretaria certifica a prática de atos processuais pelas partes, tais como o carimbo de juntada de petição, a certidão de intimação das partes, dentre outros.

Os *atos de execução* são aqueles realizados em cumprimento a mandado judicial, tais como citações, penhoras, arrestos, busca e apreen-

interlocutória simples é a verdadeira decisão interlocutória, na qual o juiz aprecia questão incidente e não põe fim ao processo.

são.[17] São realizados pelos oficiais de justiça, muito embora nada obste a que, numa situação absolutamente extraordinária, o encargo possa ser acometido a outro auxiliar do juízo, na condição de oficial de justiça *ad hoc*.

3. *Forma dos atos processuais*

Nas palavras de Frederico Marques: "Forma é aquilo que dá realidade ao ato processual – *forma dat esse rei*. Com a forma, o ato processual adquire existência e se torna ato jurídico relevante no processo".[18]

A observância das formas traduz fator de regularidade procedimental, e sua inobservância pode acarretar nulidade. Com efeito, dispõe o art. 154 do Código de Processo Civil que "os atos e termos processuais não dependem de forma determinada *senão quando a lei expressamente a exigir*, reputando-se válidos os que, realizados de outro modo, lhe preencham a finalidade essencial" (grifo nosso).

Quanto ao modo de praticá-los, no processo do trabalho, dispõe o art. 771 da CLT que "poderão ser escritos a tinta, datilografados ou a carimbo".

Assim, é possível concluir que o legislador optou por não se prender de forma absoluta à forma, o que traduz o *princípio da instrumentalidade das formas*. Vale dizer: ainda que se tenha estabelecido uma determinada forma para a prática do ato processual, a nulidade não será cominada se atender à sua finalidade, ainda que praticado de outra maneira.

Ao lado da instrumentalidade das formas, os atos processuais também se pautam pelo *princípio da publicidade*, dispondo o legislador que os atos processuais são públicos, estabelecendo exceções no próprio art. 155 do Código de Processo Civil.[19]

No processo do trabalho, verificamos a consagração da publicidade dos atos processuais no art. 770 da CLT ("Os atos processuais serão públicos salvo quando o contrário determinar o interesse social, e realizar-

17. Moacyr Amaral Santos prefere definir os atos de execução como "aqueles por meio dos quais os serventuários da Justiça cumprem determinações do juiz" (*Primeiras Linhas...*, 6ª ed., v. I, p. 241).

18. *Manual...*, 12ª ed., v. I, p. 331.

19. "Art. 155. Os atos processuais são públicos. Correm, todavia, em segredo de justiça os processos: I – em que o exigir o interesse público; II – que dizem respeito a casamento, filiação, separação dos cônjuges, conversão desta em divórcio, alimentos e guarda de menores."

-se-ão nos dias úteis das 6 (seis) às 20 (vinte) horas"), também sendo possível a penhora em domingos ou feriados, mediante autorização expressa do juiz (parágrafo único do art. 770 da CLT), o que também se estende às hipóteses de citação e, excepcionalmente, após às 20 horas, por aplicação subsidiária do art. 172, § 2º, do CPC.

4. Termos processuais

Não se deve confundir termo e ato processual. O *termo* é a materialização de alguns atos processuais, é a "transcrição para os autos do processo dos atos de vontade praticados oralmente",[20] tais como o termo de reclamação verbal, a ata de audiência, o termo de autuação. Enfim, podemos inserir no rol de termos processuais todos os registros e certidões constantes dos autos do processo e que decorrem do cumprimento de ordem judicial ou expressa a manifestação de vontade das partes.

5. Prazos processuais

Prazo processual é o lapso temporal no qual se deve praticar algum ato dentro do processo. O prazo processual pode ser dirigido ao juiz, às partes ou seus procuradores, aos funcionários da Justiça do Trabalho e até mesmo ao órgão do Ministério Público nas hipóteses em que atua como parte ou deve funcionar como *custos legis*.

O art. 771 da Consolidação das Leis do Trabalho estabelece que os atos e termos processuais poderão ser escritos a tinta, datilografados ou a carimbo. Contudo, não se pode ignorar os avanços da tecnologia, sendo correta a admissão da estenotipia, taquigrafia e outros métodos, nos termos dos arts. 170 e 417 do Código de Processo Civil, aplicáveis subsidiariamente ao processo do trabalho (art. 769 da CLT), mormente em face das inovações da Lei 11.419/2006, que disciplina o processo eletrônico, inclusive com menção expressa ao âmbito trabalhista.

As classificações dos prazos processuais não apresentam unanimidade na doutrina, motivo pelo qual mencionaremos as mais comuns.

O prazo processual pode ser comum ou particular. O *prazo comum* é aquele destinado a ambas as partes; e, nesta hipótese, os advogados não podem ter vista dos autos fora da Secretaria da Vara do Trabalho

20. Bolívar Viégas Peixoto, *Iniciação ao Processo Individual do Trabalho*, 3ª ed., p. 100.

(art. 901, parágrafo único, da CLT); e *prazo particular* é aquele destinado a apenas uma das partes.

O prazo pode ser legal ou judicial. Os *prazos legais* são aqueles previstos em lei, tal como o prazo para interposição de recursos (oito dias a partir da intimação da sentença) e interposição de embargos à execução (cinco dias a partir da intimação da penhora); enquanto os *judiciais* são aqueles deferidos pelo magistrado.

O prazo pode ser prorrogável ou improrrogável. O *prazo prorrogável* é, via de regra, aquele não previsto em lei, e, portanto, passível de prorrogação a critério do juiz, bem como aqueles previstos em lei cuja prorrogação se justifica em caso de força maior (art. 775 da CLT), bem como nas hipóteses de vencerem em sábados, domingos ou feriados, caso em que terminarão no primeiro dia útil imediato (art. 775, parágrafo único, da CLT). Os *prazos improrrogáveis*, como o próprio nome sugere, não são passíveis de prorrogação, a exemplo do prazo decadencial para ajuizamento do inquérito judicial para apuração de falta grave ou para impetração do mandado de segurança.

Costuma-se, igualmente, classificar os prazos processuais em próprios e impróprios. Os *prazos impróprios* são aqueles destinados ao juiz, ao Ministério Público do Trabalho (quando estiver atuando como fiscal da lei) e aos serventuários da Justiça, os quais não se sujeitam a preclusão. Os *prazos próprios* são aqueles destinados às partes e cuja inobservância acarreta a perda do direito de praticar o ato processual, em face da preclusão temporal.

Os prazos contam-se com exclusão do dia do começo e inclusão do dia do vencimento (art. 775 da CLT). Vale dizer, não se pode confundir o dia em que o interessado toma ciência do ato (início do prazo) com o início da contagem, que será sempre o dia útil imediato. Os prazos processuais não se iniciam em sábados, domingos e feriados; e, igualmente, se vencerem nestes dias haverá prorrogação para o dia útil imediato.

XIV
A AUDIÊNCIA TRABALHISTA

1. Considerações iniciais. 2. Presença do trabalhador. 3. Presença do empregador. 4. Proposta de conciliação. 5. Jurisprudência.

1. *Considerações iniciais*

No processo trabalhista a audiência é de extrema importância, fato que decorre dos princípios da concentração e da oralidade, já estudados no capítulo próprio. E nos dissídios individuais a importância da audiência é redobrada, eis que a Consolidação das Leis do Trabalho estabelece cominações processuais no caso de ausência do reclamante ou do reclamado (art. 844 da CLT), o que não ocorre nos dissídios coletivos (art. 864 da CLT).

A Consolidação das Leis do Trabalho foi estruturada para que o dissídio individual fosse solucionado numa única audiência, mas este aspecto acabou sendo esquecido, mormente nos grandes centros urbanos, tendo em vista o maior número de reclamações trabalhistas e o aumento do nível de complexidade dos conflitos laborais. No entanto, a concentração dos atos em audiência vem sendo resgatada com as demandas sujeitas ao rito sumariíssimo, cuja observância da audiência única é obrigatória (art. 852-C da CLT), salvo a necessidade de interrupção da audiência (art. 852-H, § 7º, da CLT).

2. *Presença do trabalhador*

Dispõe o art. 843 do diploma consolidado que as partes devem comparecer pessoalmente à audiência, independentemente da presença de seus advogados, ficando excepcionadas as "reclamatórias plúrimas"[1] e ações de cumprimento,[2] hipóteses em que os empregados poderão se fazer representar pelo próprio sindicato da categoria profissional.

No entanto, cumpre-nos assinalar que nos casos de litisconsórcio ativo ("reclamatória plúrima") com vários empregados costuma-se admitir a nomeação de uma comissão formada por três reclamantes, fato que não prejudica a defesa do reclamado. É certo, no entanto, que a cumulação de ações depende da verificação da identidade de matéria, nos termos do art. 842 da Consolidação das Leis do Trabalho.

Dispõe, ainda, o § 2º do art. 843 da Consolidação das Leis do Trabalho que se não for possível o comparecimento pessoal do reclamante, por doença ou qualquer outro motivo ponderoso, poderá se fazer representar por outro empregado que pertença à mesma profissão, ou pelo sindicato de sua categoria profissional. Mas a representação facultada pela norma consolidada destina-se, tão somente, a evitar o arquivamento, possibilitando o adiamento da audiência. Na prática, quando o trabalhador está assistido por advogado, o próprio causídico requer o adiamento da audiência, comprovando a impossibilidade de comparecimento de seu mandante ou requerendo prazo razoável para fazê-lo.[3]

A ausência do reclamante importa o arquivamento da reclamação, segundo a dicção pouco técnica do art. 844 da Consolidação das Leis do Trabalho, já que o arquivamento se destina aos autos do processo. O correto seria o legislador mencionar, expressamente, que a ausência do reclamante importa a extinção do processo sem resolução do mérito.

Se houver fracionamento da audiência não cabe o arquivamento da demanda no caso de ausência do reclamante. Nesta hipótese a ausência do reclamante importará confissão quanto à matéria de fato, desde que tenha ficado ciente dessa cominação, a teor da Súmula 74, I, do Tribunal Superior do Trabalho.

1. Denominação imprópria para as demandas trabalhistas nas quais se verifica a existência de dois ou mais reclamantes (litisconsórcio ativo).

2. Aquelas nas quais o sindicato da categoria, na condição de substituto processual de um grupo de associados, postula o cumprimento de reajustes previstos em sentenças normativas (art. 872 da CLT).

3. A greve nos transportes e chuvas torrenciais são exemplos de fatos ponderosos que justificam o adiamento da audiência por iniciativa do próprio magistrado, sem cominação processual contrária aos interesses das partes. A morte ou a doença do cônjuge ou parente do reclamante também poderão justificar o adiamento da audiência, desde que haja requerimento antes da lavratura do termo de arquivamento.

3. *Presença do empregador*

Ao empregador, por sua vez, o art. 843, § 1º, da Consolidação das Leis do Trabalho faculta a representação, em audiência, por gerente ou preposto que tenha conhecimento dos fatos controvertidos no conflito "e cujas declarações obrigarão o proponente". Não obstante a menção expressa do texto consolidado à figura do "empregador", não há dificuldade em se admitir a interpretação extensiva, com vistas a abarcar, por exemplo, o empreiteiro e tomador de serviços, o que nunca foi questionado, e com muito mais razão se exige tendo em vista o processo do trabalho abrigar litígios que envolvem outras formas de relação de trabalho além da empregatícia.

Diante dos expressos termos do dispositivo consolidado supramencionado, concluímos que o preposto do reclamado não precisa ser seu empregado. Contudo, a jurisprudência cristalizada na Súmula 377 do TST, com redação dada pela Resolução 146/2008, indica o contrário: "Preposto – Exigência da condição de empregado – Exceto quanto à reclamação de empregado doméstico, ou contra micro ou pequeno empresário, o preposto deve ser necessariamente empregado do reclamado – Inteligência do art. 843, § 1º, da CLT e do art. 54 da Lei Complementar 123, de 14.12.2006".

A ausência do reclamado importa revelia e confissão quanto à matéria de fato. A revelia traduz a ausência de defesa do réu, e a confissão ficta é mera consequência da contumácia.

Entendemos que a ausência do reclamado não importará revelia quando se fizer presente advogado devidamente constituído e que apresente a defesa e documentos, haja vista o *animus* de defesa. Na hipótese mencionada afastamos a revelia e mantemos a cominação de confissão, que, obviamente, só abarca as questões de fato, e não as questões de direito.

No entanto, mais uma vez lembramos que o Tribunal Superior do Trabalho se posicionou no sentido contrário, manifestado por meio da Súmula 122, cujo teor é o seguinte: "A reclamada, ausente à audiência em que deveria apresentar defesa, é revel, ainda que presente seu advogado munido de procuração, podendo ser ilidida a revelia mediante a apresentação de atestado médico, que deverá declarar, expressamente, a impossibilidade de locomoção do empregador ou do seu preposto no dia da audiência".

Diante da revelia e *ficta confessio* do reclamado, via de regra, o julgamento ocorre imediatamente, à luz do art. 330, II, do Código de

Processo Civil, já que resta abreviada a dilação probatória. Todavia, nada obsta a que o juiz do trabalho, dependendo das circunstâncias e das peculiaridades do caso concreto, interrogue o reclamante; e, quando houver pedido de condenação no pagamento de adicional de insalubridade ou periculosidade, a realização de perícia será obrigatória, por expressa disposição legal (art. 195, § 2º, da CLT), sendo irrelevante a contumácia do reclamado. A perícia de que trata o art. 195, § 2º, da CLT poderá ser dispensada se o direito ao adicional tiver previsão em acordo ou convenção coletiva de trabalho, a exemplo do que costuma ocorrer com os trabalhadores em postos de combustíveis.

A exemplo do que ocorre na hipótese de ausência do reclamante, a ausência do reclamado à audiência em prosseguimento importa confissão quanto à matéria de fato (Súmula 74 do TST). Não se cogita de revelia, porque a defesa já estará encartada.

4. *Proposta de conciliação*

A tentativa de acordo é fundamental nos dissídios individuais do trabalho, e sua inobservância acarreta a nulidade da sentença.

Estando presentes as partes, o juiz deverá propor o acordo, lavrando-se o termo correspondente se a proposta frutificar (art. 846, § 1º, da CLT). E se não houver acordo facultar-se-á o prazo de 20 minutos para que o reclamado formule sua defesa, a qual, geralmente, é apresentada por escrito, juntamente com os documentos destinados à prova de suas alegações.

Após o encerramento da instrução processual as partes podem apresentar razões finais no prazo máximo de 10 minutos, seguindo-se a renovação da proposta de conciliação (art. 850 da CLT).

A sentença só é prolatada depois de restarem inviabilizadas as propostas conciliatórias. São dois os momentos em que o juiz do trabalho está obrigado a propor o acordo, mas nada obsta a que o faça mais vezes durante a própria instrução processual, em face das peculiaridades do caso concreto.

5. *Jurisprudência*

• Preposto – Desconhecimento acerca dos fatos alegados na inicial. Ainda que recaia sobre o empregado o ônus processual de provar as horas extraordinárias alegadas na exordial, *in casu*, o desconhecimento do preposto da jornada de trabalho pelo reclamante importa a veracidade dessa alegação, tornando desnecessária a produção de prova do ato constitutivo do direito, sob pena de relegar à inocuidade o instituto jurídico-processual impresso no art. 843, § 1º, da CLT. No caso dos autos, o fato de os cartões de ponto haverem sido impugnados, pelo próprio reclamante, por não refletirem a real jornada de trabalho laborada pela empregada, contrariamente ao entendimento consignado no provimento jurisdicional questionado, reforça a prestação de horas extras, haja vista que a controvérsia tange a pedido de sobrejornada para além daquelas fixadas nos controles de horário. Recurso de revista provido. **(TST, RR 555.521/1999.8, Ac. 4ª T., TRT-24ª R., Leonaldo Silva, *DJU* 10.12.1999, p. 273)**

• Revelia – Atraso no comparecimento à audiência – Motivo relevante. A legislação processual trabalhista não prevê a possibilidade de elisão da revelia por comparecimento da parte à audiência com atraso. Reza, sim, que, na ocorrência de motivo relevante, o presidente da Junta pode vir a suspender o julgamento, designando nova audiência (CLT, art. 844, parágrafo único). Tal motivo tem, portanto, que restar provado, a fim de evitar a revelia. Revista conhecida em parte e desprovida. **(TST, RR 355.501/1997.8, Ac. 4ª T., TRT-1ª R., Ives Gandra Martins Filho, *DJU* 7.4.2000, p. 168)**

• Confissão – Não comparecimento do preposto em audiência. Foi injustificável a ausência do preposto à audiência, por congestionamento na Marginal do Tietê. Congestionamentos são inclusive previsíveis numa cidade desordenada como São Paulo, porque acontecem em todo lugar, em qualquer dia, a toda hora. **(TRT-2ª R., RO 02990183145, Ac. 3ª T. 20000087992, Sérgio Pinto Martins, *DJSP* 21.3.2000, p. 26)**

• Preposto – Carta de preposição. Não existe previsão legal a respeito da carta de preposição. Trata-se de praxe instituída na Justiça do Trabalho. O entendimento do TST é no sentido de que o preposto deve ser empregado. Na audiência não foi oposta qualquer questão em relação ao preposto. Logo, a representação da empresa em audiência deve ser considerada válida, pois irrelevante ter o preposto apresentado ou não carta de preposição ou se esta está assinada. **(TRT-2ª R., RO 200000215834, Ac. 1ª T. 200010318830, Sérgio Pinto Martins (design.), *DJSP* 10.7.2001, p. 15)**

• Partes – Representação – Preposição – Hipótese em que os nomes dos signatários da carta de preposição não constam do instrumento e a empresa não trouxe aos autos cópia dos seus estatutos. Objeta-se, na doutrina, que o art. 112 do CPC não obriga a juntada dos estatutos sociais, mas – questiona-se – de que outra maneira poderia o juízo constatar a legitimidade da representação a não ser mediante a presença daquele documento nos autos? Trata-se, pois, de procedimento implícito no dispositivo legal, como condição inafastável de sua eficácia. **(TRT-2ª R., RO 20000517466, Ac. 8ª T. 20010333937, Wilma Nogueira de Araújo Vaz da Silva, *DJSP* 3.7.2001, p. 141)**

• Carta de preposição – Necessidade de sua apresentação em juízo. A apresentação da carta de preposição pelo representante da ré não é despicienda. Ainda que a ela não se refira expressamente o § 1º do art. 843 da CLT, por óbvio que a validade da representação pelo empregador fica condicionada à sua expressa autorização. A ninguém é dado o direito de representar terceiros perante o Judiciário sem o devido credenciamento, até por força da implicação que daí poderá advir, qual seja, a responsabilização do empregador pelas declarações prestadas pelo preposto. **(TRT-2ª**

R., RO 02990097206, Ac. 4ª T. 200000325028, Luiz Antônio Moreira Vidigal, *DJSP* 7.7.2000, p. 72)

• Confissão. Tendo o preposto afirmado categoricamente não ser empregado da reclamada, correta a aplicação da pena de confissão, sendo desconsiderados quaisquer documentos existentes nos autos que tentam fazer prova em sentido contrário. **(TRT-15ª R., Proc. 3.587/99, Ac. 3ª T. 24187/00, Domingos Spina, *DJSP* 4.7.2000, p. 54)**

• Preposto. Desnecessária a condição de empregado para o desempenho da função de preposto perante a Justiça do Trabalho, em razão da ausência de determinação legal nesse sentido. O requisito primordial para substituir o empregador em audiência é o conhecimento dos fatos, nos termos do art. 843, § 1º, da CLT.

Carta de Preposição – Prazo. Possível e razoável a concessão de prazo para a juntada da carta de preposição, não havendo qualquer óbice legal para tanto. **(TRT-15ª R., Proc. 16.882/99, Ac. 2ª T. 40.767/00, Mariana Khayat, *DJSP* 6.11.2000, p. 3)**

• Atestado médico – Revelia – Elisão. A parte, ao ser notificada para comparecer à audiência, tem conhecimento prévio do dia e hora marcados pelo juízo (CLT, art. 841). Assim sendo, no atestado médico por ela apresentado devem constar também essas mesmas informações, para que se possa comprovar a real extensão do motivo que impediu o seu comparecimento à audiência. Desse modo, alinho-me ao entendimento desta Corte Superior – orientação constante do Enunciado n. 122 – de que, para elidir a revelia, o atestado médico deve declarar expressamente a impossibilidade de locomoção do empregador ou seu preposto, no dia da audiência; tal expressão há de ser interpretada como "na hora da audiência". Isso porque, se o fato que ocasionou a impossibilidade do seu comparecimento em juízo somente ocorreu em horário posterior ao designado para a realização da audiência, a revelia e a confissão deverão ser aplicadas, já que não restou configurado o motivo relevante de que trata o parágrafo único do art. 844 consolidado. Recurso de revista conhecido e desprovido. **(TST, RR 399.545/1997.4, Ac. 3ª T., TRT-1ª R., Eneida Melo Correia de Araújo, *DJU* 24.11.2000, p. 634)**

• Revelia – Não apreciação de documentos – Cerceamento de defesa – Não ocorrência. A elisão de uma revelia deve ser feita por prova robusta, não servindo para tanto simples atestado médico em favor do advogado, que não respeita o disposto no Enunciado n. 122 do TST. Além disso, o maior dever de comparecimento era do preposto, que também se ausentou, de modo injustificado. Por outro lado, é imprópria a juntada posterior da contestação e de documentos, pois o momento processual já se exauriu. O disposto no art. 322 do CPC não permite que o revel junte documento depois de já encerrada a instrução processual, o que inclusive contrariaria o disposto no Precedente Jurisprudencial n. 184 do TST. Por isso, o correto seria nem permitir-se a juntada dos mesmos nem de contestação, mas mesmo assim, se forem encartados, devem ser totalmente desconsiderados. Aplicação dos arts. 322 do CPC e 844 da CLT. **(TRT-15ª R., Proc. 39.052/00, Ac. 3ª T. 13.735/01, Carlos Eduardo Oliveira Dias, *DJSP* 19.4.2001, p. 46)**

XV
A DEFESA NO PROCESSO DO TRABALHO

1. Considerações iniciais. 2. Classificação das exceções: 2.1 Quanto à natureza das questões – 2.2 Quanto aos efeitos – 2.3 Quanto ao conhecimento pelo juiz. 3. A resposta do réu no processo trabalhista: 3.1 A contestação no processo do trabalho: 3.1.1 A compensação – 3.1.2 A retenção – 3.2 A reconvenção. 4. Jurisprudência.

1. Considerações iniciais

Na teoria geral do processo afirma-se que a exceção, num sentido amplo, se confunde com o próprio direito de defesa, ou seja, a natureza jurídica da exceção é análoga à ação. Concluímos, pois, que se trata de um direito correlato ao direito de ação, que mais se aproxima de um aspecto do mesmo direito de ação.[1]

Todavia, trata-se de direito autônomo, pois o réu pode exercê-lo ainda que não tenha razão para se opor ao pedido do autor, não obstante só possa ser exercido após o exercício do direito de ação.

Geralmente reserva-se o termo "contestação" para a defesa direta de mérito, e a expressão "exceção substancial" apenas para a defesa indireta de mérito, também conhecida por "preliminar de mérito". A Consolidação das Leis do Trabalho, por sua vez, alude a "defesa" em diversos dispositivos (arts. 767, 847, 848 e § 1º do art. 799), em vez de "contestação", e reserva a expressão "exceção" para algumas defesas processuais (arts. 799 e 800).

1. "A exceção, antes de tudo, é genericamente considerada como o poder jurídico do demandado para se opor à ação promovida contra ele" (Ísis de Almeida, *Manual de Direito Processual do Trabalho*, 3ª ed., v. II, p. 54).

2. *Classificação das exceções*

2.1 *Quanto à natureza das questões*

A exceção, em sentido amplo, coincide com o direito de defesa, mas pode ser dirigida contra o processo e contra a ação, ou pode ser de mérito. No primeiro caso dizemos que se trata de exceção processual; e no segundo, exceção substancial.

Em síntese, a *exceção processual* é aquela que ataca o processo ou a ação; e a *exceção substancial* é aquela que ataca o mérito da demanda.

A exceção substancial, por sua vez, subdivide-se em defesa direta (atacando a própria pretensão do autor, o fundamento do seu pedido) e indireta (opondo fatos impeditivos, modificativos ou extintivos do pedido do autor, sem elidir propriamente a pretensão por este deduzida, tais como alegações de prescrição, compensação, novação).

2.2 *Quanto aos efeitos*

No que respeita aos efeitos, as exceções classificam-se em dilatórias e peremptórias.

Exceções dilatórias são aquelas que retardam o curso do processo. Exemplos: exceção de suspeição do juiz, exceção de incompetência, entre outras.

Exceções peremptórias são aquelas que objetivam extinguir a relação processual. Exemplos: exceção de coisa julgada e exceção de litispendência, entre outras.

2.3 *Quanto ao conhecimento pelo juiz*

Quanto ao conhecimento pelo juiz as exceções classificam-se em *stricto sensu* e objeção.

Exceção "stricto sensu" é aquela que só pode ser conhecida pelo juiz quando alegada pelo réu. Exemplos: exceção de incompetência relativa, vícios da vontade etc.

Objeção, por sua vez, é o tipo de exceção que pode ser conhecida pelo juiz independentemente de alegação do réu. Denomina-se "objeção" porque obsta, de modo absoluto, ao prosseguimento do processo. Exemplos: incompetência absoluta, coisa julgada, litispendência etc.

3. A resposta do réu no processo trabalhista

Não obstante o sentido amplo da "exceção" consagrado no direito romano e na teoria geral do processo, o art. 297 do Código de Processo Civil menciona que se trata de modalidade de resposta do réu. Vale dizer, a resposta do réu é gênero, do qual são espécies a contestação, a exceção e a reconvenção. As duas primeiras são defesas, propriamente ditas, enquanto a última tem natureza jurídica de ação.

Observa-se, pois, que na sistemática da legislação processual brasileira usa-se a denominação "exceção" para indicar algumas exceções processuais cuja alegação obedece a determinado procedimento (art. 304 do CPC, art. 95 do CPP e art. 799 da CLT), e denomina-se "contestação" no processo civil toda e qualquer outra defesa, direta ou indireta, contendo também as preliminares (arts. 300 e 301 do CPC).

O art. 847 da Consolidação das Leis do Trabalho menciona que a defesa do reclamado deve ser ofertada no prazo de 20 minutos depois de frustrada a tentativa conciliatória. A defesa de que trata o diploma consolidado permite inferir que engloba contestação e exceções. Contudo, tratando-se de exceções de suspeição ou incompetência haverá suspensão do feito (art. 799 da CLT), motivo pelo qual entendemos que, uma vez apresentadas referidas exceções, não cabe afirmar que toda a defesa deve ser ofertada simultaneamente, entendimento também esposado por Ísis de Almeida.[2]

Entendemos que a exceção de incompetência mencionada no art. 799 da Consolidação das Leis do Trabalho diz respeito tão somente à incompetência relativa (em razão do lugar), e jamais à incompetência absoluta. Isto porque a primeira deve ser ofertada em peça autônoma (art. 297, c/c o art. 304, ambos do CPC) se o reclamado não pretender promover a defesa oralmente, enquanto a última (incompetência absoluta) pode ser alegada em qualquer tempo e grau de jurisdição, independentemente de exceção (art. 113 do CPC), vale dizer, pode ser alegada como preliminar de contestação, e não se sujeita ao princípio da eventualidade (art. 300 do CPC).

E mesmo em relação à incompetência relativa não se aplica ao processo do trabalho o prazo de 15 dias mencionado no art. 297 do Código de Processo Civil, tendo em vista os expressos termos do art. 847

2. *Manual...*, 3ª ed., v. II, p. 55. Em sentido contrário: Valentin Carrion, *Comentários à Consolidação das Leis do Trabalho*, 19ª ed., p. 577, e Sérgio Pinto Martins, *Direito Processual do Trabalho*, 13ª ed., p. 253.

da Consolidação das Leis do Trabalho – ou seja, deverá ser apresentada em audiência.

Não obstante o art. 799 da Consolidação das Leis do Trabalho mencione tão somente a exceção de suspeição, parece-nos acertada a afirmação de que se deverá adotar idêntico procedimento nas hipóteses de impedimento. Na verdade, o diploma consolidado não faz distinção entre uma coisa e outra, consoante se infere do art. 801, e daí a aplicação concomitante dos arts. 134 e 135 do Código de Processo Civil.

No processo do trabalho as exceções mencionadas não devem ser autuadas em apenso aos autos principais (art. 299 do CPC), mesmo porque serão decididas pelo próprio juízo da causa (art. 653, "c" e "d", da CLT) e não comportam recursos de forma autônoma (art. 893, § 1º, da CLT). Quanto ao julgamento das exceções de suspeição parece-nos despropositado que seja realizado pelo próprio juiz arguido de suspeito, situação em que Sérgio Pinto Martins entende aplicável, por analogia, o art. 313 do Código de Processo Civil – ou seja, o Tribunal Regional do Trabalho deverá decidir a exceção.[3] De nossa parte, acreditamos que não se pode negar vigência ao art. 653, "c", do diploma consolidado – vale dizer, a Vara do Trabalho deve julgar a exceção de suspeição, mas o bom senso recomenda a convocação de juiz substituto para fazê-lo; e, no caso de rejeição da arguição, o juiz arguido de suspeito continuará na condução do processo.

Em síntese, é possível afirmar que no processo do trabalho a defesa pode ser de mérito ou processual. A defesa processual é feita por meio de exceção (no sentido estrito) se a alegação for de incompetência relativa, suspeição ou impedimento, ou por meio de preliminar da contestação quando se tratar de matéria processual de ordem pública (ausência de algum pressuposto processual ou condições da ação), que o juiz pode conhecer de ofício, a exemplo da existência de litispendência, coisa julgada, ausência de alguma condição da ação etc.[4]

3.1 A contestação no processo do trabalho

O diploma consolidado não menciona "contestação", e sim "defesa", consoante se infere do art. 847. Trata-se da defesa geral, por meio da qual o reclamado deve externar todos os argumentos em sentido

3. *Direito...*, 13ª ed., p. 257.

4. Entendemos, por outro lado, que, diante da maior informalidade que reina no processo do trabalho, deve ser admitida referida defesa como "preliminar" de contestação, em vez de peça autônoma.

contrário à pretensão do reclamante, excetuando-se as arguições de incompetência relativa, suspeição e impedimento, as quais devem ser ofertadas em separado (art. 799 da CLT). E mesmo em relação a estas últimas entendemos que deve ser tolerada a apresentação na mesma peça da contestação, tendo em vista o princípio da instrumentalidade das formas e a simplicidade que deve nortear o processo do trabalho.

O princípio da eventualidade, consagrado no art. 300 do Código de Processo Civil ("Compete ao réu alegar, na contestação, toda a matéria de defesa, expondo as razões de fato e de direito, com que impugna o pedido do autor..."), tem cabimento no processo do trabalho. Contudo, não se exige que o reclamado especifique as provas que pretende produzir (parte final do art. 300 do CPC), mesmo porque referida exigência não se faz ao reclamante em relação à petição inicial. As exceções ao mencionado princípio ficam por conta da incompetência absoluta, litispendência, coisa julgada e ausência de condições da ação, que podem ser conhecidas de ofício pelo juiz e podem ser formuladas em qualquer tempo e juízo, desde que não tenha havido o trânsito em julgado, bem como a arguição de prescrição, que pode ser formulada até em razões de recurso ordinário (art. 193 do CC) e que pode ser conhecida de ofício, com fundamento no art. 219, § 5º, CPC (com redação da Lei 11.280/2006), disposição absolutamente compatível com o processo do trabalho (art.769 da CLT), mesmo porque pode até beneficiar o empregado nas situações em que é demandado pelo empregador.

A compensação e a retenção também devem ser arguidas como matéria de defesa (art. 767 da CLT), sendo ofertadas como preliminares de contestação, a exemplo das demais exceções, restando excetuadas apenas as hipóteses indicadas no art. 799 da Consolidação das Leis do Trabalho (incompetência relativa, suspeição e impedimento).

3.1.1 A compensação

Nos termos do art. 767 da Consolidação das Leis do Trabalho, a compensação deve ser alegada como matéria de defesa, podendo assumir as vestes de uma exceção peremptória, extinguindo a relação processual, com resolução do mérito. Trata-se de defesa indireta de mérito.

Para que se possa cogitar de compensação devemos observar a satisfação dos seguimentos requisitos: a) reciprocidade das dívidas; b) liquidez; c) dívidas vencidas; d) dívidas homogêneas.

A *reciprocidade* exige que ao débito do devedor corresponda um crédito desse último com o credor. Imagine-se o empregado que solicitou demissão e não recebeu as verbas rescisórias, mas se recusou a cumprir o aviso prévio, dando ao empregado o direito de que referida parcela seja compensada (art. 487, § 2º, da CLT).

A *liquidez das dívidas* deve ser entendida como certeza de sua existência e determinação quanto ao seu objeto. Na prática, referido pressuposto é verificado no próprio processo trabalhista, ou seja, costuma-se discutir em sede processual a certeza da existência da dívida e o valor das dívidas confrontadas.

Finalmente, não se pode deixar de considerar que as dívidas devem ser *vencidas* e que a compensação só se verifica entre dívidas de natureza trabalhista (*homogeneidade*), tais como aviso prévio não concedido pelo empregado (art. 487, § 2º, da CLT) e danos causados dolosamente pelo empregado no exercício das funções (art. 462, § 1º, da CLT), ou mesmo culposamente (esta última hipótese deve estar acordada entre empregado e empregador). É a dicção da Súmula 18 do Tribunal Superior do Trabalho ("A compensação na Justiça do Trabalho está restrita a dívidas de natureza trabalhista"), que necessita de revisão em face da ampliação de competência desta Justiça Especializada.

3.1.2 A retenção

Nos ensinamentos de Ísis de Almeida: "Retenção é o direito assegurado ao detentor da coisa de mantê-la em seu poder até que seja cumprida a obrigação conexa".[5]

A retenção pode, em tese, ser feita pelo empregado ou pelo empregador, cujo objeto será coisa ou dinheiro. Quando se trata de retenção de dinheiro a questão confunde-se, via de regra, com o instituto da compensação. Contudo, a compensação é requerida ao juízo, a fim de que seja promovida no caso de reconhecimento de algum crédito ao reclamante; e na alegação de retenção o réu objetiva legitimar um comportamento já adotado anteriormente ao ajuizamento da demanda.

Na prática, a retenção restringe-se, geralmente, a instrumentos de trabalho cuja existência e posse estejam relacionadas ao contrato de trabalho.

O art. 455, parágrafo único, da Consolidação das Leis do Trabalho indica, expressamente, uma hipótese de retenção, segundo a qual o empreiteiro principal pode reter as importâncias devidas ao subempreiteiro, para garantia das obrigações trabalhistas devidas por este último e que podem ser cobradas do primeiro (solidariedade entre empreiteiro

5. *Manual...*, 3ª ed., v. II, p. 93.

e subempreiteiro pelas obrigações trabalhistas deste último, nos termos do *caput* do art. 455 da CLT). Mas a discussão deste procedimento se faz em ação regressiva em face do subempreiteiro, perante a Justiça Comum.

Outras hipóteses podem ser mencionadas, e que costumam ser confundidas com a própria compensação, tais como desconto de danos causados pelo empregado – art. 462 da Consolidação das Leis do Trabalho – ou desconto do aviso prévio não concedido pelo empregado – art. 487, § 2º, do mesmo diploma legal. Por outro lado, se a retenção não estiver autorizada por lei a conduta tipifica o crime de exercício arbitrário das próprias razões, previsto no art. 345 do Código Penal ("Fazer justiça pelas próprias mãos, para satisfazer pretensão, embora legítima, salvo quando a lei o permite"). Isto porque o direito de retenção é hipótese de autotutela, forma de solução de conflitos que deve estar expressamente autorizada na lei, sob pena de configuração do ilícito supramencionado. E mesmo nas hipóteses de retenção expressamente autorizadas torna-se oportuno mencionar o disposto no art. 477, § 5º, da Consolidação das Leis do Trabalho, o qual disciplina a limitação de descontos, por ocasião da rescisão contratual do empregado, no valor correspondente à sua remuneração.

3.2 A reconvenção

Trata-se de modalidade de resposta do réu (art. 297 do CPC), mas tem natureza jurídica de ação. Vale dizer, reconvenção é a ação proposta pelo réu em face do autor no mesmo processo em que está sendo acionado.[6] Conclui-se que apenas o réu tem legitimidade para propor a reconvenção, devendo fazê-lo no mesmo prazo da contestação.

No passado muito se discutiu sobre o cabimento da reconvenção no processo do trabalho. Atualmente encontra-se pacificada a questão em torno de sua compatibilidade com o processo trabalhista, a teor do art. 769 da Consolidação das Leis do Trabalho. E deve ser apresentada em peça autônoma (art. 299 do CPC), na mesma oportunidade da contestação, inexistindo óbice a que o seja também oralmente, desde que não se ultrapasse o prazo de 20 minutos. A reconvenção é admissível, inclusive, em ação declaratória, conforme entendimento cristalizado na

6. "Reconvenção é um modo de exercício do direito de ação, sob a forma de contra-ataque do réu contra o autor, dentro de processo já iniciado, ensejando processamento simultâneo com a ação principal (*simultaneus processus*), a fim de que o juiz resolva as duas lides na mesma sentença (CPC 318)" (Nélson Nery Júnior e Rosa Maria Andrade Nery, *Código de Processo Civil Comentado*, 3ª ed., p. 591).

Súmula 258 do Supremo Tribunal Federal ("É admissível reconvenção em ação declaratória").

Contudo, alguns pressupostos básicos devem ser observados para a utilização da reconvenção em sede trabalhista: a) a matéria deve ser conexa com a ação principal ou com o fundamento da defesa (art. 315 do CPC) e a Justiça do Trabalho deve ser competente para dirimir a controvérsia; b) a matéria não pode ser passível de alegação em contestação; c) identidade de procedimento.

Sérgio Pinto Martins[7] lembra-nos as seguintes situações em que a reconvenção será cabível em sede trabalhista:

a) Empregado estável ingressa com reclamação trabalhista, argumentando que foi despedido sem inquérito judicial para apuração de falta grave, pleiteando reintegração e demais consectários legais; o empregador apresenta contestação à reclamação e propõe o inquérito judicial para apuração de falta grave em reconvenção.

b) Empregador ajuíza inquérito judicial para apuração de falta grave em face de empregado estável; o empregado contesta a demanda e apresenta reconvenção, pleiteando indenização em dobro, pois a falta grave teria sido do empregador.

c) Empregador ajuíza ação de consignação em pagamento, pretendendo o adimplemento da obrigação de pagamento das verbas rescisórias que entende devidas e se eximir da mora capaz de justificar o pagamento da multa prevista no art. 477, § 8º, da Consolidação das Leis do Trabalho; o empregado contesta a ação e apresenta reconvenção, alegando que havia pagamento de valores por fora, e que as verbas rescisórias não correspondem ao valor integral.

d) Empregado ajuíza reclamação trabalhista, pretendendo o pagamento de verbas rescisórias; o empregador apresenta contestação, alegando que a despedida se deu por justa causa, e oferece reconvenção, pleiteando a condenação do empregado no pagamento de saldo credor que este último ficou devendo ao primeiro ("rescisão negativa") ou objetivando o ressarcimento de danos dolosos causados pelo empregado, e que teriam motivado a despedida por justa causa.

Os exemplos mencionados bem ilustram as hipóteses de reconvenção que poderemos encontrar em sede processual trabalhista. Apenas ousamos discordar do exemplo contido na alínea "c", porquanto a Lei 8.951, de 1994, acrescentou os §§ 1º e 2º ao art. 899 do Código de

7. *Direito...*, 13ª ed., pp. 272-273.

Processo Civil, permitindo-se ao consignado alegar, em contestação, a insuficiência do valor consignado e ao juiz que determine, na sentença, qual o montante devido, não havendo necessidade de reconvenção.[8]

Parece-nos que a reconvenção será cabível em ação de consignação em pagamento quando o consignado pretender o recebimento de parcelas não consignadas. Se a controvérsia se restringir ao valor de cada parcela não haverá necessidade de reconvenção (art. 899, §§ 1º e 2º, do CPC). No procedimento sumariíssimo entendemos incabível a reconvenção, já que isto comprometeria a celeridade desejada nas demandas sujeitas ao mencionado procedimento, mesmo porque o prazo para oferta da resposta inviabilizaria a solução do conflito na mesma audiência. No entanto, será possível o pedido contraposto, por aplicação subsidiária do art. 278, § 1º, do CPC, "desde que fundado nos mesmos fatos referidos na inicial".

Por último, observamos que a desistência da ação primitiva ou sua extinção não acarretam a extinção da reconvenção. Igualmente, a procedência de uma ação não impede a procedência da outra.

4. *Jurisprudência*

• Não é confesso o empregador que nomeia preposto, ainda que este não seja seu empregado direto, mas sim de uma das empresas integrantes do mesmo grupo econômico, porque para o direito do trabalho estas são solidárias e se interagem – § 2º do art. 2º da CLT e Enunciado n. 129 da Súmula do colendo TST. **(TRT/DF, RO 3.251/93, Ac. 3ª T. 1.150/93, Paulo Mascarenhas Borges)**

• A compensação na Justiça do Trabalho está adstrita a dívidas de natureza trabalhista. **(Súmula 18 do TST)**

• A compensação só poderá ser arguida com a contestação. **(Súmula 48 do TST)**

• É legítima a arguição de compensação no momento imediatamente posterior ao fato que a possibilitou. **(TST, RR 69.034/93.9, Ac. 2ª T. 47/94, Vantuil Abdala)**

• À luz do art. 110 do CC brasileiro, somente são compensáveis parcelas de mesma natureza. Assim, a compensação tem que ser postulada em relação a cada parcela, não se admitindo o pedido genérico. **(TRT/RS, RE-RO 1.232/91, Valdir de Andrade Jobim)**

• Em se tratando de compensação como matéria de defesa, a sua limitação no crédito trabalhista deve obedecer ao disposto no art. 1.009 do CC. **(TST, RR 94.970/93.7, Ac. 4ª T. 1.626/94, Almir Pazzianotto Pinto)**

8. Emílio Gonçalves lembra-nos que "a reconvenção não é admitida nas ações dúplices nas quais a proteção do réu já se acha naturalmente inserida no seu desenvolvimento: ações possessórias, ações de prestação de contas, desapropriação" (*Da Reconvenção no Processo Trabalhista*, p. 21). Assim, pensamos que as modificações introduzidas pela Lei 8.951, de 1994, implicaram efeito dúplice às ações de consignação em pagamento, ampliando o rol mencionado pelo conceituado autor.

XVI
AS PROVAS NO PROCESSO DO TRABALHO

1. Conceito de prova. 2. Objeto da prova: 2.1 Fatos notórios – 2.2 Fatos confessados – 2.3 Fatos incontroversos – 2.4 Fatos que a lei presume existentes ou verdadeiros. 3. A prova do direito. 4. Princípios norteadores da prova: 4.1 Necessidade da prova – 4.2 Unidade da prova – 4.3 Lealdade ou probidade da prova – 4.4 Contradição – 4.5 Igualdade de oportunidades – 4.6 Legalidade – 4.7 Imediação – 4.8 Obrigatoriedade da prova. 5. Sistemas de valoração da prova. 6. O ônus da prova. 7. Meios de prova: 7.1 Interrogatórios das partes – 7.2 A prova documental – 7.3 A prova testemunhal – 7.4 A prova pericial – 7.5 A inspeção judicial.

1. Conceito de prova

Na linguagem jurídica costuma-se denominar *prova* ao objeto que possibilita o conhecimento de um determinado fato[1] e também ao próprio conhecimento que se obtém de referido objeto. Em outras palavras, é muito comum a confusão entre provas e meios de provas.

Chiovenda[2] entende que *provar* equivale a formar a convicção sobre a existência ou inexistência de fatos relevantes do processo.

E na seara do processo do trabalho vários autores arriscaram conceitos. Tostes Malta afirma que a prova "é o conjunto de informações de que o juiz vem a dispor para solucionar um conflito de interesses".[3] Para Ísis de Almeida "prova é a série de elementos constantes dos autos

1. É neste sentido que se afirma, com base na etimologia da palavra, que *prova*, vocábulo originário do latim *proba* (de *probare* = demonstrar), abrange tudo o que demonstra a veracidade de uma afirmação ou realidade de um fato (cf. Manoel Antônio Teixeira Filho, *A Prova no Processo do Trabalho*, 5ª ed., p. 20).

2. *Instituições de Direito Processual Civil*, 1ª ed., v. III, p. 108.

3. *A Prova no Processo Trabalhista*, p. 14.

de um processo que, em conjunto ou individualmente, conduzem ao conhecimento dos fatos, objeto da ação e da defesa, afirmando-lhes a veracidade e dando procedência às alegações das partes".[4] E continua o mesmo autor, dizendo que é a "demonstração legal da existência e/ou da autenticidade de um fato material ou de um ato jurídico que interessa ao êxito do que se pleiteia".[5]

Poderíamos continuar mencionando inúmeros conceitos, parecendo-nos que razão assiste a Manoel Antônio Teixeira Filho, que, na sua conhecida percuciência, afirma que tantos são os conceitos "quantos são os autores, cujos pronunciamentos díspares decorrem, por certo, da ausência de qualquer definição legal a respeito desse importante instituto".[6] E, após concluir que *prova* é resultado e não meio, já que depende da apreciação judicial, também arrisca uma definição: "É a demonstração, segundo as normas legais específicas, da verdade dos fatos relevantes e controvertidos no processo".[7] Trata-se de conceito que reforça os predicados do autor; mas, com a devida vênia, ousamos afirmar que está incompleto. Isto porque excepcionalmente se exige a prova do direito (art. 337 do CPC) e, por determinação judicial, é possível a dilação probatória mesmo sobre fatos incontroversos quando o juiz suspeitar de conluio entre as partes e necessitar proferir decisão nos termos do art. 129 do Código de Processo Civil.

2. *Objeto da prova*

No processo do trabalho o objeto da prova é constituído, via de regra, pelos fatos relevantes e controvertidos que não sejam notórios.

Neste particular, impõe-se a aplicação subsidiária do art. 334 do Código de Processo Civil, segundo o qual não dependem de prova: a) os fatos notórios; b) os fatos afirmados por uma parte e confessados pela parte contrária; c) os fatos admitidos, no processo, como incontroversos; d) os fatos em cujo favor milita presunção legal de existência ou de veracidade.

2.1 *Fatos notórios*

Eduardo J. Couture, inspirado nos ensinamentos de Piero Calamandrei, afirma que notórios são os "fatos que fazem naturalmente parte

4. *Manual das Provas no Processo Trabalhista*, p. 21.

5. Idem, ibidem.

6. *A Prova...*, 5ª ed., p. 20.

7. Idem, 5ª ed., p. 22.

do conhecimento, da cultura ou da informação natural dos indivíduos, atendendo-se ao lugar ou ao círculo social, e ao momento determinado, no qual ocorre a decisão".[8]

Assim, o conhecimento notório não se confunde com o conhecimento pessoal (aquele derivado de observação pessoal), e tampouco coincide com o conhecimento absoluto, bastando o conhecimento relativo.[9]

Contudo, não se permite ao juiz julgar com base em fatos de que tenha ciência pessoal e que não constam dos autos, excepcionando-se aqueles que Couture denomina "fatos evidentes", e que ressaltam da experiência pessoal do magistrado. Trata-se da "prova *prima facie*".[10] Além disso, temos as denominadas "máximas de experiência", que "são normas de valor geral, independentemente do caso específico, e que, sendo extraídas daquilo que ocorre geralmente em múltiplos casos, são suscetíveis de aplicação a todos os casos da mesma espécie".[11]

2.2 *Fatos confessados*

Quanto à afirmação de que independem de prova os fatos "afirmados por uma parte e confessados pela parte contrária", ousamos dizer que o legislador foi pouco técnico. Isto porque a confissão pode ocorrer no próprio bojo da contestação ou no decorrer de interrogatório do réu, sendo este último um meio de prova.

2.3 *Fatos incontroversos*

Os fatos admitidos no processo como incontroversos são aqueles nos quais não se verifica impugnação específica (art. 302 do CPC) e

8. Couture, *Fundamentos de Direito Processual Civil*, p. 155.

Em tese, é possível provar que determinado fato não é notório, e excepcionalmente o magistrado poderá exigir a prova da notoriedade do fato, mormente quando for desconhecido dele próprio (cf.: Manoel Antônio Teixeira Filho, *A Prova...*, 5ª ed., p. 32; Christóvão Piragibe Tostes Malta, *A Prova...*, p. 18).

9. Podemos afirmar que é de conhecimento notório quais os Estados Brasileiros que integram a Região Sudeste do país, não obstante determinada pessoa não os tenha na memória.

10. "A ninguém se poderia exigir que provasse, por exemplo, que tenha percebido a luz antes de perceber o som, ou que a luz do dia facilita a visão ao passo que a escuridão a dificulta, etc. Em casos como estes a mente do juiz supre a atividade probatória das partes, (...)" (Couture, *Fundamentos...*, p. 148).

11. Couture, *Fundamentos...*, pp. 149-150.

também aqueles confessados; e daí o vício tautológico do legislador, denunciado por Manoel Antônio Teixeira Filho.[12]

2.4 *Fatos que a lei presume existentes ou verdadeiros*

Nas lições de Couture[13] a presunção pressupõe o concurso de três circunstâncias: um fato conhecido, um fato desconhecido e um nexo causal. Assim, justifica-se a afirmação de que a presunção é a ilação que se extrai de um fato conhecido sobre um fato desconhecido.

As presunções dividem-se em *presunções simples*, *comuns* ou *do homem* (*hominis*)[14] e *presunções legais*. As presunções jurídicas ou legais são estabelecidas expressamente na lei, subdividindo-se em absolutas (*iuris et de iure*) e relativas (*iuris tantum*). As primeiras são irrefutáveis, não admitindo prova em contrário; e as segundas admitem prova em contrário, cujo ônus recai sobre a parte prejudicada pela presunção.

O art. 334, IV, do Código de Processo Civil dispensa a produção de provas sobre fatos em cujo favor milita a presunção legal de existência ou de veracidade. Cuida-se, portanto, de presunção legal.

Não obstante não se exija da parte, a quem aproveita a presunção, a prova do nexo de causalidade e do fato desconhecido, tem o ônus processual de provar o fato conhecido (fato-base) no qual se baseia a presunção.

A Consolidação das Leis do Trabalho contempla hipóteses de presunção legal (e *iuris tantum*), a exemplo do art. 447 ("Na falta de acordo ou prova sobre condição essencial ao contrato verbal, esta se presume existente, como se a tivessem estatuído os interessados, na conformidade dos preceitos jurídicos adequados à sua legitimidade") e do art. 456, parágrafo único ("À falta de prova ou inexistindo cláusula expressa a tal respeito, entender-se-á que o empregado se obrigou a todo e qualquer serviço compatível com a sua condição pessoal").

12. *A Prova...*, 5ª ed., p. 33.

13. *Fundamentos...*, p. 148.

14. "As presunções que resultam do raciocínio do juiz, mas são fundadas em fatos ou estabelecidas pelo homem, denominam-se as presunções comuns ou *hominis* e confundem-se, às vezes, com indícios. Nada provam por si sós. Deverão constar de um contexto probatório, amparadas por outros elementos subsidiários de valor certo. E a mesma presunção não pode permitir conclusões antagônicas" (Ísis de Almeida, *Manual das Provas...*, p. 111).

3. *A prova do direito*

A inexigibilidade de prova do direito invocado pela parte já existia nas Ordenações Filipinas, com base no princípio universal de que o direito não depende de prova (*ius allegatur, non probatur*), o qual se assenta no pressuposto de que o juiz conhece o Direito (*iura novit curia*), incumbindo aos litigantes, tão somente, a narração dos fatos (*da mihi factum, dabo tibi ius*).

O art. 3º da Lei de Introdução às Normas do Direito Brasileiro dispõe que "ninguém se escusa de cumprir a lei, alegando que não a conhece" – exigência que se impõe ao juiz com maior intensidade, sendo correta a conclusão de que o princípio anteriormente mencionado se encontra abrigado no ordenamento jurídico pátrio.

Contudo, as afirmações *supra* não desoneram as partes de, em determinadas circunstâncias, invocar as normas legais que militam em favor dos seus interesses, principalmente quando existir mais de uma norma teoricamente aplicável.

Não obstante tudo o que expusemos até aqui, o art. 337 do Código de Processo Civil arrola, excepcionalmente, a faculdade do juiz de exigir a prova do teor e vigência do direito municipal, estadual, estrangeiro ou consuetudinário. Isto porque o que se exige do magistrado é o conhecimento do direito federal.

No direito processual do trabalho é possível acrescentar a exigência de que as partes provem o teor e vigência de algumas fontes formais peculiares ao direito do trabalho, quais sejam: normas coletivas (convenção coletiva, acordo coletivo ou sentenças normativas) e regulamentos de empresa.

A propósito, as normas coletivas inserem-se no rol de prova documental, devendo ser ofertadas com a petição inicial e defesa, respectivamente, salvo alguma situação excepcional, ao prudente arbítrio do juiz.

O regulamento de empresa também traduz prova documental e, muitas vezes, inacessível ao trabalhador. E daí a possibilidade de ser ofertado pelo empregador com a defesa ou posteriormente, por determinação judicial, em atendimento a requerimento do empregado-reclamante, com fundamento no art. 355 do Código de Processo Civil.

Quanto aos tratados e convenções internacionais estamos concordes em que o teor e a vigência deverão ser provados se houver determinação judicial, a despeito de não se enquadrarem no conceito de direito estrangeiro.[15] Em verdade, as convenções ratificadas e os tratados internacionais dos quais o Brasil é signatário incorporam-se ao direito positivo, equiparando-se a leis ordinárias ou emendas constitucionais (art. 5º, § 3º, da CF).

4. *Princípios norteadores da prova*

Nos ensinamentos de Amauri Mascaro Nascimento[16] a prova no processo do trabalho sujeita-se aos princípios que serão detalhados nas linhas seguintes.

4.1 *Necessidade da prova*

Os fatos que são do interesse das partes devem ser provados em juízo, com observância das regras que disciplinam o ônus da prova (art. 818 da CLT, c/c o art. 333 do CPC). A prova será desnecessária nas hipóteses do art. 334 do Código de Processo Civil, que já mencionamos anteriormente.

4.2 *Unidade da prova*

Este princípio apregoa a comunhão da prova, vale dizer, a prova é apreciada em seu conjunto, e não isoladamente, em que pese aos diversos meios de prova.

4.3 *Lealdade ou probidade da prova*

Trata-se de princípio que decorre do caráter ético do processo e corolário do próprio princípio da lealdade processual (art. 14, II, CPC). Os autores são praticamente unânimes em afirmar que referido princípio nem sempre é observado nos processos trabalhistas.[17] Este princípio também tem sede constitucional, já que o art. 5º, LVI, da Carta Magna estabelece que "são inadmissíveis, no processo, as provas obtidas por meios ilícitos".

15. Cf.: Manoel Antônio Teixeira Filho, *A Prova...*, 5ª ed., p. 41, e Amauri Mascaro Nascimento, *Curso de Direito Processual do Trabalho*, 18ª ed., p. 412.

16. *Curso...*, 18ª ed., p. 404.

17. Amauri Mascaro Nascimento afirma que a inobservância se situa, principalmente, na autenticidade de documentos (*Curso...*, 18ª ed., p. 404). De nossa parte, acrescentaríamos a precariedade da prova testemunhal.

4.4 *Contradição*

Não se trata de princípio peculiar à produção de provas, e sim ao processo, à luz do art. 5º, LV, da Constituição Federal. A parte tem o direito de se manifestar sobre a prova produzida pelo *ex adverso*. Não há prova secreta, mesmo porque o processo é uma relação jurídica triangular (autor/juiz/réu).

4.5 *Igualdade de oportunidades*

Trata-se de princípio que assegura a mesma oportunidade de oferecimento de provas pelas partes litigantes, desde que observado o rito processual. É um corolário do art. 125, I, do Código de Processo Civil.

No diploma consolidado verifica-se a plena observância de referido princípio, na medida em que restam asseguradas idênticas oportunidades para que as partes juntem documentos, tragam testemunhas para serem interrogadas, manifestem-se sobre a prova pericial etc.

4.6 *Legalidade*

A prova deve estar prevista legalmente.[18] Além disso, sua produção se subordina aos requisitos de tempo, lugar, meio, adequação etc.[19] A prova de fatos ocorridos em país estrangeiro rege-se pela lei vigente no local em que ocorreram, quanto ao ônus da prova e meios de produzir-se, com a única ressalva de que a Justiça brasileira não admite meios de provas que a lei brasileira desconheça, conforme art. 13 do Decreto-lei 4.657, de 4.9.1942 (Lei de Introdução às Normas do Direito Brasileiro).

Nosso ordenamento jurídico concebe a existência da prova documental, testemunhal, pericial e inspeção judicial, além dos interrogatórios pessoais. Contudo, não se admitem como meios de prova o juramento ou a confissão obtida sob efeito de substâncias químicas ou mediante tortura, nem o uso do polígrafo (detector de mentiras) ou equipamento similar.

18. Couture lembra-nos que para Aristóteles os meios de prova eram cinco: as leis, as testemunhas, os contratos, a tortura dos escravos e o juramento (*Fundamentos...*, p. 140).

19. Cf. Manoel Antônio Teixeira Filho, *A Prova...*, 5ª ed., p. 48.

4.7 Imediação

A oralidade decorre do princípio da imediação, segundo o qual as provas são produzidas perante o juiz da causa, o qual tem a direção do processo (art. 765 da CLT). A exceção à regra fica por conta da prova testemunhal produzida por meio de carta precatória ou rogatória e a prova pericial, que, necessariamente, não se faz em audiência.

4.8 Obrigatoriedade da prova

Este princípio não contraria a ideia de que as partes não têm obrigação de produzir provas, e sim ônus processual. Contudo, é sabido que o Estado tem interesse na justa composição da lide, e daí a possibilidade de o juiz determinar a produção de determinada prova por uma das partes, sob as cominações processuais (via de regra, a aplicação do art. 359 do CPC). Este princípio decorre do impulso oficial, que no processo do trabalho se revela mais acentuado, a teor do art. 765 da Consolidação das Leis do Trabalho.

Além disso, existem situações em que a prova é legalmente imposta. É o caso das demandas que envolvam pedido de adicional de insalubridade ou periculosidade, nas quais a realização de perícia é obrigatória (art. 195, § 2º, da CLT), salvo eventual confissão real quanto ao direito do reclamante ou eventual disposição normativa (por exemplo, o direito dos frentistas e demais empregados em postos de combustíveis ao adicional de periculosidade pode ser incluído em normas coletivas).

5. Sistemas de valoração da prova

Amauri Mascaro Nascimento afirma que "entende-se por avaliação ou apreciação da prova a operação mental que tem por fim conhecer o mérito ou valor de convicção que possa ser deduzido do seu conteúdo".[20] Manoel Antônio Teixeira Filho, por seu turno, apoiando-se nas lições de Miguel Reale, afirma que "valorar não é o mesmo que avaliar, pois no primeiro caso se analisa a coisa sob o critério de valor".[21]

A valoração não implica, necessariamente, confronto ou comparações, podendo traduzir mera contemplação de algo na sua própria sin-

20. *Curso...*, 18ª ed., p. 405.

21. Manoel Antônio Teixeira Filho, *A Prova...*, 5ª ed., p. 97.

gularidade – conclusão que se extrai da conceituação de Amauri Mascaro Nascimento.

Assim, concluímos que o correto é mencionar *valoração* (e não *avaliação*) ou *apreciação* das provas, as quais, ao longo da história, se resumiram a três espécies: a) sistema da prova legal ou formal; b) sistema da livre convicção; c) sistema da persuasão racional.

O *sistema da prova legal* tem suas origens ligadas às ordálias ou juízos de Deus, típicas da Antiguidade, que consistiam em submeter a pessoa a determinada prova supondo-se que Deus não a deixaria sair ilesa caso estivesse mentindo. Ao julgador cumpria apenas aplicar a prova e aguardar o resultado, que consistia na reação da pessoa após a ingestão de bebidas ácidas ou amargas, contato com água fervendo etc.

Na Idade Média, apesar das críticas da Igreja Católica, difundiu-se o juramento como meio de prova e até mesmo o duelo ou combate judiciário, a mais utilizada das ordálias.

Finalmente, sob influência do direito canônico é que, a partir do século XI, abolidas as ordálias, foram restabelecidos os meios de prova consagrados no direito romano (documentos e testemunhas). Contudo, era imposta uma espécie de tarifamento legal, ou seja, o juiz não era livre para apreciar as provas. É a esta época que remontam o conhecido brocardo *testis unus, testis nullus* ("testemunha única é testemunha nenhuma") e o de que o depoimento de duas testemunhas fidedignas constituía prova plena (*testis duobus fide dignis credendum*).

O *sistema da livre convicção* ou *convicção íntima do juiz* apresenta-se como antítese do sistema da prova formal e foi utilizado pelos germânicos. Nesse sistema permitia-se ao juiz formar sua convicção não somente pelo conjunto probatório, mas também por fatos que eram de seu conhecimento pessoal, e não se subordinava a qualquer espécie de valoração da prova ou tarifamento legal. Não se exigia do magistrado a indicação dos motivos do seu convencimento, e era possível o não julgamento quando a prova fosse insuficiente (*non liquet*).

Finalmente, chegamos ao moderno *sistema da persuasão racional*, que se traduz numa síntese dos anteriores e que dá liberdade ao juiz para apreciar livremente a prova, obrigando-o a declinar os motivos de seu convencimento. É o sistema que vigora no Brasil, segundo o qual as decisões judiciais devem ser fundamentadas (art. 93, IX, da CF) e no qual "o juiz apreciará livremente a prova, atendendo aos fatos e circunstâncias constantes dos autos, ainda que não alegados pelas partes; mas deverá indicar, na sentença, os motivos que lhe formaram o convencimento" (art. 131 do CPC).

6. O ônus da prova

O ônus da prova não se confunde com dever legal. A parte que estiver onerada com a prova deverá produzi-la, a fim de que a controvérsia seja decidida em seu favor,[22] mas poderá ocorrer de não se desincumbir de seu ônus probatório e, mesmo assim, ter a demanda julgada em seu favor. Isto porque o próprio juiz pode determinar a realização da prova (art. 765 da CLT) ou a parte contrária, inadvertidamente, poderá produzir a prova que favorece o *ex adverso*.

Ensina Moacyr Amaral Santos[23] que o *onus probandi* é o dever de provar, no sentido de necessidade de provar; *dever* no sentido de interesse ou necessidade de fornecer a prova destinada à convicção do juiz quanto aos fatos alegados.

Costuma-se fazer a distinção entre ônus subjetivo e ônus objetivo. O *ônus subjetivo* destina-se às partes litigantes, sendo importante perquirir a quem incumbe o ônus probatório – e que, por consequência, deve suportar o ônus da prova não produzida; enquanto o *ônus objetivo* destina-se ao juiz, segundo o qual ao magistrado não tem relevância indagar quem produziu determinada prova.

Em síntese, as regras de ônus da prova só têm função prática quando o magistrado constata, por ocasião da prolação da sentença, que a prova não foi produzida ou não o foi à saciedade. Nesta situação a indagação tem cabimento, para que a sucumbência da demanda recaia sobre aquele que tinha o ônus da prova e não provou.

O art. 818 da Consolidação das Leis do Trabalho preconiza que "a prova das alegações incumbe à parte que as fizer". Trata-se de dispositivo consolidado merecedor de críticas[24] e não dispensa a aplicação subsidiária do art. 333 do Código de Processo Civil à guisa de complementação.

22. Christóvão Piragibe Tostes Malta, *Prova Documental*, p. 8.

23. *Comentários ao Código de Processo Civil*, 5ª ed., v. IV, p. 21.

24. Valentin Carrion chegou a afirmar que "a regra de que o ônus pesa sobre quem alega é incompleta, simplista em excesso" (*Comentários à Consolidação das Leis do Trabalho*, 25ª ed., p. 599). No entanto, a voz não menos abalizada de Manoel Antônio Teixeira Filho assegura que: "A CLT, ao estatuir, no art. 818, que 'a prova das alegações incumbe à parte que as fizer', demonstra, à evidência plena, que possui dicção expressa e específica sobre a matéria, desautorizando, desta maneira, que o intérprete – a pretexto de que o art. 769 do mesmo texto o permite – incursione

Dispõe o art. 333 do Código de Processo Civil:

"Art. 333. O ônus da prova incumbe:

"I – ao autor, quanto ao fato constitutivo do seu direito;

"II – ao réu, quanto à existência de fato impeditivo, modificativo ou extintivo do direito do autor.

"Parágrafo único. É nula a convenção que distribui de maneira diversa o ônus da prova quando:

"I – recair sobre direito indisponível da parte;

"II – tornar excessivamente difícil a uma parte o exercício do direito."

E neste sentido também se posiciona a jurisprudência trabalhista, consoante se infere da seguinte ementa: "O ônus da prova, no processo do trabalho, não é diferente do processo civil, isto porque o art. 818 da CLT repete, sintetizados, os incisos I e II do art. 333 do CPC, ou seja, cabe ao reclamante provar o fato constitutivo do seu direito, e ao reclamado os fatos impeditivos, modificativos e extintivos alegados. Esta é a regra geral.

No entanto, em matéria de horas extras, verificamos uma evolução da jurisprudência trabalhista, em face da revisão da Súmula 338 do TST, por meio da Resolução 129, de 5.4.2005: "I – É ônus do empregador que conta com mais de 10 (dez) empregados o registro da jornada de trabalho na forma do art. 74, § 2º, da CLT. A não apresentação injustificada dos controles de frequência gera presunção relativa de veracidade da jornada de trabalho, a qual pode ser elidida por prova em contrário. II – A presunção de veracidade da jornada de trabalho, ainda que prevista em instrumento normativo, pode ser elidida por prova em contrário. III – Os cartões de ponto que demonstram horários de entrada e saída uniformes são inválidos como meio de prova, invertendo-se o ônus da prova, relativo às horas extras, que passa a ser do empregador, prevalecendo a jornada da inicial se dele não se desincumbir". Vale dizer, não há a necessidade de uma determinação judicial para que o empregador junte os controles de horário e suporte o ônus decorrente da omissão, pois se entende que se trata de documento comum às partes.

pelos domínios do processo civil com a finalidade de perfilhar, em caráter supletivo, o critério consubstanciado no art. 333 e incisos. Não seria equivocado asseverar-se, portanto, que tais incursões são irrefletidas, pois não se têm dado conta de que lhes falece o *requisito essencial* da omissão da CLT" (*A Prova...*, 5ª ed., p. 80).

Contudo, parece-nos incompatível com o processo do trabalho o disposto no parágrafo único do art. 333 do Código de Processo Civil, segundo o qual é possível a convenção das partes para distribuição do ônus da prova de maneira diversa.

São *fatos constitutivos* aqueles capazes de gerar o direito que o autor pleiteia, tais como o trabalho subordinado, o labor em horas extras, a identidade de função quando pleiteia a equiparação salarial, e outros.

Os *fatos impeditivos* são as circunstâncias excepcionais que retiram do fato constitutivo todos ou alguns efeitos, tais como a alegação de trabalho eventual ou autônomo, a ilicitude do objeto, além de outros.

Os *fatos extintivos* são aqueles que fazem desaparecer o direito que se reconheceu existente, tais como a alegação de pagamento, transação, prescrição, renúncia, entre outros.

Finalmente, o *fato modificativo* é aquele que modifica ou altera alguns dos efeitos do fato constitutivo.[25] Entendemos que um exemplo seja a hipótese do empregado que alega ter sido despedido sem justa causa e postula a liberação dos depósitos do Fundo de Garantia do Tempo de Serviço (FGTS) com o acréscimo de 40%, e a empresa argumenta que não houve a despedida sem justa causa, e sim a expiração normal de um contrato por prazo determinado, e daí o direito à liberação do FGTS sem o acréscimo de 40%.

Além da já mencionada (Súmula 338), várias Súmulas do Tribunal Superior do Trabalho tratam do ônus da prova no processo do trabalho, a exemplos das seguintes:

Súmula 16:[26] "Presume-se recebida a notificação 48 (quarenta e oito) horas depois de sua regular postagem. O seu não recebimento ou a entrega após o decurso desse prazo constituem ônus de prova do destinatário".

Súmula 212: "O ônus de provar o término do contrato de trabalho, quando negadas a prestação de serviço e o despedimento, é do empre-

25. Valentin Carrion arrola a *novação* como exemplo de fato impeditivo (*Comentários...*, 25ª ed., p. 599); mas pensamos que o exemplo melhor se adapta à ideia de fato extintivo, já que o devedor terá contraído nova dívida com o credor, objetivando substituir a antiga.

26. Quanto a esta Súmula observamos que se encontra praticamente em desuso, tendo em vista a intensificação das intimações pela Imprensa Oficial. E mesmo na hipótese de intimação via postal o prazo para a prática do ato inicia-se com a data de recebimento pela parte (art. 774 da CLT), a qual é aposta juntamente com a assinatura no termo de entrega da correspondência.

gador, pois o princípio da continuidade da relação de emprego constitui presunção favorável ao empregado".

Súmula 254: "O termo inicial do direito ao salário-família coincide com a prova da filiação. Se feita em juízo, corresponde à data de ajuizamento do pedido, salvo se comprovado que anteriormente o empregador se recusara a receber a certidão respectiva".

Percebe-se, pois, a importância do ônus da prova no processo do trabalho, porquanto neste ramo do direito processual, a exemplo do processo civil, não vigora o princípio *in dubio pro reo* (princípio do processo penal) e tampouco o *in dubio pro operario* (princípio do direito individual do trabalho). No processo do trabalho, quando o magistrado fica em dúvida quanto às provas produzidas, perde a demanda a parte que deveria provar e não logrou fazê-lo.

7. *Meios de prova*

Dispõe o art. 332 do Código de Processo Civil: "Todos os meios legais, bem como os moralmente legítimos, ainda que não especificados neste Código, são hábeis para provar a veracidade dos fatos, em que se funda a ação ou a defesa". Sabemos, por outro lado, que "são inadmissíveis, no processo, as provas obtidas por meios ilícitos" (art. 5º, LVI, da CF).

Não obstante o disposto no art. 332 do Código de Processo Civil, entendemos que assiste razão a Christóvão Piragibe Tostes Malta[27] quando afirma a inexistência de meios de prova "moralmente legítimos" que não sejam legais, e daí a redundância do dispositivo legal mencionado.

No processo do trabalho são meios de prova: interrogatórios das partes, documentos, testemunhas, perícias e inspeção judicial.

7.1 *Interrogatórios das partes*

Como bem leciona Manoel Antônio Teixeira Filho,[28] o interrogatório não se confunde com depoimento, já que o primeiro é sempre determinado de ofício pelo juiz, enquanto o depoimento pode ser requerido pela parte contrária.

27. *A Prova...*, p. 20.

28. *A Prova...*, 5ª ed., pp. 142-143.

O Código de Processo Civil adotou o sistema de depoimentos das partes ("Art. 343. Quando o juiz não o determinar de ofício, compete a cada parte requerer o depoimento pessoal da outra, a fim de interrogá-la na audiência de instrução e julgamento"). A Consolidação das Leis do Trabalho, por sua vez, adotou o sistema de interrogatório, consoante se infere da dicção do art. 848: "Terminada a defesa, seguir-se-á a instrução do processo, podendo o presidente, *ex officio* ou a requerimento de qualquer juiz temporário, interrogar os litigantes".

Percebe-se, pois, que no processo do trabalho os interrogatórios das partes traduzem faculdade judicial, e não direito subjetivo das partes, não obstante as críticas que possam ser endereçadas ao dispositivo consolidado por autores renomados.[29]

Somos de opinião que os interrogatórios das partes não devem, via de regra, ser dispensados pelo juiz. Isto porque a prática demonstra tratar-se de meio eficaz para esclarecimento do objeto controvertido da lide e até mesmo ocasionar a confissão de fatos controvertidos, o que poderá simplificar a dilação probatória, já que fatos confessados prescindem da prova testemunhal, nos termos do art. 400, I, do Código de Processo Civil.

No entanto, convém assinalar que a confissão[30] não é meio de prova, e sim a própria prova. Meio de prova é o interrogatório[31] da parte. Admite-se, igualmente, a confissão ficta no processo do trabalho, e não apenas a real.

Ocorre *confissão ficta* quando a parte não comparece à audiência em prosseguimento, na qual deveria ser interrogada, nos termos da Súmula 74, I, do Tribunal Superior do Trabalho ("Aplica-se a confissão à parte que, expressamente intimada com aquela cominação, não

29. Valentin Carrion chegou a afirmar que o art. 848 da Consolidação das Leis do Trabalho "contraria o mínimo senso de lógica do princípio geral do processo" (*Comentários...*, 25ª ed., p. 658).

30. "Entende-se por confissão a declaração que uma parte formula da verdade dos fatos afirmados pelo adversário e contrários ao confitente" (Giuseppe Chiovenda, *Instituições...*, 1ª ed., v. II, p. 418).

"Confissão é a declaração que uma parte faz da verdade dos fatos que, a um tempo, lhe são desfavoráveis e favoráveis ao adversário" (Moacyr Amaral Santos, *Comentários...*, 5ª ed., v. IV, p. 98).

31. "O interrogatório é um meio de provocar a confissão da parte adversária; mas é óbvio que tal se possa promover sem alcançar o fim colimado, como acontece quando a parte interrogada nega os fatos afirmados pelo interrogante" (Moacyr Amaral Santos, *Comentários...*, 5ª ed., v. III, p. 122).

comparecer à audiência em prosseguimento, na qual deveria depor") – entendimento jurisprudencial inspirado no art. 343, § 1º, do Código de Processo Civil –, e também na hipótese de recusa de depor ou desconhecimento de fatos controvertidos pelo preposto do empregador, nos termos dos arts. 843, § 1º, da Consolidação das Leis do Trabalho e 343, § 2º, e 345, ambos do Código de Processo Civil.

Contudo, o art. 347 do diploma processual civil assegura que a parte não é obrigada a depor sobre fatos criminosos ou torpes que lhe forem imputados ou sobre aqueles em que deva guardar sigilo por estado ou profissão (hipótese do advogado ou ministro de confissão religiosa, por exemplo).

Finalmente, a ementa de jurisprudência a seguir transcrita bem ilustra a importância do interrogatório da parte, acentuando que a confissão real é a rainha das provas: "Quando, em depoimento pessoal, premida pela Presidência da Junta, a reclamante confessa e essa confissão conflita com o que foi exposto na peça inaugural e pela testemunha da obreira, restringindo o âmbito do que foi postulado, deduz-se que tanto a inicial como a testemunha foram mentirosas, pelo quê não há como se dar crédito ao pedido, que está eivado pela má-fé, pela criminosa intenção de induzir o juízo a engano, para obtenção de sentença favorável. Ainda mais quando os cartões de ponto, juntados aos autos, formam conjunto favorável que leva a essa conclusão. Na jornada de oito horas, em que o intervalo, embora concedido, não é anotado mecanicamente, convertendo-se a mesma em sete horas de trabalho, não há sequer se falar em infração administrativa. Menos ainda em horas extras" (TRT/Campinas, RO 13.668/92.5, Ac. 2ª T. 5.943/94, Antônio Tadeu Gomieri).

7.2 A prova documental

Chiovenda[32] ensina que, no sentido amplo, *documento* é qualquer representação material destinada a reproduzir determinada manifestação do pensamento. E indica que, nesta acepção, documentos seriam os sinais, desde limites dos prédios e sinalização das estradas, mas assevera que o meio mais comum seria a representação material do pensamento na forma escrita, a qual seria objeto das leis processuais.

Contudo, ousamos discordar do ilustre autor, e o fazemos com espeque no trabalho de Christóvão Piragibe Tostes Malta, para quem

32. *Instituições...*, 1ª ed., v. III, p. 151.

"o documento é uma 'peça', uma coisa, que permite saber se um fato ocorreu, que dá notícia de um evento ou de uma situação. Não é simultaneamente o próprio bem a propósito do qual se pretende comprovar alguma coisa".[33]

Nesta linha de pensamento, é possível afirmar que podem ser documentos os discos, fotografias, disquetes de computador, fitas de vídeo, CD, DVD e outros.

Por outro lado, torna-se imperiosa a observação de que o documento não é uma prova, e sim um meio de prova. Igualmente, parece-nos correta a observação no sentido de que nem todo documento trazido aos autos do processo se presta à prova. Basta que imaginemos as fotocópias de acórdãos e sentenças proferidos em casos semelhantes, que costumam ser juntados pelas partes, objetivando influenciar o convencimento do magistrado. São documentos, mas não traduzem prova documental.[34]

O art. 787 da Consolidação das Leis do Trabalho estabelece que a petição inicial trabalhista deverá ser formulada em duas vias,[35] e desde logo acompanhada dos documentos em que se fundar. E, diante do disposto nos arts. 845 da Consolidação das Leis do Trabalho e 396 do Código de Processo Civil, afirmamos que a contestação deve se fazer acompanhar dos documentos com os quais impugna a pretensão do autor.

Tem-se, pois, a existência de dois momentos, por excelência, nos quais os documentos devem ser ofertados: a) por ocasião do ajuizamento da ação; b) por ocasião da apresentação da defesa.

A exceção à regra fica por conta do surgimento de documentos novos, aos quais a parte não teve acesso no momento oportuno, e também as hipóteses em que a parte pretende fazer contraprova das alegações do *ex adverso* ou quando se tratar de fatos supervenientes. Quanto a esta última situação assinalamos que o autor não tem condições de prever todo o rol de alegações passíveis de serem inseridas numa contestação, e poderá ser surpreendido com uma alegação de danos causados ao em-

33. *Prova Documental no Processo Trabalhista*, p. 15, e *A Prova*..., p. 28.

34. "O documento, portanto, tem existência própria e não pode ser limitado à utilização como meio de prova. Quando utilizado como prova, o documento é a própria prova, com a qual se procura convencer o juiz da ocorrência de um evento etc." (Christóvão Piragibe Tostes Malta, *A Prova*..., pp. 28-29).

35. É claro que o legislador olvidou a possibilidade do litisconsórcio passivo, hipótese na qual serão exigíveis tantas cópias da petição inicial quantos forem os litisconsortes.

pregador – dentro das hipóteses legais dos descontos correspondentes – e que o reclamado pretende a compensação, hipótese que comportará manifestação do reclamante, com a juntada de eventual documento que comprove o efetivo ressarcimento do dano causado.

No mais, não se pode deixar de considerar a juntada posterior de documentos ao prudente arbítrio do magistrado, e até mesmo por determinação deste último, principalmente nas hipóteses em que o documento é indispensável à prova do alegado, tais como: fotocópia da convenção ou acordo coletivo quando o pedido estiver fundado em referidas normas coletivas; certidão do julgamento do dissídio coletivo quando se tratar de ação de cumprimento; fotocópias de certidões de nascimento de filhos menores de 14 anos, para o pagamento de salário-família, entre outros.

O art. 830 do diploma consolidado destina-se exclusivamente aos documentos escritos, mas isso não significa que está vedada a juntada de documentos não escritos, a exemplo das fitas de vídeo, fotografias, CD, DVD e outros.

Dispõe o art. 830 da Consolidação das Leis do Trabalho: "O documento em cópia oferecido para prova poderá ser declarado autêntico pelo próprio advogado, sob sua responsabilidade pessoal". Trata-se da redação atribuída pela Lei 11.925/2009, e que comporta interpretação extensiva, para abarcar as situações em que as partes demandam sem advogado, com fundamento no art. 791 da Consolidação das Leis do Trabalho.

No mais, a inovação legislativa veio em boa hora, dispensando as partes de ônus excessivo e desnecessário, decorrente de autenticação das fotocópias em cartórios extrajudiciais, sob o risco de se considerar inválidos os documentos apresentados, diante de impugnação da parte contrária.

Por uma questão de cautela, entendemos que deve ser evitada a juntada dos originais dos documentos, devendo a parte reservá-los para si, prevendo eventual extravio dos autos e a necessidade de restauração.

A juntada de documentos após o encerramento da instrução processual só deve ser autorizada ou determinada pelo magistrado quando se tratar de documento substancial e contribuir para a busca da verdade real e, nas mesmas hipóteses, quando se tratar de documento novo. É óbvio que não pode traduzir a regra geral, principalmente porque a juntada de documentos, nesta circunstância, acarreta a reabertura da instrução processual, com a possibilidade de impugnação e dilação probatória em torno de eventual incidente de falsidade material;[36] mas não se pode fechar as portas para esta possibilidade.

Finalmente, atentamos para o fato de que documentos supervenientes podem ser juntados até mesmo em grau de recurso, nos termos da Súmula 8 do Tribunal Superior do Trabalho ("A juntada de documentos na fase recursal só se justifica quando provado o justo impedimento para sua oportuna apresentação ou se referir a fato posterior à sentença").

7.3 A prova testemunhal

A prova testemunhal é falha, porque falha é a percepção humana. Isto sem considerar a possibilidade de alteração deliberada dos fatos pela testemunha, conduta tipificada no Código Penal (art. 342 – falso testemunho).

A precariedade da prova testemunhal revela-se extremamente sensível, e este fato não passou despercebido de doutrinadores antigos, cumprindo assinalar que no direito romano as testemunhas falsas eram consideradas piores que ladrões.[37] Hodiernamente costuma-se afirmar que se trata da *prostituta das provas*, adjetivação utilizada por Malatesta, tendo em vista a própria imperfeição inerente ao testemunho humano e também pela facilidade com que se verifica a falsidade e a dificuldade que existe em demonstrá-la.[38]

Não obstante a deficiência dessa espécie de prova, é dela que se vale o processo do trabalho na atuação diária dos sujeitos processuais (partes e juiz). O empregado, na maioria das vezes, não conta com a prova documental nem tampouco com a confissão real da parte adversa para provar suas alegações.

Nos termos do art. 821 da Consolidação das Leis do Trabalho, cada parte terá direito a indicar o máximo de três testemunhas, ficando ressalvada a hipótese de inquérito judicial para apuração de falta grave, na qual o número é elevado a seis. Contudo, a Lei 9.957, de 2000, introdu-

36. O diploma processual alude a *incidente de falsidade*, dispensando a adjetivação. Fizemos questão do adjetivo "material", para reforçar a ideia de que a falsidade ideológica não comporta incidente de falsidade, bastando a impugnação oportuna.

37. Cf. E. Magalhães Noronha, *Direito Penal*, 11ª ed., v. IV, p. 377.

38. Cf. E. Magalhães Noronha, *Direito Penal*, 11ª ed., v. IV, p. 378.

ziu no bojo da norma consolidada os dispositivos referentes ao procedimento sumariíssimo na Justiça do Trabalho, tendo o art. 852-H, § 2º, da CLT estabelecido o máximo de duas testemunhas para cada parte nas demandas sujeitas ao mencionado rito processual.

Observa-se, desde logo, que a limitação do número de testemunhas se destina às partes. Nada obsta a que o juiz determine a oitiva de uma testemunha referida nos interrogatórios das partes ou nas informações prestadas por testemunhas já interrogadas, e a tanto está legitimado pela dicção do art. 765 do diploma consolidado.

A Consolidação das Leis do Trabalho foi estruturada para as denominadas audiências "unas", e daí a disposição de seu art. 825 no sentido de que as testemunhas comparecerão independentemente de intimação e ficarão sujeitas a intimação do juízo apenas as ausentes, bem como a condução coercitiva no caso de ausência injustificada, apesar de intimadas, sem prejuízo de pagamento da multa prevista no art. 730 consolidado. Nas demandas sujeitas ao rito sumariíssimo concede-se a intimação de testemunha que, comprovadamente convidada, deixar de comparecer – comprovação que se faz documentalmente ou até mesmo por testemunha.

Na prática, tendo em vista o costumeiro fracionamento das audiências realizadas em demandas sujeitas ao rito comum da Consolidação das Leis do Trabalho, várias soluções são adotadas para contemporizar o disposto no seu art. 825 com a necessidade de evitar maiores protelações por parte de quem não tem interesse na solução rápida do litígio. É comum os juízes facultarem a apresentação do rol de testemunhas para intimação via postal, sob pena de a parte se ver obrigada a trazer as testemunhas independentemente de intimação, sem possibilidade de adiamento da audiência (preclusão temporal); e alguns tribunais adotam provimentos disciplinando a possibilidade de a própria parte entregar a intimação para a testemunha previamente arrolada.

A importância da apresentação de rol e da intimação para comparecimento reside na impossibilidade de se argumentar a preclusão da prova testemunhal no caso de ausência da testemunha. Se a parte se compromete a trazer sua testemunha independentemente de notificação, e sob pena de preclusão, não terá direito ao adiamento da audiência no caso de ausência imprevista da testemunha.

A testemunha que for funcionário público (civil ou militar) deverá ser requisitada ao chefe da repartição se tiver que depor em horário de serviço (art. 823 da CLT). E haverá impedimento para depor como testemunha quando se tratar de parente até o 3º grau civil, amigo íntimo ou inimigo de qualquer das partes, podendo ser ouvida como informante do juízo (art. 829 da CLT).

Além disso, por disposição expressa do art. 229 do Código Civil, a testemunha não é obrigada a depor sobre fato: "I – a cujo respeito, por estado ou profissão, deva guardar segredo; II – a que não possa responder sem desonra própria, de seu cônjuge, parente em grau sucessível, ou amigo íntimo; III – que o exponha, ou às pessoas referidas no inciso antecedente, a perigo de vida, de demanda, ou de dano patrimonial imediato". E diante da ampliação da competência da Justiça do Trabalho, para processar e julgar litígios decorrentes de qualquer relação de trabalho (EC 45/2004), pensamos que o art. 227 do Código Civil também poderá ser invocado, não se podendo admitir a prova exclusivamente testemunhal para negócios jurídicos cujo valor supere dez salários-mínimos, a exemplo de uma relação de trabalho que não seja de trato sucessivo. E mesmo na hipótese de demandas que envolvam pedido para reconhecimento do vínculo de emprego, entendemos que a admissão de remuneração superior a 10 salários-mínimos não pode se basear exclusivamente em prova testemunhal; devem-se analisar outros elementos de prova e, até mesmo, circunstâncias especiais do caso concreto, como função desempenhada, porte do empregador e local da prestação dos serviços.

Entendemos que o fato de a testemunha demandar contra a empresa, por si só, não a torna suspeita, entendimento já cristalizado na Súmula 357 do TST: "Não torna suspeita a testemunha o simples fato de estar litigando ou de ter litigado contra o mesmo empregador". Mas pensamos que um empregado despedido por justa causa deve ser equiparado a inimigo do empregador, salvo se estivermos diante de justa causa absolutamente infundada ou, talvez, na hipótese de já haver celebrado acordo com o empregador. Caberá ao magistrado do trabalho ponderar a respeito, diante do caso específico.

Contudo, a hipótese de o autor da demanda já ter funcionado como testemunha daquela que trouxe para depor é fato que deve ser levado em consideração, já que na maioria das vezes revela "troca de favores", não obstante o argumento de que o testemunho em juízo não pode ser considerado um favor, e sim um serviço público (art. 419, parágrafo único, do CPC).

É farta a jurisprudência em torno da prova testemunhal, sendo oportuna a transcrição das seguintes ementas:

• Restrição ao direito de prova – Impedimento de oitiva de testemunha. Na primeira audiência as partes declararam que trariam suas testemunhas independentemente de intimação. Na segunda audiência o reclamante pretendeu o seu adiamento com o fundamento de que suas testemunhas foram convidadas e não compareceram, o que foi indeferido. O Magistrado só tinha obrigação de adiar a audiência caso as partes dissessem que não trariam as testemunhas independentemente de intimação. Não tinha, portanto, o Juízo de primeiro grau obrigação de ouvi-las, nem seu ato representa restrição ao direito de prova. Presume-se que houve desistência da oitiva das testemunhas (§ 1º do art. 412 do CPC), ante a falta de prova de que foram convidadas e não compareceram. **(TRT-2ª R., RO 02990326507, Ac. 3ª T. 20000293541, Sérgio Pinto Martins, *DJSP* 27.6.2000, p. 119)**

• Prova testemunhal – Valoração – Imediação pessoal. Quando as declarações das testemunhas trazidas por uma e outra parte se mostram contraditórias, deve a instância revisora, pelo menos em princípio, prestigiar a valoração do conjunto probatório feita pelo juízo de primeiro grau. É que este teve contato pessoal com a prova oral produzida pelos litigantes, podendo melhor estabelecer, a partir de uma série de circunstâncias que os autos não podem registrar (tais como expressão facial, o tom da voz, a segurança e o maior ou menor nervosismo de cada testemunha), quais depoimentos merecem maior credibilidade. **(TRT-3ª R., RO 12.742/00, Ac. 3ª T., José Roberto Freire Pimenta, *DJMG* 21.11.2000, p. 12)**

• Testemunha arrolada – Substituição – Indeferimento – Nulidade. O pedido de substituição de testemunha formulado no ato da produção da prova não encontra respaldo jurídico, mormente quando a testemunha havia sido arrolada previamente pela própria parte e regularmente intimada. O fato de não ser obrigatória a apresentação antecipada do rol de testemunhas no processo do trabalho não dá guarida à pretensão recursal, porquanto ficou evidenciado que o recorrente, ao apresentar o referido rol, elegeu outra via processual para a prática do ato, decaindo, por consequência, do direito de praticá-lo de outra forma. **(TRT-3ª R., RO 537/00, Ac. 2ª T., Maurício Dias Horta, *DJMG* 19.7.2000, p. 17)**

• Testemunhas menores – Indeferimento de oitiva – Cerceamento do direito de prova. O indeferimento do pedido de oitiva de testemunhas, ao fundamento de serem as mesmas menores de idade, constitui verdadeiro cerceio ao direito da parte de produzir prova. Diferentemente da vida civil, a maioridade trabalhista começa aos 18 anos e o trabalho é permitido aos maiores de 14 anos, na qualidade de aprendizes, e a capacidade relativa começa aos 16 anos. Todo trabalhador, no processo do trabalho, pode ser ouvido como testemunha, compromissados os maiores de 18 anos, como informantes os demais. Nulidade processual acolhida, para determinar a oitiva das testemunhas. **(TRT-3ª R., RO 12.619/99, Ac. 5ª T., Virgílio Selmi Dei Falci, *DJMG* 16.9.2000, p. 18)**

7.4 A prova pericial

A prova pericial só se torna exigível nas hipóteses em que é legalmente imposta (apuração de insalubridade ou periculosidade, por exemplo), ou quando a prova do fato o exigir, a exemplo de perícia médica para constatação de alegada doença profissional que possa justificar a reintegração no emprego, ou perícia contábil para apuração de diferenças de comissões em favor do empregado, por meio de documentos incrustados na contabilidade da empresa.

Cada parte terá direito a formular quesitos e indicar assistentes técnicos, os quais apresentarão suas conclusões no mesmo prazo destinado ao perito judicial (art. 3º, parágrafo único, da Lei 5.584/1970), sob pena de desentranhamento dos autos. Apresentado o laudo pelo perito judicial, as partes serão intimadas para manifestação, em prazo sucessivo fixado pelo juiz (primeiro ao reclamante e depois ao reclamado, ou vice-versa), com exceção das demandas sujeitas ao rito sumariíssimo, nas quais o prazo será comum e de cinco dias (art. 852-H, § 6º, CLT), não se permitindo, por óbvio, a retirada dos autos em carga.

Por último, convém assinalar que o perito judicial elabora seu trabalho após firmar termo de compromisso perante a Secretaria do juízo e se sujeita às cominações do ilícito penal de falsa perícia (art. 342 do CP).

Para a constatação da alegada insalubridade ou periculosidade o diploma consolidado exige a realização de perícia a cargo de médico do trabalho ou engenheiro do trabalho (art. 195, § 2º, da CLT), e sua inobservância poderá acarretar a nulidade do julgado. Contudo, o juiz não fica adstrito à prova produzida, podendo formar seu convencimento por outros elementos dos autos, inclusive conclusões do assistente técnico de uma das partes. Assinalamos, à guisa de exemplo, algumas ementas de jurisprudência:

• Não constitui violação literal do art. 195 da CLT rejeitar, o juiz, o laudo pericial e, motivadamente, optar por outros meios de prova que lhe pareçam mais convincentes. Deste modo, ao deferir o adicional de periculosidade contrariando o laudo, porque não considerou eventual o contato com material perigoso, mas o fez fundadamente, não ofendeu qualquer dispositivo de lei. **(TST, RR 58.493/92.9, Ac. 2ª T. 3.263/93, Hylo Gurgel)**

• Mostra-se desnecessária a determinação de perícia técnica, ante a confissão da insalubridade por parte da empresa-reclamada e ante a ausência de protesto da parte pelo indeferimento da prova, que acarretaria a nulidade, estando preclusa a alegada violação do art. 195 da CLT. **(TST, RR 107.862/94.8, Ac. 5ª T. 3.863/94, Armando de Brito)**

• Dispõe a norma legal que disciplina esta matéria – art. 195 da CLT – que a insalubridade pode ser constatada por médico ou engenheiro do trabalho. Inexistindo lei que determine que a perícia de insalubridade deva ser executada exclusivamente por médico, não há nenhum fundamento para desconsiderar laudo apresentado por engenheiro. **(TST, RR 96.692/93.7, Ac. 1ª T. 4.579/94, Afonso Celso)**

• O art. 195, § 2º, da CLT, é expresso ao determinar a realização de perícia para aferimento da existência ou não de condições de trabalho insalubres ou perigosas, mesmo quando o reclamado não comparece à audiência de instrução e julgamento. A não realização de perícia técnica acarreta, sem dúvida, a nulidade da decisão, ante a imperatividade da norma legal. **(TST, RR 100.721/93.3, Ac. 5ª T. 3.440/94, Armando de Brito)**

• Perícia técnica, para fim de apuração de insalubridade, é prova obrigatória a ser determinada pelo juiz – Exegese do § 2º do art. 195 da CLT. **(TST, RR 51.586/92.3, Ac. 5ª T. 1.402/94, Antônio Amaral)**

• Sempre que houver pleito que envolva periculosidade, mesmo aqueles com base na Lei n. 7.369/95, a perícia, para a sua constatação, é exigida pelo art. 195 da CLT, como regra geral. Tratando-se de constatação de fato técnico, somente o *expert*, como auxiliar do juízo, deve opinar. **(TST, RR 84.115/93.6, Ac. 1ª T. 2.635/94, Ursulino Santos)**

7.5 A inspeção judicial

Trata-se de meio de prova consagrado no art. 440 do Código de Processo Civil, cujo enunciado transcrevemos: "O juiz, de ofício ou a requerimento da parte, pode, em qualquer fase do processo, inspecionar pessoas ou coisas, a fim de se esclarecer sobre fato, que interesse à decisão da causa".

Não existe a mínima dúvida de que referido dispositivo legal tem aplicação no processo do trabalho, à míngua de vedação expressa e total silêncio do diploma consolidado, a teor de seu art. 769. A propósito, imaginamos que o processo trabalhista traduziria campo fértil à inspeção judicial, tendo em vista a ampla liberdade na direção do processo conferida ao magistrado pelo art. 765 da Consolidação das Leis do Trabalho.

Contudo, o volume de demandas ajuizadas, notadamente nos grandes centros urbanos, inviabiliza a inspeção judicial, o que justifica o fato de que grandes autores se ocuparam de obras específicas sobre os meios de prova no processo do trabalho e não dedicaram mais do que três ou cinco páginas à inspeção judicial.[39] E nenhuma nulidade poderá ser reconhecida em face do indeferimento da inspeção judicial, na medida em que se trata de faculdade do magistrado, a teor do próprio art. 440 do diploma processual civil.

39. Ísis de Almeida, *Manual das Provas...*, pp. 183-185; Christóvão Piragibe Tostes Malta, *A Prova...*, pp. 69-70; Manoel Antônio Teixeira Filho, *A Prova...*, 5ª ed., pp. 266-270.

O juiz poderá se fazer acompanhar de um ou mais peritos no ato de inspeção (art. 441 do CPC), e acreditamos que poderá acarretar nulidade processual a realização de inspeção sem a prévia intimação das partes, já que estas últimas têm o direito de assistir à inspeção, prestando os esclarecimentos e fazendo as observações que entendam necessárias (art. 442, parágrafo único, do CPC).

Concluída a inspeção, o juiz mandará lavrar auto circunstanciado, no qual será mencionado tudo o que for útil ao julgamento da causa, e poderá fazer acompanhar de fotografias, gráficos ou desenhos (art. 443, e parágrafo único, CPC).

Pessoalmente, acreditamos que a prévia intimação das partes terá, via de regra, efeito negativo sobre o meio de prova de que estamos cuidando. Se a inspeção for realizada no local de trabalho e tiver por objetivo verificar se os empregados utilizam os equipamentos de proteção individual, tendo em vista demanda na qual se discute o direito ao adicional de insalubridade, não será difícil imaginar que, no dia e hora designados, o juiz comparecerá ao local e encontrará o ambiente de trabalho na mais perfeita ordem e empregados utilizando todos os equipamentos necessários ao desempenho das respectivas funções. Idêntico fato costuma ocorrer nas vistorias do perito nomeado pelo juiz quando este último determina que se indique dia e hora para sua realização.

Por todo o exposto é que a inspeção judicial, propriamente dita, costuma ser substituída pela expedição de um mandado de constatação, a ser cumprido pelo oficial de justiça, e no qual relata ao juiz os aspectos relevantes sobre pessoas e o próprio local de trabalho, e que constam do respectivo mandado. Não se trata, tecnicamente, de uma inspeção judicial, mas traduz um elemento a mais na formação do convencimento do magistrado.

XVII
A SENTENÇA NO PROCESSO DO TRABALHO

1. Considerações iniciais. 2. Requisitos essenciais da sentença: 2.1 Jurisprudência. 3. Classificação das sentenças quanto aos efeitos: 3.1 Sentenças declaratórias – 3.2 Sentenças constitutivas – 3.3 Sentenças condenatórias. 4. Limites objetivos da sentença: 4.1 Jurisprudência. 5. A tutela antecipada: 5.1 Cabimento no processo do trabalho – 5.2 Requisitos para a concessão da tutela antecipada – 5.3 A execução da tutela – 5.4 Momento para requerimento e concessão da tutela antecipada – 5.5 Tutelas antecipadas específicas do Processo do Trabalho.

1. Considerações iniciais

Paralelamente ao direito de ação (direito subjetivo público de exigir a tutela jurisdicional do Estado) e ao direito de exceção (direito de defesa do réu, em sentido amplo), emerge, igualmente, o direito das partes envolvidas no litígio ao pronunciamento jurisdicional, direito que se encontra consagrado no art. 126 do Código de Processo Civil ("O juiz não se exime de sentenciar ou despachar alegando lacuna ou obscuridade da lei. No julgamento da lide caber-lhe-á aplicar as normas legais; não as havendo, recorrerá à analogia, aos costumes e aos princípios gerais de Direito") e também no art. 8º da Consolidação das Leis do Trabalho, que assim está enunciado: "As autoridades administrativas e a Justiça do Trabalho, na falta de disposições legais ou contratuais, decidirão, conforme o caso, pela jurisprudência, por analogia, por equidade e outros princípios e normas gerais de Direito, principalmente do direito do trabalho, e, ainda, de acordo com os usos e costumes, o direito comparado, mas sempre de maneira que nenhum interesse de classe ou particular prevaleça sobre o interesse público".

Trata-se da proibição do *non liquet* inserta no ordenamento jurídico processual. E neste contexto deparamo-nos com o conceito de *sentença* insculpido no art. 162, § 1º, do Código de Processo Civil, segundo o qual "sentença é o ato do juiz que implica alguma das situações previstas nos arts. 267 e 269 desta Lei"; vale dizer, é o ato pelo qual o juiz extingue o processo com ou sem resolução do mérito.

Observamos que o legislador teve a preocupação de incluir no rol das sentenças também aquelas decisões que "põem termo" ao processo sem resolver o mérito da demanda (decretação da carência da ação, acolhimento da preliminar de coisa julgada ou litispendência, indeferimento da petição inicial etc.), hipóteses de extinção do processo arroladas no art. 267 do Código de Processo Civil, de aplicação subsidiária ao processo do trabalho, que no revogado Código de Processo Civil de 1939 se davam por meio de sentenças terminativas, enquanto a denominação de *sentenças definitivas* era reservada às decisões que colocavam fim ao processo com resolução do mérito. A distinção não subsiste no atual Código de Processo Civil, permanecendo a distinção doutrinária. Igualmente, não mais se cogita de sentenças interlocutórias (aquelas que resolvem algum incidente sem colocar termo ao processo), já que a nova denominação é *decisão interlocutória* (art. 162, § 2º, do CPC).

Sentença é a decisão que põe termo ao processo no primeiro grau de jurisdição. As decisões que colocam termo ao processo no âmbito dos tribunais (segundo grau de jurisdição e também nos processos de competência originária dos tribunais) recebem a denominação de *acórdãos*. A exceção fica por conta das *sentenças normativas*, as quais colocam termo aos processos coletivos, cuja competência originária é dos tribunais do trabalho.

No que respeita ao aspecto subjetivo podemos dizer que a sentença é monocrática ou colegiada. *Sentença monocrática* é aquela proferida pelo juiz (tomado unipessoalmente); e *colegiada* é aquela proferida por um colégio de juízes, situação que existia no primeiro grau de jurisdição trabalhista em época anterior à extinção da representação classista. Os acórdãos dos tribunais são sempre colegiados.

2. *Requisitos essenciais da sentença*

Diante dos expressos termos do art. 458 do Código de Processo Civil, são três os requisitos essenciais da sentença, quais sejam: relatório, fundamentos e dispositivo. A Consolidação das Leis do Trabalho, de forma menos técnica, reproduz idênticos requisitos no art. 832: "Da decisão deverão constar o nome das partes, o resumo do pedido e da defesa, a apreciação das provas, os fundamentos da decisão e a respectiva conclusão".

O *relatório* compreende o nome dos litigantes, o resumo do pedido do autor e da defesa do réu, assim como o registro das principais ocorrências havidas no curso do processo, e sua ausência acarreta a nulidade da sentença, a exemplo da ausência dos demais requisitos. Sua importância reside no fato de mostrar aos jurisdicionados que o juiz compulsou minuciosamente os autos do processo antes de proferir a sentença. Nas demandas sujeitas ao rito sumariíssimo o relatório é dispensável, a teor do art. 852-I da Consolidação das Leis do Trabalho.

Os *fundamentos* (ou *fundamentação*) constituem a parte da sentença em que o juiz analisa as questões de fato e de direito. Sentença sem fundamentação é ato de pura arbitrariedade judicial, e a existência de motivação tem assento constitucional (art. 93, IX, da CF). Isto porque nos modernos sistemas processuais já não vigora o princípio do livre convencimento, que se difundiu à sombra do lema da liberdade, preconizado pela Revolução Francesa, e segundo o qual o juiz poderia decidir segundo sua consciência e íntima convicção.

Hodiernamente o juiz tem ampla liberdade na formação de seu convencimento, mas deve fazê-lo com base na prova existente nos autos ("o que não está nos autos não está no mundo"). É o princípio da *persuasão racional* ou *livre convencimento motivado*.

Por último, no *dispositivo* (*conclusão* ou "*decisum*"), ao contrário do constante no art. 485 do diploma processual civil, o juiz não resolve questão alguma, mas proclama o resultado da apreciação dessas questões, realizada na fundamentação. O dispositivo pode ser direto ou indireto. No *dispositivo direto* o juiz indica claramente as verbas trabalhistas ou aquilo que é objeto da tutela jurisdicional, enquanto no *dispositivo indireto* o juiz se reporta aos fundamentos ou a outras peças processuais (petição inicial e defesa, por exemplo), abstendo-se de indicar expressamente as parcelas que foram objeto de condenação e obrigando o jurisdicionado a se remeter à petição inicial, contestação ou termos da fundamentação.

A falta de um dos requisitos mencionados (relatório, fundamentação e conclusão) acarreta a nulidade da sentença, excepcionando apenas as demandas sujeitas ao rito sumariíssimo, cujo relatório é dispensado.

Registramos, por último, que, diante dos expressos termos do art. 469 do Código de Processo Civil, somente a parte dispositiva da sentença transita em julgado. Vale dizer, a verdade dos fatos e os motivos que ensejaram a conclusão não fazem coisa julgada. E daí a importância da parte dispositiva, fato que recomenda que se evite, ao máximo, o dispositivo indireto, sempre alvo de discussões estéreis na fase de execução. Contudo, não estamos defendendo que a sentença com dispositivo indireto seja nula. Será, quando muito, desaconselhável ou inconveniente, mas é bom que se diga que não há lei federal que obrigue o magistrado a utilizar o dispositivo direto, e nenhum provimento de tribunal tem legitimidade para fazê-lo.[1]

2.1 Jurisprudência

• Tem, a parte, o direito de saber das razões e motivos que levaram o julgador à decisão da causa. Daí a exigência legal da fundamentação, para que o ato de decidir não se transforme em arbitrário, mas tenha aceitação racional. A falta de fundamentos da decisão é causa, por isso, de nulidade. **(TST, RO-DC 70.548/93.6, Ac. SDC 419/94, Hylo Gurgel)**

• A fundamentação da sentença se insere no princípio do "devido processo legal", trazido de forma expressa no direito constitucional brasileiro (art. 93, IX, Constituição da República), e é sem dúvida uma grande garantia de justiça quando consegue reproduzir exatamente, "como num levantamento topográfico, o itinerário lógico que o juiz percorreu para chegar à sua conclusão, pois se esta é errada pode facilmente encontrar-se, através dos fundamentos, em que altura do caminho o magistrado se desorientou" (Calamandrei, in *Eles, os Juízes, Vistos por Nós, os Advogados*). Isto não significa que a fundamentação da sentença ou do acórdão deva ser estritamente silogística, bastando que não falte com os reclamos de logicidade e com os deveres impostos ao julgador pela legislação processual e pelo preceito constitucional. Não é nula, contudo, a sentença fundamentada sucintamente e que dá os fundamentos em que foram analisadas as questões de fato e de direito, ainda que não rebatidas todas as questões jurídicas trazidas pelas partes. O chamado prequestionamento ensejador do recurso de revista não constrange o julgador a rebater todos os questionamentos trazidos pela parte, sob pena do processo se transformar em diálogo entre ela e o juiz. Basta que decida fundamentadamente, ainda que por um único fundamento jurídico. **(TST, RR 76.899/93.2, Ac. 1ª T. 930/94, Indalécio Gomes Neto)**

• O disposto nos arts. 832 da CLT e 458 do CPC não enseja dúvidas quanto à necessidade de as decisões, da sentença à última na via recursal, serem fundamentadas. A fundamentação é essencial para que possam as partes exercer, em sua plenitude, o direito de defesa que, em prosseguimento, lhes é assegurado por via dos recursos previstos em lei. **(TST, RR 72.369/93.9, Ac. 3ª T. 1.961/94, Manoel Mendes de Freitas)**

1. Entendemos que um provimento de Tribunal Regional do Trabalho que objetive compelir o magistrado a proferir sentenças com dispositivo direto é – para dizer o mínimo – de constitucionalidade mais do que duvidosa.

• A fundamentação do julgado constitui requisito indispensável à validade do pronunciamento judicial, sendo resguardado por preceito de ordem pública, visando a assegurar aos litigantes o devido processo legal, possibilitando-lhes meios para a articulação dos seus recursos. A decisão que não explicita os fundamentos reveladores do convencimento do juiz, nem mesmo após a oposição de embargos declaratórios, nega a prestação jurisdicional e, portanto, deve ser anulada. **(TST, RR 65.623/92.3, Ac. 3ª T. 2.837/94, Roberto Della Manna)**

• A lei determina que o juiz siga o roteiro comum a toda e qualquer sentença: relatório, fundamentos, dispositivos; para aquela, todavia, basta que sejam concisamente fundamentados. *Concisão* significa breve fundamentação; e não precisam ser prolixas. Ainda que o juiz seja sucinto ao pronunciar a sentença ou o acórdão, cumprida está a prescrição inserta no texto. **(TST, RO-Ag. 53.103/92.0, Ac. SDI 1.160/94, Cnéa Moreira)**

• Sentença imotivada. A síntese é uma arte que permite chegar-se rápida e seguramente à verdade. Todavia, não pode omitir os elementos da análise. Sem embargo de que o laconismo, indesejável em vista da relevância da sentença como instrumento da tutela jurídica, não viola, em si mesmo, o preceito constitucional, tem-se que tal ocorre com a decisão carente de motivação, ainda que sumária. **(TRT/SP, Proc. 165.008/92, Ac. 10ª T., 17.977/94, Luiz Carlos Gomes Godoi)**

• Constitui decisão condicional a decisão que contém determinado comando que condiciona a procedência do pedido ao implemento de determinada circunstância fática que, em última análise, somente poderia vir a ser superada em execução, gerando evidente prejuízo à autora. Por fim, a verificação da existência de tal circunstância fática somente pode ocorrer na instância ordinária, uma vez que atrelada ao conjunto fático-probatório. **(TST, RR 68.467/93.4, Ac. 4ª T. 3.812/94, Galba Velloso)**

3. *Classificação das sentenças quanto aos efeitos*

No que respeita aos efeitos as sentenças trabalhistas são classificadas em declaratórias, constitutivas ou condenatórias.

3.1 *Sentenças declaratórias*

Sentenças declaratórias são aquelas que proclamam a existência ou inexistência de uma relação jurídica ou a autenticidade ou falsidade de um documento (art. 4º, I-II, do CPC). No processo do trabalho a sentença que julga um dissídio coletivo de natureza jurídica é tipicamente declaratória, já que objetiva interpretar o alcance da norma coletiva. E também se costuma classificar a sentença que julga os pedidos improcedentes como declaratória, na medida em que declara a inexistência da relação credor-devedor.

A sentença declaratória pode ser positiva ou negativa. A *declaratória positiva* é aquela que declara a existência da relação jurídica (*v.g.*: a sentença que declara a existência da relação de emprego); e a *declaratória negativa* é aquela que nega a existência da relação jurídica.

A sentença que declara a existência de uma relação jurídica tem efeito *ex tunc*, vale dizer, retroage à data em que a relação foi estabelecida.

3.2 *Sentenças constitutivas*

As sentenças constitutivas não se limitam à mera declaração da existência de um direito nem tampouco impõem o cumprimento de obrigação. São aquelas que criam, modificam ou extinguem uma relação jurídica, ou seja, alteram o *status* jurídico existente.

Geralmente possuem efeito *ex nunc*, vale dizer, os efeitos se dão a partir do trânsito em julgado. No entanto, poderão ter efeito *ex tunc* no processo do trabalho, a exemplo do que ocorre com a sentença que julga procedente o inquérito judicial para apuração de falta grave, hipótese em que os efeitos da sentença – rescisão do contrato de trabalho – retroagem à data em que o empregado foi suspenso do emprego.

A sentença normativa proferida em dissídio coletivo de natureza econômica é exemplo de sentença constitutiva, já que impõe novas condições de trabalho.

3.3 *Sentenças condenatórias*

A sentença condenatória é proferida no processo em que se pede o cumprimento de uma obrigação, a exemplo do que ocorre quando o empregado postula o pagamento de salários vencidos ou verbas rescisórias decorrentes de uma despedida sem justa causa. Em síntese, decorre de uma ação condenatória quando o autor (empregado-reclamante, por exemplo) tem direito ao que postula, já que se o resultado for a improcedência dos pedidos a sentença será declaratória.

Trata-se de sentença que cumpre duas finalidades: a) declarar a existência do direito material invocado; e b) impor ao vencido a obrigação de satisfazer aquele direito, que pode consistir numa obrigação de dar, de fazer ou de não fazer. A obrigação de pagar quantia certa insere-se no rol das obrigações de dar, hipótese mais comum no processo trabalhista.

Assim, concluímos que a sentença condenatória é a única que atribui ao autor o direito à execução forçada, que traduz o direito à prestação jurisdicional executiva, em face da conversão em título executivo judicial da pretensão formulada na fase de conhecimento. Em geral possui efeito *ex tunc*, já que retroage à época em que o devedor deixou de satisfazer a obrigação.

A sentença condenatória tem uma carga de efeito declaratório e constitutivo, não obstante predomine o efeito condenatório.

Em verdade, a sentença que reconhece a relação de emprego e determina o pagamento das verbas rescisórias e demais consectários legais é declaratória e condenatória. E, ainda que fosse meramente declaratória (hipótese de o reclamante apenas haver postulado o reconhecimento da relação de emprego), subsistiria a obrigação de pagar as custas processuais (condenação).

Uma sentença constitutiva também possui carga condenatória. Exemplifique-se com a hipótese da sentença que reconhece o direito à equiparação salarial (constitutiva), criando uma nova situação para o empregado, e que determina o pagamento das diferenças salariais (condenação), o que traduz o maior objetivo do empregado.

4. *Limites objetivos da sentença*

Os limites objetivos da sentença residem no pedido formulado pelo autor, ou seja, coincidem com o próprio objeto da demanda.

A sentença não pode condenar o réu em quantidade superior ou objeto diverso do que lhe foi demandado, nem ser de natureza diversa do pedido.

Dizemos que a sentença que condena o réu em quantidade superior ao pedido é *ultra petita*; a que julga fora do pedido (objeto diverso) é *extra petita*; e aquela que deixa de apreciar algum pedido é *citra petita* (também denominada *infra petita*).

A sentença *extra petita* é nula, e a decretação de sua nulidade deve ser pleiteada em recurso ordinário.

O mesmo se diga da sentença *ultra petita*. Todavia, na prática, o juízo *ad quem* limita-se a suprimir o excesso e coloca a decisão dentro dos parâmetros do pedido.

A sentença *citra petita* também é nula, mas a jurisprudência tem entendido que o juízo *a quo* deve ser provocado, mediante oposição de embargos de declaração, para que seja suprida a omissão, sob pena de se reputar preclusa a oportunidade de fazê-lo em recurso ordinário.

4.1 Jurisprudência

• Se a reclamatória foi ajuizada com base na alegação do empregado de que fora "demitido do serviço", não pode o julgador, invocando a proteção dos princípios da celeridade e economia processual, decidir a controvérsia emprestando-lhe novos rumos, ou seja, sob a ótica da rescisão indireta do contrato de trabalho, sequer mencionada pelo reclamante. Nulidade que vicia, em face do julgamento *extra petitum*. **(TST, RR 112.272/94.0, Ac. 1ª T. 4.653/94, Indalécio Gomes Neto)**

• O julgamento *extra petita* constitui a decisão do juiz que ultrapassa os limites da lide. *In casu*, observa-se que o pedido de horas extras existiu e o *decisum* espelhou-se nos documentos carreados aos autos, constituindo apenas um parâmetro para o convencimento do julgador o horário delineado pelo reclamante na exordial, como bem elucidou o Juízo *a quo*. Conclui-se, assim, que o litígio foi resolvido dentro dos limites impostos pela *causa petendi*, tendo o julgador decidido conforme o seu livre convencimento, considerando as provas trazidas ao seu mundo jurídico, que são os autos. Portanto, não há que falar em divergência jurisprudencial, tampouco em violação legal. **(TST, RR 112.035/94.9 e AI 112.034/94.0, Ac. 5ª T. 3.888/94, Wagner Pimenta)**

• Pelo princípio dispositivo, inserto no art. 128 do CPC, o juiz não poderá decidir a lide além dos limites em que foi proposta, nem conhecer de questões não suscitadas, a cujo respeito a lei exige a iniciativa da parte. **(STJ, RMS, 1.350-0-MT, reg. 91.0021133-8, César Asfor Rocha)**

• Julgamento *ultra petita* não importa nulidade, eis que passível de reforma pelo juízo *ad quem*, com exclusão do excesso havido. Arguição de nulidade que se rejeita. **(TRT/SP, Proc. 347.939/92, Ac. 7ª T. 24.210/94, Anélia Li Chum)**

• Ainda que os cartões de ponto denunciem intervalo alimentar inferior ao legal, o tempo à disposição do empregador dentro do repouso não pode ser concedido como extraordinário, se a vestibular admite o descanso de 60 minutos, pena de ocorrer julgamento *ultra petita*. **(TRT/SP, Proc. 55.709/92, Ac. 8ª T. 25.013/94, Dora Vaz Treviño)**

• É nula em sua inteireza a sentença que não aprecia todos os pedidos da inicial – Nulidade que se declara a fim de que outra sentença seja prolatada abrangendo todos os pedidos formulados na inicial. **(TRT/RO, RO 764/93, Ac. 155/94, Carlos Augusto Gomes Lobo)**

5. A tutela antecipada

5.1 Cabimento no processo do trabalho

A tutela antecipada se encontra consagrada no art. 273 do CPC, com redação determinada pela Lei 8.952, de 13.12.1994, e que consiste na possibilidade de o juiz, mediante requerimento da parte, antecipar, total ou parcialmente, os efeitos da tutela pretendida no pedido inicial, desde que "existindo prova inequívoca", se convença da verossimilhança da alegação (art. 273, *caput*, do CPC), e estejam presentes um dos seguintes requisitos: a) fundado receio de dano irreparável ou de difícil reparação; b) caracterização de abuso do direito de defesa ou o manifesto propósito protelatório do réu.

Trata-se de instituto que não se confunde com a medida cautelar, pois esta última objetiva assegurar o devido processo legal, enquanto a tutela antecipada assegura o próprio direito material vindicado, consubstanciando verdadeira antecipação dos efeitos da sentença de mérito – e seu cabimento no processo do trabalho praticamente não encontra opositores, à luz do art. 769 da CLT. Contudo, pensamos que a medida não deve ser generalizada, de forma a criar incidentes e embaraços desnecessários num processo que se pretende célere e o mais simples possível. O ideal é que a celeridade processual seja observada com a intensidade necessária, objetivando sempre contemplar o jurisdicionado com a tutela definitiva em curto espaço de tempo.

Em verdade, a Lei 8.952, de 13.12.1994, ao dar nova redação ao art. 273 do CPC, veio preencher uma lacuna no ordenamento processual, onde não era incomum nos depararmos com medidas cautelares de caráter nitidamente satisfativo e que, atualmente, são substituídas por pedidos de tutela antecipada. O próprio § 7º do art. 273, acrescentado pela Lei 10.444, de 7.5.2002, consagra uma espécie de fungibilidade entre a tutela antecipada e a medida cautelar, que acaba salvaguardando os interesses daqueles que ainda não fazem perfeita distinção entre os dois institutos: "Se o autor, a título de antecipação de tutela, requerer providência de natureza cautelar, poderá o juiz, quando presentes os respectivos pressupostos, deferir a medida cautelar em caráter incidental do processo ajuizado".

5.2 *Requisitos para a concessão da tutela antecipada*

O *caput* do art. 273 do CPC alude à existência de "prova inequívoca" que possibilite o convencimento da verossimilhança da alegação pelo juiz. No entanto, acreditamos que a expressão "prova inequívoca" não deve comportar a interpretação literal, pois do contrário não faria sentido a expressão "verossimilhança da alegação", restando inócua a inovação legislativa, que seria cabível, tão somente, nas hipóteses em que já fosse possível a tutela definitiva. Em verdade, por "prova inequívoca" se deve entender aquela capaz de possibilitar o juízo de plausibilidade do alegado na petição inicial.[2]

2. Cf. Estevão Mallet, *Antecipação da Tutela no Processo do Trabalho*, p. 54.

Além disso, deve se observar a presença do *periculum in mora* (fundado receio de dano irreparável ou de difícil reparação – art. 273, I, do CPC), ou a caracterização do abuso do direito de defesa ou a manifesta intenção protelatória do réu (art. 273, II, do CPC).

Pensamos, ainda, que a concessão da tutela antecipada antes da citação ou da própria defesa (*inaudita altera parte*) deve constituir situação absolutamente excepcional. É comum, por exemplo, o reclamante postular o pagamento de verbas rescisórias e pretender, desde logo, à guisa de tutela antecipada, a liberação do FGTS e seguro-desemprego; nesta situação entendemos que a tutela antecipada não deve ser concedida antes da audiência (oportunidade em que as partes poderão celebrar acordo e na qual o reclamado poderá ofertar contestação), mesmo que a comunicação de dispensa seja juntada com a petição inicial, pois não sabemos se não houve convolação em despedida por justa causa no curso do aviso prévio e nem mesmo se o reclamante continua desempregado. Além disso, já testemunhamos casos em que, após obter a tutela antecipada, o reclamante não compareceu à audiência, provocando o arquivamento da reclamação, nos termos do art. 844 da CLT.

Finalmente, não concebemos a possibilidade de antecipação da tutela sem requerimento da parte interessada, pois a providência pressupõe o requerimento da parte. É a dicção do art. 273 do CPC, que não pode ser ignorada nem mesmo nas hipóteses em que o trabalhador comparece sem a presença de advogado, com fundamento no art. 791 da CLT, cabendo ao magistrado do trabalho objetivar a maior celeridade com vistas à prolação da sentença e, nas questões que supõe de alta indagação, aconselhar a que o trabalhador procure advogado particular, se não for possível encaminhá-lo ao sindicato da categoria profissional ou à assistência judiciária gratuita que funcione no local.

5.3 A execução da tutela

O art. 273, § 3º, do CPC, estabelecia que a "execução da tutela antecipada observará, no que couber, o disposto nos incisos II e III do art. 588", o que levou a jurisprudência e doutrina majoritárias à afirmação de que a tutela antecipada comportava apenas a execução provisória e nunca a definitiva – entendimento já superado, tendo em vista a nova redação do referido dispositivo, dada pela Lei 10.444, de 7.5.2002, assegurando que "a efetivação da tutela antecipada observará, no que couber e conforme sua natureza, as normas previstas nos arts. 588, 461, §§ 4º e 5º, e 461-A". A mesma lei também acrescentou o § 6º ao art. 273, que consagra a possibilidade de tutela antecipada "quando um ou mais dos pedidos cumulados, ou parcela deles, mostrar-se incontroverso", já que não tem sentido falar-se em execução provisória de verba incontroversa. Vale dizer, os dispositivos que regem a execução provisória são observados apenas no que couber, sendo perfeitamente possível a execução definitiva de verbas incontroversas. Além disso, não se pode desconsiderar que o art. 588 do CPC foi revogado pela Lei 11.232/2005.

5.4 *Momento para requerimento e concessão da tutela antecipada*

A tutela antecipada deve ser requerida ao juízo da causa antes da prolação da sentença, inclusive em razões finais. E poderá ser concedida na própria sentença, notadamente quando se tratar de obrigação de fazer (entrega de guias do FGTS e seguro-desemprego, ou reintegração no emprego, por exemplo, independentemente de trânsito em julgado). Quanto às obrigações de pagar, entendemos que carece de interesse a tutela antecipada no bojo da sentença, pois eventual recurso ordinário tem efeito meramente devolutivo, sendo permitida a execução provisória até a penhora (art. 899 da CLT) e, quanto às parcelas que não são objeto de recurso, nada obsta à execução definitiva.

Excepcionalmente, pensamos que se concebe a possibilidade da concessão de tutela antecipada pelo desembargador relator quando o processo estiver em grau de recurso. A título de ilustração, basta imaginarmos a situação em que o juízo de instância inferior tenha proferido decisão absolutamente contrária à jurisprudência cristalizada em Súmula do TST ou do STF, tendo julgado improcedente o pedido; situação que, a nosso ver, poderá comportar o provimento do recurso e, até mesmo, a tutela antecipada desde que presentes os requisitos do art. 273 do CPC. Afinal de contas, a lei não menciona que a competência funcional para concessão de tutela antecipada seja exclusiva dos juízos de primeira instância.

5.5 *Tutelas antecipadas específicas do Processo do Trabalho*

Os incisos IX e X do art. 659 da CLT consagram a competência funcional privativa dos "Presidentes das Juntas" (atuais Juízes Titulares de Varas do Trabalho) para a concessão de medida liminar, até decisão final do processo, em reclamações trabalhistas que visem a tornar sem efeito a transferência disciplinada pelos parágrafos do art. 469 da CLT ou que objetivem a reintegração do dirigente sindical, suspenso ou dispensado pelo empregador. Entendemos, por óbvio, que a competência funcional supramencionada abarca os juízes do trabalho substitutos que estiverem no exercício da titularidade de Vara do Trabalho, por motivo de férias e outros afastamentos do juiz titular.

Como se observa, trata-se de duas hipóteses específicas de tutela antecipada no processo do trabalho, que não se confundem com medidas cautelares, na medida em que objetivam assegurar o próprio direito material violado ou na iminência de violação.

XVIII
O PROCEDIMENTO SUMARIÍSSIMO

Trata-se de rito processual introduzido pela Lei 9.957, de 13.1.2000, a qual entrou em vigor no dia 13.3.2000, e que se destina a imprimir maior celeridade às reclamações trabalhistas cujo valor não supere 40 vezes o salário-mínimo vigente à época do ajuizamento da ação.

A lei mencionada introduziu os arts. 852-A até 852-I no bojo da Consolidação das Leis do Trabalho, além de promover modificações nos arts. 895 e 896 do mesmo diploma legal, de forma a disciplinar o recurso ordinário e o recurso de revista no âmbito do novo rito processual.

Houve inspiração do rito especial previsto na Lei 9.099, de 1995 (Juizado Especial de Causas Cíveis e Criminais); mas, ao contrário desta última, não é opcional (facultativo). O procedimento sumariíssimo na Justiça do Trabalho é obrigatório nas causas cujo valor não ultrapasse 40 salários-mínimos, desde que não sejam partes a *Administração Pública direta* (*União*, *Estados*, *Distrito Federal* e *Municípios*), *autarquias* ou *fundações públicas*.

Nas reclamações submetidas ao mencionado rito processual não se admitem pedidos ilíquidos[1] e/ou genéricos. Os pedidos devem ser certos ou determinados e líquidos.

Alguns autores vêm aventando a impossibilidade de liquidez dos pedidos quando se postulam diferenças de horas extras (ou de adicional noturno) à luz de cartões de ponto que estão em poder do empregador; ou adicional de insalubridade, cujo grau (máximo, médio e mínimo) só pode ser conhecido após a realização de perícia, entre outras situações.

1. A afirmação diz respeito, obviamente, aos pedidos de condenação em obrigação de pagar.

Mas, ainda assim, entendemos que o *rito* só poderá ser observado se houver a liquidez dos pedidos. E nas situações mencionadas o autor poderá pleitear o adicional de insalubridade em grau máximo, e promover a liquidação (já que nenhum prejuízo processual sofrerá se a perícia concluir que o direito se restringe ao grau médio ou mínimo); e quanto às diferenças de horas extras, adicional noturno e outras, onde não for possível a liquidação (nem mesmo por estimativa), que os pedidos sejam ilíquidos, mas se deve atribuir à causa valor superior aos 40 salários-mínimos.

A consequência processual no caso de inobservância dos requisitos que acabamos de mencionar (certeza ou determinação e liquidez dos pedidos) é o arquivamento da reclamação e condenação do reclamante no pagamento de custas sobre o valor da causa (art. 852-B, § 1º, da CLT).

Muito se tem discutido sobre o arquivamento da reclamação na hipótese supramencionada. Alguns entendem que o arquivamento puro e simples, sem conceder oportunidade ao reclamante para emendar a petição inicial, traduz intransigência judicial, e que o art. 284 do Código de Processo Civil autoriza providência menos drástica. Contudo, a Lei 9.957, de 2000, não faz a mínima menção em torno da possibilidade de emenda à petição inicial, limitando-se a informar que o não atendimento, pelo reclamante, das exigências dos incisos I e II do art. 852-B "importará no arquivamento da reclamação e condenação ao pagamento de custas sobre o valor da causa".

Igualmente, a Lei 9.957 não permite a citação por edital, competindo ao reclamante declinar o nome e endereço correto do reclamado, também sob pena de arquivamento. À primeira vista a exigência parece inconstitucional, eis que violaria o princípio da inafastabilidade da jurisdição (art. 5º, XXXV, da CF) nas hipóteses em que o reclamado se encontra em local incerto ou não sabido e for realmente exigível a citação por edital, e sendo a demanda de valor até 40 salários-mínimos. Contudo, somos de opinião que na hipótese mencionada será possível a conversão do rito sumariíssimo para o rito ordinário previsto no diploma consolidado, em face de aplicação subsidiária do art. 277, § 4º, do Código de Processo Civil ("O juiz, na audiência, decidirá de plano a impugnação ao valor da causa ou a controvérsia sobre a natureza da demanda, determinando, se for o caso, a conversão do procedimento sumário em ordinário"). E no rito ordinário a citação por edital está autorizada (art. 841, § 1º, da CLT).

Atente-se para o fato de que o arquivamento da reclamação se equipara ao indeferimento da petição inicial, vale dizer, trata-se de sentença que extingue o processo sem resolução do mérito – e, via de consequência, pode ser atacada mediante *recurso ordinário*, sendo inadequada qualquer outra medida processual.

As demandas sujeitas ao rito sumariíssimo devem ser apreciadas em, no máximo, 15 dias, sendo instruídas e julgadas em audiência única, sob a direção de juiz do trabalho (titular ou substituto).

As provas serão produzidas em audiência (art. 852-H da CLT), mas isto não desobriga o reclamante de juntar com a petição inicial os documentos indispensáveis à propositura da demanda. Quando a prova do fato o exigir, ou for legalmente imposta, será deferida a prova pericial (apuração de insalubridade ou periculosidade, por exemplo), e nesta hipótese o juiz deverá nomear perito e fixar o prazo para realização do trabalho pericial. A quantidade de testemunhas no rito sumariíssimo é de duas no máximo, as quais devem comparecer à audiência independentemente de intimação. O juiz só deferirá a intimação de testemunhas se forem comprovadamente convidadas e deixarem de comparecer (art. 852-H, § 3º, da CLT).

O dispositivo legal não alude à forma de comprovação do convite, motivo pelo qual é de se entender que serão admissíveis todas as formas em Direito permitidas, inclusive a prova testemunhal. Contudo, a cautela recomenda que a testemunha seja convidada mediante carta-convite, com cópia assinada, para funcionar como recibo.

O art. 852-H, § 7º, da Consolidação das Leis do Trabalho dispõe que a demanda deve ser julgada em, no máximo, 30 dias quando a audiência for interrompida, "salvo motivo relevante justificado nos autos pelo juiz da causa" – tudo a evidenciar que se trata mesmo de prazo impróprio.

A Lei 9.957, de 2000, ainda dispõe sobre o procedimento em grau de recurso ordinário, onde demandas do rito sumariíssimo terão prioridade de julgamento em relação às demais, dispensando-se o juiz revisor e contemplando parecer oral do Ministério Público do Trabalho. E, com o objetivo de viabilizar a almejada celeridade processual, os Tribunais Regionais do Trabalho divididos em turmas têm a faculdade de designar turma especialmente para apreciação dos recursos interpostos contra decisões proferidas em demandas que seguem o mencionado procedimento.[2]

2. Pessoalmente, somos contra a designação de turma especial para apreciação dos recursos interpostos contra sentenças proferidas em rito sumariíssimo, eis que referida providência acaba gerando um engessamento indevido na jurisprudência

O recurso de revista em procedimento sumariíssimo sofreu séria restrição, na medida em que será admitido quando a decisão do Tribunal Regional do Trabalho contrariar a jurisprudência uniforme do Tribunal Superior do Trabalho, cristalizada nas súmulas, ou quando houver violação da Constituição Federal.

Finalmente, acreditamos que as demandas que pressupõem rito especial (ação de consignação em pagamento na Justiça do Trabalho, inquérito judicial para apuração de falta grave, ação civil pública etc.) não são compatíveis com rito sumariíssimo, devendo observar-se, em cada caso, o rito especial existente, com adaptação ao processo do trabalho, na medida do necessário e da melhor forma possível.

Jurisprudência

• Processual – Sumariíssimo – Notificação devolvida – Extinção do processo – Negativa de prestação jurisdicional – Caracterização. A devolução da notificação inicial, em virtude da alteração de endereço da reclamada, não enseja o "arquivamento" do processo. Agrava-se, se o juiz, antes da audiência, chama os autos à conclusão e decreta a sua extinção, por suposto descumprimento ao que dispõe o art. 852 da CLT. Tratando-se de irregularidade sanável, cumpre ao juiz conceder oportunidade, ainda que em curtíssimo prazo, para o reclamante apresentar novo endereço do reclamado. Se informado que o reclamado cria embaraços ao recebimento ou não sendo encontrado (1º do art. 841 da CLT), a solução é convertê-lo para o rito ordinário, determinando a citação por edital, garantindo-se, assim, o direito constitucional de ação. A extinção só tem cabimento em caso de absoluta inércia do autor, sob pena de caracterizar negativa de prestação jurisdicional, em ofensa ao art. 5º, XXXV da CF/88. **(TRT-15ª R., Proc. 35.543/00, Ac. 5ª T. 533/01, José Antônio Pancotti, *DJSP* 15.1.2001, p. 12)**

do tribunal, onde as decisões adotadas correm o risco de divergir do entendimento predominante nas demais turmas do mesmo tribunal, e sem a possibilidade, na maioria das vezes, do recurso de revista para o Tribunal Superior do Trabalho.

XIX
O SISTEMA RECURSAL TRABALHISTA

1. Conceito de recurso. 2. Os princípios do sistema de recursos trabalhistas: 2.1 Concentração – 2.2 Manutenção dos efeitos da sentença: 2.2.1 Jurisprudência – 2.3 Unirrecorribilidade – 2.4 Variabilidade – 2.5 Fungibilidade: 2.5.1 Jurisprudência – 2.6 Intertemporalidade – 2.7 Duplo grau de jurisdição – 2.8 "Non reformatio in pejus". 3. Pressupostos de admissibilidade dos recursos: 3.1 Pressupostos recursais subjetivos: 3.1.1 Legitimação – 3.1.2 Capacidade – 3.1.3 Interesse – 3.2 Pressupostos recursais objetivos: 3.2.1 Recorribilidade do ato – 3.2.2 Adequação – 3.2.3 Tempestividade – 3.2.4 Preparo – 3.2.5 Sucumbência – 3.2.6 Fundamentação – 3.2.7 Regularidade procedimental. 4. Juízo de admissibilidade dos recursos. 5. As modalidades de recursos trabalhistas: 5.1 Recurso ordinário: 5.1.1 Recurso ordinário "ex officio" – 5.2 Recurso de revista – 5.3 Recurso de embargos – 5.4 Agravo de instrumento – 5.5 Agravo de petição – 5.6 Recursos previstos na legislação processual civil e aplicáveis ao processo do trabalho: 5.6.1 Recurso extraordinário – 5.6.2 Recurso adesivo – 5.7 Embargos de declaração. 6. Considerações finais.

1. Conceito de recurso

Não existe conceito legal para recurso*, e por isso valemo-nos do ensinamento da doutrina.*

Nas palavras de Valentin Carrion: "Recurso é a pretensão de reexame da causa, em regra por outro órgão, diverso do anterior, com o fim de que a sentença seja reformada ou tornada sem efeito".[1]

1. *Comentários à Consolidação das Leis do Trabalho*, 19ª ed., p. 700.

Barbosa Moreira afirma que "recurso é o remédio voluntário idôneo que enseja, dentro do mesmo processo, a reforma, a invalidação, o esclarecimento ou a integração de decisão judicial que se impugna".[2]

Observa-se na definição de Barbosa Moreira que houve preocupação com os embargos de declaração, os quais se encaixam perfeitamente na definição, e isto porque faz menção a "esclarecimento e integração da decisão", ao mesmo tempo em que exclui do conceito o "recurso ordinário *ex officio*" de que trata o art. 1º, V, do Decreto-lei 779, de 1969.[3] Neste sentido, o Código de Processo Civil é mais técnico ao aludir a remessa obrigatória no art. 475, sem o quê não transita em julgado a sentença proferida contra União, Estado, Município, Distrito Federal e respectivas autarquias e fundações "de direito público", salvo quando: a) a condenação for de valor não superior a 60 salários-mínimos; b) nas hipóteses de procedência dos embargos do devedor na execução de dívida ativa; c) quando a sentença estiver fundada em jurisprudência do Plenário do STF ou em Súmula deste mesmo Tribunal ou de tribunais superiores, consoante se infere dos §§ 2º e 3º do mesmo artigo 475 do CPC, acrescentado pela Lei 10.352, de 27.12.2001, com vigência a partir de 27.3.2002, cuja aplicação ao processo do trabalho decorre do art. 769 da CLT, não havendo incompatibilidade com o Decreto-lei 779/1969, que se revela omisso neste particular. E neste sentido, a Súmula 303 do TST.

A definição de Valentin Carrion também nos parece oportuna, na medida em que o recurso pode objetivar a anulação da sentença – hipóteses de *error in procedendo* – e não necessariamente é julgado por outro órgão. A Lei 9.099, de 1995, que disciplina os Juizados Especiais Cíveis e Criminais, por exemplo, estabelece a possibilidade de recurso para o próprio Juizado, em seu art. 41.

O recurso traduz-se, com certeza, num meio de impugnar as decisões judiciais, ao lado da ação rescisória, com a diferença de que esta última visa a desconstituir a coisa julgada material, enquanto o recurso tem como pressuposto a inexistência do trânsito em julgado da decisão.

2. *Apud* Coqueijo Costa, *Direito Processual do Trabalho*, 4ª ed., pp. 457-458.

3. "Art. 1º. Nos processos perante a Justiça do Trabalho, constituem privilégio da União, dos Estados, do Distrito Federal, dos Municípios e das autarquias ou fundações de direito público federais, estaduais ou municipais que não explorem atividade econômica: (...); V – o recurso ordinário *ex officio* das decisões que lhe sejam total ou parcialmente contrárias; (...)".

2. *Os princípios do sistema de recursos trabalhistas*

Nosso sistema de recursos pauta-se pelos princípios da concentração e da manutenção dos efeitos da sentença. Além dos mencionados princípios, que são peculiares ao processo do trabalho, podemos destacar aqueles que também são inerentes ao processo comum: unirrecorribilidade, variabilidade, fungibilidade, intertemporalidade, duplo grau de jurisdição e *non reformatio in pejus*.

Vejamos alguns aspectos de cada um dos princípios mencionados.

2.1 *Concentração*

O princípio da concentração reside no art. 893, § 1º, da Consolidação das Leis do Trabalho, segundo o qual "os incidentes do processo são resolvidos pelo próprio juízo ou tribunal, admitindo-se a apreciação do merecimento das decisões interlocutórias somente em recursos da decisão definitiva". Trata-se de princípio que assegura a inexistência de recursos durante o desenvolvimento do processo perante a Vara do Trabalho e que as decisões interlocutórias são irrecorríveis autonomamente, estando a parte obrigada a renovar seu inconformismo em recurso ordinário após a sentença; e neste sentido cristalizou-se a jurisprudência, por meio da Súmula 214 do Tribunal Superior do Trabalho.[4]

Não podemos deixar de mencionar que mesmo nos dias atuais o princípio da concentração causa perplexidade e gera desconfianças entre aqueles que militam na esfera trabalhista. Daí a justificativa para inúmeras correições parciais infundadas e o costume arraigado de se consignar "protestos" em termos de audiência, os quais funcionam como sucedâneo do agravo retido, que não existe no processo do trabalho.

4. "Decisão interlocutória – Irrecorribilidade. Na Justiça do Trabalho, nos termos do art. 893, § 1º, da CLT, as decisões interlocutórias não ensejam recurso imediato, salvo nas hipóteses de decisão: a) de Tribunal Regional do Trabalho contrária a súmula ou orientação jurisprudencial do Tribunal Superior do Trabalho; b) suscetível de impugnação mediante recurso para o mesmo Tribunal; c) que acolhe exceção de incompetência territorial, com a remessa dos autos para Tribunal Regional distinto daquele a que se vincula o juízo excepcionado consoante o disposto no art. 799, § 2º, da CLT."

Trata-se de entendimento jurisprudencial que, aparentemente, contraria a própria ideia consagrada no art. 893, § 1º, da CLT. Contudo, devemos admitir que todas as hipóteses contemplam, na verdade, decisões definitivas, e não meramente interlocutórias, e mesmo a hipótese da alínea "c" (decisão em exceção de incompetência *ratione loci*) alude a decisão que põe fim ao processo no âmbito do juízo excepcionado (sentença, portanto) – interpretação que parece razoável e evita a impetração de mandado de segurança.

2.2 Manutenção dos efeitos da sentença

O princípio da manutenção dos efeitos da sentença reside no art. 899 da Consolidação das Leis do Trabalho, segundo o qual os recursos terão efeito meramente devolutivo ("Os recursos serão interpostos por simples petição e terão efeito meramente devolutivo, salvo as exceções previstas neste Título, permitida a execução provisória até a penhora"). No entanto, diante das modificações introduzidas no diploma consolidado pela Lei 9.756, de 17.12.1998, não subsiste a possibilidade de efeito suspensivo aos recursos contra decisões nos dissídios individuais.[5] E no recurso ordinário interposto contra decisão proferida em dissídio coletivo de natureza econômica (sentença normativa) poderá ser concedido efeito suspensivo em despacho do presidente do Tribunal Superior do Trabalho, a teor do art. 14 da Lei 10.192, de 2001. Não se cogita de efeito suspensivo na sentença normativa proferida em dissídio coletivo de natureza jurídica.

Neste mesmo diapasão, observamos que a redação do art. 897, § 1º, da Consolidação das Leis do Trabalho (em face da Lei 8.432, de 1992) impõe a conclusão de que o juízo *a quo* exerce o juízo de admissibilidade em relação ao pressuposto objetivo e específico do agravo de petição ofertado contra decisão dos embargos à execução (delimitação justificada das matérias e valores impugnados), e que a execução da parte incontroversa é definitiva.

O agravo de instrumento, nos termos do art. 897, § 2º, da Consolidação das Leis do Trabalho, não suspende a execução da sentença, mas é de todo aconselhável que o juízo da execução não pratique atos que importem a efetiva alienação de bens praceados e se abstenha de liberar o crédito ao exequente.

2.2.1 Jurisprudência

• O princípio da devolutibilidade ampla compele a Corte ao pronunciamento sobre todas as matérias veiculadas no recurso, nos termos previstos no art. 515 do CPC. **(TST, RR 94.329/93.7, Ac. 5ª T. 186/94, Antônio Maria Thaumaturgo Cortizo)**

5. Na redação anterior do art. 896, § 2º, da Consolidação das Leis do Trabalho era possível a concessão de efeito suspensivo ao recurso de revista. Contudo, referida possibilidade deixou de existir com o advento da Lei 9.756, de 1998. Atualmente reserva-se a discussão em torno da concessão do efeito suspensivo a recurso trabalhista no dissídio individual por meio da ação cautelar inominada (Orientação Jurisprudencial 51 da Subseção II Especializada em Dissídios Individuais do TST – SDI-II).

• O art. 515 do CPC devolve ao tribunal *ad quem* toda a matéria desde que haja o recurso. **(TST, RR 65.799/92.5, Ac. 1ª T. 5.141/93, Lourenço Prado)**

• Não tendo a reclamada manifestado inconformismo, no recurso ordinário, relativamente à prescrição, a sentença transitou em julgado a respeito, ou seja, persiste o efeito decorrente da não apreciação por ela. O efeito devolutivo do recurso ordinário determina-se pela extensão da impugnação (*tantum devolutum quantum appellatum*), ao julgador não sendo dado "tutelar" a vontade recursal livremente manifestada pela parte. **(TST, RR 97.044/93.2, Ac. 3ª T. 3.139/94, Manoel Mendes de Freitas)**

• Na forma do § 1º do art. 515 do CPC, devem ser objeto de apreciação pelo tribunal todas as questões suscitadas, ainda que a sentença não as tenha julgado por inteiro. **(TST, RR 72.914/93.7, Ac. 2ª T. 869/94, Vantuil Abdala)**

• A matéria suscitada em defesa, muito embora não apreciada pela r. sentença de primeiro grau, deve ser objeto de apreciação pelo egrégio Regional, em face do princípio da devolutibilidade contido no art. 515, § 2º, do CPC. **(TST, RR 89.4633/93.8, Ac. 1ª T. 4.568/94, Lourenço Prado)**

• Se o egrégio Regional recusa-se a apreciar matéria impugnada, sujeita à devolutibilidade, fere o princípio contido no § 1º do art. 515 do CPC, devendo os autos retornar para apreciação da matéria. **(TST, RR 91.053/93.6, Ac. 1ª T. 4.149/94, Lourenço Prado)**

2.3 *Unirrecorribilidade*

Como já mencionamos anteriormente, somente as decisões definitivas (sentenças e acórdãos), aí incluídas aquelas que extinguem o processo sem resolução do mérito (decisões terminativas, na linguagem do art. 895 da CLT), são passíveis de impugnação por via de recurso. Contudo, via de regra, não é cabível mais de um recurso contra a mesma decisão; vale dizer, não é possível a impugnação da mesma decisão por dois recursos simultâneos, ficando ressalvada, em nosso entendimento, a hipótese de recurso adesivo interposto pela parte que já havia apresentado seu próprio recurso principal, e que pretenda aderir ao recurso da parte contrária; mas, neste caso, o objeto do recurso principal não pode ser idêntico ao do recurso adesivo. Exemplifique-se com a hipótese de a reclamada sucumbir parcialmente e interpor recurso contra a parte que lhe foi desfavorável e, no prazo de contrarrazões ao recurso do reclamante, pretender interpor o recurso adesivo para reiterar a arguição de ilegitimidade de parte ou ausência de interesse processual em relação ao pedido que acabou tendo a prescrição decretada pelo juízo de primeiro grau (nesta hipótese, há quem defenda que basta a renovação da alegação em contrarrazões), e contra a qual o reclamante se insurge no seu recurso ordinário.

O art. 498 do Código de Processo Civil consagra uma exceção ao princípio da unirrecorribilidade, estabelecendo que a parte poderá interpor embargos infringentes e recurso extraordinário ou recurso especial simultaneamente, mas estes últimos ficam sobrestados até o julgamento dos primeiros.

Com as modificações introduzidas no art. 894 da CLT, por meio da Lei 11.496, de 25.6.2007, possibilidade semelhante passou a existir no processo do trabalho, pois um mesmo acórdão em julgamento do recurso de revista poderá ensejar o recurso de embargos para o TST por divergência jurisprudencial nos dissídios individuais (embargos de divergência) ou quando se tratar de decisões não unânimes dos dissídios coletivos de competência originária do TST (embargos infringentes), mas também desafiará recurso extraordinário na parte em que violar algum dispositivo constitucional, já que referida hipótese continua autorizando recurso de revista, mas deixou de admitir os embargos de nulidade.

Igualmente, o art. 542, § 3º, do Código de Processo Civil consagra exceção ao princípio mencionado, já que possibilita a interposição simultânea do recurso extraordinário e do recurso especial contra decisão interlocutória em processo de conhecimento, cautelar ou embargos à execução, os quais ficarão retidos nos autos para processamento futuro se a parte reiterar o inconformismo por ocasião da interposição do recurso contra a decisão final. Trata-se de dispositivo legal absolutamente incompatível com o processo trabalhista.

2.4 *Variabilidade*

Trata-se de princípio que se encontrava expressamente previsto no art. 809 do Código de Processo Civil de 1939. Não obstante a omissão da atual legislação processual, o fato é que doutrina e jurisprudência não hesitam em admitir a manutenção do princípio supramencionado.

Referido princípio assegura que a interposição de outro recurso contra a mesma decisão faz presumir a desistência do recurso anteriormente ofertado, desde que o primeiro seja inadequado e tenha sido observada a tempestividade. Vale dizer, é possível a substituição de um recurso por outro, desde que a parte perceba o equívoco na interposição e ainda não se tenha esgotado o prazo legal.

2.5 *Fungibilidade*

O princípio da fungibilidade, a exemplo do anterior, encontrava-se expressamente previsto no Código de Processo Civil de 1939, mais precisamente no art. 810. Não se encontra previsto no atual Código de

Processo Civil, mas doutrina e jurisprudência são praticamente unânimes em afirmar que referido princípio deve ser observado, em nome da instrumentalidade das formas.

Trata-se de princípio que assegura o conhecimento de um recurso por outro, desde que não haja erro grosseiro, haja dúvida sobre o recurso cabível e tenha sido observada a tempestividade por ocasião da interposição.

O art. 250 do Código de Processo Civil, apesar de externar um fundamento genérico, costuma ser invocado na defesa da manutenção do princípio da fungibilidade no atual sistema processual:

"Art. 250. O erro de forma do processo acarreta unicamente a anulação dos atos que não possam ser aproveitados, devendo praticar-se os que forem necessários, a fim de se observarem, quanto possível, as prescrições legais.

"Parágrafo único. Dar-se-á o aproveitamento dos atos praticados, desde que não resulte prejuízo à defesa."

A referida conclusão é também reforçada pela instrumentalidade das formas, assegurada no art. 244 do Código de Processo Civil: "Quando a lei prescrever determinada forma, sem cominação de nulidade, o juiz considerará válido o ato se, realizado de outro modo, lhe alcançar a finalidade".

Em matéria recursal, propriamente dita, começa a ganhar novo fôlego a aplicação do princípio da fungibilidade dos recursos, tendo em vista a dúvida suscitada em sede trabalhista quando da aplicação subsidiária do art. 557 do Código de Processo Civil, segundo o qual o relator "negará seguimento a recurso manifestamente inadmissível, improcedente, prejudicado ou em confronto com súmula ou com jurisprudência dominante do respectivo tribunal, do Supremo Tribunal Federal, ou de tribunal superior". Isto porque a Súmula 421, II, do TST recomenda o recebimento dos embargos declaratórios como agravo regimental quando se pretender efeito modificativo de uma decisão monocrática do juiz relator. Neste particular também cita-se a Orientação Jurisprudencial 69 da Seção de Dissídios Individuais-2 do Tribunal Superior do Trabalho.[6]

6. *Orientação Jurisprudencial 69 da SDI-II (TST)*: "Fungibilidade recursal – Indeferimento liminar de ação rescisória ou mandado de segurança – Recurso para o TST – Recebimento como agravo regimental e devolução dos autos ao TRT – Recurso ordinário interposto contra despacho monocrático indeferitório da petição inicial de ação rescisória ou mandado de segurança pode, pelo princípio da fungibilidade recursal, ser recebido como agravo regimental – Hipótese de não conhecimento do

Por ocasião de acordos celebrados na fase de liquidação de sentença, a União, inconformada com a discriminação de verbas salariais e indenizatórias, poderá recorrer e dúvida haverá em torno do recurso cabível, se recurso ordinário ou agravo de petição, militando em seu favor o princípio da fungibilidade em qualquer opção adotada. Aqueles que consideram que a liquidação de sentença integra a fase de conhecimento defendem o cabimento do recurso ordinário, e outros que afirmam tratar-se de uma fase preliminar da própria execução entendem que o recurso cabível é o agravo de petição.

Além disso, na fase de execução é comum a dúvida entre a interposição de agravo de petição (recurso) e os embargos à arrematação ou adjudicação (ações incidentais de natureza constitutiva), já que não é unânime a aceitação destes últimos no processo do trabalho, e daí a possibilidade de aplicação, nesta hipótese, do princípio da fungibilidade, não obstante sabido que não se trata de dúvida entre a interposição de dois recursos.

2.5.1 Jurisprudência

• O erro na interposição do recurso pode ser sanado em face da existência do princípio da fungibilidade, desde que interposto dentro do prazo e cumpridos os requisitos essenciais. **(TST, AI-RO 52.725/92.0, Ac. SDI 2.101/93, José Luiz Vasconcellos)**

• O art. 535 do CPC é explícito no sentido de que os embargos de declaração são cabíveis quando houver no acórdão obscuridade, dúvida, contradição ou omissão. Na hipótese, o que se está embargando é um despacho de inadmissibilidade de agravo de instrumento, por força do § 5º do art. 896 da CLT, cujo gravame importa a interposição de agravo regimental. Não se invoque, aqui, o princípio da fungibilidade recursal, eis que aludido princípio, segundo a boa doutrina e a melhor jurisprudência, somente é admitido quando fundada dúvida sobre o recurso cabível. **(TST, EDecl no AI 59.061/92.9, Ac. 3ª T. 531/94, Roberto Della Manna)**

• Os princípios que regem o acesso ao Judiciário recomendam o princípio da fungibilidade dos recursos. O *nomen iuris* é secundário. O que vale é o conteúdo.

recurso pelo TST e devolução dos autos ao TRT, para que aprecie o apelo como agravo regimental".

Súmula 421, TST: "I – Tendo o despacho monocrático de provimento ou denegação de recurso, previsto no art. 557 do CPC, conteúdo decisório definitivo e conclusivo da lide, comporta ser esclarecido pela via dos embargos declaratórios, em decisão aclaratória também monocrático quando se pretende tão somente suprir omissão e não modificação do julgado. II – Postulando o embargante efeito modificativo, os embargos declaratórios deverão ser submetidos ao pronunciamento do colegiado, convertidos em agravo, em face dos princípios da fungibilidade e celeridade processual".

Observado o prazo legal, secundária a qualificação do erro cometido pelo recorrente. **(STJ, RMS 2.561-5-SP, reg. 92.0030834-1, Luiz Vicente Cernicchiaro)**

• O princípio da fungibilidade dos recursos só pode ser aplicado em casos de fundada dúvida, e no caso ela não existe, pois o recurso está previsto no art. 105, II, "b", da CF, o que constitui erro grosseiro a interposição de outro recurso. **(STJ, MS 1.052-0-RJ, reg. 91.0010388-8, José de Jesus Filho)**

2.6 Intertemporalidade

Sabemos que a lei nova tem efeito imediato e geral, respeitados o ato jurídico perfeito, a coisa julgada e o direito adquirido – preceito constitucional (art. 5º, XXXVI) que, obviamente, também irradia seus efeitos na órbita processual.

Não há direito adquirido à interposição de recursos no momento do ajuizamento da ação. O direito ao recurso rege-se pela lei vigente à época da publicação ou intimação da decisão, exceto se lei nova ampliar o prazo e aquele da lei velha ainda não se encontrar escoado – hipótese em que a parte interessada terá direito ao novo prazo, descontando-se os dias já decorridos em face da lei anterior.

O art. 915 da Consolidação das Leis do Trabalho apresenta uma regra básica acerca desta questão: "Não serão prejudicados os recursos interpostos com apoio em dispositivos alterados ou cujo prazo para interposição esteja em curso à data da vigência desta Consolidação". Trata-se de regra de transição, necessária à época da promulgação da Consolidação das Leis do Trabalho, e que reforça o que afirmamos em linhas pretéritas.

2.7 Duplo grau de jurisdição

Trata-se de princípio que assegura a possibilidade de reexame das decisões de uma instância inferior pela instância superior.

No entanto, ao contrário do que poderíamos supor, não se trata de uma garantia constitucional, na medida em que o art. 5º, LV, da Constituição Federal estabelece que "aos litigantes, em processo judicial ou administrativo, e aos acusados em geral são assegurados o contraditório e ampla defesa, com os meios e recursos a ela *inerentes*" (grifamos). Vale dizer, a lei ordinária pode restringir a interposição de recursos, valendo-se de critérios objetivos, e condicioná-los à observância de alguns requisitos, os quais denominamos *pressupostos recursais*.

Conclui-se, pois, que o art. 2º, § 4º, da Lei 5.584, de 1970, segundo o qual não caberá recurso algum contra as decisões proferidas em processos trabalhistas cujo valor não exceda dois salários-mínimos,[7] a menos que se trate de matéria constitucional, foi recepcionado pela atual Constituição Federal. Observe-se que na hipótese de violação da Constituição da República, o Supremo Tribunal Federal poderá ser provocado diretamente em recurso extraordinário (art. 102, III, "a", CF; Súmula 640 do STF), e neste sentido modificamos entendimento anterior, que estava fundado na Constituição de 1967.

Outro aspecto importante a assinalar é o fato de que o duplo grau de jurisdição obrigatório quando se trata de sentença condenatória contra os entes de direito público interno indicados no Decreto-lei 779, de 1969 (União, Estados, Municípios, fundações públicas e autarquias que não explorem atividade econômica) se fazia presente mesmo nas demandas cujo valor não superasse dois salários-mínimos; e neste sentido a jurisprudência se revelava praticamente uníssona a exemplo das seguintes ementas:

• Alçada recursal – Remessa *ex officio* – Lei n. 5.584/70 e Decreto-lei n. 779/69. O advento da Lei n. 5.584/70 não veio obstar à remessa de ofício nas causas cujo valor de alçada não superasse o montante de dois salários-mínimos. Embargos conhecidos e providos, retornando os autos ao Regional para que examine apenas a remessa de ofício. **(TST, ERR 10.871/90.4, Ac. SDI 3.541/94, Vantuil Abdala)**

• Não se aplica a Lei n. 5.584/70, no que tange à alçada para obstaculizar a remessa de ofício, por força do Decreto-lei n. 779/69. **(TST, RR 76.937/93.4, Ac. 2ª T. 4.944/94, João Tezza)**

• A exigência de valor mínimo para admissibilidade de recurso, exceto hipótese de matéria constitucional, não contraria o princípio da ampla defesa. Esse direito deve ser entendido à luz do ordenamento jurídico, cujas regras processuais limitam e organizam a atuação das partes. Além disso, a legislação que fixa o valor da alçada, promulgada quando da vigência da Carta de 1967, teve plena eficácia e mostrou-se compatível com o princípio da ampla defesa, previsto naquele texto constitucional e mantido no atual, nos mesmos moldes. Verifica-se a recepção constitucional. **(TST, RR 60.494/92.7, Ac. 2ª T. 76/94, Ney Doyle)**

• A CF (art. 5º, XXXV e LV) vigente não é incompatível com o mencionado no art. 2º, § 4º, da Lei n. 5.584/70, pois o dispositivo constitucional assegura aos litigantes a ampla defesa e os recursos a ela inerentes. Ocorre, entretanto, que o termo

7. E não se diga que referido dispositivo legal teria sido revogado pelo art. 7º, IV, da atual Constituição Federal, em face da proibição de vinculação do salário-mínimo para "qualquer fim". Isto porque a vedação constitucional diz respeito à vinculação do salário-mínimo para outros preços. Vale dizer: presta-se, efetivamente, ao direito material, e não ao direito processual. Se assim não fosse a lei que disciplina os Juizados Especiais Cíveis e Criminais (Lei 9.099, de 1995) teria nascido inconstitucional ao incorrer na mesma técnica e aludir a valores da causa limitados a 20 e 40 salários-mínimos. E disto jamais se cogitou.

"recursos", aqui utilizado, tem significado lato ao mencionar, apenas, a viabilidade de pedido de reexame de decisão judicial por órgão judicante hierarquicamente superior. Além do quê a decisão foi proferida em consonância com o Enunciado n. 71/TST. **(TST, RR 85.259/93.0, Ac. 2ª T. 4.358/94, Vantuil Abdala)**

• O princípio constitucional da ampla defesa não derrogou a exigência prevista no art. 2º, § 4º, da Lei n. 5.584/70, que somente autoriza a interposição de recurso quando o valor atribuído à causa não for inferior ao mínimo legal, exceto quando versar sobre matéria constitucional. **(TST, RR 76.922/93.4, Ac. 2ª T. 4.943/94, João Tezza)**

• A Lei n. 5.584/70 somente restringiu o duplo grau de jurisdição nas hipóteses em que à ação é atribuído valor inferior à dobra do salário-mínimo, não prevendo, em momento algum, a divisão do valor da causa pelo número de reclamantes, para então obter a alçada de dois salários-mínimos para cada um. **(TST, RR 22.779/91.7, Ac. 2ª T. 2.603/94, Ney Doyle)**

Contudo, a Lei 10.352/2001 acrescentou os §§ 2º e 3º ao art. 475 do CPC, dispensando o duplo grau de jurisdição obrigatório nas hipóteses em que a condenação, em valor líquido, não seja superior a 60 (sessenta) salários-mínimos (inclusive sentença de procedência de embargos do devedor em cobrança de dívida ativa) e também quando a decisão estiver em conformidade com a jurisprudência do Plenário do STF ou súmula de jurisprudência de tribunais superiores. Parece-nos que referidos dispositivos legais têm aplicação ao processo do trabalho, eis que não conflitam com o disposto no Decreto-lei 779/1969, pois se este não estabeleceu nenhuma restrição no particular, é certo que também não fez nenhuma proibição em torno de norma mais favorável. Em verdade, existe omissão no Decreto-lei 779, e daí a possibilidade de se aplicar o disposto no CPC. É certo, no entanto, que persistirá o duplo grau de jurisdição obrigatório se a condenação não for líquida, pois fica inviabilizada a constatação da hipótese do art. 475, § 2º, do CPC, mas o Tribunal Superior do Trabalho tem entendimento diferente (Súmula 303, II, do TST), não fazendo distinção entre sentenças líquidas e ilíquidas, apenas levando em consideração o valor arbitrado à condenação para fins de custas e depósito recursal. Quanto ao disposto no § 3º do mesmo dispositivo processual, de induvidosa aplicação ao processo do trabalho, verificamos que o acolhimento, pelo juiz do trabalho, do entendimento sumulado, impede o duplo grau de jurisdição obrigatório, mas não impede a interposição do recurso pela parte inconformada.

2.8 "Non reformatio in pejus"

Não se admite que o juízo de reforma, exercido pelo órgão *ad quem*, coloque a parte recorrente numa situação pior em relação àquela em que se encontrava antes de exercer o direito de recorrer. Isto porque o próprio art. 515 do Código de Processo Civil consagra que "a apelação devolverá ao tribunal o conhecimento da matéria impugnada", e que também coincide com o brocardo latino *tantum devolutum quantum appellatum*.

Contudo, é certo que o raciocínio empreendido no parágrafo anterior só tem cabimento quando apenas uma das partes exerce a faculdade recursal. Além disso, poderá haver reforma em prejuízo da parte quando se tratar da apreciação de matérias de ordem pública, passíveis de conhecimento *ex officio* pelos órgãos do Poder Judiciário, a exemplo dos pressupostos processuais ou condições da ação.

3. *Pressupostos de admissibilidade dos recursos*

Pressupostos recursais ou de admissibilidade dos recursos são os requisitos indispensáveis para que a interposição do recurso seja considerada válida, ou seja, para que o recurso seja processado no juízo *a quo* e conhecido no juízo *ad quem*. Dividem-se em pressupostos objetivos e subjetivos.

Os *pressupostos recursais subjetivos* dividem-se em *pressupostos do juiz* e *pressupostos das partes*, e praticamente coincidem com os pressupostos processuais subjetivos, quais sejam: investidura do juiz, competência do juiz, imparcialidade, legitimação da parte recorrente, capacidade e interesse.

Finalmente, são *pressupostos recursais objetivos* os seguintes: recorribilidade do ato, adequação, tempestividade, preparo, sucumbência, fundamentação, regularidade procedimental (procuração do advogado subscritor, salvo a hipótese do art. 791 da CLT).

No caso de agravo de petição torna-se necessário mencionar a existência de pressuposto objetivo específico, consagrado no art. 897, § 1º, da Consolidação das Leis do Trabalho – qual seja, a delimitação justificada da matéria e valores impugnados.

3.1 Pressupostos recursais subjetivos

São aqueles que dizem respeito aos sujeitos da relação processual – quais sejam: partes e juiz. Praticamente coincidem com os pressupostos processuais subjetivos, os quais devem estar presentes em todas as fases processuais.

Quanto aos *pressupostos relativos ao juiz* mencionamos a investidura, a competência e a imparcialidade, sendo esta última garantida pelo art. 801 da Consolidação das Leis do Trabalho, c/c os arts. 134 e 135 do Código de Processo Civil – dispositivos que contemplam as hipóteses de impedimento e suspeição do magistrado.

Vejamos os *pressupostos recursais relativos às partes*:

3.1.1 Legitimação

Em princípio, possui legitimação para recorrer quem foi parte na relação jurídica processual (trabalhador, empregador, empreiteiro, tomador de serviços etc.). Não tem legitimidade para interpor recurso o preposto, já que não é parte, e sim mero representante do empregador, cuja atuação se circunscreve à audiência e nela se exaure (CLT, art. 843, § 1º).

Se fosse permitido ao preposto subscrever recursos haveria usurpação das funções de advogado. Todavia, nada obsta a que o próprio empregador (pessoa física) ou o representante legal de pessoa jurídica (nos termos do art. 12 do CPC) subscrevam o recurso, diante do permissivo do art. 791 da Consolidação das Leis do Trabalho (*jus postulandi* das partes na Justiça do Trabalho). E neste sentido são os ensinamentos de Manoel Antônio Teixeira Filho[8] e de Wagner Giglio.[9]

Diante do art. 499 do Código de Processo Civil, aplicado subsidiariamente ao processo trabalhista por força do art. 769 da Consolidação das Leis do Trabalho, pode interpor recurso o terceiro prejudicado, contanto que demonstre "o nexo de interdependência entre o seu interesse de intervir e a relação jurídica submetida à apreciação judicial" (§ 1º do art. 499 do CPC).

No processo trabalhista podemos vislumbrar o seguinte exemplo de intervenção legítima de terceiro: os integrantes de um quadro de carreira que se sentiram prejudicados em sua antiguidade por decisão judicial que reconheceu ao reclamante posição mais elevada na lista.

Pode, ainda, recorrer o Ministério Público do Trabalho nas ações em que funcione como representante da parte, por força do art. 793 da Consolidação das Leis do Trabalho; mas não se trata da hipótese do art. 499, § 2º, do Código de Processo Civil, já que o Ministério Público do Trabalho não é parte nem fiscal da lei.

8. *Sistema dos Recursos Trabalhistas*, 4ª ed., p. 93.
9. *Direito Processual do Trabalho*, 7ª ed., p. 443.

Por outro lado, entendemos que o perito judicial não é parte legítima para recorrer com o objetivo de manifestar seu inconformismo em relação à fixação de honorários periciais. E isto por dois motivos: a) o perito judicial não é parte, e, sim, auxiliar do juízo; b) não existe nexo de interdependência entre o seu interesse e a relação jurídica material que foi submetida a juízo.

3.1.2 Capacidade

A capacidade processual é pressuposto processual subjetivo, mas se trata de requisito que também deverá estar presente na ocasião de interposição do recurso. Vale dizer: se ao tempo da interposição do recurso faltar capacidade jurídica à parte, esta deverá ser representada por um curador, na forma da lei (art. 116 do CC e art. 8º do CPC).

Assim, a capacidade de estar em juízo, a despeito de ser pressuposto processual, sem o qual a relação jurídica não se instaura validamente, também possui o *status* de pressuposto recursal subjetivo.

3.1.3 Interesse

O interesse de agir, para fins recursais, repousa na própria sucumbência, a qual será examinada no tópico correspondente.

3.2 Pressupostos recursais objetivos

3.2.1 Recorribilidade do ato

Trata-se do primeiro exame que incumbe ao juízo de admissibilidade, sob o aspecto objetivo. Isto porque não cabe recurso contra os despachos (art. 504 do CPC); e o mesmo se diga das decisões interlocutórias no processo do trabalho (princípio da concentração – art. 893, § 1º, da CLT), salvo quando "terminativas", nos termos da Súmula 214 do Tribunal Superior do Trabalho, entendimento jurisprudencial inspirado na dicção do art. 799, § 2º, da Consolidação das Leis do Trabalho e que, atualmente, conta em seu favor com a indicação do art. 895, I e II, da CLT, com redação da Lei 11.925, de 17.4.2009.

Além disso, nem sempre caberá recurso contra uma sentença ou acórdão. Exemplifique-se com a sentença proferida em reclamação cujo valor da causa não exceda o dobro do salário-mínimo, ou o acórdão proferido em demanda de rito sumariíssimo onde não tenha havido contrariedade à Súmula do TST nem violação da Constituição Federal, e também nas hipóteses da Súmula 303 do TST.

3.2.2 Adequação

A parte deve escolher o recurso cabível contra a decisão. Todavia, a má adequação do recurso não deve prejudicar o recorrente, sendo o apelo mal formulado recebido como o recurso correto, em nome do princípio da fungibilidade dos recursos, desde que não se trate de erro grosseiro.

Registre-se, no entanto, que o princípio da fungibilidade se encontrava previsto no Código de Processo Civil de 1939, mas a regra não se repetiu no Código de 1973. Todavia, sua adoção no processo do trabalho justifica-se à luz do princípio da simplicidade e instrumentalidade das formas, aliado ao fato de que na Justiça do Trabalho prevalece o *jus postulandi* das partes (art. 791 da CLT), cumprindo assinalar que a Súmula 421 do TST e Orientação Jurisprudencial 69 da SDI-II (TST) aludem expressamente a esse princípio.

Neste mesmo sentido, entendemos que se deve admitir o princípio da variabilidade do recurso, segundo o qual a parte que interpõe um recurso inadequado pode substituí-lo pelo recurso correto, desde que observe os demais pressupostos de admissibilidade.

3.2.3 Tempestividade

O prazo recursal é de oito dias para qualquer recurso trabalhista (art. 6º da Lei 5.584, de 1970), salvo quando se tratar das pessoas jurídicas indicadas no Decreto-lei 779, de 1969 (prazo em dobro).[10]

É certo, ainda, que estamos fazendo menção ao prazo dos recursos trabalhistas *stricto sensu* – quais sejam: aqueles arrolados no art. 893, I-IV, da Consolidação das Leis do Trabalho.

O recurso extraordinário, admitido no processo do trabalho por aplicação subsidiária do Código de Processo Civil, deve obedecer ao prazo de 15 dias (art. 508 do CPC), com observância do prazo em dobro para as pessoas jurídicas de direito público interno, conforme o Decreto-lei 779, de 1969; e o prazo dos embargos de declaração, que ostentam natureza recursal, a teor do art. 496, IV, do CPC, é de cinco

10. "Art. 1º. Nos processos perante a Justiça do Trabalho, constituem privilégio da União, dos Estados, do Distrito Federal, dos Municípios e das autarquias ou fundações de direito público federais, estaduais ou municipais que não explorem atividade econômica: (...); III – o prazo em dobro para recurso; (...)."

dias (art. 897-A da CLT), devendo ser computado em dobro nas mesmas situações já mencionadas.

3.2.4 Preparo

O preparo traduz-se na exigência de pagamento e comprovação das custas respectivas, pelo vencido, no mesmo prazo da interposição do recurso (art. 789, §§ 1º e 2º, da CLT) e depósito recursal pelo empregador, quando for o caso (art. 899, §§ 1º, 2º e 7º, da CLT).

O depósito recursal deve ser feito na conta do Fundo de Garantia do Tempo de Serviço do empregado dentro do prazo para interposição do recurso ordinário, de revista, e de embargos para o TST, desde que haja condenação pecuniária, nos termos da Súmula 161 do Tribunal Superior do Trabalho,[11] cumprindo assinalar que o depósito recursal corresponderá ao valor arbitrado à condenação, limitado aos valores estipulados no art. 40 da Lei 8.177/91, anualmente atualizados pelo Tribunal Superior do Trabalho, e deve ser feito por meio da Guia de Recolhimento do FGTS e Informações à Previdência Social – GFIP, nos termos dos §§ 4º e 5º do art. 899 da Consolidação das Leis do Trabalho.

Tendo em vista o disposto no § 7º do art. 899 da Consolidação das Leis do Trabalho, acrescentado pela Lei 12.275, de 29.6.2010, referido depósito passou a ser exigido também no agravo de instrumento, no valor correspondente a 50% do valor do depósito do recurso que se pretende destrancar, não sendo exigível do trabalhador nem das pessoas jurídicas dispensadas do preparo de recurso, nos termos do Decreto-lei 779/69.

No período anterior à vigência da Lei 5.584, de 1970, o depósito recursal deveria ser feito previamente (art. 899, § 1º, da CLT); vale dizer, a comprovação de sua efetivação deveria ser feita juntamente com a interposição do recurso. Todavia, o art. 7º da Lei 5.584 estatui que a comprovação do depósito recursal deve ser feita no prazo do recurso, sob pena de este ser considerado deserto – argumento que nos parece suficiente à defesa de que não há exigência de depósito prévio.

É certo, no entanto, que existem entendimentos no sentido de que o depósito recursal continua sendo prévio e que a Lei 5.584, de 1970,

11. *Súmula 161 do Tribunal Superior do Trabalho*: "Se não há condenação a pagamento em pecúnia, descabe o depósito de que tratam os §§ 1º e 2º do art. 899 da CLT".

apenas protelou sua comprovação – argumento que não nos sensibiliza, já que o dispositivo legal seria absolutamente inócuo. Afinal de contas, o recorrente que promove o depósito prévio tem plenas condições de comprovar sua efetivação juntamente com a interposição do recurso, sendo inócuo o favor legal que lhe permitisse interpor o recurso num dia e comprovar o depósito no último dia de prazo para interposição.

Registre-se que as pessoas jurídicas indicadas no Decreto-lei 779, de 1969, estão dispensadas do depósito recursal e estão isentas do pagamento de custas, nos termos do art. 790-A da CLT, acrescentado pela Lei 10.537, de 27.8.2002, ficando revogado o inciso IV do Decreto-lei 779/1969, benefício que se estende ao Ministério Público do Trabalho e aos beneficiários da justiça gratuita;[12] e o mesmo se diga da massa falida, esta última por entendimento jurisprudencial, cristalizado na Súmula 86 do Tribunal Superior do Trabalho.[13]

Na situação de empregado doméstico, sempre entendemos possível a realização do depósito recursal na conta do juízo. Todavia, a Instrução Normativa 15, de 8.10.1998, do Tribunal Superior do Trabalho, objetivando uniformizar os procedimentos, passou a exigir a abertura de conta vinculada do Fundo de Garantia do Tempo de Serviço (FGTS) exclusivamente para fins de depósito recursal, inclusive para o doméstico, entendimento atenuado com o disposto na Súmula 426 do mesmo Tribunal, aprovada pela Resolução 174, de 27.5.2011: "Nos dissídios individuais o depósito recursal será efetivado mediante a utilização da Guia de Recolhimento do FGTS e Informações à Previdência Social – GFIP, nos termos dos §§ 4º e 5º do art. 899 da Consolidação das Leis do Trabalho, admitido o depósito judicial, realizado na sede do juízo e à disposição deste, na hipótese de relação de trabalho não submetida ao regime do FGTS".

Contudo, a discussão específica da hipótese do empregado doméstico perdeu intensidade com a promulgação da Emenda Constitucional 72/2013, e deixará de existir com a regulamentação do FGTS em favor da mencionada categoria profissional.

12. "Art. 1º. (...): (...); IV – a dispensa de depósito para interposição de recurso; (...); VI – o pagamento de custas a final, salvo quanto à União Federal, que não as pagará."

13. *Súmula 86 do Tribunal Superior do Trabalho*: "Não ocorre deserção de recurso da massa falida por falta de pagamento de custas ou de depósito do valor da condenação. Esse privilégio, todavia, não se aplica à empresa em liquidação extrajudicial".

3.2.5 Sucumbência

A sucumbência é um pressuposto fundamental dos recursos e deve ser entendida num contexto mais amplo, devendo abarcar outras situações além da simples lesão, prejuízo ou gravame.

Em verdade, a expressão "parte vencida", de que se utiliza o art. 499 do Código de Processo Civil ao aludir à legitimação para recorrer, necessita de uma interpretação extensiva e que abrigue situações muito peculiares, e nas quais mesmo a "parte vencedora" poderá recorrer.

Não se tem dúvida de que a parte vencida, ainda que parcialmente, pode recorrer da sentença. Todavia, em muitos casos a parte não é considerada vencida mas poderá recorrer, diante do fenômeno da sucumbência. Exemplifiquemos com três situações:

1. O réu pede que a ação seja julgada *improcedente* e o juiz do trabalho julga o autor *carecedor de ação*. Aparentemente, o réu se saiu vencedor, mas não foi atendido na pretensão defensiva e poderá ser surpreendido com o ajuizamento de nova ação, aventando a mesma pretensão; e daí seu interesse num pronunciamento definitivo de mérito. Atente-se para o fato de que o réu não foi vencido, mas não logrou êxito na pretensão defensiva.

2. O empregado ingressa com ação em face de duas empresas (empregador e tomador de serviços, por exemplo), objetivando a condenação do empregador e, subsidiariamente, a condenação do tomador de serviços. O juiz do trabalho julga procedentes os pedidos, condenando o empregador e excluindo da relação processual a tomadora de serviços. Parece-nos que o empregado tem interesse em recorrer, já que foi sucumbente na pretensão de ver a condenação de ambas as empresas, interesse mais que justificável na hipótese de o empregador ter encerrado suas atividades ou se encontrar em local incerto, e onde só o tomador de serviços teria condições de cumprir a obrigação.

3. Em contestação trabalhista a empresa argui a prescrição e, diante do princípio da eventualidade, contesta todos os pedidos, mas o juiz do trabalho rejeita a arguição de prescrição e julga improcedentes os pedidos. Trata-se de hipótese em que a empresa terá interesse em recorrer adesivamente, renovando a arguição de prescrição, se o empregado apresentar seu recurso, não obstante a possibilidade de conhecimento de ofício de referida matéria (art. 219, § 5º, do CPC), cuja aplicação ao processo do trabalho não tem encontrado ressonância na jurisprudência trabalhista.

3.2.6 Fundamentação

Parte da doutrina entende que os recursos trabalhistas não dependem de fundamentação – vale dizer, a fundamentação não é pressuposto para a admissão de recursos na esfera trabalhista, em face do art. 899 da Consolidação das Leis do Trabalho ("Os recursos serão interpostos por simples petição...").

Todavia, trata-se de entendimento que não tem sensibilizado a jurisprudência (o TRT-2ª R., por exemplo), entendendo que a interposição dos recursos dispensa maiores formalidades mas deve conter a fundamentação, requisito indispensável para apreciação do mérito da pretensão recursal. E neste sentido posiciona-se Valentin Carrion, ao mencionar que o dispositivo consolidado assegura a desnecessidade de maiores formalidades, como por exemplo, o "termo de agravo no auto", que era exigido no Código de Processo Civil de 1939, vigente à época em que foi promulgada a Consolidação das Leis do Trabalho.[14]

Ora, se a petição inicial deve conter os elementos mínimos indispensáveis ao exame do mérito – quais sejam, partes, causa de pedir e pedido (elementos lembrados pelo art. 840 do diploma consolidado, de forma menos técnica) – e a defesa não pode ser genérica, nada justifica procedimento diverso por ocasião da interposição do recurso. O juízo *ad quem* e a parte contrária têm o direito de ver delimitado o objeto da pretensão recursal e os fundamentos pelos quais subsiste o inconformismo do recorrente.

Todavia, entendemos que o posicionamento *supra* deve ser mitigado nos casos em que a própria parte esteja se valendo da prerrogativa insculpida no art. 791 da Consolidação das Leis do Trabalho.

3.2.7 Regularidade procedimental

Finalmente, o advogado que subscreve o recurso deve ter procuração nos autos, salvo se estiver presente o mandato tácito, o que vem sendo aceito pela jurisprudência, à luz da Súmula 164 do Tribunal Superior do Trabalho.[15]

14. *Comentários...*, 19ª ed., p. 726.

15. *Súmula 164 do Tribunal Superior do Trabalho*: "O não cumprimento das determinações dos §§ 1º e 2º do art. 5º da Lei n. 8.906, de 4.7.1994, e do art. 37, parágrafo único, do Código de Processo Civil importa o não conhecimento de recurso, por inexistente, exceto na hipótese de mandato tácito". Art. 5º da Lei n. 8.906/1994: "O advogado postula em juízo ou fora dele, fazendo prova do mandato. § 1º. O advo-

Nada obsta, todavia, a que a própria parte subscreva o recurso quando estiver se valendo do *jus postulandi* que lhe outorga o art. 791 consolidado.

Contudo, em recurso extraordinário é obrigatória a atuação de advogado, já que a capacidade postulatória das partes se circunscreve ao âmbito da Justiça do Trabalho – conclusão que se extrai de uma leitura atenta do dispositivo consolidado, já que o Supremo Tribunal Federal não integra a Justiça do Trabalho. E o mesmo se diga da atuação perante o Tribunal Superior do Trabalho, conforme a Súmula 425 deste mesmo Tribunal, de legalidade duvidosa: "O *jus postulandi* das partes, estabelecido no art. 791 da CLT, limita-se às Varas do Trabalho e aos Tribunais Regionais do Trabalho, não alcançando a ação rescisória, a ação cautelar, o mandado de segurança e os recursos de competência do Tribunal Superior do Trabalho".

Admite-se, ainda, na Justiça do Trabalho a interposição do recurso por *fac-símile*, nos termos da Lei 9.800/1999, conforme entendimento cristalizado na Súmula 387 do TST, ficando a parte obrigada a apresentar os originais do recurso no prazo de cinco dias após o término do prazo (art. 2º da Lei 9.800/1999); bem como a interposição por meio de peticionamento eletrônico, que nada mais representa senão um reflexo da sociedade pós-industrial, e um esboço do atual processo judicial eletrônico (PJ-e) que vem ganhando impulso na Justiça do Trabalho em face da Lei 11.419/2006 e da Resolução 94/2012 do Conselho Superior da Justiça do Trabalho.

4. *Juízo de admissibilidade dos recursos*

A ausência de algum dos pressupostos recursais já enumerados no capítulo anterior importa o não recebimento do recurso pelo juízo *a quo* ou o não conhecimento pelo juízo *ad quem*. Isto porque são dois os juízos de admissibilidade dos recursos: o *a quo*, prolator da decisão impugnada, e o *ad quem*, que é o competente para julgar o recurso interposto.

A função do juízo de admissibilidade do órgão prolator da decisão (juízo *a quo*) exaure-se na simples verificação da presença ou não dos pressupostos do recurso, sejam intrínsecos (subjetivos) ou extrínsecos (objetivos), não podendo adentrar o mérito da pretensão.

gado, afirmando urgência, pode atuar sem procuração, obrigando-se a apresentá-la no prazo de 15 (quinze) dias, prorrogável por igual período".

Na hipótese de o juízo *a quo* não admitir o recurso poderá o recorrente interpor agravo de instrumento (art. 897, "b", da CLT).

É certo, ainda, que o recebimento do recurso pelo juízo *a quo* não vincula o juízo *ad quem*, que poderá não conhecer do apelo por entender que se encontra ausente algum requisito indispensável.

5. *As modalidades de recursos trabalhistas*

Neste item objetivamos fazer uma breve digressão sobre cada espécie de recurso previsto na Consolidação das Leis do Trabalho, bem como acerca dos recursos compatíveis com o processo trabalhista e que se encontram disciplinados no direito processual comum e outros indicados nos regimentos internos dos tribunais.

O art. 893 da Consolidação das Leis do Trabalho faz menção aos recursos admissíveis no processo trabalhista, quais sejam: a) recurso ordinário; b) recurso de revista; c) recurso de embargos ao Tribunal Superior do Trabalho; d) agravo (de instrumento e petição – art. 897 da CLT).

Passemos, pois, ao exame de cada modalidade recursal.

5.1 Recurso ordinário

O art. 895 da Consolidação das Leis do Trabalho estabelece que: "Cabe recurso ordinário para a instância superior: I – das decisões definitivas ou terminativas das Varas e juízos, no prazo de 8 (oito) dias; e II – das decisões definitivas ou terminativas dos Tribunais Regionais, em processos de sua competência originária, no prazo de 8 (oito) dias, quer nos dissídios individuais, quer nos dissídios coletivos".

Trata-se de recurso que equivale à apelação do processo civil e tem o condão de devolver ao órgão de segunda instância (TRT ou TST) todas as questões de fato e de direito. Atente-se para o fato de que o Tribunal Superior do Trabalho será o tribunal de segunda instância nas ações de competência originária dos Tribunais Regionais do Trabalho – quais sejam, ações rescisórias, mandados de segurança contra atos dos juízes de 1ª instância e dissídios coletivos.

Considerando a redação do art. 895 da Consolidação das Leis do Trabalho, em face da Lei 11.925/2009, afirmamos que a expressão "decisões definitivas" abarca as decisões que enfrentam o mérito da demanda e "decisões terminativas" são aquelas que põem fim ao processo sem resolver o mérito, a exemplo do que ocorre quando o juiz acolhe a alegação de litispendência, coisa julgada, inépcia da petição inicial etc. Em síntese, a inovação trazida pela Lei 11.925/2009 resgatou a terminologia do Código de Processo Civil de 1939, que aludia a sentenças definitivas e terminativas.

Caberá, igualmente, o recurso ordinário contra a decisão que acolhe a arguição de incompetência em razão da matéria, da pessoa ou funcional, seja porque é terminativa do feito em relação à Justiça do Trabalho (as duas primeiras hipóteses), seja porque é terminativa em relação ao próprio órgão que prolatou a decisão (terceira hipótese). A Súmula 214 do TST também considera terminativa a decisão que acolhe a exceção de incompetência em razão do lugar, com remessa dos autos para Tribunal Regional diverso daquele a que se vincula o juízo excepcionado, e daí a possibilidade do recurso ordinário.

O recurso ordinário, como sói acontecer com a maioria dos recursos trabalhistas, não tem efeito suspensivo.[16] E por este motivo são permitidas a liquidação de sentença e a execução provisória do julgado, mediante extração de carta de sentença – a qual não implicará alienação de bens ou entrega de numerário ao exequente. Vale dizer, a execução provisória irá até a penhora de bens e interposição de embargos, sendo recomendável que se aguarde o trânsito em julgado da sentença da fase de conhecimento antes de julgar estes últimos. Tem se admitido o ajuizamento de ação cautelar inominada em que se objetiva o efeito suspensivo ao recurso no dissídio individual, notadamente quando há determinação para reintegração no emprego, conforme Súmula 414, I, TST: "A antecipação da tutela concedida na sentença não comporta impugnação pela via do mandado de segurança, por ser impugnável mediante recurso próprio. A ação cautelar é o meio próprio para se obter efeito suspensivo a recurso".

No mais, torna-se imperioso mencionar que a parte da sentença que não é objeto de recurso transita em julgado e sua execução é definitiva.

5.1.1 Recurso ordinário *ex officio*

Segundo Valentin Carrion o recurso *ex officio* "é interposto pelo próprio juízo que prolata a sentença e é a exigência do duplo grau de jurisdição, quando forem vencidas, total ou parcialmente, as pessoas jurídicas de direito público que não explorem atividades econômicas",[17] a teor do Decreto-lei 779, de 1969.

16. V. art. 899 da Consolidação das Leis do Trabalho.

17. *Comentários...*, 19ª ed., p. 715.

Contudo, ousamos discordar parcialmente desse posicionamento. Concordamos em que se trata de uma exigência do duplo grau de jurisdição nas hipóteses em que sucumbem totalmente ou parcialmente a União, os Estados, o Distrito Federal, os Municípios, as autarquias e as fundações criadas ou mantidas pelo Poder Público que não explorem atividade econômica, à luz do art. 1º, V, do Decreto-lei 779, de 1969, ressalvadas as hipóteses do art. 475, §§ 2º e 3º, do CPC, a teor da Súmula 303 do TST. Não se cogita, pois, de aplicação às pessoas jurídicas de direito público externo.

Todavia, não se trata, tecnicamente, de recurso. Afinal de contas, o juiz da causa não tem legitimidade para recorrer e não tem interesse em ver sua decisão reformada, limitando-se a remeter os autos à instância superior, para reexame.

É certo que o dispositivo legal alude a "recurso ordinário *ex officio*", fato que não tem o condão de atribuir natureza recursal a um procedimento de ordem funcional atribuído ao órgão judicante, mas, tão somente, nos deixa a certeza de que a remessa obrigatória não é exigível nas hipóteses em que o recurso cabível seja diverso do ordinário.

5.2 *Recurso de revista*

Trata-se de recurso específico do processo trabalhista e que muito se aproxima do recurso especial, previsto na Constituição Federal (art. 105, III) e aplicável no âmbito do processo civil.

O recurso de revista objetiva o reexame de matéria jurídica, e nunca o reexame de fatos, e tem competência funcional para julgá-lo o Tribunal Superior do Trabalho. Objetiva, em última análise, a uniformização da jurisprudência trabalhista.

Assim, observa-se, desde logo, que o recurso de revista apresenta pressupostos de admissibilidade que lhe são peculiares, e que são examinados pelo juízo *a quo*, representado pelo presidente do tribunal que proferiu o acórdão impugnado e pela Turma do Tribunal Superior do Trabalho a quem competir, por distribuição, o julgamento do recurso.

E, a exemplo do que ocorre no recurso ordinário, a decisão do juízo *a quo* não vincula o juízo *ad quem* – tanto que é cabível agravo de instrumento contra a decisão que nega seguimento ao recurso de revista –, e vice-versa, já que o ministro relator no Tribunal Superior do Trabalho poderá não conhecer do recurso, por entender que se encontra ausente algum pressuposto de admissibilidade, a despeito do regular processamento pelo presidente do Tribunal Regional do Trabalho.

As hipóteses de cabimento desta modalidade recursal encontram-se estampadas no art. 896 da Consolidação das Leis do Trabalho, com as modificações introduzidas pela Lei 9.756, de 17.12.1998 (publicada em 18.12.1998), e acréscimo da Lei 9.957, de 2000 (publicada em 13.1.2000).

Em síntese, trata-se de recurso cabível para Turmas do Tribunal Superior do Trabalho, contra as decisões proferidas em grau de recurso ordinário, quando se verificar divergência jurisprudencial entre a decisão recorrida e alguma decisão proferida por outro Tribunal Regional, Seção Especializada em Dissídios Individuais ou Súmula do TST, quanto à interpretação da lei federal, bem como de lei estadual, convenção coletiva, acordo coletivo, sentença normativa ou regulamento de empresa com observância obrigatória em área territorial que exceda a jurisdição do Tribunal Regional prolator da decisão e, finalmente, quando se tratar de decisão proferida com violação literal de dispositivo da lei federal ou afronta direta à Constituição da República. Nas demandas sujeitas ao rito sumariíssimo, o recurso de revista será cabível, tão somente, quando houver contrariedade à Súmula do TST ou violação direta da Constituição (art. 896, § 6º, CLT).

Contudo, encontram-se acirradas as discussões em torno do cabimento do recurso em comento, tendo em vista o teor da Medida Provisória 2.226, de 4.9.2001, que acrescenta o art. 896-A ao diploma consolidado, com a seguinte dicção: "O Tribunal Superior do Trabalho, no recurso de revista, examinará previamente se a causa oferece transcendência com relação aos reflexos gerais de natureza econômica, política, social ou jurídica".

Trata-se de dispositivo, acrescido à Consolidação das Leis do Trabalho, merecedor de várias críticas, tendo em vista a imposição de mais um requisito de admissibilidade para o recurso de revista, e que se sujeita a uma "regulamentação" a cargo do próprio Tribunal Superior do Trabalho – algo que nos parece despropositado, mormente em face do caráter de subjetividade no qual se encerra a expressão "transcendência".

A aplicação do disposto no art. 896-A da Consolidação das Leis do Trabalho depende da mencionada regulamentação do Tribunal Superior do Trabalho, reclamada pelo próprio art. 2º da Medida Provisória 2.226, e que até a presente data não ocorreu.

Por outro lado, o recurso de revista não se destina a correção de injustiças ou reapreciação das provas. Tem por escopo a uniformização da jurisprudência e assegurar a supremacia da norma federal violada.

As alíneas "a" e "b" do art. 896 do diploma consolidado deixam nítida a intenção do legislador de propiciar a uniformização de jurisprudência por meio do recurso de revista. Contudo, neste particular concordamos com o Min. Carlos Veloso no sentido de que o recurso de revista deveria se prestar à impugnação de decisões contrárias à lei ou à Constituição Federal.[18] Afinal de contas, não se justifica a pretensão de uniformização de jurisprudência num país de dimensões continentais, como é o caso do Brasil, e onde os aspectos econômicos e culturais variam de região para região.

Observamos que não caberá o recurso de revista se a decisão impugnada estiver em consonância com súmulas de jurisprudência do Tribunal Superior do Trabalho, carecendo de relevância, nesta hipótese, a existência de divergência entre Tribunais Regionais (art. 896, § 5º, da CLT).

Torna-se ainda oportuno mencionar que a divergência entre Turmas do próprio Tribunal Regional do Trabalho prolator do acórdão deixou de ensejar o recurso de revista, à luz da Lei 9.756, de 1998.

A alínea "c", por sua vez, faz menção às decisões proferidas com violação a dispositivo de lei federal ou da própria Constituição. Todavia, já se tornou assente jurisprudencialmente que a interpretação razoável da norma não justifica o recurso. Vale dizer, a violação de lei federal ou da Constituição, justificadora do recurso de revista, deve ser contra a literalidade do texto[19] – aspecto que deixou de apresentar dúvidas com o advento da Lei 9.756, de 1998, já que produziu pequenas alterações no aspecto gramatical do referido dispositivo, reforçando a ideia de que *literal* deve ser a violação ou afronta ao dispositivo legal ou constitucional.[20]

A prova da divergência jurisprudencial deve ser feita pelo recorrente, com estrita observância da Súmula 337 do Tribunal Superior do Trabalho.[21]

18. "O que reformar no Judiciário?", *Folha de S.Paulo* 8.11.1999, Caderno 1, p. 3.

19. *Súmula 221 do Tribunal Superior do Trabalho*: "I – A admissibilidade do recurso de revista e de embargos por violação tem como pressuposto a indicação expressa do dispositivo de lei ou da Constituição tido como violado. II – Interpretação razoável de preceito de lei, ainda que não seja a melhor, não dá ensejo à admissibilidade ou ao conhecimento de recurso de revista ou de embargos com base, respectivamente, na alínea 'c' do art. 896 e na alínea 'b' do art. 894 da CLT. A violação há de estar ligada à literalidade do preceito".

20. O texto anterior era o seguinte: "c) proferidas com violação *de literal dispositivo de lei federal, ou da Constituição da República*".

21. *Súmula 337 do Tribunal Superior do Trabalho*: "I – Para comprovação da divergência justificadora do recurso, é necessário que o recorrente: a) junte certidão ou

Também se traduz em pressuposto de admissibilidade do recurso de revista o prequestionamento dos fundamentos ensejadores de sua interposição, considerando-se prequestionada a matéria aventada no julgado e rejeitada. Na hipótese de não se encontrar prequestionada a matéria a parte interessada deverá ofertar embargos declaratórios, sob pena de preclusão.[22]

Em princípio, não cabe recurso de revista das decisões proferidas em execução de sentença, a menos que haja violação direta e literal da Constituição Federal, inclusive nos embargos de terceiro (art. 896, § 2º, da CLT).

Finalmente, lembramos que, diante das alterações introduzidas pela Lei 9.756, de 1998, o recurso de revista jamais terá efeito suspensivo. Vale dizer, terá efeito meramente devolutivo, estando revogada tacitamente a alteração que havia sido introduzida pela Lei 7.701, de 1988, e que determinava à autoridade recorrida a declaração do efeito em que recebia o recurso.

5.3 *Recurso de embargos*

Trata-se de recurso cabível contra decisão não unânime, em dissídio coletivo que exceda a competência territorial dos TRTs, que estender

cópia autenticada do acórdão-paradigma ou cite a fonte oficial ou repositório autorizado em que foi publicado; e b) transcreva, nas razões recursais, as ementas e/ou trechos dos acórdãos trazidos à configuração do dissídio, demonstrando o conflito de teses que justifique o conhecimento do recurso, ainda que os acórdãos já se encontrem nos autos ou venham a ser juntados com o recurso. II – A concessão de registro de publicação como repositório autorizado de jurisprudência do TST torna válidas as suas edições anteriores. III – A mera indicação da data de publicação, em fonte oficial, de aresto-paradigma é inválida para comprovação de divergência jurisprudencial, nos termos do item I, 'a', desta Súmula, quando a parte pretende demonstrar o conflito de teses mediante a transcrição de trechos que integram a fundamentação do acórdão divergente, uma vez que só se publicam o dispositivo e a ementa dos acórdãos. IV – É válida para a comprovação da divergência jurisprudencial justificadora do recurso a indicação de aresto extraído de repositório oficial na Internet, sendo necessário que o recorrente transcreva o trecho divergente e aponte o sítio de onde foi extraído, com a devida indicação do endereço do respectivo conteúdo da rede (URL – *Universal Resource Locator*)".

22. *Súmula 297 do Tribunal Superior do Trabalho*: "1. Diz-se prequestionada a matéria ou questão quando na decisão impugnada haja sido adotada, explicitamente, tese a respeito. 2. Incumbe à parte interessada, desde que a matéria haja sido invocada no recurso principal, opor embargos declaratórios objetivando o pronunciamento sobre o tema, sob pena de preclusão. 3. Considera-se prequestionada a questão jurídica invocada no recurso principal sobre a qual se omite o Tribunal de pronunciar tese, não obstante opostos embargos de declaração".

ou rever sentenças normativa do TST nos casos previstos em lei (art. 894, I, "a", da CLT), e também das decisões proferidas no julgamento do recurso de revista em que haja divergência entre Turmas do próprio TST ou divergência entre Turmas do TST e a Seção de Dissídios Individuais, salvo se a decisão recorrida estiver em consonância com súmula ou orientação jurisprudencial do Tribunal Superior do Trabalho ou do Supremo Tribunal Federal (art. 894, II, da CLT).

O recurso de embargos é julgado pela Seção Especializada em Dissídios Individuais ou pela Seção Especializada em Dissídios Coletivos do Tribunal Superior do Trabalho, em que pese aos termos do art. 894 do diploma consolidado (*caput*), tendo em vista o disposto nos arts. 2º, II, e 3º, III, ambos da Lei 7.701, de 1988.

A doutrina classifica a hipótese do art. 894, I, "a", da CLT como embargos infringentes, enquanto aquela do art. 894, II, da CLT é tratada como embargos de divergência. A redação anterior do art. 894 da CLT consagrava a possibilidade dos embargos de nulidade quando a decisão de turma do TST fosse contrária à literalidade da lei federal (e, por interpretação extensiva, da própria Constituição da República), hipótese que deixou de existir com a nova redação da Lei 11.496, de 25.6.2007.

Assim, quando houver violação da Constituição da República na decisão proferida no recurso de revista, poderá ser interposto o recurso extraordinário para o Supremo Tribunal Federal, simultaneamente com o recurso de embargos na parte da decisão em que houver, por exemplo, a divergência jurisprudencial prevista no art. 894, II, da CLT, o que se traduz em exceção ao princípio da unirrecorribilidade.

O Tribunal Superior do Trabalho não admitia o recurso de embargos contra acórdãos proferidos em agravo de instrumento (Súmula 335), a menos que a controvérsia estivesse relacionada com os pressupostos extrínsecos do próprio agravo – ressalva que inexistia na redação da antiga Súmula 183; e o mesmo se diga dos acórdãos proferidos em agravo regimental (Súmula 195). Contudo, referidas Súmulas foram canceladas pela Resolução 121, de 28.10.2003.

O cancelamento das Súmulas 195 e 335 revelou decisão acertada do Tribunal Superior do Trabalho, pois sempre pareceu-nos equivocada a negação do recurso de embargos contra acórdãos proferidos em agravos de instrumento e regimental, eis que o próprio art. 894 da CLT não fazia qualquer distinção no particular.

5.4 Agravo de instrumento

No processo do trabalho o agravo de instrumento só se presta à impugnação de decisão que nega seguimento a outros recursos.[23] Ao contrário, pois, do processo comum, não se presta à impugnação de decisões interlocutórias.

Aliás, não se admite, sequer, o agravo retido, fato que deu azo à criatividade daqueles que militam na Justiça do Trabalho e que já conta com o beneplácito da jurisprudência. Trata-se da consignação de "protestos" em audiência ou logo após a ciência de um ato judicial que possa causar gravame à parte, o qual no processo comum seria agravável, tudo para se evitar a preclusão, haja vista o disposto no art. 795 da Consolidação das Leis do Trabalho.

Com o advento da Lei 9.756, de 1998, tornou-se desnecessária a aplicação subsidiária da legislação processual comum no que respeita às peças que deveriam formar o instrumento. Atualmente a disciplina encontra-se nos §§ 5º, 6º e 7º do art. 897 da Consolidação das Leis do Trabalho, todos acrescidos pela lei indicada.

Com efeito, o instrumento do agravo deverá conter todas as peças indicadas no inciso I do § 5º do art. 897 do diploma consolidado (peças obrigatórias) e ainda peças que os litigantes reputem necessárias ao deslinde da matéria de mérito controvertida (inciso II e § 6º),[24] já que o provimento do agravo de instrumento implicará o imediato julgamento do recurso cujo seguimento foi denegado pelo juízo *a quo* (§ 7º do art. 897).

Em que pese ao silêncio do legislador, entendemos que a juntada de documentos pelo agravado, à guisa de instrução para julgamento de ambos os recursos, deve acarretar a oportunidade de manifestação do agravante antes da remessa dos autos ao tribunal competente, já que

23. O art. 897, "b", possui redação pouco técnica ("... dos despachos que denegarem a interposição de recursos"), vez que não se trata de despacho, e sim de verdadeira decisão – se fosse despacho não seria recorrível –, e não denega a interposição de recursos. Afinal de contas, o que o juiz denega é o processamento do recurso, recurso que já se encontra interposto.

24. Entendemos que os comandos dos incisos I e II do § 5º do art. 897 se destinam ao agravante, já que a inobservância de juntada das peças obrigatórias acarretará o não conhecimento do agravo de instrumento (inciso I) e o disposto no inciso II se destina expressamente ao agravante. O agravado, por sua vez, terá a oportunidade de juntar as peças que entender cabíveis (trata-se de uma faculdade, portanto) após a intimação para ofertar contrarrazões ao agravo de instrumento e recurso principal (§ 6º do art. 897 da CLT).

sua inobservância importaria flagrante violação do princípio do contraditório. E não se diga que as peças ofertadas pelo agravado já seriam de conhecimento do agravante, vez que acostadas aos autos principais, já que a oportunidade de vista ao agravante se prestará, exatamente, a que se certifique de que peças processuais não foram adulteradas nem forjadas e que as fotocópias ofertadas pelo agravado foram extraídas daquelas constantes dos autos principais.

Quanto ao procedimento no agravo de instrumento, o Tribunal Superior do Trabalho editou a Instrução Normativa 16, de 26.8.1999, objetivando uniformizar a "interpretação da Lei n. 9.756, de 17 de dezembro de 1998", determinando o processamento sempre em autos apartados, ficando inviabilizado o processamento nos autos principais, mesmo quando os pedidos forem julgados improcedentes, eis que os §§ 1º e 2º da referida instrução foram revogados pelo Ato GDGCJ 162/2003.

Finalmente, digna de nota é a inovação do § 7º do art. 899 da Consolidação das Leis do Trabalho, acrescentado pela Lei 12.275, de 29.6.2010, que passou a exigir o depósito recursal no agravo de instrumento quando houver idêntica exigência no recurso principal que se pretende destrancar. Nesta situação, o valor do depósito corresponderá a 50% do valor correspondente ao depósito do recurso trancado.

5.5 Agravo de petição

Nos termos do art. 897, "a", da Consolidação das Leis do Trabalho, cabe agravo de petição contra as decisões do juiz ou presidente nas execuções.

No entanto, é importante registrar que não cabe o referido recurso contra as decisões exaradas em liquidação de sentença – uma fase preparatória da execução – quando se trata de sentença condenatória ilíquida.[25]

No mais, a exemplo do recurso de revista, o agravo de petição apresenta um pressuposto de admissibilidade específico e que deve ser observado, sob pena de não processamento do recurso. Trata-se do disposto no art. 897, § 1º, da Consolidação das Leis do Trabalho ("O agravo de petição só será recebido quando o agravante delimitar, justificadamente, as matérias e valores impugnados, permitida a execução

25. Nem mesmo é cabível recurso contra a sentença de liquidação, decisão interlocutória que não se encontra em fase de execução.

imediata da parte remanescente até o final, nos próprios autos ou por carta de sentença").

Com efeito, o § 1º do art. 897 da Consolidação das Leis do Trabalho foi acrescentado pela Lei 8.432, de 11.6.1992, e se trata de um dispositivo legal salutar, que objetiva coibir os recursos meramente protelatórios.

5.6 Recursos previstos na legislação processual civil e aplicáveis ao processo do trabalho

Diante da aplicação subsidiária do processo civil (art. 769 da CLT), são admitidos no processo do trabalho o *recurso extraordinário* (art. 102, III, da CF, c/c o art. 541 do CPC) e o *recurso adesivo* (art. 500 do CPC).

5.6.1 Recurso extraordinário

O recurso extraordinário está reservado às hipóteses de contrariedade à Constituição Federal bem como aos casos em que se nega vigência a tratado ou lei federal em face de reconhecimento de sua inconstitucionalidade, haja vista o controle difuso da constitucionalidade das normas.

O cabimento do recurso extraordinário em ação trabalhista justifica-se na medida em que os juízos do trabalho também são passíveis de má interpretação da Constituição Federal e de *error in judicando* no exercício do controle difuso da constitucionalidade, e o art. 102, III, da Constituição Federal[26] não excepciona as demandas oriundas da Justiça do Trabalho.

Assim, mesmo na hipótese de decisões em princípio irrecorríveis, a exemplo das sentenças proferidas em demandas cujo valor não supera dois salários-mínimos, será possível a interposição do recurso extraordinário, diretamente ao Supremo Tribunal Federal (art. 102, III, CF e Súmula 640 do STF), não se justificando nosso entendimento manifestado em edições anteriores, que estava fundado na CF/1967.[27] A propó-

26. "Art. 102. Compete ao Supremo Tribunal Federal, precipuamente, a guarda da Constituição, cabendo-lhe: (...); III – julgar, mediante recurso extraordinário, as causas decididas em única ou última instância, quando a decisão recorrida: a) contrariar dispositivo desta Constituição; b) declarar a inconstitucionalidade de tratado ou lei federal; c) julgar válida lei ou ato de governo local contestado em face desta Constituição."

27. Neste mesmo sentido, Vicente Greco Filho: "O art. 102, III, da Constituição não mais exige que a decisão recorrida, para fins de recurso extraordinário,

sito, a própria Lei 5.584, de 1970, estabelece que a regra da irrecorribilidade das causas cujo valor não excede dois salários-mínimos não se aplica quando existe matéria constitucional (art. 2º, § 4º).

5.6.2 Recurso adesivo

Por último, registramos o cabimento do recurso adesivo no processo trabalhista, por força do art. 769 da Consolidação das Leis do Trabalho, entendimento já cristalizado na Súmula 196 do Tribunal Superior do Trabalho,[28] segundo a qual cabe esta modalidade recursal no recurso ordinário, no recurso de revista, nos embargos para o Pleno e no agravo de petição, sempre no prazo de oito dias, superado pela Súmula 283 da mesma Corte Trabalhista.[29]

Quanto aos pressupostos de admissibilidade do recurso adesivo, temos a acrescentar a sucumbência parcial e existência de um recurso principal, ao qual estará sempre subordinado. Vale dizer, a desistência ou o não conhecimento do recurso principal implicam o não conhecimento do recurso adesivo, à luz do art. 500, III, do Código de Processo Civil. Igualmente, não será conhecido o recurso adesivo se o pretenso recorrente tiver sido totalmente vencedor na ação, e o mesmo raciocínio se aplica na hipótese de ter sido totalmente vencido.

Questão intrigante, e que vem desafiando pronunciamentos da jurisprudência, é aquela que diz respeito à matéria que pode ser ventilada em recurso adesivo, e que passamos a examinar.

A dúvida reside, basicamente, na aplicação desta modalidade recursal no processo trabalhista tendo em vista a pluralidade de pedidos numa única demanda. No processo civil, ao contrário, o próprio art. 500 do Código de Processo Civil estabelece que "(...) ao recurso interposto

tenha sido proferida por tribunal. Basta que tenha sido a única ou última instância, de modo que caberá o recurso no caso dos embargos infringentes da Lei n. 6.830, de 1980, bem como nas decisões irrecorríveis da Justiça do Trabalho, se presente um dos permissivos constitucionais" (*Direito Processual Civil Brasileiro*, 5ª ed., v. II, p. 327).

28. *Súmula 196 do Tribunal Superior do Trabalho*: "O recurso adesivo é compatível com o processo do trabalho, onde cabe, no prazo de 8 (oito) dias, no recurso ordinário, na revista, nos embargos para o Pleno e no agravo de petição".

29. *Súmula 283 do Tribunal Superior do Trabalho*: "O recurso adesivo é compatível com o processo do trabalho, onde cabe, no prazo de 8 (oito) dias, nas hipóteses de interposição de recurso ordinário, de agravo de petição, de revista e de embargos, sendo desnecessário que a matéria nele veiculada esteja relacionada com a do recurso interposto pela parte contrária".

por qualquer deles poderá aderir a outra parte. O recurso adesivo fica subordinado ao recurso principal e se rege pelas disposições seguintes: (...)".

Ora, diante dos termos em que o recurso está consagrado na lei processual civil, torna-se imperioso concluir que não se trata propriamente de recurso adesivo, e sim de um recurso dependente ou subordinado ao recurso principal. E, obviamente, jamais poderia ventilar pretensões que não foram objeto de discussão no recurso principal, sob pena de afronta à *res judicata* verificada por ocasião da não interposição do recurso principal pela parte que pretende se valer do adesivo.

Concluímos, pois, que a pretensão em recurso adesivo deve ser conexa com aquela do recurso principal, sob pena de se vislumbrar no recurso adesivo um sucedâneo da ação rescisória, único remédio capaz de desconstituir a coisa julgada. No entanto, é importante lembrar que este não é o entendimento do Tribunal Superior do Trabalho, haja vista a Súmula 283, já transcrita em nota de rodapé.

5.7 Embargos de declaração

Entendemos que no âmbito do processo civil revela-se praticamente inquestionável a natureza recursal dos embargos de declaração, tendo em vista a alteração da redação do art. 496 do Código de Processo Civil, por força da Lei 8.038, de 1990, que são cabíveis nas hipóteses do art. 535 do diploma processual civil, vale dizer, quando houver contradição, obscuridade ou omissão na sentença ou acórdão, sempre no prazo de cinco dias após a intimação da decisão (art. 536 do CPC).

Contudo, o processo trabalhista conta com o disposto no art. 897-A da Consolidação das Leis do Trabalho, dispositivo introduzido pela Lei 9.957, de 2000, que assim está redigido: "Caberão embargos de declaração da sentença ou acórdão, no prazo de 5 (cinco) dias, devendo seu julgamento ocorrer na primeira audiência ou sessão subsequente à sua apresentação, registrado na certidão, admitido efeito modificativo da decisão nos casos de omissão e contradição no julgado e manifesto equívoco no exame dos pressupostos extrínsecos do recurso".

Trata-se de dispositivo legal aplicável a todo o processo trabalhista, não se destinando, como se poderia imaginar à primeira vista, exclusivamente ao rito sumariíssimo.

Observa-se, pois, que a Consolidação das Leis do Trabalho não atribui aos embargos de declaração a natureza recursal, eis que não se confundem com os embargos indicados no seu art. 893, I, e, além disso, destoam do prazo destinado a todos os recursos trabalhistas. Contudo, não se olvida a omissão da Consolidação das Leis do Trabalho quanto aos efeitos da interposição, e daí a afirmação de que os embargos de declaração interrompem o prazo para interposição de outros recursos – vale dizer, após a intimação da decisão dos embargos as partes têm a devolução integral do prazo para outros recursos (recurso ordinário ou de revista, por exemplo), e não apenas o prazo que remanesce entre a data de intimação da decisão embargada e aquele utilizado para oferta de embargos, o que se dá em manifesto prejuízo da celeridade processual.

Finalmente, assinalamos que, a exemplo do que ocorre no processo civil, os embargos de declaração no processo trabalhista não têm caráter modificativo, mas não se ignora que no ato de supressão da omissão ou contradição poderá surgir o efeito modificativo, aspecto lembrado no art. 897-A da Consolidação das Leis do Trabalho, não obstante sempre tivesse existido na realidade prática. Verificando a possibilidade de se atribuir efeito modificativo aos embargos de declaração, o desembargador relator deve dar vista à parte contrária, conforme Orientação Jurisprudencial 142 da SDI-1 (TST): "I – É passível de nulidade decisão que acolhe embargos de declaração com efeito modificativo sem que seja concedida oportunidade de manifestação prévia à parte contrária. II – Em decorrência do efeito devolutivo amplo conferido ao recurso ordinário, o item I não se aplica às hipóteses em que não se concede vista à parte contrária para se manifestar sobre os embargos de declaração opostos contra sentença".

6. Considerações finais

O processo do trabalho sempre se pautou por princípios que lhe são peculiares, objetivando a maior celeridade, tendo em vista o direito material que visa a tutelar. E daí o fato de que inspirou algumas transformações no processo comum (a conciliação, por exemplo) e também inspirou o advento dos Juizados Especiais de Pequenas Causas, conforme a Lei 7.244, de 1984, revogada pela Lei 9.099, de 1995, a qual também veio disciplinar os Juizados Especiais Criminais.

Assim, não podemos deixar de reconhecer que o processo civil evoluiu, e a criação dos Juizados Especiais foi um grande marco.

Observamos, pois, que já é chegado o momento da edição de um *Código de Processo do Trabalho*, que possa resgatar todos os princípios que sempre nortearam o processo trabalhista, que disponha de um sistema recursal eficiente e que dificulte a marcha daqueles que vislumbram na relação jurídica processual um meio hábil ao retardamento do cumprimento das obrigações que decorrem das relações de trabalho.

XX
A LIQUIDAÇÃO DE SENTENÇA

1. Conceito e natureza jurídica. 2. Modalidades de liquidação de sentença: 2.1 Liquidação por cálculos – 2.2 Liquidação por artigos – 2.3 Liquidação por arbitramento – 2.4 Liquidação mista. 3. A sentença de liquidação.

1. *Conceito e natureza jurídica*

A sentença ilíquida requer prévia liquidação "antes dos atos de constrangimento patrimonial do devedor".[1] Contudo, devemos observar que são consideradas sentenças ilíquidas aquelas que não prefixam o valor da condenação ou não estabelecem o objeto da obrigação de fazer ou não fazer, a cargo do réu.[2]

Iêdo Batista Neves afirma que a liquidação de sentença "é o processo pelo qual se torna líquido o objeto ilíquido do pedido de condenação".[3] Trata-se de definição que nos parece equivocada, na medida em que a liquidação de sentença não objetiva a solução da lide, não obstante estejamos de acordo em que se realiza por meio de um conjunto de atos coordenados.

Em verdade, a liquidação objetiva a integração da sentença condenatória, e jamais poderá inová-la ou modificá-la; e também não poderá ser promovida, em sede de liquidação, discussão de matéria relativa ao processo de conhecimento (art. 879, § 1º, da CLT).

1. Amauri Mascaro Nascimento, *Curso de Direito Processual do Trabalho*, 18ª ed., p. 531.

2. Cf. Amaro Barreto, *Execução Cível e Trabalhista*, p. 52.

3. *O Processo Civil na Doutrina e na Prática dos Tribunais*, 8ª ed., v. V, p. 185.

Todavia, é certo que no Código de Processo Civil de 1939 a liquidação de sentença possuía o *status* de processo incidente dentro do processo de execução,[4] situação que não persiste na atual legislação processual, mas continua provocando alguma confusão.

Sergio Pinto Martins, ao tratar do tema, afirma que "a liquidação de sentença é uma fase de execução, que irá preparar a execução, quantificando o valor devido ao empregado, pois o que é devido já foi estabelecido na sentença, (...)".[5] Referida definição tem o mérito de reconhecer que o objeto da liquidação não é a sentença, e sim a obrigação nela contida, mas se revela contraditória (afirma que se trata de uma fase de execução e que irá preparar a execução) e incorre no equívoco de não admitir que é possível a liquidação de valores devidos ao empregador pelo empregado nas hipóteses em que este último sofre a condenação.

Ora, a sentença condenatória estabelece a obrigação, mas seu cumprimento (espontâneo ou na fase de execução) pressupõe a liquidação prévia. E, segundo o art. 1.533 do Código Civil revogado, "considera-se líquida a obrigação certa, quanto à sua existência, e determinada, quanto ao seu objeto", dispositivo não repetido no Código Civil de 2002.

Manoel Antônio Teixeira Filho, examinando com percuciência a questão, propôs a seguinte definição para a liquidação de sentença: "a) a fase preparatória da execução; b) em que um ou mais atos são praticados; c) por uma ou por ambas as partes; d) com a finalidade de determinar o valor da condenação; e) ou de individuar o seu objeto; f) mediante a utilização, quando necessária, dos meios de prova admitidos em lei".[6]

Trata-se de definição que bem elucida a questão. Não se questiona que a liquidação de sentença traduz uma fase ou procedimento preparatório da execução, mais se aproximando de um pressuposto objetivo da fase de execução nas situações em que se faz necessária. E, neste particular, é oportuno lembrar que a liquidez da obrigação indicada no título executivo judicial decorre do art. 586 do Código de Processo Civil, segundo o qual a execução pressupõe título líquido, certo e exigível, sob pena de nulidade (art. 618, I, do CPC).

Em síntese, a liquidação de sentença não se constitui num processo incidente da execução, nem é processo preparatório. Trata-se, na verdade, de um procedimento preparatório da execução e que, a exemplo

4. Cf.: Iêdo Batista Neves, *O Processo...*, 8ª ed., v. V, p. 185; Manoel Antônio Teixeira Filho, *Liquidação da Sentença no Processo do Trabalho*, 3ª ed., p. 169.

5. *Direito Processual do Trabalho*, 10ª ed., p. 520.

6. *Liquidação...*, 3ª ed., p. 168.

do processo, se externa sob a forma de atos coordenados praticados pelas partes, por terceiros e também pelo juiz objetivando estabelecer o *quantum debeatur* (quanto é devido).

Ainda, à guisa de considerações iniciais, não podemos olvidar que a liquidação de sentença abrange o cálculo das contribuições previdenciárias devidas, tendo em vista o disposto no art. 879, § 1º-A, da Consolidação das Leis do Trabalho, acrescentado pela Lei 10.035, de 25.10.2000. Vale dizer, a liquidação de sentença no processo do trabalho também se presta ao aparelhamento de uma execução fiscal que se faz concomitantemente à execução do crédito trabalhista.

2. *Modalidades de liquidação de sentença*

A sentença ilíquida torna-se exequível após a liquidação. Sem este procedimento prévio as partes não têm condições de saber o alcance da *res judicata*; vale dizer, o devedor não sabe quanto deve e o credor não sabe quanto lhe é devido.

Como já afirmamos no tópico anterior, a ausência da liquidação de sentença, quando necessária, importa a inexigibilidade do título judicial, e daí a nulidade da execução (art. 618, I, do CPC).

O art. 879 da Consolidação das Leis do Trabalho estabelece três modalidades de liquidação de sentença: a) por cálculo; b) por artigos; c) por arbitramento.[7] Contudo, o diploma consolidado não se ocupa das situações em que será utilizada uma e outra modalidade, e daí a necessidade da aplicação subsidiária da legislação processual civil, a teor do art. 769 do diploma consolidado.

2.1 Liquidação por cálculos

A liquidação opera-se por cálculos quando todos os elementos necessários se encontrarem nos autos e a quantificação depender de simples cálculos aritméticos.[8]

De acordo com a sistemática da Consolidação das Leis do Trabalho, o cálculo da liquidação deverá ser apresentado previamente pelas

7. Amauri Mascaro Nascimento entende que a Lei 8.432, de 11.6.1992, ao acrescentar o § 2º ao art. 879 da Consolidação das Leis do Trabalho, revogou tacitamente a disposição consolidada acerca da possibilidade de liquidação por arbitramento e artigos (*Curso*..., 18ª ed., p. 531).

8. Amaro Barreto, *Execução*..., p. 53.

partes (art. 879, § 1º-B, da CLT) ou por órgão auxiliar do juízo (setor de cálculos) – afirmação que se infere do disposto no art. 879, § 3º.

Apresentados os cálculos por uma das partes, o juiz *poderá* abrir vistas à parte contrária, pelo prazo de 10 dias, para impugnação fundamentada, com os itens e valores que são objeto de discordância, sob pena de preclusão. É a dicção do art. 879, § 2º, da Consolidação das Leis do Trabalho. Mas a União deverá ser necessariamente intimada para manifestação em 10 dias, sob pena de preclusão (art. 879, § 3º, da CLT).

Após a impugnação dos cálculos o juiz proferirá a sentença de liquidação se tiver condições de fazê-lo, determinará a realização de novos cálculos pela parte interessada ou até mesmo nomeará "perito" para realização dos cálculos, possibilidade que, atualmente, se encontra expressamente indicada no § 6º do art. 879 da CLT, acrescentado pela Lei 12.405, de 16.5.2011, que faculta ao juiz a possibilidade de nomear perito para a elaboração dos cálculos de liquidação complexos, com direito à fixação de honorários em favor do profissional, segundo critérios de razoabilidade e proporcionalidade – possibilidade que sempre existiu, sem maiores controvérsias, por interpretação do disposto no art. 879, §§ 2º e 3º, da CLT.

E se a controvérsia residir em critérios de cálculo e atualização monetária é de todo aconselhável que o juiz estabeleça os parâmetros a serem observados, a fim de que as partes não fiquem se digladiando desnecessariamente.

Em síntese, o juiz irá proferir a sentença de liquidação quando estiver suficientemente esclarecido e convencido do acerto dos cálculos de uma das partes ou dos cálculos ofertados pelo terceiro nomeado.

Observe-se que o prazo de 10 dias para manifestação da parte contrária ou de ambas as partes (nesta hipótese, quando o cálculo é feito por terceiro) é mera faculdade judicial. O juiz poderá homologar os cálculos tão logo haja expirado o prazo para manifestação da União, remanescendo o direito às impugnações após a garantia do juízo, por ocasião da execução.

2.2 Liquidação por artigos

A liquidação de sentença será realizada por artigos quando houver necessidade de alegar e provar fato novo (art. 475-E do CPC) para fixação do *quantum debeatur*. E a prova do fato novo poderá ser feita com a juntada de documentos, por meio de perícia e até mesmo com a oitiva de testemunhas.

A título exemplificativo, podemos afirmar que enseja liquidação por artigos a sentença condenatória no pagamento de horas extras quando não existem elementos suficientes nos autos para se apurar a quantidade de horas extras laboradas ou quando o juiz do trabalho determina a integração das comissões pagas "por fora" dos recibos de pagamento nos demais consectários legais, mas não fixa a média de referidas comissões.

Registre-se, no entanto, que a decisão que julga não provados os artigos de liquidação não comporta recurso, eis que interlocutória, e desafia a apresentação de novos artigos.

2.3 *Liquidação por arbitramento*

Nos termos do art. 475-C do Código de Processo Civil, a liquidação por arbitramento terá lugar quando: a) for determinada pela sentença ou convencionado pelas partes; b) o exigir a natureza do objeto da liquidação.

Raramente vamos encontrar sentença que determine a liquidação por arbitramento. E, ainda que o faça, a doutrina é praticamente unânime em afirmar que referida determinação não transita em julgado. Vale dizer, nada obsta a que o juízo da execução possa reconsiderar e determinar que a liquidação se faça por cálculos ou por artigos, se houver possibilidade.

Sérgio Pinto Martins afirma que a convenção das partes para liquidação por arbitramento pode ser tolhida pelo juiz, o qual poderá determinar que a liquidação se faça por cálculos, se esta for mais viável.[9] E com esta observação estamos de pleno acordo, mormente quando se verificar economia processual.

Amaro Barreto define o arbitramento "como estimação pericial do valor da quantia, ou do fato, objeto da condenação".[10]

Assim, trata-se de modalidade de liquidação de sentença que não se confunde com arbitragem, nem com arbitrariedade. O arbitramento é realizado por perito nomeado pelo juiz, com base em critérios estabelecidos pelo próprio magistrado.

9. *Direito...*, 10ª ed., p. 523.

10. *Execução...*, p. 54.

Em resumo, a liquidação por arbitramento se fará quando não existirem nos autos os elementos necessários à liquidação por cálculos e não houver necessidade de provar fato novo, estando nos autos do processo elementos que possibilitam a avaliação pericial da condenação.[11] Entendemos, ainda, que o arbitramento poderá ser determinado pelo juiz quando não for possível a liquidação por cálculos ou artigos.

2.4 *Liquidação mista*

A sentença condenatória pode conter uma parte líquida e outra ilíquida. E nesta hipótese é possível a execução imediata da primeira e a liquidação da segunda.

Em tese, também é possível a liquidação de uma parte da sentença por cálculos (todos os elementos necessários se encontram nos autos) e outra parte por artigos ou arbitramento, inexistindo vedação legal quanto a esse procedimento.[12]

3. A sentença de liquidação

O objetivo da liquidação reside na prolação de uma *sentença* de liquidação, decisão que tem natureza declaratória e integra a sentença condenatória do processo de conhecimento.

Não obstante a denominação, é certo que não tem natureza jurídica de sentença. Trata-se de verdadeira decisão interlocutória, a qual não desafia, imediatamente, qualquer recurso trabalhista. A impugnação da sentença de liquidação poderá ser feita pelo devedor nos embargos à execução ou pelo credor, ambos no prazo de cinco dias após a garantia do juízo.

De qualquer sorte, não podemos deixar de reconhecer que a sentença de liquidação comporta embargos de declaração nos casos de omissão, contradição e obscuridade. Contudo, é oportuno assinalar que raramente as partes são intimadas da sentença de liquidação antes do início da execução, e nesta hipótese não se pode supor que os embargos de declaração se prestem a interromper o prazo para apresentação da impugnação à sentença de liquidação ou da apresentação de embargos à execução, já que estes dois remédios processuais não têm natureza recursal.

11. Cf. Amaro Barreto, *Execução...*, p. 54.

12. Cf. Manoel Antônio Teixeira Filho, *Liquidação...*, 3ª ed., pp. 176-177.

Há controvérsia acerca da possibilidade de correção dos erros de cálculo na sentença de liquidação, ou mesmo da possibilidade de impugnação dos cálculos nos embargos quando há violação da coisa julgada e preclusão nos termos do art. 879, § 2º, da Consolidação das Leis do Trabalho. Pessoalmente, inclinamo-nos pela resposta positiva em ambas as questões.

Se a própria sentença condenatória comporta correção *ex officio* dos erros de cálculo e de escrita (art. 833 da CLT), não vemos por que não prestigiar idêntico procedimento na sentença de liquidação. Os cálculos que violam a coisa julgada não podem se beneficiar com a preclusão insculpida no art. 879, § 2º, da Consolidação das Leis do Trabalho[13] – motivo pelo qual acreditamos que referido vício pode ser alegado na impugnação à sentença de liquidação ou nos embargos à execução, independentemente de impugnação no prazo ofertado anteriormente, mesmo porque trata-se de vício que pode e deve ser afastado de ofício pelo magistrado, quiçá o maior interessado na prevalência da autoridade da coisa julgada, já que se trata de questão de ordem pública.

13. Sérgio Pinto Martins lembra que referida preclusão se destina às partes, e não ao juiz (*Direito...*, 10ª ed., pp. 527-528).

XXI
A EXECUÇÃO TRABALHISTA

1. Conceito e natureza jurídica da execução. 2. Modalidades de execução. 3. Fontes formais do processo de execução trabalhista. 4. Competência para a execução. 5. Princípios informativos da execução: 5.1 Igualdade – 5.2 Natureza real – 5.3 Limitação expropriativa – 5.4 Utilidade para o credor – 5.5 Não prejudicialidade do devedor – 5.6 Especificidade – 5.7 Responsabilidade pelas despesas processuais – 5.8 Não aviltamento do devedor – 5.9 Livre disponibilidade do processo pelo credor. 6. Legitimidade de partes na execução trabalhista: 6.1 Legitimidade ativa – 6.2 Legitimidade passiva: 6.2.1 A responsabilização dos sócios. 7. A execução por quantia certa contra devedor solvente: 7.1 Citação – 7.2 Penhora: 7.2.1 Bens penhoráveis e bens impenhoráveis – 7.3 Avaliação dos bens penhorados – 7.4 Fraude de execução e fraude contra credores. 8. Embargos à execução. 9. Embargos à arrematação e à adjudicação. 10. Embargos de terceiro: 10.1 Conceito e natureza jurídica – 10.2 Legitimação ativa – 10.3 Prazo – 10.4 Competência – 10.5 A petição inicial dos embargos de terceiro. 11. Exceção de pré-executividade. 12. Execução contra a Fazenda Pública: 12.1 Execução por quantia certa – 12.2 Embargos à execução opostos pela Fazenda Pública – 12.3 A expedição do precatório – 12.4 O cumprimento do precatório – 12.5. Execução de obrigações de pequeno valor contra a Fazenda Pública. 13. A execução das contribuições previdenciárias: 13.1 Breve histórico das contribuições previdenciárias perante a Justiça do Trabalho – 13.2 As contribuições previdenciárias e a Lei 10.035/2000 – 13.3 Contribuições previdenciárias e sentença trabalhista – 13.4 Contribuições previdenciárias e acordo judicial. 14. Execução das multas administrativas. 15. Suspensão e extinção da execução.

1. Conceito e natureza jurídica da execução

José Frederico Marques[1] alude à execução forçada como sinônimo de processo de execução e processo executivo e a define como sendo

1. *Manual de Direito Processual Civil*, 5ª ed., v. IV, p. 1.

"um conjunto de atos, processualmente aglutinados, que se destinam a fazer cumprir, coativamente, prestação a que a lei concede pronta e imediata exigibilidade". Trata-se, pois, de um processo que pressupõe a existência de um título executivo judicial ou extrajudicial.

Até o advento da Lei 9.958, de 2000, existiu no processo trabalhista uma certa resistência ao reconhecimento da possibilidade de execução de títulos executivos extrajudiciais, tais como cheques, notas promissórias, dados em pagamento de verbas trabalhistas, vez que o diploma consolidado não previa, de forma expressa, a possibilidade de execução de títulos extrajudiciais. Contudo, a lei supramencionada atribuiu nova redação ao art. 876 da Consolidação das Leis do Trabalho: "Art. 876. As decisões passadas em julgado ou das quais não tenha havido recurso com efeito suspensivo; os acordos, quando não cumpridos; os termos de ajuste de conduta firmados perante o Ministério Público do Trabalho e os termos de conciliação firmados perante as comissões de conciliação prévia serão executados pela forma estabelecida neste Capítulo".

Observa-se, desde logo, que está contemplada a possibilidade de execução, no processo do trabalho, de dois títulos executivos extrajudiciais, quais sejam, os termos de ajuste de conduta firmados perante o Ministério Público do Trabalho no inquérito civil e os termos de conciliação firmados perante as comissões de conciliação prévia de que tratam os arts. 625-A e ss. da Consolidação das Leis do Trabalho, todos acrescentados pela Lei 9.958, de 2000.

Atentamos, ainda, para o fato que as sentenças condenatórias são exequíveis independentemente do trânsito em julgado. Isto porque os recursos trabalhistas comportam apenas o efeito devolutivo.

Igualmente poderão ser executadas as custas fixadas no processo de conhecimento (art. 789 da CLT), cuja execução se fará com observância do Capítulo V do Título X do diploma consolidado, motivo pelo qual nos parece desacertado eventual entendimento de que a Justiça do Trabalho não possa executar as custas processuais.

Finalmente, será considerado título executivo judicial o acordo não cumprido, vez que a lei atribuiu à conciliação trabalhista o efeito de sentença irrecorrível em relação às partes litigantes (art. 831, parágrafo único, da CLT).

Em resumo, são títulos executivos que ensejam a execução trabalhista, nos termos do art. 876 da CLT: 1) sentença condenatória; 2) acordo não cumprido; 3) custas fixadas no acordo ou sentença; 4) despesas processuais do processo de execução; 5) termo de ajuste de conduta firmado perante o Ministério Público do Trabalho; 6) termo de conciliação firmado perante a comissão de conciliação prévia. Além dos mencionados, por força da ampliação da competência trabalhista (Emenda Constitucional 45/2004), precisamos acrescentar a certidão da dívida ativa da União (Lei 6.830/1980), que decorre da imposição de multas administrativas (art. 641 da CLT), em face do art. 114, VII, da CF, bem como notas promissórias ou cheques dados em pagamento por trabalho prestado fora do âmbito da relação de emprego, não havendo razão lógica para que se continue resistindo à possibilidade de execução, perante a Justiça do Trabalho, de referidos títulos executivos extrajudiciais.

2. Modalidades de execução

As sentenças que comportam execução são as condenatórias (em obrigações de dar,[2] fazer ou não fazer). As sentenças declaratórias têm valor como preceito, eis que declaram a existência ou inexistência de uma relação jurídica; e o mesmo se diga das sentenças constitutivas, as quais objetivam criar, modificar ou extinguir uma relação jurídica, já que independem de execução propriamente dita.

No que respeita à definitividade da execução, podemos classificar as execuções em definitivas ou provisórias.

As *execuções definitivas* são aquelas que pressupõem o trânsito em julgado da sentença ou do acórdão, o inadimplemento do acordo homologado em juízo ou, ainda, a existência de algum título executivo extrajudicial.[3]

As *execuções provisórias* são aquelas promovidas com base em sentença ou acórdão não transitado em julgado e decorrem do efeito meramente devolutivo dos recursos trabalhistas. No entanto, o próprio diploma consolidado estabelece que a execução provisória não vai além da penhora (art. 899 da CLT); vale dizer, o juízo da execução não está legitimado a promover quaisquer atos de expropriação de bens do executado e entrega de numerário ao exequente antes do trânsito em julgado da decisão de conhecimento.

2. Entendemos que a obrigação de pagar quantia certa é espécie do gênero *obrigação de dar*.

3. Diante da ampliação da competência da Justiça do Trabalho, acreditamos que já não existe óbice à execução da nota promissória ou cheque dados em pagamento de verbas rescisórias ou de qualquer tipo de trabalho prestado; e para aqueles que preferem a solução mais ortodoxa, continuam com a possibilidade de ajuizar a ação monitória.

Por outro lado, o fato de o art. 899 do diploma consolidado estabelecer que a execução provisória só vai até a penhora não significa que o executado não fica obrigado a ofertar os embargos à execução (ou à penhora). Isto porque o ato de constrição judicial (penhora) é seguido da intimação do executado para apresentar os embargos cabíveis, no prazo de cinco dias.[4] O juízo da execução é que deverá se acautelar para não julgar os embargos antes do trânsito em julgado da decisão proferida na fase de conhecimento, pois se assim não o fizer viabilizará a interposição de agravo de petição e a existência inevitável de dois recursos pendentes de julgamento no Tribunal Regional do Trabalho. E não se olvida que a atividade jurisdicional poderá restar inútil se houver modificação da sentença de conhecimento.

A execução provisória é feita mediante extração de carta de sentença, com observância dos requisitos do art. 475-O do Código de Processo Civil,[5] não se exigindo do empregado a caução de que trata o inciso III do referido artigo, eis que incompatível com o processo do trabalho.

A doutrina não é unânime acerca da possibilidade de execução provisória das obrigações de fazer, a exemplo da obrigação de reintegrar o empregado.

Manoel Antônio Teixeira Filho lembra-nos que a lei não impede – e até parece autorizar – a execução provisória de uma obrigação de fazer, diante dos expressos termos do Código de Processo Civil, eis que não faz distinção entre as diversas obrigações passíveis de execução (dar, fazer e não fazer); mas entende desaconselhável a execução provisória das obrigações de fazer.[6]

4. "No processo do trabalho, a execução provisória se paralisa na penhora (art. 899 da CLT). Penhora aí se entende como a que é julgada, com embargos interpostos e impugnados, ou com os respectivos prazos decorridos e tudo decidido.

"Isso porque só torna eficaz a execução provisória a penhora subsistente, vinculando os bens penhorados à ação executória; se a penhora for julgada insubsistente, outra subsistente se impõe, para eficiência da execução preliminar" (Amaro Barreto, *Execução Cível e Trabalhista*, p. 48).

5. "Art. 590. São requisitos da carta de sentença:

"I – autuação;

"II – petição inicial e procuração das partes;

"III – contestação;

"IV – sentença exequenda;

"V – despacho do recebimento do recurso.

"Parágrafo único. Se houve habilitação, a carta conterá a sentença que a julgou."

6. *Execução no Processo do Trabalho*, 2ª ed., p. 160.

Assinale-se, ainda, que expedição de mandado judicial para cumprimento de execução provisória de obrigação de fazer (reintegrar o empregado, por exemplo) desafia mandado de segurança, uma vez que se trata de decisão interlocutória e não comporta qualquer espécie de recurso no processo trabalhista. E se é discutível o direito líquido e certo do empregador em aguardar o trânsito em julgado da sentença condenatória na obrigação de reintegrar o empregado, parece-nos que a discussão não subsistiria no caso de a obrigação corresponder à emissão de carta de boas referências.

3. Fontes formais do processo de execução trabalhista

O processo de execução trabalhista rege-se pela Consolidação das Leis do Trabalho (arts. 876-892) ou lei trabalhista fora do bojo do diploma consolidado. Na hipótese de omissão da Consolidação das Leis do Trabalho socorremo-nos da lei dos executivos fiscais (atualmente a Lei 6.830, de 1980), desde que não seja incompatível com os preceitos da execução no processo do trabalho, diante dos expressos termos do art. 889 consolidado.

Finalmente, na hipótese de a Lei 6.830, de 1980, se revelar incompatível com a execução trabalhista ou revelar omissão, poderemos nos socorrer do Código de Processo Civil, diante da autorização contida no art. 769 da Consolidação das Leis do Trabalho.

Registramos, todavia, que o art. 882 consolidado traduz exceção à regra que acabamos de emitir. Vale dizer, a indicação de bens à penhora pelo executado deve observar a ordem preferencial do art. 655 do Código de Processo Civil, em face da alteração introduzida pela Lei 8.432 (de 11.6.1992), e não aquela da Lei 6.830, de 1980.

4. Competência para a execução

No processo trabalhista a execução é procedida perante o próprio órgão em que o título executivo foi constituído originariamente, ou seja, a Vara do Trabalho ou juízo de direito investido na jurisdição trabalhista. E mesmo os acordos celebrados na segunda instância são exequíveis perante o juízo de primeiro grau.

A competência funcional para a execução de títulos extrajudiciais reconhecidos na Justiça do Trabalho (art. 876 da CLT) também é dos órgãos de primeira instância.

5. *Princípios informativos da execução*

Ao discorrer sobre o tema, Manoel Antônio Teixeira Filho[7] relaciona os seguintes princípios que norteiam a execução trabalhista:

5.1 *Igualdade*

Decorre do *caput* do art. 5º da Constituição Federal, segundo o qual "todos são iguais perante a lei"; mas não se pode olvidar que o credor tem posição de superioridade em relação ao devedor, já que possui um título executivo. Vale dizer, o executado encontra-se em estado de sujeição em relação ao exequente, não se podendo cogitar da mesma igualdade existente no processo de conhecimento.

5.2 *Natureza real*

Os bens do executado, presentes e futuros (591 do CPC), é que respondem pela dívida, inexistindo atos executórios sobre a pessoa física do devedor.

5.3 *Limitação expropriativa*

O débito exequendo não pode servir de pretexto para uma alienação total do patrimônio do devedor desde que a constrição de parte dos bens seja suficiente à satisfação do exequente. Vale dizer, a expropriação está limitada pelo valor do crédito, com os acréscimos de juros e correção monetária, além das despesas com editais.

5.4 *Utilidade para o credor*

A execução deve ser útil ao credor, estabelecendo a legislação processual que a penhora não será efetuada "quando evidente que o produto da execução dos bens encontrados será totalmente absorvido pelo pagamento das custas da execução" (art. 659, § 2º, do CPC).

5.5 *Não prejudicialidade do devedor*

Não se permite que o exequente tripudie sobre o executado, não obstante o estado de sujeição deste último. Assim, o art. 620 do Código

7. *Execução...*, 2ª ed., pp. 87-90.

de Processo Civil estabelece que a execução será promovida pelo modo menos gravoso ao devedor quando puder ser realizada por diversos meios.

Por força deste princípio, não temos dúvidas em afirmar que ao executado assiste o direito de parcelar o débito exequendo, desde que observada a correção monetária e juros devidos, quando se verificar que a execução forçada poderia não surtir os efeitos desejados. Entendemos que referida solução deve ser analisada no caso concreto, pois o número de parcelas vai depender do valor do débito e do poder aquisitivo do executado, com observância do bom senso, e nunca se permitindo que o interesse exclusivamente pessoal do devedor se sobreponha ao interesse do exequente e da execução. Neste sentido, temos o art. 745-A do CPC, aplicável ao processo do trabalho (art. 769 da CLT), e que permite o parcelamento do crédito exequendo em até seis meses, desde que o executado reconheça o crédito e haja o depósito de 30% no prazo dos embargos do devedor.

5.6 *Especificidade*

Trata-se de princípio que diz respeito apenas às execuções para entrega de coisa, de fazer e de não fazer. É o que dispõem o art. 627 ("O credor tem direito a receber, além de perdas e danos, o valor da coisa, quando esta não lhe for entregue, se deteriorou, não for encontrada ou não for reclamada do poder de terceiro adquirente") e art. 633 do Código de Processo Civil ("Se, no prazo fixado, o devedor não satisfizer a obrigação, é lícito ao credor, nos próprios autos do processo, requerer que ela seja executada à custa do devedor, ou haver perdas e danos; caso em que ela se converte em indenização").

5.7 *Responsabilidade pelas despesas processuais*

Incumbe ao devedor o pagamento do crédito exequendo, além das despesas com publicações de editais, honorários periciais supervenientes à sentença condenatória (no caso de liquidação de sentença, por exemplo) e demais despesas processuais, conforme art. 789-A da CLT.

Entendemos que, excepcionalmente, as despesas com honorários periciais poderão ser suportadas pelo próprio exequente. São as hipóteses em que a nomeação de perito para realização dos cálculos de liquidação tenha sido motivada por grande disparidade entre os cálculos das partes litigantes e, a final, se verificar que os cálculos do executado muito se aproximaram daqueles apresentados pelo auxiliar do juízo, enquanto os cálculos do exequente se apresentaram completamente divorciados da coisa julgada, com valores muito superiores ao devido.

5.8 Não aviltamento do devedor

Não obstante a posição mais confortável do credor em relação ao devedor, é certo que a execução não deve afrontar a condição humana deste último. E por este motivo a legislação processual colocou a salvo da penhora alguns bens, tais como aqueles indicados no art. 649 do Código de Processo Civil e o bem de família, nos termos da Lei 8.009, de 1990, e que veremos mais adiante. Contudo, alguns exageros decorrentes das inovações da Lei 11.382/2005 acabaram se verificando, em benefício do executado, a exemplo da impenhorabilidade dos depósitos em caderneta de poupança, até o limite de 40 salários-mínimos (art. 649, X, do CPC), e que consideramos de constitucionalidade duvidosa e incompatível com o processo do trabalho, pois prestigia o acúmulo de riqueza em detrimento da satisfação do crédito trabalhista, que é, via de regra, alimentar.

5.9 Livre disponibilidade do processo pelo credor

O credor pode desistir da execução ou de algumas medidas executivas independentemente da concordância do devedor. É o que dispõe o art. 569 do Código de Processo Civil ("O credor tem a faculdade de desistir de toda a execução ou de apenas algumas medidas executivas"), mas só produzirá efeito após a homologação por sentença (art. 158, parágrafo único, do CPC), eis que a execução é instaurada após o exercício da uma ação executória. Contudo, se já houver interposição de embargos à execução (ou à penhora) parece-nos que a desistência deve contar com a aquiescência do devedor embargante, mormente porque poderá ter interesse no pronunciamento de mérito acerca dos embargos ofertados.[8]

6. Legitimidade de partes na execução trabalhista

6.1 Legitimidade ativa

A execução poderá ser promovida pelo credor, que é o legitimado ordinário, e não é necessariamente titular do direito material reconheci-

8. Ísis de Almeida entende que a homologação da desistência da execução deve se operar após a concordância do executado, independentemente da interposição de embargos (*Manual de Direito Processual do Trabalho*, 8ª ed., pp. 440-444).

do na sentença condenatória, já que não se podem olvidar as hipóteses de substituição processual pelo sindicato da categoria profissional ou Ministério Público do Trabalho.

O diploma consolidado atribui a legitimação ativa a "qualquer interessado" (art. 878, *caput*), e, embora não mencione expressamente, a expressão deve abarcar a legitimação ordinária superveniente, nos termos do art. 567 do Código de Processo Civil. Assim, poderão estar legitimados a promover a execução o espólio, herdeiros ou sucessores, os cessionários ou os sub-rogados.

O falecimento do empregado-exequente não extingue a execução, de sorte que seu espólio, seus herdeiros ou sucessores poderão promover a execução. Trata-se de hipótese de alteração subjetiva e que pressupõe o procedimento de habilitação incidental. Em princípio, a sucessão processual se dá em favor dos dependentes habilitados perante a Previdência Social (Lei 6.858, de 1980), e somente na falta destes é que a sucessão se defere em favor dos herdeiros nos termos da legislação civil.

Também é possível a existência de cessionários, quando ocorre a cessão de crédito disciplinada nos arts. 286 e ss. do Código Civil, desde que a disciplina civilista seja amoldada às peculiaridades do processo do trabalho.

Igualmente, podemos reconhecer legitimidade para promover a execução trabalhista ao sub-rogado, ou seja, ao terceiro que tenha satisfeito a obrigação junto ao credor, e que terá interesse na execução em face do devedor.

Assinale-se que tanto cessionário quanto sub-rogados não estão obrigados a ingressar na execução, podendo o credor-cedente ou sub-rogatário continuar na condição de substituto processual.

A expressão "qualquer interessado" abarca, ainda, o devedor, que poderá ter interesse no desfecho rápido da execução, e daí o pedido para que o credor, por exemplo, seja intimado a reassumir o emprego, no caso de ter sido condenado a reintegrá-lo.

Finalmente, o próprio art. 878 da Consolidação das Leis do Trabalho alude à possibilidade de execução *ex officio* pelo juiz do trabalho ou juiz de direito investido na jurisdição trabalhista. No entanto, parece-nos acertado o posicionamento de Wilson de Souza Campos Batalha quando afirma que, "obviamente, esse tipo de execução é inadmissível quando o exequente estiver representado nos autos, por advogado legitimamente constituído"[9] – admitindo, *a contrario sensu*, que a execução seja promovida *ex officio* sempre que as partes estiverem exercendo o *jus postulandi*.[10]

6.2 Legitimidade passiva

O devedor (assim reconhecido no título executivo – art. 568 do CPC) é o sujeito passivo da execução e, eventualmente, o sucessor (arts. 10 e 448 da CLT), independentemente de este último integrar o polo passivo na fase de conhecimento.

Ísis de Almeida menciona, inclusive, a possibilidade de o sucessor ser chamado a integrar a execução ao lado do sucedido, o que seria "uma dupla garantia que o pragmatismo do processo trabalhista, acompanhando a índole tutelar do direito do trabalho, deve adotar, desde que a sucessão se tenha configurado plena e insofismavelmente dentro das especulações doutrinárias e jurisprudenciais a respeito".[11]

O posicionamento de Isis de Almeida também se coaduna com as lições de Valentin Carrion, para quem "o legislador, ao redigir os arts. 10 e 448, não pretendeu eximir de responsabilidade o empregador anterior liberando-o de suas obrigações, de forma imoral".[12]

É possível, ainda, atribuir a legitimação passiva ao espólio ou herdeiros do devedor,[13] bem como a um novo devedor que tenha assumido a obrigação decorrente do título executivo, com a concordância do credor.

Finalmente, a execução poderá se voltar contra o devedor solidário integrante do mesmo grupo econômico do empregador (art. 2º, § 2º, da CLT), desde que esteja indicado no título executivo judicial, a menos que decorra da desconsideração da personalidade jurídica, hipótese em que os sócios da executada (pessoas físicas ou jurídicas) sofrem os efeitos da execução.

9. *Tratado de Direito Judiciário do Trabalho*, 1977, p. 851.

10. Christóvão Piragibe Tostes Malta entende que a Lei 5.584, de 1970, restringiu a possibilidade de os juízes promoverem a execução *ex officio*, eis que o art. 4º estabelece que, "nos dissídios de alçada exclusiva das Juntas e naqueles em que os empregados ou empregadores reclamarem pessoalmente, o processo poderá ser impulsionado de ofício pelo juiz" (*Prática do Processo Trabalhista*, 23ª ed.).

11. *Manual...*, 8ª ed., p. 437.

12. *Comentários à Consolidação das Leis do Trabalho*, 25ª ed., 2000, p. 278.

13. Lembre-se que é o patrimônio do devedor que responde pela dívida. Assim, a execução não avança no patrimônio dos herdeiros, salvo a ocorrência de fraude à execução.

No mais, diante do cancelamento da Súmula 205 do TST, torna-se plenamente defensável a possibilidade de integrar as empresas do mesmo grupo econômico à execução nos casos em que o devedor se encontre à beira da falência ou insolvência civil.[14]

E não nos sensibilizamos com o argumento de que referido posicionamento implica violação da coisa julgada, impondo a terceiros estranhos à lide uma obrigação contraída por outrem, já que desmoralização maior seria vislumbrar-se a inexequibilidade da obrigação em face da insolvência do executado, enquanto outras empresas do mesmo grupo econômico estivessem arrogando a condição de partes ilegítimas para a execução. Contudo, a solução do caso concreto depende de análise específica, e desde que a condição de empresas integrantes do mesmo grupo econômico seja inquestionável.

6.2.1 A responsabilização dos sócios

Os sócios da empresa reclamada poderão ser chamados a adimplir a obrigação contida no título executivo, sob pena de terem os bens pessoais expropriados pelo juízo trabalhista se constarem na condenação – hipótese que não oferece maiores dificuldades.

No entanto, revelava-se tormentosa a possibilidade de a execução recair em bens pessoais dos sócios nas hipóteses em que não constam do título executivo judicial, notadamente quando se examinasse o disposto no art. 20 do Código Civil de 1916, que dispunha: "As pessoas jurídicas têm existência distinta da dos seus membros".

Por outro lado, ao contrário do que supunham alguns civilistas, o art. 20 do Código Civil de 1916 não consagrava a irresponsabilidade dos sócios da pessoa jurídica pelas obrigações contraídas por esta última. E quando se trata de crédito trabalhista, não podemos olvidar as situações em que os sócios se beneficiaram com a prestação laboral do empregado. Afinal de contas, em última análise, os lucros da pessoa jurídica revertem em favor dos sócios, e para a ocorrência de lucros muito contribuem os empregados.

Feitas estas considerações, torna-se plenamente defensável a responsabilização pessoal dos sócios de executada que é pessoa jurídica,

14. Ísis de Almeida adota idêntico posicionamento, afirmando que a execução pode "instaurar-se contra a empresa principal ou qualquer subsidiária, ainda que estranhas à relação processual até ali estabelecida, se a reclamada não tem condições seguras de responder pela obrigação resultante da condenação, não sendo necessário que tenha havido insolvência declarada ou não dela" (*Manual...*, 3ª ed., v. II, p. 412).

sempre levando em consideração o tipo de sociedade existente e o fato de que o atual Código Civil consagra a possibilidade de desconsideração da pessoa jurídica em caso de abuso ou desvio de finalidade,[15] e a própria Lei 8.078, de 1990 (Código de Defesa do Consumidor), consagra a teoria objetiva da desconsideração da pessoa jurídica, a teor de seu art. 28, § 5º: "Também poderá ser desconsiderada a pessoa jurídica sempre que sua personalidade for, de alguma forma, obstáculo ao ressarcimento de prejuízos causados aos consumidores", cuja aplicação subsidiária no âmbito trabalhista é mais do que necessária pois, a exemplo das relações de consumo, as relações de trabalho costumam envolver uma relação desigual, nas quais a proteção do trabalhador é imperativo de ordem social.

Nas sociedades em comandita[16] os sócios comanditários são obrigados apenas pelos fundos com que ingressaram na sociedade, enquanto os comanditados respondem solidária e ilimitadamente pelas obrigações sociais (art. 1.045 do Código Civil), aí incluídas as trabalhistas.

Nas sociedades em nome coletivo[17] todos os sócios são solidária e ilimitadamente responsáveis pelas obrigações trabalhistas.

Quando se tratar de sociedades em conta de participação[18] apenas o sócio ostensivo responderá pelas obrigações da sociedade, enquanto o sócio oculto ficará responsável tão somente perante o primeiro (art. 991 do Código Civil).

15. *Código Civil*: "Art. 50. Em caso de abuso da personalidade jurídica, caracterizado pelo desvio de finalidade, ou pela confusão patrimonial, pode o juiz decidir, a requerimento da parte, ou do Ministério Público quando lhe couber intervir no processo, que os efeitos de certas e determinadas relações de obrigações sejam estendidos aos bens particulares dos administradores ou sócios da pessoa jurídica".

16. *Código Civil*: "Art. 1.045. Na sociedade em comandita simples tomam parte sócios de duas categorias: os comanditados, pessoas físicas, responsáveis solidária e ilimitadamente pelas obrigações sociais; e os comanditários, obrigados somente pelo valor de sua quota".

17. *Código Civil*: "Art. 1.039. Somente pessoas físicas podem tomar parte na sociedade em nome coletivo, respondendo todos os sócios, solidária e ilimitadamente, pelas obrigações sociais. Parágrafo único. Sem prejuízo da responsabilidade perante terceiros, podem os sócios, no ato constitutivo, ou por unânime convenção posterior, limitar entre si a responsabilidade de cada um".

18. *Código Civil*: "Art. 991. Na sociedade em conta de participação, a atividade constitutiva do objeto social é exercida unicamente pelo sócio ostensivo, em seu nome individual e sob sua própria e exclusiva responsabilidade, participando os demais dos resultados correspondentes. Parágrafo único. Obriga-se perante terceiros tão somente o sócio ostensivo; e, exclusivamente perante este, o sócio participante, nos termos do contrato social".

Nas sociedades limitadas, cada sócio é responsável até o limite de suas quotas, mas todos respondem solidariamente pela integralização do capital social, sendo possível a responsabilização solidária dos administradores perante a sociedade e terceiros.[19]

Nas companhias ou sociedades anônimas a responsabilidade dos sócios ou acionistas será limitada ao preço da emissão das ações subscritas ou adquiridas, conforme o art. 1º da Lei 6.404, de 1976 e art. 1.088 do Código Civil. No entanto se poderá cogitar da responsabilidade solidária dos membros do Conselho de Administração e Diretoria nas hipóteses de fraude à execução (art. 593 do CPC), por força do art. 18 da Lei 8.884, de 1994 (desconsideração da pessoa jurídica), nas hipóteses de configuração do abuso de direito, excesso de poder, infração da lei ou violação dos estatutos ou contrato social, independentemente da decretação de falência, encerramento ou inatividade da pessoa jurídica, a menos que indiquem bens livres e desembargados da sociedade (art. 596, § 1º, do CPC[20]).

7. *A execução por quantia certa contra devedor solvente*

7.1 Citação

Proferida a sentença de liquidação, inicia-se a execução com a expedição de mandado de citação[21] (via de regra, também de penhora e avaliação), diante dos expressos termos do art. 880 consolidado, para que o executado pague ou indique bens à penhora para garantia da execução, no prazo de 48 horas. Por este motivo, consideramos absolutamente incompatível com o processo do trabalho as disposições do art. 475-J do CPC; vale dizer, não se verifica omissão na legislação processual trabalhista (lacuna normativa) quanto ao procedimento de citação,

19. *Código Civil*: "Art. 1.016. Os administradores respondem solidariamente perante a sociedade e os terceiros prejudicados, por culpa no desempenho de suas funções".

20. "Art. 596. Os bens particulares dos sócios não respondem pelas dívidas da sociedade senão nos casos previstos em lei; o sócio, demandado pelo pagamento da dívida, tem direito a exigir que sejam primeiro excutidos os bens da sociedade.

"§ 1º. Cumpre ao sócio, que alegar o benefício deste artigo, nomear bens da sociedade, sitos na mesma comarca, livres e desembargados, quantos bastem para pagar o débito."

21. Não se trata, propriamente, de citação, e sim de intimação. Neste mesmo sentido Manoel Antônio Teixeira Filho, *Execução...*, 2ª ed., p. 318.

penhora e avaliação, o que afasta a aplicação da cominação de multa de 10% sobre o montante da condenação caso não ocorra o pagamento em 15 dias. Observo que a autorização para aplicação subsidiária do processo comum ao processo do trabalho depende de omissão e compatibilidade com o processo do trabalho, carecendo de relevância a alegação de maior efetividade da norma do processo comum, notadamente em face do caráter de subjetividade que se reveste referida afirmação. Neste sentido, ousamos afirmar que as disposições do processo do trabalho, ao determinar o depósito ou indicação de bens no prazo de 48 horas (art. 880 da CLT) se revelam mais efetivas e se coadunam com o devido processo legal, já que o art. 879, § 2º, da CLT permite que a sentença de liquidação seja proferida sem a manifestação do reclamado, e não parece razoável que este último seja obrigado a suportar a multa de 10% sobre o montante da condenação para que lhe seja permitido discutir o acerto dos cálculos de liquidação.

Referida citação é promovida por oficial de justiça (e nunca pelo Correio ou imprensa oficial), sendo unânime a doutrina no sentido de que não necessita ser pessoal, a exemplo do que ocorre com a citação na fase de conhecimento. Basta que seja efetuada no endereço do executado, carecendo de relevância se este último concordou em assinar a citação e receber a contrafé.

A citação será promovida por edital se o executado, procurado por duas vezes no espaço de 48 horas, não for encontrado (art. 880, § 3º, da CLT). No entanto, atente-se para o fato de que a citação se dá por edital quando o endereço do executado é conhecido mas este não é encontrado pelo oficial de justiça (por estar tentando se ocultar, por exemplo).[22]

No prazo de 48 horas o executado poderá indicar bens à penhora, com observância da ordem preferencial do art. 655 do Código de Processo Civil, haja vista os expressos termos do art. 882 consolidado, ou garantir a execução com depósito em dinheiro.

Com efeito, a atual redação do art. 655 do Código de Processo Civil, determinada pela Lei 11.382/2006, estabelece a seguinte ordem de

22. "A *citação por edital* é um mal necessário para obstar a que o executado, escondendo-se, impeça o cumprimento da sentença; entretanto, pela sua evidente imperfeição, pode constituir um ato de violência contra o réu; o juiz tem o dever de fiscalizar os atos dos auxiliares, determinando novas diligências e anulando os atos que prejudiquem a plena defesa sempre que se vislumbrar possibilidade de citar-se o executado pessoalmente" (Valentin Carrion, *Comentários à Consolidação das Leis do Trabalho*, 19ª ed., p. 675).

preferência para indicação de bens à penhora pelo executado: a) dinheiro, em espécie ou em depósito bancário, ou aplicação em instituição financeira; b) de via terrestre; c) bens móveis em geral; d) bens imóveis; e) navios e aeronaves; f) ações e quotas de sociedades empresárias; g) percentual do faturamento da executada; h) pedras e metais preciosos; i) títulos da dívida pública da União, Estados e Distrito Federal com cotação em mercado; j) títulos e valores mobiliários com cotação em mercado; l) outros direitos. Na redação anterior do mencionado dispositivo legal estava incluída a expressão "semoventes",[23] que agora se encontram inseridos no rol de "bens móveis em geral", já que "móveis são os bens suscetíveis de movimento próprio, ou de remoção por força alheia (...)" (art. 82, CC).

Feita a nomeação pelo devedor, o credor é instado a se manifestar, podendo ou não aceitá-la. Se aceitar, a penhora é formalizada sobre os bens indicados; se não concordar, a penhora é feita livremente pelo oficial de justiça. Observe-se que a ordem preferencial do art. 655 do diploma processual civil se destina ao devedor que pretender nomear bens à penhora, mas não vincula o credor, o oficial de justiça, nem o juiz.

7.2 Penhora

Nas lições de Amaro Barreto, "a penhora é ato da execução por quantia certa que consiste em se separarem do patrimônio do executado e em se depositarem bens que bastem à satisfação do julgado".[24] Segundo José Carlos Barbosa Moreira denomina-se penhora "o ato pelo qual se apreendem bens para empregá-los, de maneira direta ou indireta, na satisfação do crédito exequendo".[25]

Trata-se, pois, de um ato de constrição judicial do patrimônio do devedor, com vistas a satisfazer a obrigação que se extrai do título executivo. E, por este motivo, retira do devedor a livre disponibilidade do bem penhorado.[26] Assinale-se, ainda, que o Provimento 06/2005 da

23. Semovente: "ser que anda ou se move por si mesmo" (*Novo Dicionário Aurélio da Língua Portuguesa*, 2ª ed., revista e aumentada, Rio de Janeiro, Nova Fronteira, 1986, p. 1.568).

24. *Execução...*, p. 121.

25. *O Novo Processo Civil Brasileiro*, 11ª ed., p. 276.

26. "(...) a despeito da apreensão judicial de seus bens, o devedor conserva a propriedade sobre os mesmos; a posse passa a ser indireta. Estamos afirmando, com isso, que o devedor não perde, com a apreensão de seus bens, o seu direito dominial, conquanto sofram restrições os seus poderes diretos pertinentes à utilização dos bens (...). Não se pode falar, portanto, na espécie *sub examine*, em nulidade ou mesmo em

Corregedoria-Geral da Justiça do Trabalho (*DJU* 3.11.2005) recomenda que a constrição judicial de numerário do executado seja observada com prioridade, por meio do convênio mantido entre o TST e o Banco Central do Brasil, conhecido como "Bacen-Jud", e que costuma ser lembrado como penhora *on line*, apesar de não passar de uma determinação judicial para que os valores, eventualmente encontrados em contas correntes e aplicações do devedor (em qualquer Banco no País), sejam bloqueados e colocados à disposição do juízo da execução. Contudo o próprio TST desautoriza a penhora *on line* nas execuções provisórias quando houver indicação de bens passíveis de constrição (Súmula 417, III, TST: "Em se tratando de execução provisória, fere direito líquido e certo do impetrante a determinação de penhora em dinheiro, quando nomeados outros bens à penhora, pois o executado tem direito a que a execução se processe da forma que lhe seja menos gravosa, nos termos do art. 620 do CPC"), sob pena de afronta ao art. 620 do CPC.

A penhora deve recair em tantos bens quantos bastem à satisfação do crédito exequendo, com acréscimo de juros, correção monetária e despesas processuais (art. 883 da CLT), e a continuidade na utilização dos bens penhorados é assegurada pela nomeação de fiel depositário (normalmente o próprio devedor pessoa física, ou representante legal do devedor pessoa jurídica).[27]

O depositário será reputado infiel se não entregar os bens ao arrematante, ao adjudicante ou qualquer outra pessoa que o juiz determinar, ou se não apresentar os bens quando solicitados pelo magistrado, hipótese que enseja a conclusão de que o bem se perdeu por sua culpa. E, neste caso, o juiz poderia decretar sua prisão, com fundamento no art. 5º, LXVII, da Constituição Federal, nos próprios autos da execução trabalhista, independentemente do ajuizamento da ação de depósito consagrada nos arts. 901 a 906 do estatuto processual civil, com supedâneo na Súmula 619 do Supremo Tribunal Federal ("A prisão do depositário judicial pode ser decretada no próprio processo em que se constituiu o encargo, independentemente da propositura da ação de depósito"),[28]

anulabilidade da alienação dos bens, pelo devedor; o que há, nítida, é ineficácia, do ponto de vista da execução. É verdade que dita alienação constitui ato jurídico perfeito, no âmbito das relações estabelecidas entre o devedor e o adquirente dos bens" (Manoel Antônio Teixeira Filho, *Execução...*, 2ª ed., pp. 327-328).

27. Incumbem ao depositário a guarda e conservação dos bens penhorados, nos termos do art. 148 do Código de Processo Civil.

28. Contudo, já é possível encontrarmos jurisprudência de Tribunais Regionais do Trabalho na qual se considerou ilegal a prisão de depositário infiel sem observância da ação de depósito, por violação do devido processo legal.

por prazo não superior a um ano, a teor do art. 652 do Código Civil. Contudo, a Súmula Vinculante 25 (STF) inviabilizou a possibilidade, ao afirmar que "é ilícita a prisão civil de depositário infiel, qualquer que seja a modalidade do depósito", motivando a afirmação de que o depositário infiel responderá apenas por perdas e danos, mas não suportará o ônus da prisão civil – entendimento que se compatibiliza com os Decretos 592, de 6.7.92 (Pacto Internacional sobre Direitos Civis e Políticos), e 678, de 6.11.92 (Pacto de São Jose da Costa Rica, que dispõe, em seu art. 7º, item 7, que ninguém deve ser preso por dívida, exceto no caso de inadimplemento de obrigação alimentar).

7.2.1 Bens penhoráveis e bens impenhoráveis

Como bem observa José Carlos Barbosa Moreira,[29] são impenhoráveis, tão somente, aqueles bens que a lei taxativamente enumera. Isto porque a penhorabilidade é a regra, e a impenhorabilidade a exceção. E, assim, não são impenhoráveis os bens gravados por penhor, hipoteca ou usufruto, com a única ressalva de que seja intimado o credor pignoratício, hipotecário ou usufrutuário, sob pena de eventual alienação judicial não produzir efeitos em relação a estes (art. 619 do CPC).

Feitas estas considerações, impõe-se afirmar que, excetuadas as hipóteses de impenhorabilidade expressamente indicadas na lei, todos os bens do devedor são penhoráveis, inclusive aqueles que se encontram em poder de terceiros (legitimamente – art. 592, III, do CPC – ou em fraude de execução – art. 593 do CPC), e também os bens dos sócios, nos termos da lei (art. 592, II, CPC).

Nos termos do art. 649 do Código de Processo Civil, com as alterações da Lei 11.382/2006, são absolutamente impenhoráveis: I – os bens inalienáveis e os declarados, por ato voluntário, não sujeitos a execução; II – os móveis, pertences e utilidades domésticas que guarnecem a residência do executado, salvo os de elevado valor ou que ultrapassem as necessidades comuns correspondentes a um médio padrão de vida; III – os vestuários, bem como os pertences de uso pessoal do executado, salvo se de elevado valor; IV – os vencimentos, subsídios, soldos, salários, remunerações, proventos de aposentadoria, pensões, pecúlios e montepios; as quantias recebidas por liberalidade de terceiro e destinadas ao sustento do devedor e sua família, os ganhos de trabalhador autônomo e os honorários de profissional liberal, observado o disposto no § 3º deste artigo; V – os livros, as máquinas, as ferramentas, os uten-

29. *O Novo Processo...*, 11ª ed., p. 277.

sílios, os instrumentos ou bens móveis necessários ou úteis ao exercício de qualquer profissão; VI – o seguro de vida; VII – os materiais necessários para obras em andamento, salvo se estas forem penhoradas; VIII – a pequena propriedade rural, assim definida em lei, desde que trabalhada pela família; IX – os recursos públicos recebidos por instituições privadas para aplicação compulsória em educação, saúde ou assistência social; X – até o limite de 40 (quarenta) salários-mínimos, a quantia depositada em caderneta de poupança; XI – os recursos públicos do fundo partidário recebidos, nos termos da lei, por partido político.

Como assinala Sergio Pinto Martins, a impenhorabilidade que emerge do art. 649, V, do Código de Processo Civil ("os livros, as máquinas, ... necessários ou úteis ao exercício de qualquer profissão") diz respeito ao exercício de uma profissão por devedor pessoa física,[30] não militando em favor da pessoa jurídica.[31]

Entendemos que o disposto no art. 649, X, do CPC, que assegura a impenhorabilidade do montante aplicado em caderneta de poupança até 40 salários-mínimos, é de constitucionalidade mais do que duvidosa, pois viola o disposto no art. 7º, IV, da CF, que veda a vinculação do salário-mínimo para qualquer finalidade. Superada a discussão, entendemos que referido dispositivo legal não é compatível com o processo do trabalho, pois atribui injustificável privilégio ao devedor em detrimento do crédito trabalhista, o que justifica sua inaplicabilidade (art. 769 da CLT).

Quanto à impenhorabilidade dos salários já existe julgado que, fazendo uma interpretação ampliativa, estende referido benefício aos créditos reconhecidos em sentença trabalhista, com o quê não concordamos, eis que nem todos os créditos trabalhistas têm natureza salarial. Eis a ementa da jurisprudência mencionada: "Impenhorabilidade do crédito trabalhista. O CPC 649-II a IX estatui o *beneficum competentatiae*, ou seja, a impenhorabilidade processual absoluta dos bens ali enumerados. É norma de ordem pública, das quais as partes não podem dispor, pouco importando haja a própria executada os oferecido. Os

30. *Direito Processual do Trabalho*, 10ª ed., p. 547.

31. E neste mesmo sentido Amauri Mascaro Nascimento: "Não são impenhoráveis as máquinas de uma indústria, porque a proteção da lei com a impenhorabilidade das máquinas e instrumentos de trabalho restringe-se aos profissionais e tem em conta a necessidade de uma fonte de rendimento para a subsistência da pessoa e de sua família. É claro que um profissional que vive do trabalho autônomo com uma máquina, impedido de fazê-lo, pela penhora sobre a máquina, veria prejudicada a sua sobrevivência" (*Curso de Direito Processual do Trabalho*, 18ª ed., pp. 536-537).

direitos da executada provenientes de reclamação trabalhista são impenhoráveis pois decorrem de remuneração, salário a qualquer título" (1º TACivSP, AI 536.051, Rodrigues de Carvalho, j. 7.4.1993).[32] De qualquer sorte, persiste a possibilidade de penhora dos salários e ganhos indicados no inciso IV do art. 649 do Código de Processo Civil quando se tratar do pagamento de prestação alimentícia (art. 649, § 2º, do CPC).

A Lei 8.009, de 1990, instituiu o bem de família, consagrando a impenhorabilidade do único imóvel de propriedade do devedor e que se presta à residência da entidade familiar (art. 1º). Contudo, não se trata de impenhorabilidade absoluta, eis que o art. 3º de referida lei autoriza a penhora nas seguintes hipóteses: a) em razão dos créditos trabalhistas dos trabalhadores domésticos e das respectivas contribuições previdenciárias; b) para garantir o crédito daquele que financiou a aquisição ou construção do imóvel, nos limites do contrato celebrado; c) para pagamento de pensão alimentícia; d) para cobrança de impostos (predial ou territorial), taxas e contribuições devidas em função do imóvel; e) para execução de hipoteca sobre o imóvel oferecido como garantia real; f) nos casos de o imóvel ter sido adquirido com produto de crime ou para execução de sentença penal condenatória a ressarcimento, indenização ou perda de bens; g) nas hipóteses de fiança concedida em contrato de locação.

Se o devedor possuir mais de um imóvel destinado à residência, a impenhorabilidade recairá sobre o de menor valor, salvo se o de maior valor estiver registrado no Cartório de Registro de Imóveis nos moldes do art. 1.711 do Código Civil (art. 5º, parágrafo único, da Lei 8.009, de 1990). E quando se tratar de imóvel rural a impenhorabilidade abarcará tão somente a sede de moradia, com os respectivos bens móveis, ou a área limitada como pequena propriedade rural, nos termos do art. 5º, XXVI, da Constituição Federal (art. 4º, § 2º, da Lei 8.009, de 1990).

A impenhorabilidade de que estamos tratando abrange os móveis que guarnecem a casa (desde que quitados), as plantações, as benfeitorias de qualquer natureza e todos os equipamentos (inclusive de uso profissional), nos termos do art. 1º, parágrafo único, da Lei 8.009, de 1990.

Permite-se a penhora dos veículos, obras de arte e adornos suntuosos, nos termos do art. 2º da lei mencionada. No entanto, a jurisprudência já vinha entendendo que a penhora pode envolver os bens que

32. In Nélson Nery Júnior e Rosa Maria Andrade Nery, *Código de Processo Civil Comentado*, 3ª ed., p. 853.

não são essenciais e destinados ao lazer da família, tais como aparelho de DVD, TV de plasma, LCD ou LED, aparelhagem de som, e que atualmente encontra amparo no próprio art. 649, II, do CPC, com redação da Lei 11.382/2006.

Inexiste óbice legal a mais de uma penhora sobre o mesmo bem, assegurando o art. 613 do Código de Processo Civil que cada credor conserva seu título de preferência. Assim, realiza-se a execução no interesse do credor que adquiriu o direito de preferência, e se remanescer algum crédito poderá ser transferido para os autos da execução da segunda penhora, em vez de reverter ao devedor.

Não se olvide, ainda, que a execução contra os entes de direito público indicados no Decreto-lei 779, de 1969 (União Federal, Fazenda Pública dos Estados e Municípios, fundações públicas e autarquias), se faz na forma do art. 730 do diploma processual civil, mesmo porque os bens públicos são impenhoráveis.

Finalmente, algumas leis esparsas disciplinam casos especiais de impenhorabilidade. É o caso dos direitos autorais dos artistas (art. 76 da Lei 9.610, de 1998) e dos valores depositados em contas vinculadas do FGTS (art. 2º, § 2º, da Lei 8.036, de 1990).

7.3 *Avaliação dos bens penhorados*

A avaliação dos bens penhorados é promovida pelo próprio oficial de justiça (art. 721, § 3º, da CLT), e não mais por peritos avaliadores escolhidos pelas partes,[33] e os valores são lançados no próprio auto de penhora. Nada obsta a que o oficial de justiça avaliador promova a penhora e realize a avaliação no prazo de 10 dias, de que trata o art. 888 da norma consolidada, na hipótese de não ter elementos que possibilitem a avaliação dos bens na mesma diligência.

7.4 *Fraude de execução e fraude contra credores*

Tanto a fraude de execução quanto a fraude contra credores são figuras de alienação fraudulenta. Com efeito, o art. 1.228 do Código Civil assegura ao proprietário o direito de dispor de seus bens; e, mesmo sendo o proprietário devedor, tem a liberdade para alienar seus bens, transferindo-os ou onerando-os a terceiros.

33. O art. 887 da Consolidação das Leis do Trabalho está revogado tacitamente.

Todavia, não se pode olvidar que os bens do devedor são a garantia do credor, motivo pelo qual em determinadas situações a legislação limita o direito do devedor de dispor de seu patrimônio.

A fraude contra credores traduz instituto de direito material, regulado nos arts. 158 a 165 do Código Civil,[34] enquanto a fraude de execução é regulada pelo direito público e se encontra disciplinada no art. 593 do Código de Processo Civil.[35]

34. "Art. 158. Os negócios de transmissão gratuita de bens ou remissão de dívida, se os praticar o devedor já insolvente, ou por eles reduzido à insolvência, ainda quando o ignore, poderão ser anulados pelos credores quirografários, como lesivos dos seus direitos. § 1º. Igual direito assiste aos credores cuja garantia se tornar insuficiente. § 2º. Só os credores que já o eram ao tempo daqueles atos podem pleitear a anulação deles."

"Art. 159. Serão igualmente anuláveis os contratos onerosos do devedor insolvente, quando a insolvência for notória, ou houver motivo para ser conhecida do outro contratante."

"Art. 160. Se o adquirente dos bens do devedor insolvente ainda não tiver pago o preço e este for, aproximadamente, o corrente, desobrigar-se-á depositando-o em juízo, com a citação de todos os interessados. Parágrafo único. Se inferior, o adquirente, para conservar os bens, poderá depositar o preço que lhes corresponda ao valor real."

"Art. 161. A ação, nos casos dos arts. 158 e 159, poderá ser intentada contra o devedor insolvente, a pessoa que com ele celebrou a estipulação considerada fraudulenta, ou terceiros adquirentes que hajam procedido de má-fé."

"Art. 162. O credor quirografário, que receber do devedor insolvente o pagamento da dívida ainda não vencida, ficará obrigado a repor, em proveito do acervo sobre que se tenha de efetuar o concurso de credores, aquilo que recebeu."

"Art. 163. Presumem-se fraudatórias dos direitos dos outros credores as garantias de dívidas que o devedor insolvente tiver dado a algum credor."

"Art. 164. Presumem-se, porém de boa-fé e valem os negócios ordinários indispensáveis à manutenção de estabelecimento mercantil, rural, ou industrial, ou à subsistência do devedor e de sua família."

"Art. 165. Anulados os negócios jurídicos fraudulentos, a vantagem resultante reverterá em proveito do acervo sobre que se tenha de efetuar o concurso de credores. Parágrafo único. Se esses negócios tinham por único objeto atribuir direitos preferenciais, mediante hipoteca, penhor ou anticrese, sua invalidade importará somente na anulação da preferência ajustada."

35. "Art. 593. Considera-se em fraude de execução a alienação ou oneração de bens:

"I – quando sobre eles pender ação fundada em direito real;

"II – quando, ao tempo da alienação ou oneração, corria contra o devedor demanda capaz de reduzi-lo à insolvência;

"III – nos demais casos expressos em lei."

"Art. 672. A penhora de crédito, representada por letra de câmbio, nota promissória, duplicata, cheque ou outros títulos, far-se-á pela apreensão do documento, esteja ou não em poder do devedor.

Na primeira "há apenas meras providências do devedor, que seja proprietário, para lesar o direito do credor que ainda não agiu em juízo, pois a obrigação pode estar em curso, sem poder ser exigido seu cumprimento";[36] mas a lei protege o credor, possibilitando a revogação dos atos de alienação (a título gratuito ou oneroso) em fraude contra credores, mediante o ajuizamento de ação revogatória (também denominada *pauliana*). Não se configura fraude contra credores quando o devedor possui outros bens que garantam a obrigação. E na ação pauliana o credor deve alegar e provar a má-fé do terceiro adquirente se o contrato for oneroso.[37]

Por outro lado, na fraude de execução a alienação de bens se verifica quando já existe demanda do credor contra o devedor, na qual o primeiro exige o cumprimento de obrigação insatisfeita, e a configuração independe da prolação de sentença.[38] Neste caso é irrelevante a boa-fé do terceiro adquirente, e o juiz do trabalho poderá reconhecer sua ocorrência nos próprios autos da execução, reputando sem efeito a alienação, até mesmo *ex officio*.[39]

Finalmente, assinalamos que nas hipóteses de fraude de execução a alienação é ineficaz e o juízo promove a constrição dos bens onde quer que estejam, e se trata de artifício mais grave do que a fraude contra credores, tanto que tipifica ilícito penal, nos termos do art. 179 do Código Penal, que merece transcrição:

"Art. 179. Fraudar execução, alienando, desviando, destruindo ou danificando bens, ou simulando dívidas:

"Pena – detenção, de 6 (seis) meses a 2 (dois) anos, ou multa.

"Parágrafo único. Somente se procede mediante queixa."

Trata-se, como se vê, de ação penal privada, motivo pelo qual não compete ao juiz do trabalho a iniciativa de oficiar ao Ministério Públi-

"(...).

"§ 3º. Se o terceiro negar o débito em conluio com o devedor, a quitação, que este lhe der, considerar-se-á em fraude de execução."

36. Alcides de Mendonça Lima, *Comentários ao Código de Processo Civil*, 7ª ed., v. VI, pp. 437-438.

37. "Exige-se primeiro a ação de anulação do ato fraudatório, chamada *pauliana*, em que há mister se provem o *consilium fraudis* e o *eventus damni*. Não é suficiente a prova da fraude no processo executório, como sucede na fraude à execução, eis que esta torna ineficaz o ato, enquanto que aquela o torna anulável" (Amaro Barreto, *Execução...*, p. 69).

38. Alcides de Mendonça Lima, *Comentários...*, 7ª ed., v. VI, p. 438.

39. Cf. Manoel Antônio Teixeira Filho, *Execução...*, 2ª ed., p. 189.

co, a menos que o crime seja cometido em detrimento do patrimônio ou interesse da União, Estado e Município, hipótese em que a ação penal será pública (art. 24, § 2º, do CPP).

8. *Embargos à execução*

Após a garantia do juízo faculta-se ao executado a possibilidade oferecer embargos à execução (e que poderão também atacar a penhora), no prazo de cinco dias, nos termos do art. 884 da Consolidação das Leis do Trabalho.[40]

Trata-se de remédio processual que não tem natureza recursal, e sim de ação incidental constitutiva,[41] na medida em que objetiva modificar ou extinguir a execução.

No mesmo prazo que o executado tem para ofertar embargos à execução (ou à penhora) o exequente poderá impugnar a sentença de liquidação. No entanto, torna-se imperiosa a intimação do exequente acerca da penhora realizada, providência que não é adotada na maioria das Secretarias de Varas do Trabalho.

Assim, naquelas Varas em que o exequente não é intimado da penhora seu prazo para impugnar a sentença de liquidação começa a ser contado da sua efetiva ciência de referido ato de constrição judicial, o que normalmente ocorre por ocasião da intimação para impugnar os embargos do executado.

Questão interessante diz respeito às matérias alegáveis nos embargos à execução. O § 1º do art. 884 consolidado indica que os embargos versarão sobre "cumprimento da decisão ou do acordo, quitação ou prescrição da dívida", mas a doutrina é unânime em afirmar que as alegações não se resumem ao disposto no diploma consolidado, merecendo aplicação subsidiária o art. 475-L do CPC, acrescentado pela Lei 11.232, de 23.12.2005, o art. 741 do CPC (execução em face da Fazen-

40. O prazo conta-se a partir da intimação da penhora ou a partir da data em que foi efetuado o depósito para garantia do juízo. E quanto à massa falida prevalece o entendimento jurisprudencial cristalizado na Súmula 86 do Tribunal Superior do Trabalho, segundo o qual não haverá a garantia do juízo e o prazo para embargos se conta a partir da citação.

41. "Ação do devedor, ajuizada em face do credor, no prazo e forma legais, com o objetivo de extinguir, no todo ou em parte, a execução, desconstituindo, ou não, o título em que esta se funda" (Manoel Antônio Teixeira Filho, *Execução...*, 2ª ed., p. 424).

da Pública) ou o art. 745 do CPC quando se tratar de título executivo extrajudicial.

No que respeita às matérias indicadas no dispositivo consolidado reside controvérsia em torno da prescrição que poderia ser alegada, já que a prescrição dos direitos trabalhistas deve ser alegada na fase de conhecimento, motivo pelo qual parte da doutrina entende que a prescrição alegável seria a intercorrente.

Neste particular, Amaro Barreto afirma que: "A prescrição da execução não se identifica com a da ação, qual se evidenciou em capítulo anterior. A única identidade existente entre ambas é de prazo, que numa e noutra é o mesmo. Por isso, a prescrição arguível nos embargos à execução é a do julgado, ou seja, a da ação executória, pois que a da ação já está coberta pela coisa julgada, ou por deduzida, ou por deduzível, na fase da cognição".[42]

O posicionamento de Amaro Barreto foi aquele adotado pelo Supremo Tribunal Federal. Com efeito, a Súmula 159 do Supremo Tribunal Federal estabelece que "prescreve a execução no mesmo prazo da prescrição da ação"; e a Súmula 327 dispõe que "o direito trabalhista admite a prescrição intercorrente". Vale dizer, se o vencedor na decisão de conhecimento não promover o início da execução no prazo de dois anos após o trânsito em julgado ou abandoná-la por igual prazo, por sua culpa exclusiva, poderá ser arguida a prescrição.

Contudo, o posicionamento adotado pelo Supremo Tribunal Federal não encontrou eco no próprio Tribunal Superior do Trabalho, o qual editou a Súmula 114 ("É inaplicável na Justiça do Trabalho a prescrição intercorrente").

Sérgio Pinto Martins[43] menciona que a orientação do Tribunal Superior do Trabalho se originou do art. 40 da Lei 6.830, de 1980, aplicável subsidiariamente ao processo do trabalho, e que disciplina a possibilidade de suspensão da execução enquanto não forem encontrados bens do devedor. Com a devida vênia do consagrado autor, entendemos que a suspensão da execução, nos termos da legislação indicada, nada tem a ver com a aplicação da prescrição intercorrente no processo do trabalho.

Estamos de pleno acordo em que o credor não pode sofrer prejuízos na hipótese de inexistência de bens do devedor, motivo pelo qual é plenamente justificável a suspensão da execução, nos termos do art. 40

42. *Execução...*, p. 261.

43. *Direito...*, 10ª ed., p. 558.

da Lei 6.830, de 1980, enquanto a prescrição intercorrente só incidiria no caso de inexecução por culpa do próprio credor.

De qualquer sorte, a prevalecer o entendimento do Tribunal Superior do Trabalho, precisaríamos indagar acerca de a qual prescrição o § 1º do art. 884 consolidado faz menção, e que poderá ser alegada nos embargos, quando se tratar da execução de título executivo judicial.

Quanto à alegação de quitação da dívida, é certo que se trata de ato que tenha desobrigado o devedor após a sentença condenatória. Afinal de contas, não se poderá inovar a sentença do processo de conhecimento, nem se permitirá a juntada de recibos de pagamento que seriam pertinentes àquela fase processual.

A doutrina não se encontra pacificada em relação à possibilidade de alegação de nulidade de citação do revel, nos termos do inciso I do art. 475-L do diploma processual civil. Isto porque no processo do trabalho, ao contrário do cível, o revel é intimado da sentença, a teor do art. 852 da norma consolidada.[44]

Contudo, parece-nos perfeitamente defensável a possibilidade de arguir nos embargos à execução, na Justiça do Trabalho, a nulidade de citação se o processo tiver corrido à revelia, mas desde que se demonstre que nula também o foi a intimação da sentença e que o reclamado só teve ciência da sentença de conhecimento no momento em que foi citado na execução.

Igualmente defensável é a possibilidade de interpor o recurso ordinário após a citação para a execução se apenas nesta oportunidade é que o reclamado teve ciência da existência do processo e consequente condenação no processo de conhecimento.

Por ocasião de embargos à execução em face de título executivo extrajudicial na Justiça do Trabalho (art. 876 da CLT) deve ser reconhecido ao embargante o direito de alegar as matérias do art. 884 do diploma consolidado, bem como todas as matérias que seriam passíveis de arguição no processo de conhecimento, consoante se infere do art. 745 do mesmo diploma processual, inclusive a prescrição da execução, vez que será a primeira oportunidade para o devedor argui-la.

44. Manoel Antônio Teixeira Filho (*Execução...*, 2ª ed., p. 443) e Sérgio Pinto Martins (*Direito...*, 10ª ed., p. 557) entendem que não será possível a alegação da matéria prevista no art. 741, I, do Código de Processo Civil em sede de embargos à execução no processo trabalhista. Em sentido contrário vamos encontrar Tostes Malta (*Prática...*, 23ª ed., p. 760) e Eduardo Gabriel Saad (*Direito Processual do Trabalho*, 2ª ed., p. 748), desde que o embargante não tenha recebido sequer a intimação da sentença.

Registre-se, ainda, que os embargos à execução comportam a rejeição liminar quando ofertados fora do prazo legal, não estiverem fundados em algum dos fatos indicados em lei (art. 884, § 1º, da CLT, art. 475-L, art. 741 ou art. 745 do CPC), ou quando ocorrer uma das hipóteses do art. 295 do Código de Processo Civil, tudo nos termos do art. 739 do diploma processual.

Finalmente, devemos atentar para o fato de que a decisão dos embargos à execução pode ser atacada mediante agravo de petição, desde que observados os pressupostos de admissibilidade indicados no art. 897, § 1º, da Consolidação das Leis do Trabalho (delimitação justificada das matérias e valores impugnados para possibilitar a execução definitiva da parte incontroversa), além dos requisitos de admissibilidade inerentes aos demais recursos (subjetivos e objetivos), cumprindo assinalar a inexigibilidade do preparo, em face de entendimento do próprio Tribunal Superior do Trabalho (Instrução Normativa TST-3, de 1993).

9. *Embargos à arrematação e à adjudicação*

Os embargos à arrematação e à adjudicação são compatíveis com o processo trabalhista,[45] podendo ser ofertados no prazo de cinco[46] dias após a arrematação ou adjudicação, nos termos do art. 746 do Código de Processo Civil, aplicável subsidiariamente ao processo do trabalho (art. 769 da CLT), podendo versar sobre nulidade da execução, pagamento, novação, transação ou prescrição, desde que supervenientes à penhora.

45. Valentin Carrion entende que referidos remédios processuais são incompatíveis com o processo do trabalho, eis que o legislador objetivou simplificar o procedimento e elegeu o agravo de petição para impugnação das decisões do juiz no processo de execução, a teor do art. 897, "a", da Consolidação das Leis do Trabalho (*Comentários...*, 19ª ed., p. 697).

46. Amauri Mascaro Nascimento entende que o prazo seria de 10 dias, nos estritos termos do art. 746 do Código de Processo Civil. Contudo, parece que não se trata de entendimento majoritário, na medida em que o art. 746 do Código de Processo Civil determina a observância da disciplina dos embargos à execução nos embargos à arrematação e à adjudicação, e daí o prazo de 10 dias no processo comum (art. 738 do CPC); enquanto no processo do trabalho deve ser feita a necessária adaptação com o art. 884 da Consolidação das Leis do Trabalho, e daí a afirmação de que o prazo é de 5 dias. Neste mesmo sentido: Sérgio Pinto Martins (*Direito...*, 10ª ed., p. 574), Francisco Antônio de Oliveira (*A Execução...*, 2ª ed., p. 140) e Manoel Antônio Teixeira Filho (*Execução...*, 2ª ed., p. 458).

Estão legitimados ativamente para a oferta de embargos à arrematação e à adjudicação o devedor, o sucessor, o fiador, o espólio, os herdeiros e todos aqueles legitimados passivamente no processo de execução. E referidos remédios processuais, a exemplo dos embargos à execução, têm natureza jurídica de ação.

10. Embargos de terceiro

10.1 Conceito e natureza jurídica

Os embargos de terceiro traduzem remédio processual idôneo à defesa de terceiro no processo de execução, inexistindo controvérsia acerca de sua compatibilidade com o processo do trabalho, a despeito da omissão do diploma consolidado.

Contudo, não se pode afirmar que *terceiro* é a pessoa física ou jurídica que não participou da relação jurídica processual.[47] Em verdade, aquele que não participou da relação jurídica processual e é surpreendido com determinação judicial expressa para que suporte o ônus da execução e tenha seus bens penhorados não é terceiro, e por este motivo deverá ofertar embargos à execução, arguindo ilegitimidade de parte.

A natureza jurídica de referido remédio processual é a de ação incidental constitutiva. Encontra-se disciplinado nos arts. 1.046 e ss. do Código de Processo Civil e se presta à defesa de terceiro contra turbação ou esbulho na posse de seus bens por ato de apreensão judicial, tais como penhora, arresto, sequestro, alienação judicial, os quais são compatíveis com o processo do trabalho, e também os casos de arrecadação, arrolamento, inventário e partilha, hipóteses absolutamente incompatíveis com o processo laboral. Trata-se, pois, de remédio processual que não se restringe ao âmbito das execuções.

10.2 Legitimação ativa

Estão legitimados ativamente os terceiros propriamente ditos, não sendo exigido que tenham o domínio do bem. Basta a posse (parágrafo único do art. 1.046 do CPC).

Também pode ocorrer de o próprio devedor ofertar embargos de terceiro, arguindo a impossibilidade de apreensão judicial do bem,

47. Com a devida vênia, entendemos incompleta a definição de Amauri Mascaro Nascimento, segundo o qual "embargos de terceiro são um meio de impugnação destinado a permitir que aquele que, não sendo parte na relação jurídica processual, sofre penhora de seus bens possa defender-se" (*Curso*..., 18ª ed., p. 544).

seja pelo título de sua aquisição ou até mesmo pela qualidade em que os possuir, a teor do § 2º do art. 1.046 do Código de Processo Civil. Exemplifique-se com a hipótese de bem penhorado nas dependências do executado, mas que é objeto de locação.

Igualmente, os embargos de terceiro poderão ser ofertados pelo cônjuge do executado quando defende bens dotais, próprios, reservados ou de sua meação (art. 1.046, § 3º, do CPC).

Finalmente, não se olvide que referidos embargos poderão ser ofertados pelo credor com garantia real, para obstar à alienação judicial de bem gravado com hipoteca, penhor ou anticrese, nos termos do art. 1.047, II, do Código de Processo Civil. Contudo, as alegações de um credor com garantia real (pignoratícia, anticrética ou hipotecária) estarão restritas às hipóteses de insolvência do executado (e que é devedor comum), de nulidade do título, que não obriga a terceiro, e de que a coisa dada em garantia é diversa daquela que foi alienada (nos termos do art. 1.054, I-III, do CPC).

10.3 Prazo

No processo do trabalho os embargos de terceiro serão ofertados até cinco dias depois da arrematação, adjudicação ou remição, mas sempre antes da assinatura da respectiva carta (art. 1.048 do CPC).

10.4 Competência

Os embargos de terceiro são distribuídos por dependência ao processo de execução, sendo do juízo da execução a competência para instrução e julgamento, salvo a hipótese de execução por carta precatória, em que a competência será do juízo deprecado, a menos que o bem tenha sido indicado pelo juízo deprecante. A regra geral é no sentido de que a competência para julgamento dos embargos é do juízo que ordenou a apreensão (art. 1.049 do CPC).

10.5 A petição inicial dos embargos de terceiro

A petição inicial deverá ser acompanhada de todos os documentos necessários à prova das alegações, permitindo-se a oitiva de testemunha para a prova da posse dos bens.

Se o juiz entender que os documentos ofertados com a petição inicial são suficientes à prova da posse poderá deferir liminarmente os embargos, ordenando a expedição de mandado de manutenção ou de restituição em favor do embargante, com a condição de que preste caução de os devolver, com seus rendimentos, caso sejam rejeitados, nos termos do art. 1.051 do Código de Processo Civil. Referida caução poderá ser fidejussória ou real.

11. Exceção de pré-executividade

Trata-se da possibilidade de defesa no processo de execução sem a garantia do juízo, nas hipóteses de vícios ou ausência de algum pressuposto processual.

Referidos vícios podem dizer respeito às próprias condições da ação. Imagine-se o executado que é parte manifestamente ilegítima de uma execução milionária. Seria razoável exigir-lhe a garantia do juízo para que pudesse arguir ilegitimidade de parte nos embargos à execução?

Sergio Pinto Martins entende que a exceção de pré-executividade é incompatível com o processo do trabalho,[48] mas reconhece que o prazo para referida exceção seria o de 48 horas, em que o executado deveria nomear bens à penhora (art. 880 da CLT).

Pessoalmente, entendemos perfeitamente compatível a exceção de pré-executividade com o processo do trabalho, a menos que haja a necessidade de dilação probatória, hipótese em que deverá ser exigida a garantia do juízo. E neste sentido transcrevemos o pronunciamento de Eduardo Gabriel Saad:

"De qualquer modo, mesmo no processo trabalhista é de se admitir a exceção em tela desde que fundada em prova sólida que exclua qualquer possibilidade de manobra procrastinatória, pois, na dicção de Araken de Assis (*Manual de Processo de Execução*, Ed. RT, 3ª ed., 1996, p. 427), 'a utilização ampla da exceção de executividade, deduzida de má-fé, gera distorções dignas de nota. Existe o curial risco de dissipação ou ocultamento de bens na pendência de exceção incondicionada ao depósito e à penhora'.

"Tratando-se de fato ou circunstância que demande produção de prova ou perícia, não merece acolhida a exceção em causa."[49]

Assinalamos, ainda, que não se trata de uma novidade. Há muito tempo se cogita da defesa, na execução, sem a garantia do juízo, muito embora se omita a denominação atual.

48. *Direito...*, 10ª ed., p. 550.
49. *Direito...*, 2ª ed., p. 707.

Pontes de Miranda, citado por Amaro Barreto,[50] enumera hipóteses atípicas em que seria possível ao executado, desde logo, arguir incidentes da execução, tais como: a) nulidade absoluta ou inexistência da sentença exequenda; b) se o pagamento puder ser provado incontinenti; c) se houve compromisso arbitral julgado por sentença e no juízo arbitral, para se evitar duplicidade de execução; d) se em outro processo foi determinada a compensação; e) a impenhorabilidade absoluta alegada e decidida antes da penhora – entre outras hipóteses.

Dentre as hipóteses indicadas parece-nos incompatível com o processo trabalhista aquela constante do item "c", quando se tratar de execução de título executivo judicial oriundo de um processo individual de trabalho em que foram deferidas verbas decorrentes da relação de emprego.

Como bem observa Eduardo Gabriel Saad,[51] é no título extrajudicial que se encontra um terreno fértil à exceção de pré-executividade, o qual comporta duas hipóteses na Justiça do Trabalho (acordo firmado perante as comissões de conciliação prévia e termo de ajuste de condutas firmados perante o Ministério Público do Trabalho), além de outras que emergem da ampliação da competência da Justiça do Trabalho em face da Emenda Constitucional 45/2004.

Em síntese, a exceção de pré-executividade, utilizada com a devida parcimônia no processo do trabalho, poderá colaborar na busca da justiça, evitando constrangimentos e injustiças ainda maiores, em situações que devem ser sopesadas pelo juízo trabalhista.

12. Execução contra a Fazenda Pública

12.1 Execução por quantia certa

Quando se tratar de Fazenda Pública, a execução por quantia certa observa algumas peculiaridades que decorrem da impenhorabilidade de seus bens. Isto porque os arts. 100 e 101 do Código Civil consagram a inalienabilidade dos bens públicos de uso comum do povo e os de uso especial, salvo as hipóteses expressamente previstas em lei, e o art. 649, I, do CPC, estabelece a impenhorabilidade dos bens inalienáveis nos termos da Lei.

Por este motivo, tornada líquida a conta, a Fazenda Pública não será citada para pagar ou garantir a execução, e, sim, para opor os embargos de que trata o art. 730 do CPC.

50. *Execução...*, p. 243.
51. *Direito...*, 2ª ed., p. 707.

12.2 Embargos à execução opostos pela Fazenda Pública

Diante dos fundamentos já expendidos anteriormente, a Fazenda Pública jamais poderá sofrer a constrição de seus bens. E se isso ocorrer, não temos dúvidas de que poderá valer-se da impetração de mandado de segurança para ver resguardado o direito líquido e certo que decorre da impenhorabilidade de seus bens e o fato de que a execução deve seguir os trâmites específicos da execução por quantia certa contra entes de direito público interno.

Conforme dissemos alhures, a Fazenda Pública não é citada para pagar ou garantir a execução, e sim para eventual oposição de embargos à execução (art. 730 do CPC).

Na questão do prazo para oferta dos mencionados embargos, sempre imperou cizânia doutrinária, já que alguns permaneciam na defesa do prazo de cinco dias (art. 884 da CLT) e outros não abdicavam do prazo de dez dias (art. 730 do CPC), não havendo controvérsia no sentido de que a contagem do prazo se dá a partir da citação e não da juntada do mandado aos autos do processo.

Entendíamos que o prazo para oferta dos embargos à execução era de dez dias, nos exatos termos do art. 730 do CPC, haja vista a omissão da CLT quanto à execução contra a Fazenda Pública.[52] Sempre pareceu-nos pouco defensável o prazo previsto no art. 884 do diploma consolidado, pois, como se sabe, referido dispositivo legal alude ao prazo de cinco dias após a garantia da execução ou penhora de bens; vale dizer, destina-se à execução contra pessoa jurídica de direito privado ou pessoa física.

Assim, com a devida vênia, entendemos equivocado o raciocínio empreendido por Manoel Antônio Teixeira Filho[53] no sentido de que a natureza jurídica dos embargos à execução impediria a aplicação da prerrogativa insculpida no Decreto-lei 779/1969, qual seja, prazo em quádruplo (hipóteses de contestação) ou em duplo (hipóteses de recurso).[54] Com efeito, os embargos à execução têm natureza de ação constitutiva incidental, afirmação que encontra ampla aceitação na dou-

52. E nesse sentido temos a companhia de Eduardo Gabriel Saad (*Direito Processual do Trabalho*, p. 683) e Bolívar Viégas Peixoto (*Iniciação ao Processo Individual do Trabalho*, p. 330).

53. Ob. cit., p. 266.

54. O mesmo raciocínio de Manoel Antônio Teixeira Filho vem sendo adotado por Sérgio Pinto Martins (*Direito Processual do Trabalho*, p. 604, e *Comentários à*

trina. Contudo, o aspecto mencionado nunca foi relevante na solução da questão do prazo para sua oferta pela Fazenda Pública.

Não se tratava de aplicar o prazo do art. 884 consolidado, nem mesmo de forma dobrada ou quadruplicada, mas importava reconhecer a omissão da CLT (art. 769) e a consequente necessidade de invocação do processo comum – tese abraçada pela jurisprudência, cumprindo assinalar a seguinte ementa de jurisprudência:

• *Embargos à execução – Fazenda Pública – Art. 730 do CPC – Aplicação subsidiária ao Processo do Trabalho – Violação do art. 5º, LV, da CF – Configuração.* O art. 884 da CLT, ao prover o prazo de cinco dias destinado à oposição dos embargos à execução (redação anterior à Medida Provisória n. 2.102), tem aplicação apenas às pessoas de direito privado, na medida em que alude à garantia da execução e à penhora de bens como pressupostos para a prática do ato. Realmente, considerando que os bens pertencentes à União, Estados, Municípios e Distrito Federal são impenhoráveis, não há como se proceder à sua expropriação mediante aplicação do rito comum de execução previsto na legislação consolidada. Nesse contexto, por força da inequívoca omissão da CLT, no tocante ao regramento da matéria, devem ser aplicadas, de forma subsidiária, as disposições pertinentes ao CPC (art. 730), que fixam, em dez dias, o prazo para a Fazenda Pública apresentar embargos à execução, sem qualquer cominação de penhora. Recurso de revista provido. **(TST, rel. Min. Milton de Moura Franca, *DJ* 24.5.2001, p. 681)**

De qualquer sorte, parece-nos que todas as discussões relativas ao prazo para oposição de embargos à execução pela Fazenda Pública restam dirimidas com a edição da Medida Provisória 2.180-35, de 24.8.2001 (oriunda de renumeração e reedições da Medida Provisória 1.798), objetivando premiar a Fazenda Pública, com várias alterações na legislação ordinária, inclusive no próprio Código de Processo Civil e Consolidação das Leis do Trabalho.

Com efeito, o art. 4º da Medida Provisória 2.180-35 consagra algumas alterações na Lei 9.494, de 10.9.1997, tendo introduzido os arts. 1º-A a 1º-F, bem como arts. 2º-A e 2º-B. No momento, interessa-nos discutir o teor do art. 1º-B da Lei 9.494/1997, com a redação da Medida Provisória 2.180-35:[55] "O prazo a que se refere o *caput* dos arts. 730 do

CLT, p. 861) e Francisco Antonio de Oliveira (*Consolidação das Leis do Trabalho*, p. 783).

55. Referida medida provisória foi editada com o número 1.798 e, após cinco reedições, sofreu modificações com a edição da MP 1.906-6, e mais cinco reedições, seguida da edição da MP 1.984-12 e suas treze reedições. Pela MP 1.984-16 foi acrescentado o art. 1º-B à Lei 9.494/1997, com a seguinte redação: "O prazo a que se refere o *caput* do art. 730 do Código de Processo Civil passa a ser de trinta dias", o que ficou bem ao gosto daqueles que sempre defenderam o prazo de cinco dias para

Código de Processo Civil, e 884 da Consolidação das Leis do Trabalho, aprovada pelo Decreto-lei n. 5.453, de 1º de maio de 1943, passa a ser de trinta dias".

Ora, uma leitura apressada do dispositivo legal que acabamos de transcrever pode levar o intérprete ao entendimento de que resta revogado o prazo de cinco dias para oposição de embargos à execução no processo do trabalho. No entanto, a interpretação sistemática conduz ao entendimento de que o prazo de trinta dias é somente para embargos eventualmente opostos pela Fazenda Pública. Isto porque o art. 4º da Medida Provisória 2.180-35 se destinou à modificação da Lei 9.494/1997, a qual disciplinava a proibição de tutela antecipada contra a Fazenda Pública, além de estabelecer restrição à coisa julgada em ação civil pública quando o pedido é julgado improcedente por falta de provas.[56]

Não temos dúvidas em afirmar que o "legislador" pretendeu elastecer o prazo para embargos à execução pela Fazenda Pública e, ciente da discussão que se travaria em torno da compatibilidade com o processo do trabalho, não titubeou em fazer menção expressa ao art. 884 da CLT ao reeditar a Medida Provisória 1.984 pela vigésima quinta vez, redação que persiste até os dias de hoje, com a Medida Provisória 2.180-35, cuja interpretação literal implicaria resultado absurdo, com o alastramento do seu alcance. E neste sentido, parece-nos oportunas

oposição de embargos à execução pela Fazenda Pública em sede trabalhista. Contudo na 25ª reedição (MP 1.984-25, de 21.12.2000) foi atribuída nova redação ao art. 1º-B da Lei 9.494, de 10.9.1997, a fim de ampliar o prazo para trinta dias, também no art. 884 da CLT, redação que persistiu nas sucessivas reedições – e que agora deve perdurar indefinidamente, já que a MP 2.180-35 foi editada antes da promulgação da EC 32, de 11.9.2001.

56. Infelizmente, o acréscimo de dispositivos à Lei 9.494/1997 pela MP 2.180-35 destoa do objetivo inicial da própria Lei, já que os acréscimos estão relacionados a aspectos do processo de execução, enquanto a Lei 9.494/1997 tratava de processo de conhecimento. Aliás, a própria MP 2.180-35 traduz um emaranhado de alterações em diversas leis, passando pela estrutura da própria Advocacia-Geral da União e também promovendo alterações em leis processuais, com vistas a proteger a Fazenda Pública, num autêntico abuso na edição de medidas provisórias e que esperamos seja, efetivamente, coibido com a EC 32, de 11.9.2001. Saliente-se, ainda, que a MP 2.180-35 consagrou outras alterações na CLT, a exemplo do acréscimo do parágrafo único ao art. 467 e § 5º ao art. 884, ambos de constitucionalidade mais do que duvidosa, e que comportariam um estudo à parte. O parágrafo único do art. 467 da CLT estabelece restrição à aplicabilidade quando o reclamado for a Fazenda Pública. e o § 5º do art. 884 da CLT representa verdadeira afronta à coisa julgada ("§ 5º. Considera-se inexigível o título judicial fundado em lei ou ato normativo declarados inconstitucionais pelo Supremo Tribunal Federal ou em aplicação ou interpretação tidas por incompatíveis com a Constituição Federal").

as palavras de Rudolf von Jhering: "O apego às palavras é um desses fenômenos que, no Direito como em tudo o mais, caracterizam a falta de maturidade do desenvolvimento intelectual. No começo da história do Direito poder-se-ia gravar esta epígrafe – *In principio erat verbum.* A palavra, quer escrita, quer solenemente expressa (a fórmula), aparece aos povos crianças como alguma coisa de misterioso, e a fé ingênua atribui-lhe força sobrenatural".[57]

Diante da explanação empreendida, somos levados a concluir que a Fazenda Pública (União, Estados, Municípios, Distrito Federal, autarquias e fundações públicas) possui o prazo de 30 dias para opor embargos à execução no processo do trabalho. É mais uma "prerrogativa" no meio de tantas já conhecidas, e cuja pecha de inconstitucionalidade poderá ser afastada com os mesmos argumentos já utilizados na defesa do prazo em dobro para recorrer ou em quádruplo para contestar uma demanda.

Na hipótese de oposição dos embargos à execução, o exequente será instado a respondê-los. E, por força do próprio art. 1º-B da Lei 9.494/1997 combinado com a dicção do art. 884 da CLT, entendemos que o prazo será idêntico àquele conferido à Fazenda Pública, ou seja 30 dias.[58]

Expirado o prazo mencionado, com ou sem a manifestação do exequente, o juiz do trabalho deverá julgar os embargos. Dessa decisão caberá o agravo de petição (art. 897, "a", da CLT) pela parte que tiver sucumbido, ainda que parcialmente. Ao exequente o prazo será de oito dias (art. 897 da CLT) e à executada será franqueado o prazo em dobro (Decreto-lei 779/1969, art. 1º, III).

Jamais se cogitará de remessa *ex officio*, pois o Decreto-lei 779/1969 alude ao "recurso ordinário *ex officio* (art. 1º, V), o que evi-

57. *Apud* Carlos Maximiliano, *Hermenêutica e aplicação do direito*, p. 121. E arremata o próprio Carlos Maximiliano (ob. cit., p. 122): "nunca será demais insistir sobre a crescente desvalia do processo filológico, incomparavelmente inferior ao sistemático e ao que invoca os fatores sociais, ou o Direito Comparado. Sobre o pórtico dos tribunais conviria inscrever o aforismo de Celso – *Scire leges non est verba earum tenere, sed vim ac potestatem* ('Saber as leis é conhecer-lhes, não as palavras, mas a forma e o poder', isto é, o sentido e o alcance respectivos)".

58. Assinale-se que o próprio artigo 884 da CLT alude ao prazo para oposição de embargos e idêntico prazo para impugnação. E não se diga que nosso posicionamento atenta contra a celeridade processual, porquanto milita em favor do credor-exequente, que poderá ofertar sua impugnação em prazo inferior se entender oportuno.

dencia aplicabilidade, tão somente, na fase de conhecimento e nunca na execução.

12.3 A expedição do precatório

Não havendo oposição de embargos à execução ou transitando em julgado a decisão proferida naqueles eventualmente opostos, inicia-se a preocupação com a efetiva satisfação do julgado.

Conforme disciplina o art. 100 da Constituição Federal "à exceção dos créditos de natureza alimentícia, os pagamentos devidos pela Fazenda Federal, Estadual ou Municipal, em virtude de sentença judiciária, far-se-ão exclusivamente na ordem cronológica de apresentação dos precatórios e à conta dos créditos respectivos, proibida a designação de casos ou de pessoas nas dotações orçamentárias e nos créditos adicionais abertos para este fim".

Com a promulgação da atual Constituição, inúmeras foram as discussões em torno da necessidade do precatório para a satisfação do crédito trabalhista, já que restaram excepcionados os "créditos de natureza alimentícia" no dispositivo constitucional transcrito anteriormente. No entanto, o entendimento restou pacificado no sentido de que é necessária a expedição do precatório, com a ressalva de que devem existir duas classes de precatórios, sendo um destinado à satisfação de crédito alimentar e outro aos créditos de natureza não alimentar. Vale dizer, devem existir dois controles de precatórios, sendo os créditos trabalhistas incluídos entre aqueles que devem ser satisfeitos antes dos demais, ficando assegurada a observância da ordem cronológica de apresentação dos precatórios.

Com efeito, parece-nos pouco defensável solução diversa da indicada no parágrafo anterior, mormente quando se considera a impossibilidade de penhora dos bens públicos, fato que, por si só, inviabiliza a execução forçada prevista na CLT.

Por seu turno, o precatório traduz uma solicitação ou requisição do juiz da execução ao presidente do Tribunal Regional do Trabalho ao qual estiver vinculado, a fim de que determine à Fazenda Pública a inclusão do crédito exequendo no orçamento do ano seguinte e promova o depósito na conta do juízo. Para que seja exigível a inclusão do crédito no orçamento do ano subsequente, o precatório deve ser apresentado até 1º de julho.

Por outro lado, o precatório deve observar alguns requisitos formais, e que se encontram estampados na Instrução Normativa 11, de 10.4.1997, do Tribunal Superior do Trabalho, quais sejam: 1) petição inicial da demanda trabalhista; 2) decisão exequenda; 3) conta de liquidação; 4) sentença de liquidação; 5) certidão de trânsito em julgado da decisão exequenda e da sentença de liquidação; 6) indicação da pessoa ou pessoas a quem deve ser paga a importância requisitada; 7) citação da entidade devedora; 8) procuração com poderes expressos para receber e dar quitação, no caso de pedido de pagamento a procurador; 9) manifestação do representante legal da União, atestando que o precatório está conforme os autos originais, há hipótese específica de execução contra a União Federal; 10) número da conta, exclusiva, na qual deverão ser efetuados os depósitos; 11) inteiro teor do despacho que ordenou a formação do precatório.

Além de cópias das peças processuais expressamente enumeradas, outras poderão ser anexadas a critério do juiz da execução ou por indicação das partes.

No Tribunal Regional do Trabalho, o setor competente receberá os precatórios e promoverá as respectivas autuações e numerações, com observância da ordem cronológica de chegada, com vistas à precedência no cumprimento.

Após a providência supramencionada, o precatório é submetido ao presidente do tribunal, para exame dos requisitos exigidos à respectiva formação. Eventuais irregularidades serão certificadas e comunicadas ao juízo da execução para que sejam sanadas.

A correção de erros materiais ou de cálculo pode ser promovida pelo presidente do tribunal, *ex officio* ou a requerimento das partes, por força da própria Instrução Normativa já mencionada, fato que não deve causar estranheza, já que erros materiais não transitam em julgado e são passíveis de correção até mesmo em execução contra pessoas físicas ou pessoas jurídicas de direito privado (art. 833 da CLT). Neste sentido, o STF já se pronunciou por ocasião do julgamento da ADI 1.662-8, com a única ressalva de que "as diferenças agasalhadas são resultantes de erros materiais ou aritméticos, ou de inexatidão dos cálculos dos precatórios, não podendo, porém, dizer respeito ao critério adotado para a elaboração do cálculo ou índices de atualização diversos dos que foram utilizados em primeira instância, salvo na hipótese de substituição por força de lei do índice aplicado".

12.4 O cumprimento do precatório

Os pagamentos deverão ser feitos nos autos do processo de execução, e na medida em que ocorrer a liberação, as importâncias respectivas serão depositadas, na conta indicada pelo Juiz requisitante, à sua disposição, considerado nos depósitos e levantamentos o que dispõe o art. 100 da Constituição da República.

Na hipótese de preterição no direito de precedência, o credor poderá requerer ao presidente do Tribunal Regional do Trabalho que promova a ordem de sequestro da quantia necessária à satisfação do crédito exequendo (art. 100, § 2º, da CF) depois da oitiva do Ministério Público do Trabalho (art. 83, XIII, da Lei Complementar 75/1993 e art. 731 do CPC). Assinale-se, contudo, que o "sequestro" de que trata o art. 100, § 2º, da CF não se confunde com a medida cautelar nominada disciplinada nos arts. 822 a 825 do CPC. A providência assegurada pela Constituição não tem natureza cautelar, e objetiva a efetiva satisfação do crédito exequendo.

Por outro lado, revela-se tormentosa a situação em que a pessoa jurídica de direito público interno não inclui, no respectivo orçamento, a verba necessária à satisfação do precatório apresentado até 1º de julho, e também quando o pagamento é realizado sem a devida atualização monetária ou fora do prazo legal.

O TST, através da Instrução Normativa 11, de 10.4.1997 (publicada no *DJ* de 2.5.1997) havia estabelecido, nos seus itens III e XII, respectivamente, que "o não cumprimento da ordem judicial relativa à inclusão, no respectivo orçamento, pela pessoa jurídica de direito público condenada, de verba necessária ao pagamento do débito constante de precatório regularmente apresentado até 1º de julho, importará na preterição de que tratam os §§ 1º e 2º do art. 100 da Constituição da República e autorizará o Presidente do Tribunal Regional do Trabalho, a requerimento do credor, expedir, após ouvido o Ministério Público, ordem de sequestro nos limites do valor requisitado" e que "caso efetivado o pagamento por meio inidôneo, a menor, sem a devida atualização ou fora do prazo legal, poderá o Juiz da Execução, a requerimento da parte interessada, requisitar ao Presidente do Tribunal o sequestro da quantia necessária à satisfação do crédito, após a atualização do débito e oficiada a entidade devedora com prazo para pagamento", numa verdadeira tentativa de moralização no cumprimento de precatórios oriundos da Justiça do Trabalho, já que a antiga redação do § 1º do art. 100 da Constituição

Federal dava margem ao entendimento de que a atualização monetária pudesse ficar restrita ao dia 1º de julho do ano anterior ao efetivo pagamento da dívida. Confira-se a redação: "É obrigatória a inclusão, no orçamento das entidades de direito público, de verba necessária ao pagamento de seus débitos constantes de precatórios judiciários, *apresentados até 1º de julho, data em que terão atualizados seus valores*, fazendo-se o pagamento até o final do exercício seguinte"[59] (grifamos).

Ocorre, porém, que em ação direta de inconstitucionalidade (ADI 1.662-8) ajuizada pelo Governador do Estado de São Paulo (art. 103, V, da CF), houve a concessão de medida liminar para suspender, com eficácia *ex nunc*, a vigência dos itens III e XII da Instrução Normativa 11/1997 do TST, decisão que foi publicada no *Diário da Justiça* de 20.3.1998.

Diante da concessão da medida liminar pelo Supremo Tribunal Federal, a Corregedoria-Geral da Justiça do Trabalho publicou o Provimento 03/98 (*DJ* 7.10.1998), objetivando regulamentar "o pedido de intervenção nos Estados-membros e Municípios, por desrespeito às decisões da Justiça do Trabalho", à luz dos arts. 34, VI, e 35, IV, da Constituição Federal, reservando a ordem de sequestro para a hipótese específica de preterição do direito de precedência, com o que não estariam equiparadas as hipóteses de ausência de inclusão das verbas no orçamento ou de pagamento sem as atualizações devidas.

A promulgação da Emenda Constitucional 30, de 13.9.2000, revelou novo ânimo ao estabelecer nova redação ao § 1º do art. 100 da Constituição Federal, não permitindo dúvidas em torno da obrigatoriedade de atualização do crédito exequendo à época do efetivo pagamento. A nova redação é a seguinte: "É obrigatória a inclusão, no orçamento das entidades de direito público, de verba necessária ao pagamento de seus débitos oriundos de sentenças transitadas em julgado, constantes de precatórios judiciários, apresentados até 1º de julho, *fazendo-se o pagamento até o final do exercício seguinte, quando terão seus valores atualizados monetariamente*" (grifamos).

59. A Constituição do Estado de São Paulo (art. 57, § 3º) tem disciplina mais favorável quanto ao pagamento de créditos de "natureza alimentícia", fato que foi ressalvado na instrução normativa do Tribunal Superior do Trabalho: "os créditos de natureza alimentícia, nesta incluídos, entre outros, vencimentos, pensões e suas complementações, indenizações por acidente de trabalho, por morte ou invalidez fundadas na responsabilidade civil, serão pagos de uma só vez, devidamente atualizados até a data do efetivo pagamento.

A nova redação do § 1º art. 100 da Constituição Federal inspirou algumas decisões do Tribunal Superior do Trabalho, inclusive com vistas à possibilidade de sequestro no caso de omissão do orçamento, com o consequente resgate das disposições da Instrução Normativa 11/1997, a exemplo das seguintes ementas de jurisprudência:

• *Precatório. Atualização.* Rezando a Constituição Federal que os precatórios serão pagos "até o final do exercício seguinte", quando terão seus valores atualizados monetariamente (art. 100, § 1º, da CF/1988, com a redação dada pela Emenda Constitucional n. 30/2000), inequívoco que se impõe a atualização do crédito trabalhista junto à Fazenda Pública até a data do efetivo pagamento, sob pena de satisfação incompleta. Embargos não conhecidos". **(rel. Min. José Luiz Vasconcellos, *DJ* 24.8.2001, p. 731)**

• *Precatório. Atualização monetária.* O pagamento atualizado do débito trabalhista junto à Fazenda Pública é hoje imperativo constitucional expresso (nova redação ao art. 100, § 1º, da Constituição da República, introduzida pela Emenda Constitucional n. 30, de 13 de setembro de 2000). A atualização do crédito trabalhista junto à Fazenda Pública até a data do efetivo pagamento, se impõe, sob pena de satisfação incompleta. Violação de dispositivo constitucional não evidenciada. Recurso de revista não conhecido". **(rel. Juíza convocada Beatriz Goldschmidt, *DJ* 10.8.2001, p. 809)**

• *Sequestro de verba pública. Precatório judicial. Hipótese de inclusão no orçamento. Ausência de pagamento. Legalidade. Emenda Constitucional n. 30/2000.* 1. Após a promulgação da Emenda Constitucional n. 30/2000, pela qual foi acrescido o artigo 78 ao Ato das Disposições Constitucionais Transitórias, fixou-se o entendimento jurisprudencial no âmbito desta Corte no sentido de que, vencido o prazo, em caso de omissão do orçamento ou caracterizada a preterição ao direito de precedência do credor, deve o Presidente do Tribunal Regional do Trabalho, a requerimento do credor, determinar o sequestro de recursos financeiros da entidade pública devedora suficientes à quitação de precatório judicial trabalhista, devendo se observar, entretanto, que o ato constritivo se limitará ao percentual percebido a título de Fundo de Participação dos Municípios. 2. Agravo Regimental desprovido". **(rel. Min. Francisco Fausto, *DJ* 28.9.2001, p. 510)**

O mérito da Ação Direta de Inconstitucionalidade promovida pelo Governador do Estado de São Paulo (ADI 1.662-8) foi julgado na data de 30.8.2001, tendo o STF ignorado os novos apelos de interpretação que poderiam decorrer da nova redação do § 1º do art. 100 da Constituição Federal, por força da Emenda Constitucional 30/2000, eis que restou confirmada a decisão liminar, restringindo o alcance da expressão "preterimento de seu direito de precedência". Vale dizer, a não inclusão de verba no orçamento para quitação de precatório apresentado até 1º de julho ou a satisfação sem atualização monetária deverá autorizar a intervenção federal no Estado-membro (art. 34, VI, da CF) ou a intervenção estadual no Município (art. 35, IV, da CF), desde que haja requerimento do credor, permanecendo incólume o Provimento 03/1998 da Corregedoria-Geral da Justiça do Trabalho. A intervenção no Estado-membro deve ser requerida pelo presidente do Tribunal Regional do Trabalho ao Supremo Tribunal Federal, por intermédio da Corregedoria-Geral da Justiça do Trabalho e a intervenção no Município deve ser requerida pelo presidente do Tribunal Regional do Trabalho diretamente ao Tribunal de Justiça estadual.

Em síntese, o sequestro da quantia necessária à satisfação do débito fica restrito à hipótese de preterição (o legislador preferiu "preterimento") do direito de precedência do credor, quando o crédito se encontra devidamente incluído no orçamento. Ao que parece, diante do resultado do julgamento da ADI 1.662-8, não configurará preterição ao direito do credor a não inclusão da verba no orçamento, ainda que haja a inclusão de verba para satisfação de outro crédito cujo precatório tenha sido apresentado posteriormente, tudo levando à convicção de que a hipótese de sequestro torna-se praticamente inexistente.[60]

12.5 Execução de obrigações de pequeno valor contra a Fazenda Pública

A Emenda Constitucional 20, de 15.12.1998, acrescentou o § 3º ao art. 100 da Constituição, segundo o qual não se exige a expedição de precatórios para "pagamentos de obrigações definidas em lei como de pequeno valor que a Fazenda Federal, Estadual ou Municipal deva fazer em virtude de sentença judicial transitada em julgado", cuja nova redação atribuída pela Emenda Constitucional 30, de 13.9.2000, incluiu a expressão "Distrital", numa alusão à Fazenda do Distrito Federal.

O mencionado dispositivo constitucional não se revelava autoaplicável, só restando viabilizado por meio da Lei 10.259/2001. Por força

60. Christovão Piragibe Tostes Malta chega a defender que o sequestro não se volta contra a Fazenda Pública e sim contra o credor que tenha sido beneficiado com a inobservância da ordem de precedência: "No que concerne ao sequestro, não é voltado contra a Fazenda, porque, sendo seus bens impenhoráveis, são também insequestráveis. Dirige-se contra o credor que tenha recebido pagamento fora da ordem legal, atingindo as importâncias irregularmente embolsadas" (*Prática do Processo Trabalhista*, p. 847). Com a devida vênia, não concordamos com referido pronunciamento. Ao que parece, o autor supõe que o sequestro de que trata o diploma constitucional tenha alguma relação com o sequestro cautelar previsto no Código de Processo Civil.

de referida lei, considera-se de pequeno valor a obrigação não superior a 60 salários-mínimos da União, suas autarquias e fundações; e, quanto aos Estados e Municípios, socorremo-nos do art. 87 do Ato das Disposições Constitucionais Transitórias, acrescentado pela Emenda Constitucional 37, de 12.6.2002, que estabelece a importância não superior a 40 salários-mínimos em relação à Fazenda do Estado, suas autarquias e fundações (art. 87, I, do ADCT) e, finalmente, aquela não superior a trinta salários-mínimos devida pela Fazenda Municipal, suas autarquias e fundações (art. 87, II, do ADCT).

Nesta nova modalidade de execução, o precatório é substituído por uma Requisição de Pequeno Valor do juízo da execução, após o trânsito em julgado da decisão que fixou o crédito exequendo. Dentro do montante da obrigação de pequeno valor se incluem os juros, correção monetária, despesas processuais (incluindo eventuais honorários advocatícios e periciais, encargos fiscais e previdenciários), podendo o exequente, se lhe for conveniente, renunciar ao crédito remanescente para se beneficiar com a maior celeridade que decorre da Lei 10.259, de 2001.

Por último, assinalamos que a Emenda Constitucional 30/2000, acrescentou o § 5º ao art. 100 da Constituição ("O Presidente do Tribunal competente que, por ato comissivo ou omissivo, retardar ou tentar frustrar a liquidação regular de precatório incorrerá em crime de responsabilidade"), que foi renumerado pela Emenda Constitucional 37, de 12.6.2002, e atualmente coincide com o § 6º.

13. A execução das contribuições previdenciárias

13.1 Breve histórico das contribuições previdenciárias perante a Justiça do Trabalho

A discussão em torno do assunto foi iniciada pelo art. 43 da Lei 8.212/1991, com a exigência de que: "Em caso de extinção de processos trabalhistas de qualquer natureza, inclusive a decorrente de acordo entre as partes, de que resultar pagamento de remuneração ao segurado, o recolhimento das contribuições devidas à Seguridade Social será efetuado incontinenti" – redação que se encontra superada pela atual, por força da Lei 8.620, de 5.1.1993, inclusive com o acréscimo do parágrafo único:

"Art. 43. Nas ações trabalhistas de que resultar o pagamento de direitos sujeitos à incidência de contribuição previdenciária, o juiz, sob pena de responsabilidade, determinará o imediato recolhimento das importâncias devidas à Seguridade Social.

"Parágrafo único. Nas sentenças judiciais ou nos acordos homologados em que não figurarem, discriminadamente, as parcelas legais relativas à contribuição previdenciária, esta incidirá sobre o valor total apurado em liquidação de sentença ou sobre o valor do acordo homologado."

Diante da circunstância mencionada, e considerando a intenção do legislador de aumentar a arrecadação para o custeio do sistema de Seguridade Social, a Emenda 20/1998 impôs o acréscimo do § 3º ao art. 114 da CF, estabelecendo que "compete ainda à Justiça do Trabalho executar, de ofício, as contribuições sociais previstas no art. 195, I, 'a', e II, e seus acréscimos legais, decorrentes das sentenças que proferir" – e que foi mantida com a Emenda Constitucional 45/2004, no inciso VIII do mesmo art. 114 da CF ("a execução, de ofício, das contribuições sociais previstas no art. 195, I, 'a', e II, e seus acréscimos legais, decorrentes das sentenças que proferir").

13.2 As contribuições previdenciárias e a Lei 10.035/2000

A Lei 10.035/2000 modificou a redação do parágrafo único do art. 831 da CLT, ao consagrar que, "no caso de conciliação, o termo que for lavrado valerá como decisão irrecorrível, salvo para a Previdência Social quanto às contribuições que lhe forem devidas". Trata-se de inovação causadora de perplexidade, pois há mais de 50 anos se afirmava que o termo de conciliação era insuscetível de recurso, pois valia como decisão irrecorrível, sem restrições.

Entendemos que o art. 832, § 4º, da CLT não alude a recurso específico e inominado, mas reclama a utilização do sistema recursal trabalhista existente, e não a criação de novo recurso para atender à realidade da ampliação da competência da Justiça do Trabalho.

O disposto no art. 831, parágrafo único, da CLT foi completado com a exigência do § 3º do art. 832 do mesmo diploma legal (também acrescentado pela Lei 10.035/2000), segundo o qual "as decisões cognitivas ou homologatórias deverão sempre indicar a natureza jurídica das parcelas constantes da condenação ou do acordo homologado, inclusive o limite de responsabilidade de cada parte pelo recolhimento da contribuição previdenciária, se for o caso".

Curiosamente, não há exigência legal para que o órgão responsável pela arrecadação previdenciária (União) seja intimado da sentença, apesar da determinação legal no sentido de que deve ser indicada a natureza jurídica das parcelas constantes da condenação. Ora, se a União não é intimada quanto ao teor da sentença, revela-se acertada a conclusão de que poderá discutir a natureza jurídica das parcelas na fase de liquidação de sentença, quando for intimada para manifestação (art. 879, 3º, da CLT).[61]

Não adianta afirmar, na sentença, que o direito à reintegração foi convertido em indenização e que, portanto, não há incidência de contribuição previdenciária, já que o trânsito em julgado não inibirá a discussão na fase de liquidação de sentença, a menos que seja, a critério do juiz, intimada da sentença de conhecimento e permaneça silente. Trata-se, com certeza, de uma hipótese de relativização da coisa julgada, que resta abrigada no processo do trabalho.

Outra questão tormentosa é o alcance que se deve atribuir à competência da Justiça do Trabalho para a execução de contribuições previdenciárias, pois tanto a Emenda Constitucional 20/1998 quanto a de n. 45/2004 aludem "a execução de ofício das contribuições sociais previstas no art. 195, I, 'a', e II, e seus acréscimos legais, decorrentes das sentenças que proferir", enquanto o art. 832, § 3º, da CLT (acrescentado pela Lei 10.035/2000) menciona "parcelas constantes da condenação".

Em síntese, compete à Justiça do Trabalho executar as contribuições previdenciárias decorrentes de uma sentença meramente declaratória da existência do vínculo de emprego, ou estaria restrita àquelas parcelas que têm natureza remuneratória e foram objeto de condenação?

13.3 Contribuições previdenciárias e sentença trabalhista

A Emenda Constitucional 20/1998 estabeleceu a competência da Justiça do Trabalho para a execução de contribuições previdenciárias "decorrentes das sentenças que proferir", sem qualquer adjetivação; o que foi repetido na Emenda Constitucional 45/2004, conforme o inciso VIII do art. 114. Vale dizer, o texto constitucional não distinguiu entre sentenças de natureza constitutiva, declaratória ou condenatória – o que se verifica no art. 832, § 3º, da CLT, acrescentado pela Lei 10.035/2000; e daí as discussões em torno do cabimento de referida execução em face

61. Impõe-se reiterar, também em relação a este dispositivo, que a intimação deve ser pessoal e dirigida à União, representada pela Procuradoria da Fazenda Nacional (art. 14, § 3º, da MP 258/2005). O disposto no § 5º do art. 832 da CLT, acrescentado pela Lei 11.457/2007, apenas estabelece que a União poderá recorrer da discriminação quando intimada da sentença.

de sentenças declaratórias do vínculo de emprego ou em relação ao período laborado sem o registro em Carteira de Trabalho e Previdência Social – CTPS quando a sentença também tem natureza condenatória.

O próprio Tribunal Superior do Trabalho, após muita reflexão, acabou recuando de entendimento anterior, consagrado na Súmula 368, alterando a redação do inciso I, em decisão plenária de 10.11.2005. Com efeito, a atual redação da Súmula 368, I, do TST (Resolução 138/2005, publicada no *DJU* 23.11.2005) consagra que "a competência da Justiça do Trabalho, quanto à execução das contribuições previdenciárias, limita-se às sentenças condenatórias em pecúnia que proferir e sobre os valores objeto de acordo homologado ou que integrem o salário de contribuição". Não há, portanto, segundo o entendimento atual da mais alta Corte Trabalhista, a possibilidade de execução, perante a Justiça do Trabalho, de contribuições previdenciárias referentes a todo o período contratual ou de período trabalhado sem registro que seja reconhecido em sentença trabalhista, ainda que haja a determinação para anotação da CTPS. Contudo, trata-se de entendimento contrário à interpretação literal do disposto no art. 876, parágrafo único, da CLT (com redação da Lei 11.457, de 16.3.2007).

13.4 Contribuições previdenciárias e acordo judicial

Nos casos de homologação de acordo há a necessidade de indicação da natureza jurídica das parcelas que o compõem, com vistas à tributação previdenciária (art. 832, § 3º, da CLT), sob pena de o valor total acordado ser considerado de natureza salarial – e, portanto, sujeito ao recolhimento em favor do órgão previdenciário (art. 43, parágrafo único, da Lei 8.212/1991).

Entendemos que a discriminação das parcelas deve levar em consideração se o acordo está sendo celebrado antes ou depois da prolação de sentença de conhecimento, e também o momento em que o negócio se verifica na fase de execução, pois a coisa julgada material não pode ser ignorada, em face do interesse do terceiro interessado.

No acordo celebrado antes da sentença do processo de conhecimento não se pode negar às partes a liberdade mais ampla na discriminação das parcelas que são objeto de acordo, inclusive com a indicação de que a totalidade corresponde a verbas indenizatórias, desde que se trate de parcelas constantes do pedido inicial e que sejam respeitados os valores máximos atribuídos pelo reclamante na sua postulação. Nesta situação, não vemos como prestigiar o argumento de que se deverá observar a proporcionalidade entre verbas indenizatórias e salariais, à luz da petição inicial, diante da natureza de transação de que se reveste a maioria dos acordos na fase de conhecimento, já que há incerteza quanto ao direito vindicado (*res dubia*).

Quanto aos acordos celebrados sem o reconhecimento do vínculo de emprego não vemos óbice à indicação de que o valor ostenta natureza totalmente indenizatória, desde que celebrados antes da sentença declaratória de sua existência e que haja efetiva controvérsia entre as partes neste particular. A tentativa de elisão fiscal deve ser obstada pelo magistrado quando o próprio vínculo de emprego se revela incontroverso após a formação da *litiscontestatio*. Mas não ficamos sensibilizados com o argumento da União, em vários recursos ordinários, no sentido de que as contribuições seriam sempre devidas sobre o total pactuado, por força do art. 195, I, "a", da CF. Isso porque o acordo celebrado sem o reconhecimento do vínculo de emprego não desobriga as partes da discriminação das parcelas (art. 832, § 3º, da CLT), sob as penas do art. 43, parágrafo único, da Lei 8.212/1991; mas não se pode presumir a ocorrência de fraude ou tentativa de elisão fiscal em todas as hipóteses em que há declaração de que o acordo se dá por mera liberalidade, tampouco nos casos em que as partes declaram que o total do valor acordado terá, por exemplo, natureza de indenização por perdas e danos (art. 389 do CC), principalmente quando não há pedido de pagamento de salários atrasados, e sim das verbas rescisórias e outras parcelas de natureza remuneratória (horas extras, adicional de insalubridade etc.), que jamais beneficiariam o reclamante na ausência de reconhecimento da relação de emprego.

Por outro lado, somos de opinião que as partes perdem, gradativamente, a liberdade para estipulação da natureza jurídica das parcelas do acordo a partir da prolação da sentença, quando já existe reconhecimento judicial dos direitos vindicados. Após uma sentença declaratória do vínculo de emprego não tem cabimento a homologação de acordo "por mera liberalidade", pois é flagrante a tentativa de elisão fiscal, independentemente do trânsito em julgado; e quando já existe sentença de liquidação entendemos que o acordo deve respeitar a proporcionalidade das diversas parcelas que já foram contempladas no julgado (salários e indenizações). Repudiamos, no entanto, o argumento de que após a fixação do *quantum debeatur* as contribuições previdenciárias serão exigíveis com base na mencionada importância, independentemente do acordo celebrado em valor inferior, na medida em que o fato gerador do tributo é o pagamento de parcelas com natureza salarial.[62] Trata-se de conclusão que, em nosso entendimento, não viola o disposto no art. 832, § 6º, da CLT (com redação da Lei 11.457/2007).

14. *Execução das multas administrativas*

A competência da Justiça do Trabalho para processar e julgar "as ações relativas às penalidades administrativas impostas aos empregadores pelos órgãos de fiscalização das relações de trabalho" (art. 114, VII, da CF) foi umas das inovações da Emenda Constitucional 45/2004.

Diante do texto constitucional (art. 114, VII), ampliou-se o rol de possibilidades do mandado de segurança perante a Justiça do Trabalho em face de eventuais abusos e violações a direito líquido e certo por parte das autoridades fiscalizadoras e administrativas do Ministério do Trabalho e Emprego, e fica também viabilizada a ação anulatória do débito fiscal.

Para o objetivo deste nosso trabalho, interessa uma breve digressão em torno das execuções fiscais das multas aplicadas pelos auditores fiscais do Ministério do Trabalho e Emprego, nos termos do art. 642 da CLT e da Lei 6.830/1980, também abrigada no texto constitucional.

A execução fiscal das multas administrativas do Ministério do Trabalho e Emprego justifica-se tão somente quando o empregador autuado não tiver utilizado a faculdade de interpor o recurso administrativo disciplinado nos arts. 635 e 636 da CLT, pois o recurso mencionado só será conhecido se houver a prova do depósito da multa (art. 636, § 1º, da CLT), e na hipótese de não provimento o depósito se converte em pagamento (art. 639 da CLT).

Após a autuação, e superadas as fases de defesa e recurso (arts. 629-636 da CLT) sem sucesso para o infrator, a cobrança amigável pode ser realizada, nos termos do art. 640 da CLT; e, no caso de restar infrutífera referida via administrativa, ocorre a inscrição da dívida, nos termos do art. 641 da CLT, e cópia autêntica dessa inscrição é encaminhada à Procuradoria da Fazenda Nacional, para a cobrança judicial perante a Justiça do Trabalho, com observância da Lei 6.830/1980, que rege a cobrança judicial da dívida ativa da Fazenda Pública, e, subsidia-

62. Em sentido contrário, João Oreste Dalazen afirma que "o pagamento de parcelas salariais definidas em sentença somente não se consuma exatamente porque as partes frustram mediante a transação posterior, decerto no afã deliberado de provocar elisão do crédito do INSS por contribuição previdenciária" (ob. cit., p. 408).

riamente, do Código de Processo Civil (art. 1º da Lei 6.830/1980). Não há espaço para aplicação da Consolidação das Leis do Trabalho, mesmo porque não se trata de processo tipicamente trabalhista, e para o qual se pudesse reclamar a aplicação dos princípios e peculiaridades que objetivam a efetividade do provimento jurisdicional, ficando ressalvado o uso do sistema recursal trabalhista, a exemplo do que sempre ocorreu com o mandado de segurança e outras demandas previstas no Código de Processo Civil (consignação em pagamento, cautelares e monitórias), em homenagem ao art. 763 da CLT.[63]

A ação de execução fiscal deverá ser instruída com cópia autenticada, pela autoridade do Ministério do Trabalho e Emprego, da certidão de dívida ativa (art. 641 da CLT, c/c o art. 2º, § 6º, da Lei 6.830/1980), e os requisitos da petição inicial se encontram indicados no art. 6º da lei já mencionada (indicação do juiz a quem é dirigida, pedido e requerimento para a citação), sendo desnecessária a causa de pedir. O valor da causa deve corresponder ao valor da dívida certificada com acréscimo dos juros e correção monetária (art. 6º, § 2º, da Lei 6.830/1980).

A citação para pagamento ou garantia do juízo, no prazo de cinco dias (art. 8º da Lei 6.830/1980), pode ser feita pelo Correio, com aviso de recebimento, salvo se a Fazenda Pública o requerer de outra forma (art. 8º, I, da Lei 6.830/1980), devendo ser realizada por oficial de justiça se o aviso de recebimento não retornar no prazo de 15 dias após a postagem (art. 8º, III, da Lei 6.830/1980).

Na hipótese de ausência de pagamento ou indicação de bens para garantia do juízo, haverá a penhora de bens segundo a ordem estabelecida no art. 11 da Lei 6.830/1980, nada obstando à utilização da constrição por meio do “Bacen-Jud”, conforme Provimento 06/2005 da Corregedoria-Geral da Justiça do Trabalho, que corresponde à penhora em dinheiro, que se encontra em primeiro lugar na ordem legal.

O prazo para embargos à execução será de 30 dias, contados do depósito, da juntada da prova da fiança bancária ou da intimação da penhora, nos termos do art. 16 da Lei 6.830/1980, tendo a Fazenda Pública igual prazo para impugnação, permitindo-se ampla dilação probatória, com a possibilidade de oitiva de testemunhas arroladas (no máximo três

63. Neste mesmo sentido as conclusões de Marcos Neves Fava in “As ações relativas às penalidades administrativas impostas aos empregadores pelos órgãos de fiscalização das relações de trabalho – Primeira leitura do art. 114, VII, da Constituição da República” (pp. 345-361), publicado no livro *Justiça do Trabalho: Competência Ampliada*, São Paulo, LTr, 2005.

e, a critério do juiz, até seis), desde que a prova não seja exclusivamente documental (arts. 16, § 2º, e 17, parágrafo único, da Lei 6.830/1980). Eventual acolhimento integral dos embargos à execução equivale à improcedência da execução da dívida ativa de que trata o art. 475, III, do CPC, e daí a existência do duplo grau de jurisdição obrigatório.

15. Suspensão e extinção da execução

As hipóteses de suspensão da execução se encontram arroladas nos arts. 791 e 792 do CPC, e se resumem, basicamente, aos casos de apresentação de embargos à execução (art. 791, I), inexistência de bens penhoráveis (art. 791, III), ocorrências do art. 265 do CPC (art. 791, II) e a requerimento das partes (art. 792 do CPC), quando o credor concede um prazo para que o devedor cumpra voluntariamente a obrigação.

A extinção da execução ocorre, basicamente, em três situações, à luz do art. 794 do CPC, e que deve ser aplicado subsidiariamente ao processo trabalhista: I – quando o devedor satisfaz a obrigação; II – quando o devedor obtém, por transação ou por qualquer outro meio, a remissão total da dívida; III – quando o credor renuncia ao crédito.

A hipótese do inciso I, por óbvio, inclui a satisfação espontânea e também a provocada pela execução, com a constrição de bens e satisfação do crédito exequendo que, não raro, também abrange verbas previdenciárias e despesas processuais, além do crédito trabalhista *stricto sensu.*

Quanto à previsão do inciso II, verificamos que o legislador alude à hipótese de transação, que nada mais representa, na execução, senão uma novação que, infelizmente, pode dar ensejo a nova e futura execução. Basta o inadimplemento do devedor. Alguns autores chegaram a afirmar que a expressão "remissão" (que, em síntese, significa perdão) teria decorrido de um descuido do legislador, pois o correto seria "remição" (resgate). De nossa parte, ficamos convencidos de que tanto uma expressão quanto outra poderia ser aceita, mesmo porque a expressão "remissão" comporta a acepção de "resgate", "compensação", "paga" e "satisfação" (cf. *Novo Dicionário Aurélio da Língua Portuguesa*, p. 1.482); e já que o legislador, que não erra sempre, preferiu "remissão", que fique assim mesmo.

Contudo, a extinção da execução só produz efeito quando declarada por sentença (art. 795 do CPC). A simples e lacônica determinação "Ao arquivo" não vincula as partes, pois, a qualquer momento poderá haver a solicitação de desarquivamento para cobrança de alguma diferença de correção monetária e juros que possa ter ficado pendente. O ideal é que o magistrado trabalhista julgue extinta a execução por sentença (basta algo do tipo: "Vistos, examinados etc. Cumprida a obrigação (art. 794, I, do CPC), julgo extinta a execução, nos termos do art. 795 do CPC. Intimem-se"), sendo facultada a interposição de agravo de petição no prazo de 8 (oito) dias (art. 897, "a", da CLT).

XXII
INQUÉRITO JUDICIAL PARA APURAÇÃO DE FALTA GRAVE

1. Antecedentes históricos. 2. Natureza jurídica. 3. Procedimento. 4. Provas. 5. Pagamento de custas. 6. Julgamento do inquérito.

1. Antecedentes históricos

A Lei Eloy Chaves (Lei 4.682, de 24.1.1923) consagrou a existência de uma caixa de aposentadoria e pensões para os empregados das empresas de estradas de ferro, e pela primeira vez assegurou a estabilidade no emprego.

Com o efeito, o art. 42 da Lei 4.682, de 1923, estabelecia que: "Depois de 10 (dez) anos de serviços efetivos, o empregado das empresas a que se refere a presente Lei só poderá ser demitido no caso de falta grave constatada em inquérito administrativo, presidido por um engenheiro da Inspetoria e Fiscalização das Estradas de Ferro".

Trata-se de norma legal que contou com inúmeras críticas, na medida em que beneficiava uma parcela restrita de trabalhadores. Contudo, o próprio Eloy Chaves assegurou que os benefícios ali consagrados deveriam se estender gradualmente a outros setores. E foi o que ocorreu.

Observamos que a Lei Eloy Chaves aludia a "inquérito administrativo", não se cogitando de "inquérito judicial", mesmo porque a Justiça do Trabalho ainda não existia, tendo sido organizada pelo Decreto 1.237, de 2.5.1939, e integrada ao Poder Judiciário com a Constituição de 1946.

Com a promulgação da Consolidação das Leis do Trabalho de forma acidental apareceu a expressão "inquérito administrativo" no art. 821, o que foi corrigido com o Decreto-lei 8.737/46.[1]

2. *Natureza jurídica*

Trata-se de ação de natureza constitutiva[2] do empregador em face do empregado, que objetiva a desconstituição do vínculo de emprego do empregado que tenha adquirido a estabilidade definitiva prevista na Consolidação das Leis do Trabalho (art. 494) antes da Constituição Federal de 1988, do dirigente sindical (art. 543, § 3º, da CLT, c/c o art. 8º, VIII, da CF), dos membros representantes dos empregados perante as comissões de conciliação prévia (art. 625-B, § 1º, da CLT), empregados que sejam eleitos diretores de sociedades cooperativas, por eles próprios criadas, nos termos do art. 55 da Lei 5.764/1971 ou quando a estabilidade definitiva tenha se dado por força de convenções coletivas, acordos coletivos ou sentença normativa. Isto porque referidos empregados só podem ter o contrato de trabalho rescindido por motivo de falta grave devidamente comprovada e reconhecida pela Justiça do Trabalho em inquérito judicial.

Igualmente, não se pode negar o direito do empregado de solicitar demissão ou pedir a rescisão indireta do contrato de trabalho; mas quanto à primeira hipótese precisamos atentar para o disposto no art. 500 da Consolidação das Leis do Trabalho – vale dizer, o pedido de demissão tem que contar com a assistência do sindicato da categoria e, se não houver, deve ser feito perante o órgão do Ministério do Trabalho ou da própria Justiça do Trabalho.[3]

É desnecessário o ajuizamento do inquérito para a despedida do membro eleito para comissão interna de prevenção de acidentes e da empregada gestante, já que referidos empregados estão protegidos contra a despedida arbitrária ou sem justa causa, enquanto nas hipóteses mencionadas anteriormente a perda da garantia de emprego decorre da

1. Cf. Wilson de Souza Campos Batalha, *Tratado de Direito Judiciário do Trabalho*, 2ª ed., p. 571.

2. Costuma-se afirmar que se trata de ação constitutiva negativa ou desconstitutiva.

3. Eis uma hipótese de jurisdição voluntária perante a Justiça do Trabalho, de rara ocorrência, já que pressupõe a inexistência do sindicato, e cujo procedimento não está detalhado.

prática de falta grave nos termos do art. 493 do diploma consolidado, o que só pode ser apurado em inquérito judicial (art. 494 da CLT).

3. *Procedimento*

Nos termos do art. 853 da Consolidação das Leis do Trabalho, não se permite a "reclamação verbal" na hipótese de inquérito judicial para apuração de falta grave. Faculta-se o *jus postulandi* das partes (art. 791 da CLT), mas o ajuizamento deve ser por escrito.

É facultado ao empregador suspender o empregado dos serviços tão logo seja constatada a falta grave, mas ficará obrigado a ajuizar o inquérito no prazo de 30 dias a contar da suspensão (art. 853 da CLT), sob pena de decadência, conforme entendimento jurisprudencial dominante.[4]

E, por se tratar de mera faculdade do empregador, não se cogita de decadência se não houver a suspensão do empregado, hipótese em que será observado o prazo prescricional de que trata o art. 11 da Consolidação das Leis do Trabalho. Contudo, será defensável a ocorrência de perdão tácito na hipótese de o empregador não ter diligenciado imediatamente após a prática da falta grave.[5]

Por outro lado, parecem-nos acertadas as ponderações de Eduardo Gabriel Saad quando afirma:

"Dentro dessa linha de raciocínio, entendemos, ainda, que o inquérito deve ser, sempre, precedido da suspensão do empregado. Em verdade, se o empregado é acusado de uma falta que, por sua natureza, é suscetível de provocar a dissolução do contrato de trabalho, presume-se que, em razão desse mesmo fato, não pode ele continuar trabalhando.

Se a empresa ajuíza a reclamação, para instauração do inquérito em debate, sem afastar preventivamente o empregado do serviço, então é de se acreditar que a falta a este imputada não é muito grave."[6]

A exemplo do que ocorre na reclamação trabalhista, o inquérito judicial será arquivado se o empregador (requerente) não comparecer à audiência inicial, e será julgado à revelia (com aplicação da cominação de confissão) se a ausência for do empregado (requerido).

4. *Súmula 403 do Supremo Tribunal Federal*: "É de decadência o prazo de 30 dias para instauração de inquérito judicial, a contar da suspensão, por falta grave, de empregado estável".

5. Cf. Sérgio Pinto Martins, *Direito Processual do Trabalho*, 10ª ed., p. 396.

6. *Direito Processual do Trabalho*, 2ª ed., p. 515.

4. Provas

Presentes as partes à audiência, será feita a primeira proposta de conciliação (art. 846 da CLT) e, não havendo acordo, a defesa poderá ser ofertada pelo empregado-requerido, por escrito ou oralmente (20 minutos), a teor do art. 847 da Consolidação das Leis do Trabalho.

São admissíveis todas as provas previstas na legislação processual, aplicando-se ao inquérito judicial para apuração de falta grave, *mutatis mutandis*, tudo o que foi dito no capítulo em que discutimos a produção de provas no processo do trabalho.

Quanto às testemunhas, faculta-se a oitiva de até seis para cada parte (art. 821 da CLT).

5. Pagamento de custas

Ao contrário do que ocorria com as reclamações trabalhistas, as custas processuais não eram pagas ao final, e sim antes do julgamento pela Vara do Trabalho ou juízo de direito, e eram calculadas sobre seis vezes o último salário mensal do empregado-requerido.[7]

Contudo, a Lei 10.537/2002 rompeu com a exceção supramencionada, atribuindo nova redação ao *caput* e parágrafos do art. 789 da CLT, estabelecendo pagamento de custas após o trânsito em julgado da decisão ou dentro do prazo para interposição do recurso (art. 789, § 1º, da CLT), sempre no percentual de 2% sobre o valor da causa, do acordo ou do valor arbitrado à condenação, conforme o caso.

6. Julgamento do inquérito

Observadas as condições da ação e pressupostos processuais, e após a regular instrução do feito, haverá apreciação de mérito. Neste caso a sentença será de rejeição, procedência ou, até mesmo, procedência parcial do pedido.

7. Valentin Carrion adverte que "julgar-se improcedente o *inquérito judicial* para apuração de falta grave de empregado estável por não ter o autor pagos as custas é ignomínia, que não tem apoio em lei" (*Comentários à Consolidação das Leis do Trabalho*, 19ª ed., p. 561). Em verdade, o inquérito deve ser extinto sem julgamento do mérito, eis que ausente um pressuposto processual; e neste sentido já se pronunciou o Tribunal Superior do Trabalho ("Enunciado 49. No inquérito judicial, contadas e não pagas as custas no prazo fixado pelo juízo, será determinado o arquivamento do processo").

A sentença que acolher o pedido do inquérito judicial para apuração de falta grave decretará a rescisão do contrato de trabalho e legitimará a suspensão do empregado, que antecedera o inquérito. Assim, não se cogita de pagamento de salários em relação ao período de suspensão, eis que o efeito da sentença é *ex tunc*.

A sentença que rejeitar o pedido do inquérito determinará a reintegração no emprego e pagamento dos salários do período de suspensão ou converterá a reintegração em indenização nos termos do art. 496 da Consolidação das Leis do Trabalho.

XXIII
A AÇÃO RESCISÓRIA NA JUSTIÇA DO TRABALHO

1. Natureza jurídica. 2. Cabimento no processo do trabalho: 2.1 Admissibilidade que decorre de dolo ou fraude à lei – 2.2 Admissibilidade decorrente das questões de direito – 2.3 Admissibilidade decorrente da figura do juiz: 2.3.1 Prevaricação – 2.3.2 Concussão – 2.3.3 Corrupção – 2.3.4 Impedimentos do juiz – 2.3.5 Incompetência absoluta do juiz – 2.4 Admissibilidade decorrente das questões de fato. 3. Cumulação do juízo rescindente com o juízo rescisório. 4. Prazo para ajuizamento da ação rescisória. 5. Efeitos da propositura da ação rescisória.

1. Natureza jurídica

A exemplo do inquérito judicial para apuração de falta grave, trata-se de ação constitutiva negativa, na medida em que objetiva a desconstituição da coisa julgada material.

E, como não se trata de recurso, está subordinada ao preenchimento das condições da ação e pressupostos processuais.

2. Cabimento no processo do trabalho

A ação rescisória é compatível com o processo do trabalho, consoante se infere do art. 836 da Consolidação das Leis do Trabalho, com a redação da Lei 11.495, de 22.6.2007, o qual faz remição expressa ao procedimento consagrado no Código de Processo Civil.

Assim, as hipóteses de cabimento da ação rescisória no processo do trabalho coincidem com aquelas indicadas no art. 485 do Código de Processo Civil, que merece transcrição:

"Art. 485. A sentença de mérito, transitada em julgado, pode ser rescindida quando: I – se verificar que foi dada por prevaricação, concussão ou corrupção do juiz; II – proferida por juiz impedido ou absolutamente incompetente; III – resultar de dolo da parte vencedora em detrimento da parte vencida, ou de colusão entre as partes, a fim de fraudar a lei; IV – ofender a coisa julgada; V – violar literal disposição de lei; VI – se fundar em prova, cuja falsidade tenha sido apurada em processo criminal ou seja provada na própria rescisória; VII – depois da sentença, o autor obtiver documento novo, cuja existência ignorava, ou de que não pôde fazer uso, capaz, por si só, de lhe assegurar pronunciamento favorável; VIII – houver fundamento para invalidar confissão, desistência ou transação, em que se baseou a sentença; IX – fundada em erro de fato, resultante de atos ou de documentos da causa. § 1º. Há erro, quando a sentença admitir um fato inexistente, ou quando considerar inexistente um fato efetivamente ocorrido. § 2º. É indispensável, num como noutro caso, que não tenha havido controvérsia, nem pronunciamento judicial sobre o fato."

2.1 Admissibilidade que decorre de dolo ou fraude à lei

É cabível a rescisória quando a sentença resultar de dolo da parte vencedora em detrimento da parte vencida, ou de colusão entre as partes, a fim de fraudar a lei. Contudo, em relação à última hipótese (colusão entre as partes) será cabível desde que o juiz não tenha proferido sentença nos termos do art. 129 do Código de Processo Civil ("Convencendo-se, pelas circunstâncias da causa, de que autor e réu se serviram do processo para praticar ato simulado ou conseguir fim proibido por lei, o juiz proferirá sentença que obste aos objetivos das partes").

2.2 Admissibilidade decorrente das questões de direito

São as hipóteses dos incisos IV e V do art. 485 do Código de Processo Civil, vale dizer, quando houver violação da coisa julgada ou de literal disposição de lei. No entanto, devemos atentar para o disposto na Súmula 83, I do Tribunal Superior do Trabalho: "Não procede o pedido formulado na ação rescisória por violação literal de lei se a decisão rescindenda estiver baseada em texto legal infraconstitucional de interpretação controvertida nos tribunais".

Por força do disposto no art. 485, V, do diploma processual civil, a Orientação Jurisprudencial 41 da Subseção II Especializada em Dissídios Individuais do Tribunal Superior do Trabalho (SDI-II) consagra a possibilidade de ação rescisória contra sentença *citra petita*: "Ação rescisória – Sentença *citra petita* – Cabimento. Revelando-se a sentença *citra petita*, o vício processual vulnera os arts. 128 e 460 do CPC, tornando-a passível de desconstituição, ainda que não opostos embargos declaratórios". Assinale-se, ainda, que a ação rescisória não se presta à discussão acerca da justiça ou injustiça da decisão que se pretende ver desconstituída.

2.3 *Admissibilidade decorrente da figura do juiz*

Os incisos I e II do art. 485 do Código de Processo Civil consagram as hipóteses de rescisão da sentença em face de circunstâncias pessoais pertinentes à figura do juiz.

Com efeito, a sentença de mérito poderá ser rescindida quando for prolatada por prevaricação, concussão ou corrupção do juiz. E o mesmo se diga quando tenha havido impedimento ou incompetência absoluta do juiz.

Vejamos cada uma das situações.

2.3.1 Prevaricação

O juiz, agente político e funcionário público *lato sensu*, pode incorrer no crime consagrado no art. 319 do Código Penal: "Art. 319. Retardar ou deixar de praticar, indevidamente, ato de ofício, ou praticá-lo contra disposição expressa de lei, para satisfazer interesse ou sentimento pessoal".

Assim, a verificação da hipótese requer a ocorrência de omissão injustificada ou retardamento na prática de ato de ofício ou sua realização contrária à lei, motivada pela satisfação de interesse ou sentimento pessoal, e que traduz o dolo específico.

2.3.2 Concussão

A exemplo do anterior, traduz ilícito penal, cujo agente ativo é o funcionário público ou pessoa a ele equiparada. Abrange, igualmente, a figura do juiz.

O art. 326 do Código Penal tipifica o crime de concussão: "Art. 326. Exigir, para si ou para outrem, direta ou indiretamente, ainda que fora da função ou antes de assumi-la, mas em razão dela, vantagem indevida".

Damásio E. de Jesus[1] ensina que se trata de uma forma especial de extorsão cometida por funcionário público, com abuso de autoridade.

A sentença viciada com os ingredientes do tipo penal supramencionado poderá ser rescindida, cumprindo assinalar que a vantagem indevida a que alude o art. 326 do Código Penal não precisa, necessariamente, ser econômica ou patrimonial, eis que o dispositivo legal não faz ressalva alguma no particular. Basta que a vantagem, presente ou futura, beneficie o próprio juiz ou terceiro.

2.3.3 Corrupção

A corrupção que dá ensejo à rescisão da sentença do juiz é a passiva, não obstante a ausência de distinção no diploma processual civil. Isto porque a corrupção ativa é aquela praticada pelo particular contra a administração da justiça.

Traduz ilícito penal consubstanciado no art. 317 do Código Penal: "Art. 317. Solicitar ou receber, para si ou para outrem, direta ou indiretamente, ainda que fora da função ou antes de assumi-la, mas em razão dela, vantagem indevida, ou aceitar promessa de tal vantagem".

2.3.4 Impedimentos do juiz

A Consolidação das Leis do Trabalho não faz distinção entre suspeição e impedimento, consoante se infere de seu art. 801. E daí a necessidade da aplicação subsidiária do Código de Processo Civil – o que não apresenta resistência alguma na doutrina e na jurisprudência.

O art. 134 do Código de Processo Civil arrola as hipóteses de impedimento do juiz: "Art. 134. É defeso ao juiz exercer as suas funções no processo contencioso ou voluntário: I – de que for parte; II – em que interveio como mandatário da parte, oficiou como perito, funcionou como órgão do Ministério Público, ou prestou depoimento como testemunha; III – que conheceu em primeiro grau de jurisdição, tendo-lhe proferido sentença ou decisão; IV – quando nele estiver postulando, como advogado da parte, o seu cônjuge ou qualquer parente seu, consanguíneo ou afim, em linha reta; ou na linha colateral até o 2º grau; V – quando cônjuge, parente, consanguíneo ou afim, de alguma das partes, em linha reta ou, na colateral, até o 3º grau; VI – quando for órgão de direção ou de administração de pessoa jurídica, parte na causa".

1. *Direito Penal*, v. IV, p. 125.

Observamos que as hipóteses de impedimento traduzem veto legal ao exercício da jurisdição pelo magistrado em determinadas demandas. Vale dizer, são hipóteses de presunção absoluta em torno da parcialidade do juiz, e daí a vedação legal à sua atuação.

O impedimento é verificável objetivamente, e a sentença prolatada por juiz impedido é passível de ação rescisória, independentemente da oferta de exceção de impedimento por uma das partes; vale dizer, não ocorre a preclusão no particular. Por outro lado, as hipóteses de suspeição do magistrado (art. 135 do CPC) não comportam ação rescisória e requerem a alegação, por meio de exceção, na audiência inicial, ou na primeira oportunidade que tiver para falar nos autos (art. 795 da CLT), a partir da ciência do fato que tornou o juiz suspeito, sob pena de preclusão.

2.3.5 Incompetência absoluta do juiz

A competência absoluta, como já tivemos a oportunidade de estudar no capítulo próprio, abrange a competência em razão da matéria, da pessoa e a funcional. E sua ausência poderá ser alegada a qualquer momento e de qualquer maneira (e até mesmo reconhecida *ex officio*), desde que não tenha havido a coisa julgada material.

Após o trânsito em julgado de sentença de mérito proferida por juiz absolutamente incompetente ainda haverá a possibilidade de ajuizamento da ação rescisória, com fundamento no art. 485, II, do CPC.

2.4 Admissibilidade decorrente das questões de fato

São as hipóteses indicadas nos incisos VI-IX do art. 485 do Código de Processo Civil. Vale dizer, admite-se a rescisória quando: 1) a sentença se fundar em prova cuja falsidade tenha sido apurada em processo criminal ou seja provada na própria ação rescisória; 2) quando após a sentença o autor obtiver documento novo, cuja existência ignorava, ou de que não pôde fazer uso, capaz, por si só, de lhe assegurar pronunciamento favorável; 3) houver fundamento para invalidar confissão, desistência ou transação em que se baseou a sentença; 4) a sentença se fundar em erro de fato, resultante de atos ou de documentos da causa.

E – como bem lembra Campos Batalha[2] – a admissão da rescisória requer a ausência de prequestionamento da matéria. Se a matéria foi prequestionada não se cogita de rescisória.

2. *Tratado de Direito Judiciário do Trabalho*, 2ª ed., p. 629.

Igualmente, não se poderá cogitar de rescisória em face da errônea interpretação dos fatos atribuída pelo juiz, desde que não lhes tenha negado a existência. Vale dizer, a ação rescisória não admite o reexame de fatos e provas do processo que originou a decisão que se pretende desconstituir (Súmula 410 do TST).

Finalmente, assinale-se que a falsa prova apta a ensejar a rescisória deve ter sido decisiva no julgamento da lide.

3. *Cumulação do juízo rescindente com o juízo rescisório*

Em relação a este particular não mais subsiste a dúvida do Código de Processo Civil de 1939. O próprio art. 488, I, do atual diploma processual estabelece que na petição inicial o autor deverá "cumular ao pedido de rescisão, se for o caso, o de novo julgamento da causa".[3]

Vale dizer, é perfeitamente possível a cumulação do juízo rescindente (*judicium rescindens*) e do juízo rescisório (*judicium rescisorium*). Assim, na ação rescisória o pedido não precisa se restringir à desconstituição do julgado (juízo rescindente), mas poderá ser requerida também a revisão do processo cujo julgado foi considerado nulo.

Como bem lembra Wilson de Souza Campos Batalha,[4] existem situações em que o juízo rescindente é exauriente. É o caso do acórdão que reconhece a coisa julgada, prescrição ou decadência negada na sentença rescindenda.

4. *Prazo para ajuizamento da ação rescisória*

O prazo para propositura da ação rescisória é de dois anos a contar do trânsito em julgado da decisão (art. 495 do CPC); e, não obstante tratar-se de prazo decadencial, a jurisprudência cristalizada na Súmula 100, IX, do TST admite a prorrogação até o primeiro dia útil imediatamente subsequente quando expirar em férias forenses, feriados, finais de semana ou dia em que não há expediente forense. E o trânsito em julgado conta-se a partir do escoamento de todas as possibilidades de

3. Manoel Antônio Teixeira Filho assevera que a cumulação do juízo rescindente com o rescisório, nas hipóteses em que houver necessidade, não traduz mera faculdade do autor da ação rescisória, já que o dispositivo legal alude a "dever". Assim, na hipótese de o autor apenas promover o pedido de desconstituição do julgado o juiz deverá determinar que emende a petição inicial (art. 284 do CPC), sob pena de indeferimento (*Ação Rescisória no Processo do Trabalho*, p. 192).

4. *Tratado...*, 2ª ed., p. 622.

recurso, mesmo que julgadas incabíveis.[5] Ressalvem-se, contudo, as hipóteses em que o recurso não conhecido é manifestamente intempestivo, situação em que o trânsito em julgado deve ser contado a partir do termo final do prazo de recurso.

Quanto ao prazo para ajuizamento da ação rescisória, impõe-se atentar para o fato de que as demandas trabalhistas, via de regra, apresentam cumulação de pedidos. E, teoricamente, a cada pedido corresponde uma demanda, motivo pelo qual são cabíveis, em tese, tantas rescisórias quantos forem os pedidos julgados; vale dizer, o prazo para a ação rescisória começa a fluir a partir do trânsito em julgado da decisão que julgou o pedido, porquanto aquilo que não é objeto de recurso transita em julgado e comporta execução definitiva.

Não pairam dúvidas de que se trata de prazo decadencial, na medida em que o direito potestativo coincide com a própria ação de natureza constitutiva negativa.

Atente-se, ainda, para o fato de que não se exige no processo do trabalho o depósito de que trata o art. 488, II, do Código de Processo Civil (5% sobre o valor da causa, a título de multa, na hipótese de a ação ser julgada improcedente ou inadmissível, por unanimidade de votos), e sim o depósito prévio de 20% do valor da causa, nos termos do art. 836 da CLT, com redação da Lei 11.457/2007, salvo prova de miserabilidade jurídica do autor da rescisória. Trata-se de inovação legislativa que dificulta a propositura de ação rescisória no âmbito trabalhista, se revelando mais severa do que as disposições do Código de Processo Civil.

5. *Efeitos da propositura da ação rescisória*

Diante do art. 489 do Código de Processo Civil, afirmamos que a ação rescisória não suspende a execução da sentença rescindenda. Por outro lado, referida suspensão de execução tem sido reconhecida excepcionalmente em ação cautelar inominada preparatória de ação rescisória ou até mesmo motivada pela tutela antecipada.

Em princípio, o acolhimento da ação rescisória terá efeito *ex nunc*, eis que se trata de ação constitutiva. No entanto, o juízo rescisório poderá dispor de forma diversa no julgamento que deverá substituir a sentença rescindenda.

5. Nesse sentido a Súmula 100 do TST, com redação atribuída pela Resolução 137/2005 (*DJU* 22.8.2005).

XXIV
O MANDADO DE SEGURANÇA NA JUSTIÇA DO TRABALHO

1. Origem e evolução histórica. 2. Natureza jurídica. 3. Cabimento na Justiça do Trabalho e competência funcional. 4. Petição inicial. 5. Possibilidade de concessão de liminar. 6. O problema das informações da autoridade coatora. 7. Recurso cabível. 8. Mandado de segurança coletivo na Justiça do Trabalho. 9. Prazo para impetração.

1. Origem e evolução histórica

O mandado de segurança foi introduzido no ordenamento jurídico brasileiro por meio da Constituição de 1934, para proteger direito líquido e certo que deixou de ser amparado por *habeas corpus* após a Reforma Constitucional de 1926. O preceito constitucional inserido no art. 113, inciso 33, da Constituição de 1934[1] foi regulado pela Lei 191, de 16.1.1936.

A Constituição outorgada em 10 de novembro de 1937 não consagrou o mandado de segurança, mas o Decreto-lei 6, de 16.11.1937, estabeleceu que continuava em vigor o remédio jurídico mencionado, nos termos da Lei 191, exceto quanto aos atos do Presidente da República e dos ministros de Estado, o que evidenciava o autoritarismo do Estado e um resquício do Estado Absolutista.

1. "Dar-se-á mandado de segurança para a defesa de direito, certo e incontestável, ameaçado ou violado por ato manifestamente inconstitucional ou ilegal de qualquer autoridade. O processo será o mesmo do *habeas corpus*, devendo ser sempre ouvida a pessoa de direito público interessada. O mandado não prejudicará as ações petitórias competentes."

A Constituição promulgada em 18 de setembro de 1946 voltou a contemplar o mandado de segurança com a amplitude da Constituição de 1934, consoante se infere do art. 141, § 24: "Para proteger direito líquido e certo não amparado por *habeas corpus*, conceder-se-á mandado de segurança, seja qual for a autoridade responsável pela ilegalidade ou abuso de poder" – disposição que se manteve, com pequenas alterações, nas Constituições de 1967 e 1969.

Por último, a Constituição Federal de 1988 consagrou o mandado de segurança no art. 5º, LXIX, com a seguinte redação: "Conceder-se-á mandado de segurança para proteger direito líquido e certo, não amparado por *habeas corpus* ou *habeas data*, quando o responsável pela ilegalidade ou abuso de poder for autoridade pública ou agente de pessoa jurídica no exercício de atribuições do Poder Público". E também instituiu o mandado de segurança coletivo (art. 5º, LXX): "O mandado de segurança coletivo pode ser impetrado por: a) partido político com representação no Congresso Nacional; b) organização sindical, entidade de classe ou associação legalmente constituída e em funcionamento há pelo menos um ano, em defesa dos interesses de seus membros ou associados".

Atualmente, o mandado de segurança está regulado pela Lei 12.016, de 7.8.2009, a qual revogou a Lei 1.533, de 31.12.1951, disciplinando o mandado de segurança individual e coletivo.

2. *Natureza jurídica*

Segundo Campos Batalha "o mandado de segurança constitui remédio processual simples e rápido para a proteção de direito líquido e certo, ou seja, independente de provas e oriundo de fatos incontroversos, violado ou ameaçado por ato de autoridade".[2]

E, diante do art. 5º, LXIX, da Constituição Federal, podemos afirmar que se trata de remédio processual que objetiva a proteção de "direito líquido e certo, não amparado por *habeas corpus* ou *habeas data*, quando o responsável pela ilegalidade ou abuso de poder for autoridade pública ou agente de pessoa jurídica no exercício de atribuições do Poder Público".

Trata-se, pois, de remédio processual com natureza de ação de conhecimento, cuja cognição é restrita à prova documental que deve acompanhar a petição inicial[3] (art. 6º da Lei 12.016/2009).

2. *Tratado de Direito Judiciário do Trabalho*, 2ª ed., p. 598.

3. Manoel Antônio Teixeira Filho, *Mandado de Segurança na Justiça do Trabalho*, p. 94.

3. *Cabimento na Justiça do Trabalho e competência funcional*

Na Justiça do Trabalho sempre se afirmou que só cabe mandado de segurança contra atos de autoridade do referido órgão, não se concebendo mandado de segurança contra atos de empregadores, ainda que sejam autoridades públicas, eis que os atos com violação a direito líquido e certo de seus empregados não são praticados na condição de autoridades públicas, e sim na de empregadores. Isto porque o Poder Público, ao contratar empregados, despe-se da sua condição de autoridade, assumindo as vestes de um empregador, nos moldes do art. 2º da Consolidação das Leis do Trabalho.

No entanto, referido cenário sofreu ligeira modificação com a promulgação da EC 45/2004, e consequente ampliação da competência desta Justiça Especializada. Em síntese, o art. 114, VII, da CF, acrescentado pela Emenda Constitucional mencionada, atribui à Justiça do Trabalho a competência para processar e julgar as "ações relativas às penalidades administrativas impostas aos empregadores pelos órgãos de fiscalização das relações de trabalho" e, por óbvio, abarca as hipóteses de mandado de segurança (art. 114, IV, da CF), com observância do rito processual específico desta modalidade jurídica (Lei 12.016/2009).

Além disso, em tese, é possível o mandado de segurança contra atos do diretor de Secretaria, do oficial de justiça ou de qualquer servidor da Justiça do Trabalho. Na prática referido remédio processual se tem restringido a atos do juiz do trabalho, órgão da Justiça do Trabalho que exerce a correição natural dos atos dos servidores da Vara respectiva.

Revela-se extremamente vasto o rol de atos judiciais que comportam discussão em mandado de segurança na Justiça do Trabalho, principalmente pelo fato de que inexiste recurso autônomo contra as decisões interlocutórias. É comum o mandado de segurança em face do indeferimento ou concessão de tutela antecipada; deferimento ou indeferimento de penhora na conta corrente; deferimento ou indeferimento de execução provisória de obrigação de fazer (reintegração, por exemplo); porque o juiz se recusou a homologar acordo que, no seu entender, violaria a coisa julgada – entre outras hipóteses.

Sabemos que é cabível mandado de segurança contra atos de autoridade violadores de direito líquido e certo, desde que não seja cabível recurso administrativo com efeito suspensivo, independentemente de caução, de decisão judicial da qual não caiba recurso com efeito suspensivo e que não se trate de uma decisão judicial transitada em julgado, à luz do art. 5º da Lei 12.016, de 7.8.2009. Assim, a decisão do mandado de segurança sempre girará em torno da questão da violação a *direito líquido e certo*, sendo imprescindível estabelecer o alcance da expressão.

Segundo Hely Lopes Meirelles "direito líquido e certo é o que se apresenta manifesto na sua existência, delimitado na sua extensão e apto a ser exercitado no momento da impetração".[4] Manoel Antônio Teixeira Filho assegura que líquido e certo é aquele cujo "fato que dá origem ao direito alegado possa ser provado documentalmente".[5]

Para nós, do ponto de vista prático, direito líquido e certo é aquele que o órgão judicante diz que é. E assim afirmamos porque são inúmeras as decisões divergentes em casos semelhantes, a exemplo das seguintes ementas.

Recusa do juiz em homologar acordo

• A concessão da segurança não se sustenta apenas na existência de direito líquido e certo a ser protegido, mas, ainda, na prática de ato, pela autoridade responsável, ilegal ou com abuso de poder. Não é ilegal ou abusivo o despacho do juiz indeferindo petição de acordo celebrado pelas partes, pois, ainda que a conciliação seja a ideia-força que norteia toda a organização da Justiça Trabalhista, cabe ao juiz, no exame da pretensão em transacionar, sobretudo quando há sentença com trânsito em julgado, proceder ao controle da conveniência do ato, e não apenas fiscalizar a sua regularidade formal. **(TRT/MG, Proc. 21/94, Ac. SE, Deoclécia Amorelli Dias, *DJMG* 22.7.1994, *Synthesis* 20/265, órgão oficial do TRT-2ª R., São Paulo, 1995)**

• Mandado de segurança – Pedido de liminar – Ato de juiz que deixou de homologar acordo entendendo que o vínculo empregatício já havia sido reconhecido em sentença transitada em julgado – Mandado de segurança conhecido por estarem preenchidos os pressupostos processuais de admissibilidade. As partes podem se conciliar a qualquer tempo, mesmo após o trânsito em julgado da decisão, conforme disposto no art. 764, § 3º, da CLT. Não há por que impedir as partes de celebrarem acordo, já que são elas que podem transigir, recusar o acordo ou mesmo renunciar ao direito (teoria da vontade). O que pode e deve o juiz é tomar cautela para que não se faça um acordo prejudicial ao trabalhador ou que contenha qualquer vício de vontade. Configurada a violação de direito líquido e certo da impetrante à homologação do acordo noticiado pelas partes, impõe-se a *concessão* definitiva da segurança. **(TRT/SP, MS 1.325/94-4, Ac. SE 5.4.1999, Victório Moro, *LTr* 10-63/1.395, outubro de 1999)**

Penhora em conta corrente

• Penhora em conta corrente. A ordem estabelecida no art. 655 do Código de Processo Civil não é meramente enunciativa, só podendo ser alterada com a concordância expressa do credor, não havendo cogitar de direito líquido e certo à impetrante que deseja substituir garantia em dinheiro por penhora de bem imóvel. **(TRT/SP, Proc. 641/95-P, Ac. SDI 758/95-P, Nélson Nazar, *DJSP* 10.11.1995)**

4. Hely Lopes Meirelles, Arnoldo Wald e Gilmar Ferreira Mendes, *Mandado de Segurança e Ações Constitucionais*, 35ª ed., 2013, p. 37.

5. *Mandado de Segurança...*, p. 91.

• Mandado de segurança – Execução de sentença – Penhora em direito de crédito da impetrante, ex-empregadora, junto a terceiro, cliente, tomador de serviços – Diante da não observância da ordem (art. 655/CPC) de nomeação de bens pelo devedor, o exequente está autorizado, pelo legislador, a indicar crédito do devedor junto a terceiro – Nomeação ineficaz (art. 656) – Constatada a disponibilidade do crédito, é irrelevante a invocação do art. 620/CPC em face do direito do credor, resultante do trânsito em julgado da r. sentença – Direito líquido e certo inexistente. **(TRT/SP, Oric. 138/98, Ac. SDI 1.130/98, Carlos Francisco Berardo, *Revista Trimestral de Jurisprudência do TRT de São Paulo* 15/95, São Paulo, LTr, dezembro de 1998)**

• A ordem de nomeação de bens à penhora, estabelecida no art. 655 do CPC, não é aleatória e deve ser respeitada pelo devedor. Eventual desobediência à referida ordem implica em passar ao credor o direito à indicação do bem a ser penhorado, caso discorde da oferta do devedor. Há que se ressaltar que o crédito relativo ao movimento de vendas da reclamada com cartões de crédito, em termos de liquidez, equivale a dinheiro, primeiro bem na lista preferencial do art. 655. **(TST, ROMS-360800/97.6, Ac. SBDI 2, José Carlos Perret Schulte, 10.5.1999, *LTr* 10-63/1.367, outubro de 1999)**

Execução de obrigação de fazer

• Estabilidade ou garantia de emprego – Reintegração – Mandado de segurança – Dano irreparável. A reintegração de empregado não ocasiona dano irreparável porquanto qualquer pagamento que vier a ser feito será em contraprestação aos serviços do obreiro. **(TRT/SP, Proc. 559/94-P, Ac. SDI 230/95-P, João Carlos de Araújo, *Revista Trimestral de Jurisprudência do TRT de São Paulo* 1/63, São Paulo, LTr, junho de 1995)**

• A execução provisória ficará sem efeito sobrevindo sentença que modifique ou anule a que foi objeto de execução, restituindo-se as coisas no estado anterior (CPC, art. 588, III) – Correto o despacho que negou a reintegração, em execução provisória, pela impossibilidade de restituição da força de trabalho ao *statu quo ante* – Direito líquido e certo inexistente – Segurança denegada. **(TRT/PB, Proc. 41/93, Ac. 17/94, Geraldo Teixeira de Carvalho, *DJPB* 20.10.1994, *Synthesis* 20/265, órgão oficial do TRT-2ª R., São Paulo, IMESP, 1995)**

• Execução – Obrigação de fazer – Mandado de segurança – Reintegração de empregado acometido de doença profissional. Não há direito líquido e certo da empresa em sobrestar reintegração de empregado estável, mesmo que se trate de execução provisória de obrigação de fazer. Com o advento da tutela antecipada, sofreu o direito processual importante evolução, que admite antecipação do resultado útil do processo, ficando na regra da verossimilhança. Ressalte-se inexistir maior expressão de tal juízo do que a própria sentença proferida, ainda que submetida a recurso. Em suma: não há falar mais em trânsito em julgado para cumprimento das obrigações de fazer, em face da relevância do bem jurídico expressado pela relação de trabalho, especialmente se o obreiro foi acometido de diminuição de sua capacidade laboral. Inclui-se na função social da empresa o dever de proteção a essa relação jurídica. **(TRT/SP, Proc. 1.925/98-2, Ac. SDI 459/99-3, Nélson Nazar, *Revista Trimestral de Jurisprudência do TRT de São Paulo* 18/66, São Paulo, LTr, setembro de 1999)**

Concessão de tutela antecipada

• Mandado de segurança – Cabimento – Antecipação de tutela. Não há direito líquido e certo contra a concessão da antecipação dos efeitos da tutela nos moldes do art. 273 do Código de Processo Civil, se aos olhos do magistrado que preside o processo restou formado o chamado "juízo de verossimilhança". A tutela antecipada é condição especial subjugada ao livre convencimento do magistrado, que não pode ser substituído, salvo casos excepcionais. Por outro lado, o mandado de segurança, segundo os ditames do art. 5º, II, da Lei n. 1.533/51, em regra, somente pode ser utilizado quando inexiste previsão de recurso a impugnar o ato pretensamente violador do direito. O elastecimento das hipóteses de mandado de segurança contra decisões passíveis de recurso é indesejável e só pode ser deferido em situações excepcionais em que haja possibilidade de dano iminente. **(TRT/SP, Proc. 1.884/96-P, Ac. SDI 912/97- P, Nélson Nazar, *Revista Trimestral de Jurisprudência do TRT de São Paulo* 11/61, São Paulo, LTr, dezembro de 1997)**

Outras questões

• Não é ilegal a decisão que, apreciando pedido liminar, determina a imediata entrega do atestado liberatório do passe ao atleta, quando evidenciada a mora contumaz a que se refere o art. 31 da Lei n. 9.615/98, configuradora da rescisão indireta. Esse dispositivo inclui como motivo ensejador da mora não só o atraso no pagamento de salários por três meses, mas também a ausência de recolhimento das contribuições para o FGTS e para a Previdência Social. O ajuizamento de ação de consignação em pagamento após a consumação do prazo nele previsto não tem o condão de descaracterizar a mora contumaz, caindo no vazio o argumento de que o atraso no pagamento dos salários deu-se por culpa do empregado. De outro lado, evidenciada a mora contumaz, o atleta faz jus ao atestado liberatório do passe, de acordo como o disposto no art. 31 da Lei n. 9.615/98. Embora a extinção definitiva do passe somente tenha lugar a partir do ano de 2001, quando o art. 28, § 2º, da referida lei passará a vigorar, é certo que o legislador acrescentou ao ordenamento, atualmente em vigor, uma nova hipótese de liberação do passe, decorrente da rescisão indireta. **(TRT-3ª R., MS 43/99, Ac. SE 18.5.1999, Alice Monteiro de Barros, *LTr* 10-63/1.367, outubro de 1999)**

• Ação cautelar e medidas – Liminar – Seu deferimento, ou não, não comporta a interferência em sede de mandado de segurança, exceto se o juiz ferir direito líquido e certo, amparado por texto legal expresso – Trata-se de atividade jurisdicional calcada no livre convencimento e há indicação legislativa de que deve ser mantida até julgamento final – Inteligência dos arts. 804 e 520, IV, do CPC e 157 do Regimento Interno do TRT-2ª Região.

Mandado de segurança. O deferimento, ou não, de liminar em sede de ação cautelar somente caracteriza violação a direito líquido e certo se afronta texto legal expresso, pois se trata de provimento calcado em cognição prévia, que a lei relega ao prudente arbítrio do juiz. **(TRT/SP, Proc. 171/95-P, Ac. SDI 509/95-P, Cátia Lungov Fontana, *Revista Trimestral de Jurisprudência do TRT de São Paulo* 3/39, São Paulo, LTr, dezembro de 1995)**

Além disso, várias orientações jurisprudenciais da Subseção II Especializada em Dissídios Individuais do Tribunal Superior do Trabalho

(SDI-II) que disciplinam questões passíveis de discussão em mandado de segurança foram transformadas nas Súmulas 414 a 418 do TST pela Resolução 137/2005 (*DJU* 22.8.2005), e resumem o entendimento da mais alta Corte Trabalhista quanto ao cabimento da referida medida judicial no processo do trabalho.

O mandado de segurança pode ter caráter suspensivo (quando ataca a violação do direito) ou preventivo (objetiva evitar a violação do direito que está sendo ameaçado).

A competência funcional para processamento e julgamento dos mandados de segurança será dos tribunais (art. 678, I, "b", n. 3, da CLT – TRTs; e arts. 2º, I, "d", e 3º, I, "b", ambos da Lei 7.701, de 1988 – SDC e SDI do TST, respectivamente), quando se tratar de atos praticados pelas próprias autoridades judiciárias (inclusive juízes), cumprindo assinalar que o Ministério Público deverá funcionar na condição de fiscal da lei, sob pena de nulidade; e será das Varas do Trabalho quando se tratar de mandado de segurança contra atos de autoridades do Ministério do Trabalho e Emprego, nos termos do art. 114, VII, da CF.

4. *Petição inicial*

A petição inicial do mandado de segurança deve observar os requisitos do art. 282 do Código de Processo Civil, inclusive valor da causa, e deverá estar acompanhada dos documentos necessários à prova do direito violado ou da ameaça de violação, já que a prova deve ser pré-constituída. Não se concebe a aplicação do art. 284 do CPC, no sentido de ofertar prazo para a juntada de documento indispensável à propositura da ação (Súmula 415 do TST).

Contudo, existe a possibilidade de o julgador requisitar as provas que se encontrem em repartição ou estabelecimento público, bem como em poder de autoridade que se recuse a fornecer certidão – providência que se fará antes da expedição de ofício à autoridade coatora para que preste as informações que julgar necessárias.

5. *Possibilidade de concessão de liminar*

O impetrante poderá requerer, na petição inicial, a concessão de medida liminar, que poderá ser concedida antes ou após as informações da autoridade coatora, desde que presentes dois requisitos fundamentais: o *fumus boni iuris* (fumaça do bom direito), que se traduz na plausibilidade, e o *periculum in mora* (possibilidade do prejuízo), a exemplo do que se exige para a concessão da tutela antecipada.

O *fumus boni iuris* traduz-se na relevância do fundamento do pedido, a ser verificado pelo juiz com certa margem de discricionariedade. E o *periculum in mora* coincide com a possibilidade de ineficácia da medida, ou seja, a possibilidade de o ato impugnado tornar ineficaz o objeto do *mandamus* no caso de a decisão definitiva ser favorável ao autor.

6. O problema das informações da autoridade coatora

O art. 7º, I, da Lei 1.533, de 31.12.1951, estabelecia que: "Art. 7º. Ao despachar a inicial, o juiz ordenará: I – que se notifique o coator do conteúdo da petição, entregando-lhe a segunda via apresentada pelo requerente com as cópias dos documentos a fim de que, no prazo de 10 (dez) dias, preste as informações que achar necessárias; (...)" – redação ligeiramente alterada no art. 7º, I, da Lei 12.016, de 7.8.2009, com a supressão da expressão "que achar necessárias".

Inicialmente, torna-se imperioso assinalar que a autoridade coatora terá ciência da impetração do mandado de segurança por meio de uma notificação. Não se trata de intimação ("ato pelo qual se dá ciência a alguém dos atos e termos do processo, para que faça ou deixe de fazer alguma coisa" – art. 234 do CPC), nem de citação ("o ato pelo qual se chama a juízo o réu ou o interessado a fim de se defender" – art. 213 do CPC).

O legislador preferiu a notificação em relação à autoridade apontada como coatora, em mandado de segurança. Contudo, ao contrário do que dispunha a lei anterior, em que as informações não eram obrigatórias, conforme as lições de Manoel Antônio Teixeira Filho[6] e Carlos Henrique Bezerra Leite,[7] a autoridade coatora deverá prestar as informações, no prazo de 10 dias.

Em relação às informações entendemos que devem ser prestadas com absoluta serenidade, objetivando a defesa do ato, salvo se a autoridade se convenceu do equívoco e resolveu revogar o próprio ato, o

6. "O que deve ser esclarecido é que a autoridade coatora, mesmo sendo agente da Administração, não está obrigada a prestar informações, motivo por que o seu silêncio não deve ser interpretado como afronta à autoridade do juiz ou desacato a uma ordem sua; deixando de remeter essas informações, a autoridade coatora será revel, mas não confessa. Se coator for um magistrado, nem revelia haverá" (Manoel Antônio Teixeira Filho, *Mandado de Segurança...*, p. 224).

7. "Aliás, nenhuma sanção sofrerá o juiz que deixar de prestar as informações. Mais, a falta das informações não caracteriza sequer ato tumultuário do procedimento" (Carlos Henrique Bezerra Leite, *Mandado de Segurança no Processo do Trabalho*, p. 66).

que também deve ser informado, já que nesta hipótese existe a perda do objeto do mandado de segurança.

É totalmente dispensável a formulação de juízos de valor, prejulgamentos, adjetivações ou afirmações de caráter depreciativo em relação à figura do impetrante. Muitas vezes será necessária uma retrospectiva sobre todo o processado até se chegar ao ato impugnado, a fim de possibilitar o conhecimento de toda a situação pelo órgão julgador da demanda.

Finalmente, é importante ressaltar que o mandado de segurança objetiva a desconstituição de ato considerado violador de direito líquido e certo. Não se trata de medida de caráter pessoal em relação à autoridade, motivo pelo qual as informações podem ser prestadas pelo juiz do trabalho que estiver substituindo ou auxiliando na Vara do Trabalho, ainda que o ato tenha sido praticado pelo juiz titular, e o mesmo se diga em relação àquele que, por exemplo, estiver respondendo pela Superintendência Regional do Trabalho, nas hipóteses de mandado de segurança contra a autoridade local do Ministério do Trabalho e Emprego.

7. Recurso cabível

Contra as decisões em mandado de segurança cabe recurso ordinário. Trata-se do recurso ordinário previsto na Consolidação das Leis do Trabalho (art. 895) nas hipóteses de competência originária das Varas do Trabalho ou dos Tribunais Regionais do Trabalho ou do recurso ordinário constitucional para o Supremo Tribunal Federal (art. 539, I, do CPC), na hipótese de denegação da segurança (art. 18 da Lei 12.016/2009), nos casos de competência originária do Tribunal Superior do Trabalho. Na primeira hipótese o prazo será de 8 dias; e na segunda se deve observar o prazo de 15 dias (art. 508 do CPC).

Dispõe o art. 7º, § 1º, da Lei 12.016, de 7.8.2009, que da decisão do juiz de primeiro grau que conceder ou denegar a liminar caberá agravo de instrumento, observado o disposto na Lei 5.869, de 11.1.1973 (Código de Processo Civil) – dispositivo que não se revela compatível com o processo de mandado de segurança na Justiça do Trabalho, em que não se admite o recurso contra decisões interlocutórias (art. 893, § 1º, da CLT).

8. Mandado de segurança coletivo na Justiça do Trabalho

O mandado de segurança coletivo traduz novidade na Constituição Federal de 1988. Encontra-se consagrado no art. 5º, LXX, "a" e "b", da atual Carta Magna: "LXX – o mandado de segurança coletivo pode ser impetrado por: a) partido político com representação no Congresso Nacional; b) organização sindical, entidade de classe ou associação legalmente constituída e em funcionamento há pelo menos um ano, em defesa dos interesses de seus membros ou associados".

O objeto do mandado de segurança coletivo foi definido pelo art. 21, parágrafo único, da Lei 12.016, de 7.8.2009, destinando-se à defesa dos direitos coletivos, assim considerados os transindividuais, de natureza indivisível, de que seja titular grupo ou categoria de pessoas ligadas entre si ou com a parte contrária por uma relação jurídica base, e também dos direitos individuais homogêneos, que são decorrentes de origem comum e da atividade ou situação específica da totalidade ou de parte dos associados ou membros do impetrante.

No que respeita à Justiça do Trabalho o interesse restringe-se à legitimação dos sindicatos e também das associações, nos termos da alínea "b" do dispositivo constitucional transcrito.

Estamos concordes com Carlos Henrique Bezerra Leite[8] quando afirma que o requisito de funcionamento há pelo menos um ano se aplica tão somente à "associação legalmente constituída".

Quanto ao cabimento do mandado de segurança coletivo na Justiça do Trabalho, entendemos que a hipótese é remota, e jamais decorrerá de atos praticados pelo magistrado em reclamação trabalhista, afirmação que tentaremos esclarecer pelos exemplos que empreenderemos nas linhas seguintes.

Carlos Henrique Bezerra Leite arrola o exemplo de um presidente de Tribunal Regional do Trabalho que resolve, por ato administrativo, suprimir determinada gratificação judiciária devida por lei a todos os servidores do mesmo Tribunal, hipótese que comportaria impetração de mandado de segurança coletivo pelo sindicato dos servidores, na condição de substituto processual (atuando em nome próprio, na defesa de direitos alheios), objetivando impugnar a violação do direito líquido e certo da categoria e restabelecer o pagamento da gratificação extinta por ato administrativo.

Alguns poderiam argumentar que a competência não seria da Justiça do Trabalho – o que representaria um equívoco decorrente da negação da vigência do art. 21 da Lei Complementar 35, de 1979 (Lei Orgânica da Magistratura Nacional): "Art. 21. Compete aos tribunais privativamente: (...); VI – julgar, originariamente, os mandados de se-

8. *Mandado de Segurança...*, p. 73.

gurança contra seus atos, os dos respectivos presidentes e os de suas câmaras, turmas ou seções".

É certo que o art. 96 da Constituição Federal silenciou sobre a competência dos tribunais para julgamento de mandado de segurança contra atos de seus membros, mas isso não significa que o dispositivo consagrado na Lei Orgânica da Magistratura Nacional tenha sido revogado tacitamente. Esta nossa conclusão é reforçada pelos arts. 108, I, "c", e 109, VIII, ambos da própria Constituição, e que transcrevemos a seguir:

"Art. 108. Compete aos Tribunais Regionais Federais:

"I – processar e julgar, originariamente: (...);

"c) os mandados de segurança e os *habeas data* contra ato do próprio Tribunal ou de juiz federal;

"(...).

"Art. 109. Aos juízes federais compete processar e julgar: (...);

"VIII – os mandados de segurança e os *habeas data* contra ato de autoridade federal, excetuados os casos de competência dos tribunais federais;

"(...)."

Diante dos expressos termos do art. 108, I, "c", da Constituição Federal, os Tribunais Regionais Federais não são competentes para processar e julgar mandados de segurança contra atos de juiz do trabalho, mas, tão somente, contra atos do próprio Tribunal e de juiz federal, enquanto o art. 109, VIII, do mesmo diploma constitucional deixa inequívoca a recepção do art. 21, VI, da Lei Complementar 35, de 1979. Vale dizer, os Tribunais Regionais do Trabalho têm competência para processar e julgar, originariamente, os mandados de segurança contra atos de seus membros, aí incluído o próprio presidente do Tribunal.

O exemplo do mandado de segurança coletivo impetrado perante o Tribunal Regional do Trabalho pelo sindicato dos servidores do Poder Judiciário poderia ser estendido para as associações de magistrados da Justiça do Trabalho em hipótese idêntica.

Contudo, não estamos convencidos da possibilidade do mandado de segurança coletivo contra ato jurisdicional que tenha sido praticado em processo trabalhista, e arriscamos afirmar que não existe a possibilidade.

Parece-nos, com a devida vênia de Carlos Henrique Bezerra Leite,[9] que o exemplo do sindicato que impetra mandado de segurança para ver

9. *Mandado de Segurança...*, p. 76.

assegurado seu direito de produzir prova pericial indeferida pelo juiz do trabalho em reclamação na qual pleiteia adicional de insalubridade para um grupo de associados não é hipótese de mandado de segurança coletivo. Trata-se de mandado de segurança individual, no qual o sindicato objetiva assegurar seu direito líquido e certo de produzir a prova pericial que é determinada por lei, e não o faz em nome de seus associados, e, sim, em nome próprio. A substituição processual está restrita ao dissídio individual e não abarca o mandado de segurança, já que neste último a entidade sindical defende seu próprio interesse, na condição de titular da relação jurídica processual.

9. Prazo para impetração

A Lei 12.016, de 7.8.2009, a exemplo da revogada Lei 1.533, de 1951, consagra o prazo decadencial de 120 dias para impetração do mandado de segurança. Com efeito, o art. 23 da Lei 12.016/2009 indica, expressamente, que "o direito de requerer mandado de segurança extinguir-se-á decorridos 120 (cento e vinte) dias, contados da ciência, pelo interessado, do ato impugnado, não havendo previsão de prorrogação, suspensão ou interrupção", revelando-se aplicável a regra do art. 207 do Código Civil, segundo o qual, "salvo disposição legal em contrário, não se aplicam à decadência as normas que impedem, suspendem ou interrompem a prescrição".

XXV

O "HABEAS CORPUS" NA JUSTIÇA DO TRABALHO

1. Origem e evolução histórica no Brasil. 2. Natureza jurídica. 3. O "habeas corpus" contra atos de juízes do trabalho: 3.1 Prisão de testemunha – 3.2 Prisão por desacato a autoridade – 3.3 Prisão do depositário infiel. 4. A questão da competência.

1. *Origem e evolução histórica no Brasil*

Trata-se do primeiro remédio jurídico que assegurou as liberdades públicas. A Constituição Inglesa, de 1215,[1] foi a primeira a apresentar formulação escrita do *habeas corpus*.

No Brasil o *habeas corpus* foi regulado pela primeira vez por Decreto de 23.5.1821. Posteriormente foi inserido no Código de Processo Criminal de 1832 e passou a integrar o texto constitucional com a Constituição outorgada pelo Decreto 510, de 22.6.1890, do Governo Provisório da República,[2] e que persistiu na Constituição promulgada em 1891.[3]

1. *Magna Charta Libertatum*, outorgada por João-sem-Terra, em 15.6.1215, e que dispunha em seu art. 48: "Ninguém poderá ser detido, preso ou despojado de seus bens, costumes e liberdades, senão em virtude de julgamento de seus pares, de acordo com as leis do país" (cf. Michel Temer, *Elementos de Direito Constitucional*, 23ª ed., p. 207).

2. *Constituição de 1890*, art. 72: "§ 22. Dar-se-á o *habeas corpus* sempre que o indivíduo sofrer violência, ou coação, por ilegalidade, ou abuso de poder, ou se sentir vexado pela iminência evidente desse perigo".

3. *Constituição de 1891*, art. 72: "§ 22. Dar-se-á o *habeas corpus* sempre que o indivíduo sofrer ou se achar em iminente perigo de sofrer violência ou coação por ilegalidade ou abuso de poder".

Diante dos dispositivos constitucionais mencionados, verificamos que a concessão do *habeas corpus* não encontrava limites, fato que foi constatado, primeiramente, por Rui Barbosa, não obstante a oposição de Pedro Lessa.[4] E desta controvérsia surgiu a Revisão Constitucional que deu nova redação ao art. 72, § 22: "Dar-se-á *habeas corpus* sempre que alguém sofrer violência por meio de prisão ou constrangimento ilegal na sua liberdade de locomoção" – restando afastados os demais direitos subjetivos do âmbito de proteção deste remédio jurídico.

Posteriormente, com a Constituição Federal de 1934 foi suprimida a expressão "locomoção", tendo o art. 113, n. 23, estabelecido que: "Dar-se-á *habeas corpus* sempre que alguém sofrer, ou se achar ameaçado de sofrer violência ou coação em sua liberdade, por ilegalidade ou abuso de poder" – e consagrou o instituto do mandado de segurança para amparar outros direitos subjetivos, o que será tratado oportunamente.

O *habeas corpus* foi mantido nas Constituições subsequentes,[5] e a Constituição Federal de 1988 assim dispõe, em seu art. 5º, LXVIII: "Conceder-se-á *habeas corpus* sempre que alguém sofrer ou se achar ameaçado de sofrer violência ou coação em sua liberdade de locomoção, por ilegalidade ou abuso de poder"; mas não será cabível contra as punições disciplinares militares (art. 142, § 2º, da CF).

2. *Natureza jurídica*

Costuma-se afirmar que o *habeas corpus*, ao lado do mandado de segurança, *habeas data* e mandado de injunção, é um *writ* – expressão extraída do Direito Inglês e que significa "mandado", "ordem a ser cumprida".[6]

Na literalidade da expressão, *habeas corpus* significa "tome o corpo"; e se presta a designar a ordem para que a pessoa seja transportada ao tribunal, o qual pretende certificar-se de que está livre e desembaraçada.[7]

Quanto à natureza jurídica do *habeas corpus* a doutrina majoritária inclina-se no sentido de que se trata de uma *ação* de rito especial ou

4. Cf. Michel Temer, *Elementos...*, 24ª ed., p. 207.

5. *Constituição de 1946*, art. 141: "§ 23. Dar-se-á *habeas corpus* sempre que alguém sofrer ou se achar ameaçado de sofrer violência ou coação em sua liberdade de locomoção, por ilegalidade ou abuso de poder. Nas transgressões disciplinares não caberá *habeas corpus*" – texto mantido nas Constituições de 1967 e 1969.

6. Cf. Diomar Ackel Filho, *"Writs" Constitucionais*, p. 7.

7. Cf. José Cretella Júnior, *Os "Writs" na Constituição de 1988*, 1ª ed., p. 143.

especialíssimo e que pressupõe um processo sumário,[8] não obstante o atual Código de Processo Penal, aparentemente e de forma contraditória, o trate como recurso (já que insere referido instituto no Capítulo X do Título II – "Dos Recursos em Geral").[9]

É certo que muitos autores afirmam tratar-se de um remédio heroico ou remédio jurídico constitucional,[10] do que não discordamos. No entanto, mencionadas afirmações não enfrentam a questão da natureza jurídica do instituto de que estamos a cuidar.

Trata-se, pois, de ação que dispensa a observância de formalidades processuais (endereçamento, por exemplo), bastando que contenha os dados necessários a que o juízo competente possa se inteirar sobre a possibilidade de violação ou ameaça de violação ilegal ou arbitrária da liberdade de locomoção de alguém – requisitos que se encontram no art. 654, § 1º, do Código de Processo Penal: "A petição inicial de *habeas corpus* conterá: a) o nome da pessoa que sofre ou está ameaçada de sofrer a violência, coação ou ameaça; b) a declaração da espécie de constrangimento ou, em caso de simples ameaça de coação, as razões em que funda o seu temor; c) a assinatura do impetrante, ou de alguém a seu rogo, quando não souber ou não puder escrever, e a designação das respectivas residências".

3. O "habeas corpus" contra atos de juízes do trabalho

Conforme já verificamos anteriormente, o *habeas corpus* pressupõe violência (ou coação) bem como a simples ameaça de violência ou coação à liberdade de locomoção de alguém, por ilegalidade ou abuso de poder.

O art. 648 do Código de Processo Penal arrola as hipóteses em que a coação é considerada ilegal, quais sejam: a) quando não houver justa causa;[11] b) quando alguém estiver preso por mais tempo do que determi-

8. Diomar Ackel Filho, *"Writs" Constitucionais*, p. 11; Celso Ribeiro Bastos, *Comentários à Constituição do Brasil*, v. II, p. 315; José Afonso da Silva, *Curso de Direito Constitucional Positivo*, 37ª ed., p. 447: "Tem natureza de *ação constitucional penal*".

9. A contradição reside no fato de que o Capítulo X do Título II do Código de Processo Penal alude a "Do *Habeas Corpus* e seu Processo", e sabemos que o processo pressupõe o direito de ação.

10. Cf. Cláudio Armando Couce de Menezes e Leonardo Dias Borges, "Depósito, depositário infiel e *habeas corpus* na Justiça do Trabalho", *LTr* 63-06/757, n. 6, junho de 1999.

11. "Justa causa é a causa legítima, fundada na persecução inquisitória ou acusatória desencadeada por motivo legal corretamente contemplado, que autoriza a

na a lei;[12] c) quando aquele que ordenou a coação não tinha competência para fazê-lo;[13] d) quando houver cessado o motivo que autorizou a coação;[14] e) quando não foi alguém admitido a prestar fiança, nos casos em que a lei a autoriza;[15] f) quando o processo for manifestamente nulo; g) quando extinta a punibilidade.[16]

Quanto ao *habeas corpus* nas hipóteses de abuso de poder impõe-se observar as disposições da Lei 4.898, de 9.12.1965, que trata do processo de responsabilidade administrativa civil e penal nos casos de abuso de autoridade.

Segundo a Lei 4.898, de 1965, considera-se abuso de autoridade o atentado à liberdade de locomoção e ordenar ou executar medida privativa de liberdade individual sem as formalidades legais ou com abuso de poder,[17] entre outras hipóteses, igualmente indicadas nos arts. 3º e 4º.

Feitas estas considerações, é possível afirmar que os atos praticados por juiz do trabalho no exercício da jurisdição[18] são passíveis de impug-

coação. Tornaghi registra, a propósito, que '*justa causa* é a causa suficientemente baseada em lei', aduzindo que 'não é justa a causa da prisão se o fato não constitui crime em tese'" (Diomar Ackel Filho, *"Writs" Constitucionais*, pp. 31-32).

12. Neste item a preocupação do legislador residiu nas hipóteses de instrução criminal que perdura por tempo superior ao estabelecido (81 dias a contar da prisão do agente), muito embora haja entendimentos no sentido de que o *habeas corpus* não é cabível quando a procrastinação parte da defesa.

13. A expressão "competência" não foi utilizada com o sentido de medida da jurisdição, e abarca também a autoridade policial e membros do Ministério Público que participam da atividade coatora.

14. A cessação dos motivos da coação ocorre, por exemplo, quando o juiz revoga o decreto de prisão.

15. A própria Constituição Federal, em seu art. 5º, LXVI, assegura que "ninguém será levado à prisão, ou nela mantido, quando a lei admitir a liberdade provisória, com ou sem fiança".

16. As hipóteses "f" e "g" dizem respeito ao processo criminal, no qual se verifica manifesta nulidade nos casos em que o réu foi sentenciado ou a punibilidade do agente foi extinta por uma das causas arroladas no art. 107 do Código Penal, entre outras.

17. O abuso de autoridade ocorre quando se pratica algum excesso utilizando-se da autoridade que se tem sobre algo ou alguém; e o abuso de poder ocorre quando alguém pratica ato prevalecendo-se do cargo ou ofício.

18. A referência ao exercício da jurisdição faz-se necessária porque não estamos preocupados com os atos que o magistrado possa praticar como simples particular, os quais, em tese, também são passíveis de *habeas corpus*. "Verifica-se que, diferentemente do mandado de segurança, qualquer pessoa pode ser sujeito passivo na relação do *habeas corpus*. Não se cuida de *autoridade* e nem de ato com a *força de autoridade*. Cogita-se, na impetração, da ocorrência de constrangimento que

nação e reforma em *habeas corpus* desde que importem ameaça, violação ou coação à liberdade de locomoção de alguém e estejam maculados de ilegalidade ou abuso de poder.

Wilson de Souza Campos Batalha[19] menciona três hipóteses em que se pode verificar a impetração de *habeas corpus* contra atos de juiz do trabalho: a) determinação de prisão de testemunhas; b) determinação de prisão por desacato a autoridade; c) determinação de prisão de depositário infiel.

Vejamos, pois, de forma detalhada, cada uma das hipóteses mencionadas.

3.1 Prisão de testemunha

Dispõe o art. 342 do Código Penal:

"Art. 342. Fazer afirmação falsa, ou negar ou calar a verdade, como testemunha, perito, tradutor ou intérprete em processo judicial, policial ou administrativo, ou em juízo arbitral:

"Pena – reclusão, de 1 (um) a 3 (três) anos, e multa.

"§ 1º. Se o crime é cometido com o fim de obter prova destinada a produzir efeito em processo penal:

"Pena – reclusão, de 2 (dois) a 6 (seis) anos, e multa.

"§ 2º. As penas aumentam-se de um terço, se o crime é praticado mediante suborno.

"§ 3º. O fato deixa de ser punível, se, antes da sentença, o agente se retrata ou declara a verdade."

Observamos, inicialmente, que o tipo penal não abarca tão somente a figura da testemunha. Os peritos e tradutores podem incidir no mesmo crime.

Devemos, ainda, atentar para o fato de que não se configura o delito se a testemunha mente para não se incriminar (autodefesa), eis que, neste caso, não é exigível conduta diversa;[20] que não existe a modalidade culposa; e que o esquecimento ou engano exclui o dolo, e, consequentemente, o ilícito.

impeça a locomoção, parta de autoridade pública ou de particular" (Michel Temer, *Elementos...*, 24ª ed., p. 209).

19. *Tratado de Direito Judiciário do Trabalho*, 3ª ed., v. II, p. 302.

20. Celso Delmanto, *Código Penal Comentado*, 1ª ed., 6ª tir., p. 531; E. Magalhães Noronha, *Direito Penal*, 11ª ed., v. IV, pp. 380-381.

Deve, pois, o magistrado trabalhista estar atento para o fato de que nossos sentidos falham e nos enganam. Magalhães Noronha,[21] após afirmar que nem sempre o testemunho que se opõe à verdade é falso, cita as conclusões de Mira y López, segundo as quais o testemunho de um determinado acontecimento depende de cinco fatores relativos à testemunha: 1) da maneira como percebeu referido acontecimento; 2) da maneira como conservou referido acontecimento em sua memória; 3) da maneira como é capaz de trazê-lo à lembrança; 4) da maneira como quer expressá-lo; 5) da maneira como pode expressá-lo.

A consumação do crime dá-se após o encerramento do depoimento e assinatura da ata correspondente. Contudo, não se pode olvidar o direito de retratação, insculpido no art. 342, § 3º, do Código Penal; vale dizer, a testemunha pode se retratar, desde que o faça antes da sentença a ser proferida no processo em que o falso testemunho se verificou. Por este motivo, entendemos que age com abuso de poder o magistrado que determina a prisão em flagrante da testemunha, logo após o interrogatório, por entender que restou configurado o delito mencionado, hipótese que comporta *habeas corpus*.

3.2 *Prisão por desacato a autoridade*

O crime de desacato encontra-se tipificado no art. 331 do Código Penal:

"Desacatar funcionário público no exercício da função ou em razão dela:

"Pena – detenção, de 6 (seis) meses a 2 (dois) anos, ou multa."

Referido delito configura-se em relação ao magistrado quando é ofendido, humilhado, menosprezado, no exercício de suas funções.[22] A crítica ou censura, mesmo veemente, não configura o delito, a menos que seja acompanhada de expressões injuriosas.

Atente-se, ainda, para o fato de que não haverá crime se o magistrado tiver dado causa ao desacato, hipótese que consistirá em retorsão ou justa repulsa. Igualmente, não se pode olvidar que o magistrado trabalhista tem contato diário com inúmeras pessoas, provenientes de diversas classes sociais, não se podendo cogitar de desacato em vista da simples falta de cordialidade ou informalidade no tratamento dado ao juiz, entre outras situações.

21. *Direito Penal*, 11ª ed., v. IV, pp. 381-382.

22. Cf. Celso Delmanto, *Código...*, 1ª ed., 6ª tir., p. 507.

A prisão decretada pelo magistrado trabalhista à guisa de desacato é passível de revogação por meio de *habeas corpus* se estiver revestida de abuso de poder.

Contudo, trata-se de determinação de prisão extremamente tormentosa e que não se tem verificado no dia a dia, principalmente porque já saiu do folclore e entrou para a realidade a situação do advogado que dá voz de prisão ao juiz (por abuso de poder) logo após o primeiro dar voz de prisão por desacato à autoridade.

Assim, como se trata de ação penal pública incondicionada, talvez a solução mais sensata seja a expedição de ofício ao Ministério Público Federal para as providências cabíveis, mesmo porque o crime de desacato é afiançável, carecendo de interesse prático a prisão em flagrante, salvo melhor juízo.

3.3 *Prisão do depositário infiel*

A hipótese mais comum de *habeas corpus* contra atos de juiz do trabalho sempre ocorreu em face da determinação de prisão do depositário infiel, providência autorizada pelo art. 5º, LXVIII, da Constituição Federal ("não haverá prisão civil por dívida, salvo a de responsável pelo inadimplemento voluntário e inescusável de obrigação alimentícia e a do depositário infiel"), cujo prazo não pode exceder um ano, a teor do art. 652 do Código Civil. Contudo, o entendimento atual do Supremo Tribunal Federal tem obstado à prática de referida prisão civil, sendo inquestionável o direito ao salvo- conduto, conforme a Súmula Vinculante 25: "É ilícita a prisão civil de depositário infiel, qualquer que seja a modalidade do depósito". Trata-se de entendimento fundado no Decreto 678, de 6.11.1992 (Pacto de São José da Costa Rica), que dispõe, em seu art. 7º, item 7, que impede a prisão por dívida, excetuando apenas a hipótese de inadimplemento de obrigação alimentar.

Assim, já não têm relevância as diversas outras alegações formuladas em *habeas corpus* que era interposto antes da publicação da Súmula Vinculante 25, tais como falta de observância do devido processo legal, conforme o art. 5º, LIV, da Constituição Federal ("ninguém será privado da liberdade ou de seus bens sem o devido processo legal"), determinação de prisão por prazo superior a um ano, ou que os bens se perderam sem culpa do depositário (caso fortuito ou força maior – art. 642 do CC) – entre outras.

Para que não reste vulnerado o devido processo legal, entendemos que, uma vez comunicada ao juízo a recusa de entrega do bem (em cumprimento a carta de arrematação ou adjudicação), o depositário deve ser intimado pessoalmente (por oficial de justiça), para que indique o paradeiro de referido bem, colocando-o à disposição de quem de direito, no prazo que for assinalado pelo juiz, sob as penas da lei. E, diante da impossibilidade de prisão, o depositário infiel responderá por perdas e danos nos próprios autos da execução trabalhista.

4. A questão da competência

Durante muitos anos, a questão da competência se revelou tormentosa, tendo desafiado doutrina e jurisprudência.

Muitos autores que se ocuparam do tema já afirmavam a competência da Justiça do Trabalho para processar e julgar *habeas corpus* contra ato de juiz do trabalho que atenta contra a liberdade de locomoção de alguém. É o caso de Ísis de Almeida,[23] Sergio Pinto Martins[24] e Wilson de Souza Campos Batalha.[25]

Wilson de Souza Campos Batalha[26] defendia a competência da Justiça do Trabalho em tais hipóteses, a exemplo do que ocorre com o mandado de segurança, sob o argumento de que o art. 109, VII, da Constituição Federal estabelecia competência da Justiça Federal nos seguintes termos: "Aos juízes federais compete processar e julgar: (...); VII – os *habeas corpus*, em matéria criminal de sua competência ou quando o constrangimento provier de autoridade cujos atos não estejam diretamente sujeitos a outra jurisdição".

E, assim, os atos dos juízes do trabalho excluiriam os correspondentes *habeas corpus* da competência dos juízes federais.

O Supremo Tribunal Federal não chegou a sumular a matéria, mas os autores costumavam citar o acórdão proferido nos autos do conflito de competência entre o Tribunal Regional Federal da 4ª Região e o Tribunal Superior do Trabalho, cuja ementa é a seguinte: "Sendo o *habeas corpus*, desenganadamente, uma ação de natureza penal, a competência para seu processamento e julgamento será sempre de juízo criminal, ainda que a questão material subjacente seja de natureza civil, como no caso de infidelidade de depositário, em execução de sentença. Não possuindo a Justiça do Trabalho, onde se verificou o incidente, competência crimi-

23. *Manual de Direito Processual do Trabalho*, 3ª ed., v. I, p. 368.
24. *Direito Processual do Trabalho*, 10ª ed., p. 434.
25. *Tratado...*, 3ª ed., v. II, pp. 302-303.
26. *Tratado...*, 3ª ed., v. II, p. 302.

nal, impõe-se reconhecer a competência do Tribunal Regional Federal para o feito" (STF, TP, CComp 6.979-1-DF, Ilmar Galvão, 15.8.1991, *LTr* 57-04/440, abril de 1993).

Felizmente, a controvérsia restou superada com a promulgação da Emenda Constitucional 45/2004, já que houve o acréscimo do inciso IV ao art. 114 da Constituição Federal, consagrando a competência da Justiça do Trabalho para processar e julgar os "mandados de segurança, *habeas corpus* e *habeas data*, quando o ato questionado envolver matéria sujeita a sua jurisdição" (grifos nossos). É a hipótese da prisão ilegal do depositário infiel; mas pensamos que o texto constitucional não consagra a competência da Justiça do Trabalho para processar e julgar *habeas corpus* que decorram da discussão em torno de ilícitos penais.

Em síntese, o juiz do trabalho poderá decretar a prisão daquele que comete falso testemunho no processo trabalhista ou incide no crime de desacato, mas a Justiça Federal comum é que será competente para processar e julgar eventual *habeas corpus*.

XXVI
A AÇÃO DE CONSIGNAÇÃO EM PAGAMENTO NA JUSTIÇA DO TRABALHO

1. Conceito e natureza jurídica. 2. Cabimento na Justiça do Trabalho. 3. Contestação.

1. Conceito e natureza jurídica

Trata-se de remédio processual que traduz forma de extinção das obrigações, nos termos dos arts. 334 a 345 do Código Civil.

Pontes de Miranda afirma que a ação de consignação em pagamento evidencia "judicialização do ato de cumprimento da obrigação, se não incidem as regras jurídicas dos §§ 1º e 2º do art. 890 do Código de Processo Civil".[1]

Consiste na ação do devedor em face do credor para que este último receba o que lhe é devido ou lhe seja entregue determinada coisa, nas hipóteses legalmente cabíveis. É uma ação declaratória, na qual se objetiva a declaração de que o valor ou objeto consignado é devido e que a recusa do credor é injusta.

2. Cabimento na Justiça do Trabalho

O art. 335 do Código Civil estabelece as hipóteses em que será cabível a ação de consignação em pagamento: "Art. 335. A consignação tem lugar: I – se o credor não puder, ou, sem justa causa, recusar receber o pagamento, ou dar quitação na devida forma; II – se o credor não for,

1. *Tratado das Ações*, 1ª ed., t. II, p. 169.

nem mandar receber a coisa no lugar, tempo e condição devidos; III – se o credor for incapaz de receber, for desconhecido, declarado ausente, ou residir em lugar incerto ou de acesso perigoso ou difícil; IV – se ocorrer dúvida sobre quem deva legitimamente receber o objeto do pagamento; V – se pender litígio sobre o objeto do pagamento".

Quanto ao cabimento no processo do trabalho não há mais controvérsias, eis que perfeitamente compatível com seus princípios (art. 769 da CLT).

E, como bem lembra Sérgio Pinto Martins,[2] impõe-se a observância do procedimento insculpido nos arts. 890-900 do Código de Processo Civil.

Assim, a ação de consignação em pagamento prestar-se-á, entre outras, às seguintes situações: a) evitar a mora do empregador, e consequente pagamento da multa prevista no art. 477, § 8º, da Consolidação das Leis do Trabalho, quando o empregado não comparece ou, comparecendo, se recusa a receber as verbas rescisórias; b) se o empregado se recusar a gozar e receber suas férias, estando o prazo concessório na iminência de expirar-se; c) se o empregado falecer e comparecem interessados ao recebimento dos direitos trabalhistas sem comprovar a condição de dependentes habilitados perante a Previdência Social (Lei 6.858, de 1980).

3. *Contestação*

No processo do trabalho a contestação da ação de consignação em pagamento deve ser feita em audiência. A ausência do consignante importará arquivamento da ação; e a do consignado importará revelia e confissão quanto à matéria de fato (art. 844 da CLT).

Nos termos do art. 896 do Código de Processo Civil, em defesa o consignado poderá alegar que: 1) não houve recusa ou mora em receber a quantia ou coisa devida; 2) foi justa a recusa; 3) o depósito não se efetuou no prazo ou no lugar do pagamento; 4) o depósito não é integral.

E no caso de alegar insuficiência de depósito o consignado fica obrigado a indicar o montante devido (art. 896, parágrafo único, do CPC).

Todavia, é certo que as matérias do art. 896 do Código de Processo Civil não resumem as alegações possíveis em contestação na ação de consignação em pagamento. O réu poderá alegar, por exemplo, que

2. *Direito Processual do Trabalho*, 10ª ed., p. 417.

jamais esteve em local incerto e não sabido, não se justificando o ajuizamento da ação.

Impõe-se, ainda, observar que, na hipótese de o réu entender que o valor depositado é insuficiente, nada obsta ao levantamento da importância depositada, prosseguindo a ação em relação ao valor remanescente. E se, a final, o juiz entender que razão assiste ao consignado, declarará, por sentença, o valor devido, e o saldo remanescente poderá ser executado nos próprios autos da consignação.

Por todo o exposto, é possível concluir que a sentença da ação de consignação em pagamento poderá ser declaratória ou até mesmo condenatória. A última residiria na hipótese de o juízo reconhecer a insuficiência de depósito e condenar o consignante na satisfação de saldo remanescente – aspecto que traduz inovação da Lei 8.951, de 1994, ao acrescentar o § 2º ao art. 899 do Código de Processo Civil, dispensando a oferta de reconvenção pelo consignado.

No entanto, conforme já mencionado no capítulo destinado à defesa no processo trabalhista, haverá a necessidade de reconvenção se o consignado pretender o recebimento de parcela não consignada, desde que se verifique o requisito da conexão. Exemplificamos com a possibilidade de a empresa pretender consignar o valor correspondente ao saldo salarial e férias vencidas, tendo em vista a despedida por justa causa, enquanto o consignado afirma que não deu causa à ruptura do pacto laboral.

XXVII

A AÇÃO MONITÓRIA NA JUSTIÇA DO TRABALHO

1. Antecedentes históricos. 2. A ação monitória: objeto e natureza jurídica. 3. Cabimento da ação monitória na Justiça do Trabalho. 4. Fases do procedimento monitório: 4.1 Fase monitória: 4.1.1 Competência funcional – 4.1.2 Natureza jurídica da decisão que determina a expedição do mandado monitório – 4.2 Fase executória. 5. A ação monitória e as contribuições previdenciárias. 6. Jurisprudência.

1. Antecedentes históricos

O direito romano antigo já dispunha de procedimentos sumários semelhantes à ação monitória.

As Ordenações do Reino de Portugal consagravam a ação decendiária ou assinação de 10 dias, que "poderia ser ajuizada pelo credor para haver do devedor quantia certa ou coisa determinada, conforme provasse escritura pública ou alvará feito e assinado". Referida ação foi contemplada nas Ordenações Manoelinas e, posteriormente, nas Ordenações Filipinas, que regularam a vida no Brasil-Colônia e também no Império.

Com o advento do Regulamento 737, de 1850, a ação decendiária ficou restrita às causas comerciais, passando a ser aplicada às causas cíveis por força do Decreto 763, de 1890.

A ação decendiária também persistiu nos Códigos de Processo Civil de São Paulo (arts. 767-771) e da Bahia (arts. 340-354), e se destinava "ao credor por obrigação líquida e certa a que não tenha a lei atribuído ação executiva", cujo procedimento consistia em intimar o devedor para comparecer à audiência de citação, na qual lhe era atribuído o prazo de

10 dias para pagar ou alegar e provar sua defesa por meio de embargos. Apresentados os embargos, a ação decendiária deixava de ser sumária e se tornava ordinária.

Com a unificação legislativa em matéria processual, veio a lume o Código de Processo Civil de 1939, e o instituto processual da ação decendiária não foi contemplado; situação mantida com o Código de Processo Civil de 1973 (Lei 5.869, de 11.1.1973).

2. *A ação monitória: objeto e natureza jurídica*

A ação monitória tem semelhança com a ação decendiária, que já existiu em nosso ordenamento jurídico, e foi introduzida pela Lei 9.079, de 14.7.1995, a qual entrou em vigor no dia 15 de setembro de 1995, após uma *vacatio legis* de 60 dias (contada de sua publicação, ocorrida no dia 17 de julho de 1995).

A referida lei acrescentou os arts. 1.102a, 1.102b e 1.102c ao Código de Processo Civil Brasileiro, dando sequência às Reformas iniciadas em 1994, com a Lei 8.952,[1] e que decorrem de uma tendência do processo moderno, sempre preocupado com a efetividade da tutela jurisdicional, e que se manifesta através da criação de tutelas diferenciadas, a par daquelas já existentes e que integram o procedimento ordinário. É o fenômeno da *sumarização do procedimento*.

Por outro lado, como já tivemos a oportunidade de mencionar, a ação monitória traduz a restauração de formas antigas de processo sumário. Mas não podemos deixar de mencionar que a Lei 9.079, de 1995, inaugurou em nosso ordenamento jurídico a técnica legislativa de promover o acréscimo de letras a artigos de um corpo sistematizado de normas (no caso, o CPC), o que evita os inconvenientes de uma renumeração de vários artigos.

Quanto ao objeto da ação monitória, observamos que reside na própria dicção do art. 1.102a do Código de Processo Civil: "A ação monitória compete a quem pretender, com base em prova escrita sem eficácia de título executivo, pagamento de soma em dinheiro, entrega de coisa fungível ou de determinado bem móvel".

Observa-se, desde logo, que, por se tratar de instrumento jurídico com natureza de ação, todas as condições e pressupostos processuais deverão ser observados. Mas, além das condições da ação e observân-

1. A Lei 8.952, de 1994, introduziu modificações no Código de Processo Civil, sendo a mais comentada a tutela antecipada.

cia dos pressupostos processuais típicos, alguns requisitos específicos devem ser observados: 1) a existência de prova escrita sem eficácia de título executivo; 2) pagamento de soma em dinheiro, entrega de coisa fungível ou determinado bem móvel.

A expressão "prova escrita" não se confunde com prova documental, eis que fitas cassetes, fitas de vídeo, arquivos de imagem em CD e DVD são considerados documentos. Igualmente, não se admite o mero "começo de prova por escrito", de que trata o art. 402, I, do Código de Processo Civil.

Por óbvio, sob pena de configurar a inutilidade do próprio dispositivo legal, não se pode aceitar como "prova escrita" a transcrição do conteúdo de uma fita cassete ou de vídeo, ou mesmo a transcrição de um testemunho.

O documento escrito deve se originar do próprio devedor (documento particular), inclusive prepostos do empregador, e, ocasionalmente, de um terceiro (no caso, um documento público, como é o caso de uma ata de audiência em reclamação anterior, e na qual o empregador confirma o direito do empregado).

Por último, devemos mencionar que o documento escrito não pode ter eficácia de título executivo. Se tiver (é o caso do cheque ou nota promissória dados em pagamento de uma prestação de serviços autônomos etc.), o autor será carecedor da ação monitória (ausência de interesse de agir), e o processo será extinto sem resolução do mérito (art. 267, VI, do CPC), tendo em vista a inadequação do instrumento processual. Isto porque deveria ter ajuizado ação de execução.

Igualmente, entendemos que a ausência do documento escrito deve importar, desde logo, o indeferimento da petição inicial (art. 267, I, do CPC), nada justificando a concessão do prazo de 10 dias de que trata o art. 284 do Código de Processo Civil, já que a irregularidade não será da petição inicial e a juntada do mencionado documento é requisito indispensável à propositura da ação monitória.

Quanto ao segundo requisito específico, mencionamos que a ação monitória não se presta à entrega de coisa infungível, nem de bens imóveis. A pretensão deve envolver o pagamento de importância em dinheiro – hipótese em que se exige pedido líquido, já que não existe a oportunidade para liquidação –, ou a entrega de coisa certa (bem móvel determinado) ou coisa incerta (coisa fungível – aquela que pode ser substituída por outra, da mesma espécie e quantidade). Observa-se que a Lei 9.079, de 1995, abandonou a terminologia do Código de Processo

Civil Brasileiro, o qual alude a execução por quantia certa, para entrega de coisa certa e incerta, e adotou os termos do Código de Processo Civil Italiano (soma em dinheiro, coisa fungível e coisa móvel determinada).

Em síntese, não se admite a ação monitória para cumprimento de obrigação de fazer e não fazer, bem como para entrega de coisa infungível ou bem imóvel. Se o autor não atentar para esse aspecto o processo também será extinto sem resolução do mérito (art. 267, VI, do CPC), tendo em vista a inadequação da medida.

No que respeita à natureza jurídica da ação monitória a doutrina não é uníssona. O que se tem como certo é que o nosso legislador incluiu a ação monitória no rol de procedimentos especiais de jurisdição contenciosa. Não se trata, propriamente, de processo de conhecimento, de execução, nem cautelar.

No entanto, Nélson Nery Júnior afirma que "a ação monitória é ação de conhecimento, condenatória, com procedimento especial de cognição sumária e de execução sem título".[2]

3. Cabimento da ação monitória na Justiça do Trabalho

O cabimento da ação monitória na Justiça do Trabalho não traduz entendimento pacífico, e sim majoritário.

O argumento daqueles que defendem a inadequação da ação monitória na Justiça do Trabalho resume-se, basicamente, ao fato de que o processo do trabalho não comporta a execução de títulos extrajudiciais e, portanto, não se cogitaria da execução de algo que nem sequer é título. Contudo, referido argumento revela-se inconsistente quando se observa o elastecimento do rol de títulos executivos passíveis de execução na Justiça do Trabalho, tendo em vista a alteração do art. 876 consolidado, promovida pela Lei 9.958, de 12.1.2000. Isto porque hodiernamente se admite a execução de dois títulos executivos extrajudiciais em sede trabalhista: a) os termos de ajuste de conduta firmados perante o Ministério Público do Trabalho; b) os termos de conciliação firmados perante as comissões de conciliação prévia.

Outro argumento que costuma ser lançado em apoio ao não cabimento da ação monitória na Justiça do Trabalho é o fato de que inviabiliza a possibilidade de conciliação, aspecto que pode ser superado com

2. Nélson Nery Júnior e Rosa Maria Andrade Nery, *Código de Processo Civil Comentado*, 3ª ed., p. 1.032.

a simples designação de audiência em vez da citação para pagamento em 15 dias.

Enfim, parece-nos que o disposto no art. 769 do diploma consolidado é o melhor argumento em defesa do cabimento da ação monitória na Justiça do Trabalho. É possível admitir algumas hipóteses efetivas de seu cabimento, quais sejam: a) pagamento de verbas rescisórias com cheque sem fundos (já que o cheque, nesta situação, não pode ser executado perante a Justiça do Trabalho); b) homologação de rescisão contratual com expressa ressalva de que os valores não foram colocados à disposição do empregado, e que a homologação se destina, tão somente, ao levantamento do FGTS e recebimento do seguro-desemprego, etc.

Por último, não se pode olvidar que o ajuizamento da ação monitória constitui mera faculdade do credor. O empregado, por exemplo, pode optar pela segurança do ajuizamento de uma reclamação trabalhista, até mesmo pelo procedimento sumariíssimo, onde obterá título judicial após uma cognição completa.

4. *Fases do procedimento monitório*

4.1 *Fase monitória*

O art. 1.102b do Código de Processo Civil dispõe que: "Estando a petição inicial devidamente instruída, o juiz deferirá de plano a expedição do mandado de pagamento ou de entrega da coisa no prazo de 15 (quinze) dias".

O dispositivo legal mencionado indica que a expedição do mandado monitório pressupõe *cognição incompleta e formal*. Isto porque o juiz deverá verificar se a petição inicial preenche os requisitos do art. 840 do diploma consolidado e aqueles próprios da ação monitória, notadamente a existência do documento escrito sem eficácia de título executivo e a constatação de que não se pretende a satisfação de obrigação não contemplada no objeto da ação monitória, nos termos da lei.

Pensamos que também é imprescindível a atribuição do valor da causa, haja vista os expressos termos da Lei 5.584, de 1970. E ainda que seja inferior a 40 salários-mínimos não se pode afirmar que se tratará de rito sumariíssimo, já que a ação monitória envolve procedimento especial.

Se a petição inicial não estiver devidamente instruída ou não se tratar de hipótese de ação monitória o processo será extinto sem resolução do mérito, com fundamento no art. 267, I ou VI, do Código de Processo

Civil. Observa-se, pois, que o art. 1.102b do Código de Processo Civil comporta interpretação extensiva, já que o legislador aparentemente condiciona a expedição do mandado monitório ao fato de que a petição inicial esteja devidamente instruída. Certamente, disse menos do que queria.

Por outro lado, a expedição do mandado monitório pressupõe o exame sumário das condições da ação, requisitos da petição inicial e exame dos pressupostos processuais, fato que motiva pronunciamentos uníssonos no sentido de que a decisão que determina a expedição do mandado monitório seja fundamentada (art. 93, IX, da CF), não podendo ser substituída por mero despacho do tipo "Cite-se" ou "Expeça-se o mandado monitório".[3]

Igualmente, é defensável a designação de audiência desde que seja a primeira desimpedida depois de 15 dias, oportunidade em que o réu poderá efetuar o pagamento reclamado ou até poderá ser realizada a conciliação. De nossa parte, acreditamos que o melhor é observar a regra do Código de Processo Civil, no sentido de expedir o mandado monitório para pagamento em 15 dias sem a designação prévia de audiência, já que esta última restringe a ocasião de pagamento ou oferta de embargos para um único momento, sujeitando o devedor aos imprevistos que geram as revelias e suas consequências.

Não obstante o silêncio da Lei 9.079, de 1995, entendemos que a citação do devedor, através do mandado monitório, deve ser feita por oficial de justiça e deve ser acrescentado que a ausência de pagamento ou defesa importará as consequências do art. 285 do Código de Processo Civil ("... não sendo contestada a ação, se presumirão aceitos pelo réu, como verdadeiros, os fatos articulados pelo autor"). Se o juízo optar pela designação prévia de audiência deverão constar as disposições do art. 844 da Consolidação das Leis do Trabalho (arquivamento no caso de ausência do autor e revelia e confissão na hipótese de ausência do réu) no mandado monitório.

O cumprimento do mandado monitório por oficial de justiça é aconselhável, por dois motivos. Primeiro porque induz maior segurança no ato processual. Segundo porque se torna desnecessária nova citação na hipótese de convolação do mandado monitório em mandado executivo, já que foi observado o disposto no art. 721 da Consolidação das Leis do Trabalho.

3. Cf. Nélson Nery Júnior e Rosa Maria Andrade Nery, *Código*..., 3ª ed., p. 1.034.

4.1.1 Competência funcional

No que respeita à competência funcional para a decisão que determina a expedição do mandado monitório, reputamos despicienda a discussão em torno da necessidade ou desnecessidade da participação dos juízes classistas, tendo em vista sua extinção com a Emenda Constitucional 24, de 9.12.1999. E, por óbvio, a ação monitória não integra o rol da competência originária dos tribunais, devendo ser ajuizada perante a primeira instância da Justiça do Trabalho (Varas do Trabalho).

4.1.2 Natureza jurídica da decisão que determina a expedição do mandado monitório

Igualmente controvertida é a natureza jurídica da decisão que determina a expedição do mandado monitório. Não é sentença, porque não põe termo ao processo. Não é propriamente decisão interlocutória, porque não resolve incidente algum. Nas palavras de José Eduardo Carreira Alvim "essa decisão tem, sob o aspecto processual, forma de interlocutória e conteúdo de decisão definitiva, podendo *modus in rebus* ser 'equiparada' a uma interlocutória mista".[4] Neste sentido também se posiciona Nélson Nery Júnior[5] quando afirma que a decisão que determina a expedição do mandado monitório tem eficácia de sentença condenatória. No entanto, transita em julgado, tão somente, com a ausência de oposição de embargos.

4.2 Fase executória

Após a citação do réu podemos vislumbrar, basicamente, a ocorrência de uma das três situações seguintes: 1) o réu cumpre o mandado, pagando a dívida ou entregando a coisa reclamada; 2) o réu não se manifesta no prazo de 15 dias; 3) o réu opõe embargos monitórios.

O pagamento ou entrega da coisa traduzem submissão do réu à pretensão do autor, hipótese típica de solução dos conflitos de interesses, ao lado da transação, que também poderá ocorrer, notadamente se houver a designação de audiência. Na hipótese, o réu fica isento de custas e de honorários advocatícios (art. 1.102c do CPC), mesmo que o autor esteja assistido pelo sindicato de sua categoria e preencha os requisitos da Lei 5.584, de 1970.

4. *Ação Monitória e Temas Polêmicos da Reforma Processual*, p. 43.

5. Nélson Nery Júnior e Rosa Maria Andrade Nery, *Código...*, 3ª ed., p. 1.034.

Se o réu não se manifestar no prazo de 15 dias constitui-se de pleno direito o título executivo judicial, convertendo-se o mandado monitório em mandado executivo. Contudo, não entendemos que esta convolação seja automática, como parece insinuar o art. 1.102c do Código de Processo Civil quando afirma: "Se os embargos não forem opostos, constituir-se-á, de pleno direito, o título executivo judicial, convertendo-se o mandado inicial em mandado executivo e prosseguindo-se na forma prevista no Livro II, Título II, Capítulos II e IV".

Acreditamos que a conversão do mandado monitório em mandado executivo não prescinde do controle jurisdicional. É necessária a apreciação do juiz, já que poderá se convencer da existência de nulidade da citação ou da inexistência de algum requisito da ação monitória, não observado por ocasião da expedição do mandado inicial.

A conversão em mandado executivo deve ser feita por meio de mera declaração judicial, e pensamos que não haverá necessidade de nova citação se o mandado inicial tiver sido cumprido por oficial de justiça. Basta a expedição do mandado de penhora, prosseguindo-se nos termos dos arts. 880 e ss. do diploma consolidado (Capítulo V do Título X da CLT).[6]

Por último, o réu pode ofertar embargos monitórios, hipótese em que a demanda deverá seguir o rito comum da Consolidação das Leis do Trabalho mesmo que o valor da causa seja inferior a 40 salários-mínimos. Isto porque o § 2º do art. 1.102c do Código de Processo Civil assevera que: "Os embargos independem de prévia segurança do juízo e serão processados nos próprios autos, pelo procedimento ordinário".

Os embargos monitórios, ao contrário dos embargos à execução ou embargos do devedor, não têm natureza jurídica de ação, e sim de defesa do réu, algo semelhante à própria contestação. A semelhança com os embargos do devedor é meramente terminológica. Contudo, é possível encontrar autores que defendem a natureza jurídica de ação, já que objetivam desconstituir a carga monitória, impedir a força executória e negar a pretensão de direito material.[7]

A apresentação dos embargos monitórios faz desaparecer o sentido da ação monitória, vez que assegura a dilação probatória plena, com vistas a futura cognição completa do juízo, a ser feita por ocasião da sentença. Em verdade, a partir da oposição dos embargos monitórios a

6. Não se cuida de aplicação do Livro II, Título II, Capítulos II e IV, do Código de Processo Civil, já que não há omissão da Consolidação das Leis do Trabalho.

7. Cf. Carlos Alberto Reis de Paula, "Ação monitória", in Alice Monteiro de Barros (coord.), *Compêndio de Direito Processual do Trabalho*, 1998.

ação monitória assume as vestes de uma reclamação trabalhista comum, motivo pelo qual caberá recurso ordinário da sentença que julgar os embargos monitórios, sendo passível de execução provisória se favorável ao autor, ao menos parcialmente.

5. *A ação monitória e as contribuições previdenciárias*

Nos termos da Lei 10.035, de 2000, que introduziu dispositivos à Consolidação das Leis do Trabalho, a liquidação de sentença e eventual execução trabalhista devem abranger as contribuições previdenciárias.

Entendemos que na hipótese da ação monitória deve-se cogitar de contribuições previdenciárias tão somente no caso de sentença condenatória após a dilação probatória em face da apresentação de embargos monitórios. Isto porque a oposição de referidos embargos transforma o procedimento monitório em procedimento comum da Consolidação das Leis do Trabalho, equiparando a ação monitória a uma típica reclamação trabalhista.

Por outro lado, a decisão que determina a expedição de mandado monitório e a própria decisão que o convola em mandado executivo – na hipótese de inércia do réu – não comportam a inclusão do crédito previdenciário, em face de absoluta incompatibilidade.

A incompatibilidade decorre da inadequação da liquidação de sentença ao procedimento monitório e do fato de que não é exigível o cálculo de contribuições previdenciárias na petição inicial trabalhista. Mesmo na hipótese de conciliação, pensamos que as contribuições previdenciárias não serão exigíveis, desde que a conciliação seja anterior à eventual oposição de embargos monitórios.

6. *Jurisprudência*

• Ação monitória – Processo do trabalho – Reconhecimento de dívida líquida e certa na TRCT – Cabimento. Não obstante o disposto no art. 876 da CLT, no sentido de somente serem executadas as decisões transitadas em julgado, bem como os acordos, perfeitamente cabível, via ação monitória, pretender, o empregado, pagamento de direitos trabalhistas nos casos de prova escrita sem eficácia de título executivo, sendo tal procedimento compatível com o processo trabalhista, em razão do disposto no art. 8º da CLT. Recurso da reclamada a que se nega provimento. **(TRT-15ª R., Proc. 24.361/00, Ac. 4ª T. 96/01, Levi Ceregato, *DJSP* 15.1.2901, p. 3)**

BIBLIOGRAFIA

ACKEL FILHO, Diomar. *"Writs" Constitucionais*. São Paulo, Saraiva, 1988.

ALMEIDA, Ísis de. *Manual das Provas no Processo Trabalhista*. São Paulo, LTr, 1999.

_________. *Manual de Direito Processual do Trabalho*. 3ª ed., vs. I e II. São Paulo, LTr, 1991.

AMARAL SANTOS, Moacyr. *Comentários ao Código de Processo Civil*. 5ª ed., v. IV. Rio de Janeiro, Forense, 1989.

_________. *Primeiras Linhas de Direito Processual Civil*. 4ª ed., v. II. São Paulo, Saraiva, 1979; 6ª ed., v. I. São Paulo, Saraiva, 1978; 8ª ed., v. III. São Paulo, Saraiva, 1985.

BARBOSA MOREIRA, José Carlos. *O Novo Processo Civil Brasileiro*. 11ª ed. Rio de Janeiro, Forense, 1991.

BARRETO, Amaro. *Execução Cível e Trabalhista*. Rio de Janeiro, Edições Trabalhistas, 1962.

BARROS, Alice Monteiro de (coord.). *Compêndio de Direito Processual do Trabalho*. São Paulo, LTr, 1998.

BARROS MONTEIRO, Washington de. *Curso de Direito Civil*. 14ª ed., v. I. São Paulo, Saraiva, 1976.

BASTOS, Celso Ribeiro. *Comentários à Constituição do Brasil*. v. II. São Paulo, Saraiva, 1989.

_________. *Curso de Direito Constitucional*. 17ª ed. São Paulo, Saraiva, 1996.

_________, e MARTINS, Ives Gandra da Silva. *Comentários à Constituição do Brasil (Promulgada em 5 de Outubro de 1988)*. v. II. São Paulo, Saraiva, 1990.

BEVILÁQUA, Clóvis. *Theoria Geral do Direito Civil*. Rio de Janeiro, Livraria Francisco Alves, 1908.

BORGES, Leonardo Dias, e MENEZES, Cláudio Armando Couce de. "Depósito, depositário infiel e *habeas corpus* na Justiça do Trabalho". *LTr* 63-06/757. N. 6. Junho de 1999.

CAMPOS BATALHA, Wilson de Souza. *Tratado de Direito Judiciário do Trabalho*. São Paulo, LTr, 1977; 2ª ed. São Paulo, LTr, 1985; 3ª ed., vs. I e II. São Paulo, LTr, 1995.

CARREIRA ALVIM, José Eduardo. *Ação Monitória e Temas Polêmicos da Reforma Processual*. Belo Horizonte, Del Rey, 1995.

CARRION, Valentin. *Comentários à Consolidação das Leis do Trabalho*. 19ª ed. São Paulo, Saraiva, 1995; 23ª ed. São Paulo, Saraiva, 1998; 25ª ed. São Paulo, Saraiva, 2000.

________. *Nova Jurisprudência em Direito do Trabalho*. São Paulo, Ed. RT, 1993; São Paulo, Saraiva, 1995 (1º semestre).

CHIOVENDA, Giuseppe. *Instituições de Direito Processual Civil*. 1ª ed., vs. II e III. Campinas/SP, Bookseller, 1998.

CINTRA, Antônio Carlos de Araújo, GRINOVER, Ada Pellegrini, e DINAMARCO, Cândido Rangel. *Teoria Geral do Processo*. 29ª ed. São Paulo, Malheiros Editores, 2013.

Constituições do Brasil (1824, 1891, 1934, 1946 e 1967 e suas alterações). v. I. Brasília, Subsecretaria de Edições Técnicas do Senado Federal, 1986.

COSTA, Armando Casimiro, FERRARI, Irany, e MARTINS, Melchíades Rodrigues. *CLT-LTr*. 28ª ed. São Paulo, LTr, 2001.

COSTA, Coqueijo. *Direito Judiciário do Trabalho*. Rio de Janeiro, Forense, 1978.

________. *Direito Processual do Trabalho*. 4ª ed. revista, atualizada e adaptada por Washington Luiz da Trindade. Rio de Janeiro, Forense, 1995.

COSTA, José de Ribamar da. *Direito Processual do Trabalho*. 5ª ed. São Paulo, LTr, 1992.

COUTURE, Eduardo J. *Fundamentos de Direito Processual Civil*. Trad. de Benedicto Giaccobini. Campinas/SP, Red Livros, 1999.

CRETELLA JÚNIOR, José. *Os "Writs" na Constituição de 1988*. 1ª ed. São Paulo, Forense Universitária, 1989.

DELMANTO, Celso. *Código Penal Comentado*. 1ª ed., 6ª tir. Rio de Janeiro, Renovar, 1986.

DINAMARCO, Cândido Rangel, CINTRA, Antônio Carlos de Araújo, e GRINOVER, Ada Pellegrini. *Teoria Geral do Processo*, 29ª ed. São Paulo, Malheiros Editores, 2013.

FERNANDES, Anníbal. *Consolidação das Leis do Trabalho*. 2ª ed. São Paulo, Ed. RT, 1998.

FERRARI, Irany, COSTA, Armando Casimiro, e MARTINS, Melchíades Rodrigues. *CLT-LTr*. 28ª ed. São Paulo, LTr, 2001.

FERREIRA, Aurélio Buarque de Holanda. *Novo Dicionário da Língua Portuguesa*. 2ª ed. Rio de Janeiro, Nova Fronteira, 1986.

GIGLIO, Wagner. *Direito Processual do Trabalho*. 7ª ed. São Paulo, LTr, 1993.

GOMES, Orlando. *Introdução ao Direito Civil*. 10ª ed. Rio de Janeiro, Forense, 1990.

GONÇALVES, Emílio. "A irrecorribilidade das decisões interlocutórias e o 'protesto' no processo trabalhista". Resumo de artigo, conforme publicação na revista *Synthesis* 19 (órgão oficial do TRT-2ª R.). São Paulo, 1994.

________. *Da Reconvenção no Processo Trabalhista*. São Paulo, LTr, 1991.

GRECO FILHO, Vicente. *Direito Processual Civil Brasileiro*. 5ª ed., v. II. São Paulo, Saraiva, 1992; 7ª ed., v. I. São Paulo, Saraiva, 1992.

GRINOVER, Ada Pellegrini, CINTRA, Antônio Carlos de Araújo, e DINAMARCO, Cândido Rangel. *Teoria Geral do Processo*. 29ª ed. São Paulo, Malheiros Editores, 2013.

JESUS, Damásio E. de. *Direito Penal*. 11ª ed., v. I. São Paulo, Saraiva, 1986; v. IV. São Paulo, Saraiva, 1988.

LEITE, Carlos Henrique Bezerra. *Mandado de Segurança no Processo do Trabalho*. São Paulo, LTr, 1999.

LOPES DA COSTA, Alfredo de Araújo. *Direito Processual Civil Brasileiro*. 2ª ed., v. I. Rio de Janeiro, Forense, 1959.

MAGALHÃES NORONHA, E. *Direito Penal*. 11ª ed., v. IV. São Paulo, Saraiva, 1979.

MALLET, Estêvão. *Antecipação da Tutela no Processo do Trabalho*. São Paulo, LTr, 1998.

________, e ROBORTELLA, Luiz Carlos Amorim. *Direito e Processo do Trabalho. Estudos em Homenagem ao Prof. Octávio Bueno Magano*. São Paulo, LTr, 1996.

MARQUES, José Frederico. *Manual de Direito Processual Civil*. 5ª ed., v. IV. São Paulo, Saraiva, 1983; 12ª ed., v. I. São Paulo, Saraiva, 1987.

MARTINS, Ives Gandra da Silva, e BASTOS, Celso Ribeiro. *Comentários à Constituição do Brasil (Promulgada em 5 de Outubro de 1988)*. v. II. São Paulo, Saraiva, 1990.

MARTINS, Melchíades Rodrigues, COSTA, Armando Casimiro, e FERRARI, Irany. *CLT-LTr*. 28ª ed. São Paulo, LTr, 2001.

MARTINS, Sergio Pinto. *Direito Processual do Trabalho*. 5ª ed. São Paulo, Atlas, 1997; 10ª ed. São Paulo, Atlas, 1999; 13ª ed. São Paulo, Atlas, 2000; 16ª ed. São Paulo, Atlas, 2001.

________. *Comentários à CLT*. 4ª ed. São Paulo, Atlas, 2001.

MAXIMILIANO, Carlos. *Hermenêutica e Aplicação do Direito*, 10ª ed. Rio de Janeiro, Forense, 1988.

MEIRELLES, Hely Lopes. *Direito Administrativo Brasileiro*. 40ª ed. São Paulo, Malheiros Editores, 2014.

________, WALD, Arnoldo, e MENDES, GImar Ferreira. *Mandado de Segurança e Ações Constitucionais*. 35ª ed. SãoPaulo, Malheiros Editores, 2013.

MENDONÇA LIMA, Alcides de. *Comentários ao Código de Processo Civil.* 7ª ed., v. VI. Rio de Janeiro, Forense, 1991.

________. *Processo Civil no Processo Trabalhista.* 3ª ed. São Paulo, LTr, 1991.

MENEZES, Cláudio Armando Couce de, e BORGES, Leonardo Dias. "Depósito, depositário infiel e *habeas corpus* na Justiça do Trabalho". *LTr* 63-06/757. N. 6. Junho de 1999.

MILHOMENS, Jônatas. *Dos Prazos e do Tempo no Código de Processo Civil.* 2ª ed. Rio de Janeiro, Forense, 1981.

MONTESQUIEU. *O Espírito das Leis.* Introdução, tradução e notas de Pedro Vieira Mota. São Paulo, Saraiva, 1987.

MOURA ROCHA, José de. *Processo de Conhecimento.* v. I. Rio de Janeiro, Forense, 1989.

NASCIMENTO, Amauri Mascaro. *Curso de Direito Processual do Trabalho.* 11ª ed. São Paulo, Saraiva, 1990; 18ª ed. São Paulo, Saraiva, 1998.

NEGRÃO, Theotonio. *Código de Processo Civil e Legislação Processual em Vigor.* 20ª ed. (atualizada até 8.1.1990), São Paulo, Ed. RT, 1990.

NERY JÚNIOR, Nélson, e NERY, Rosa Maria Andrade. *Código de Processo Civil Comentado.* 3ª ed. São Paulo, Ed. RT, 1997.

NEVES, Iêdo Batista. *O Processo Civil na Doutrina e na Prática dos Tribunais.* 8ª ed., v. V. Rio de Janeiro, Freitas Bastos, 1995.

NOGUEIRA, Paulo Lúcio. *Curso Completo de Processo Civil.* São Paulo, Saraiva, 1990.

NORONHA, E. Magalhães. *Direito Penal.* 11ª ed., v. IV. São Paulo, Saraiva, 1983.

OLIVEIRA, Francisco Antônio de. *A Execução na Justiça do Trabalho.* 2ª ed. São Paulo, Ed. RT, 1991.

________. *O Processo na Justiça do Trabalho.* São Paulo, Ed. RT, 1990.

________. *Consolidação das Leis do Trabalho.* 2ª ed. São Paulo, Ed. RT, 2000.

PARMEGGINI, Eduardo Antunes. "Intervenção de terceiros no processo do trabalho". *Revista LTr* 55, 11/1.345-9.

PAULA, Alexandre de. *O Processo Civil à Luz da Jurisprudência* (com a colaboração de Carlos Vaz Gomes Corrêa). v. I. Rio de Janeiro, Forense, 1987.

PAULA, Carlos Alberto Reis de. "Ação monitória". In: BARROS, Alice Monteiro de (coord.). *Compêndio de Direito Processual do Trabalho.* São Paulo, LTr, 1998.

PEIXOTO, Bolívar Viégas. *Iniciação ao Processo Individual do Trabalho.* 3ª ed. Rio de Janeiro, Forense, 1998.

PONTES DE MIRANDA, F. C. *Comentários ao Código de Processo Civil.* ts. I e III. Rio de Janeiro, Forense, 1974.

__________. *Tratado das Ações*. 1ª ed., atualizada por Vílson Rodrigues Alves, t. II. Campinas/SP, Bookseller, 1998.

ROBORTELLA, Luiz Carlos Amorim, e MALLET, Estêvão. *Direito e Processo do Trabalho. Estudos em Homenagem ao Prof. Octávio Bueno Magano*. São Paulo, LTr, 1996.

RUGGIERO, Roberto de. *Instituições de Direito Civil*. v. I, trad. da 6ª ed. italiana, com notas remissivas aos Códigos Civis Brasileiro e Português por Ary dos Santos. São Paulo, Saraiva, 1934.

SAAD, Eduardo Gabriel. *Direito Processual do Trabalho*. 2ª ed. São Paulo, LTr, 1998.

SILVA, De Plácido e. *Vocabulário Jurídico*. v. III. Rio de Janeiro, Forense, 1978.

SILVA, José Afonso da. *Curso de Direito Constitucional Positivo*. 37ª ed. São Paulo, Malheiros Editores, 2014.

TEIXEIRA FILHO, Manoel Antônio. *A Prova no Processo do Trabalho*. 5ª ed. São Paulo, LTr, 1991.

__________. *A Sentença no Processo do Trabalho*. São Paulo, LTr, 1994.

__________. *Ação Rescisória no Processo do Trabalho*. São Paulo, LTr, 1991.

__________. *Execução no Processo do Trabalho*. 2ª ed. São Paulo, LTr, 1991.

__________. *Liquidação da Sentença no Processo Trabalhista*. 3ª ed. São Paulo, LTr, 1991.

__________. *Mandado de Segurança na Justiça do Trabalho (Individual e Coletivo)*. 2ª tir. São Paulo, LTr, 1993.

__________. *Sistema dos Recursos Trabalhistas*. 4ª ed. São Paulo, LTr, 1991.

TEMER, Michel. *Elementos de Direito Constitucional*. 24ª ed., São Paulo, Malheiros Editores, 2012.

THEODORO JÚNIOR, Humberto. *Curso de Direito Processual Civil*. 19ª ed., v. I. Rio de Janeiro, Forense, 1997.

TOSTES MALTA, Christóvão Piragibe. *A Prova no Processo Trabalhista*. São Paulo, LTr, 1997.

__________. *Prática do Processo Trabalhista*. 23ª ed. São Paulo, LTr, 1992; 28ª ed. São Paulo, LTr, 1997.

__________. *Prova Documental*. Rio de Janeiro, Edições Trabalhistas, 1991.

Tribuna da Magistratura 99. Órgão oficial da Associação Paulista de Magistrados. Ano XI. Outubro de 1999.

VELOSO, Carlos. "O que reformar no Judiciário?". *Folha de S.Paulo* 8.11.1999. Caderno 1 (p. 3).

* * *

00617

GRÁFICA PAYM
Tel. (11) 4392-3344
paym@terra.com.br